И. П. ТАГИЛЬ

DIE AKTUELLE DEUTSCHE RECHTSCHREIBUNG

СОВРЕМЕННОЕ НЕМЕЦКОЕ ПРАВОПИСАНИЕ

ИЗДАТЕЛЬСТВО

КАРО

Санкт-Петербург
2007

УДК 373.167.1:811.111
ББК 81.2 Нем-2
Т 12

Тагиль И. П.

Т 12   Современное немецкое правописание. — СПб.: КАРО,
2007. — 352 с.

ISBN 978-5-89815-962-7

Предлагаемое пособие по орфографии немецкого языка содержит сведения по правописанию в соответствии с нормами, вступившими в силу с 1 августа 2006 года.

В книгу вошли разделы, охватывающие краткий очерк истории немецкой орфографии, содержание новых правил, включая знаки препинания; алфавитный список практически всех слов, у которых изменилось написание; список слов, у которых осталось двойственное написание. В конце приводятся упражнения, необходимые для закрепления правил правописания.

Данное издание предназначено для широкого круга изучающих или актуализирующих нормы орфографии немецкого языка: учащихся, студентов, преподавателей и переводчиков.

УДК 373.167.1:811.111
ББК 81.2 Нем-2

ISBN 978-5-89815-962-7

ПРЕДИСЛОВИЕ

Подготовка данного справочного пособия вызвана проведением реформы орфографии и пунктуации немецкого языка и вступлением в силу новых правил правописания **с 1 августа 2006 года.**

О необходимости реформы и её результатах говорится в кратком очерке истории немецкой орфографии.

Изменения коснулись всех областей орфографии и, в меньшей степени, пунктуации, о чем подробно рассказывается в разделе, посвящённом содержанию новых правил. При этом для наглядности в пособие включён алфавитный список практически всех слов, у которых изменилось написание, с их переводом и старым вариантом написания; список слов, у которых осталось двойственное написание.

Справочник завершают упражнения, необходимые для закрепления правил правописания. В них практически на каждое слово, у которого изменилось написание, приводится пример.

По новым правилам пишущему часто предоставляется возможность самому выбирать один из двух допустимых вариантов написания ввиду того, что большая часть слов получила новый вариант написания, при этом сохранился и прежний вариант. Для систематизации правил и их лучшего усвоения редакция Дудена впервые даёт **рекомендации** по выбору варианта написания. В **орфографическом словаре** Дудена (Duden „Die deutsche Rechtschreibung“, 24-е издание, 2006 год) **рекомендуемое слово** выделяется **жёлтым цветом** (в данной книге – подчёркиванием). По мнению редакции Дудена, применение этих рекомендаций на практике облегчит написание слов и сделает более ясной единую систему правописания, а также поможет преподавателям доводить новые правила до учащихся.

Поскольку зачастую изменения касаются слов, которые употребляются в переносном смысле, в то время как в прямом значении их написание сохранилось, для наглядности в списке слов приводится пример употребления слова в предложении с его переводом.

Материалы пособия, по мнению автора, окажут помощь тем, кто ранее изучал немецкий язык, пессимистически настроен в отношении новых правил, имеет упрощенное представление об изменениях в написании, не совсем уверен в их усвоении.

Пособие предназначено для широкого круга изучающих или актуализирующих нормы правописания немецкого языка: учащихся и студентов как языковых, так и неязыковых вузов. Материалы, изложенные в книге, преподаватели могут использовать при подготовке к проведению занятий.

Справочное пособие содержит множество слов из различных областей, в том числе страноведческие реалии, слова, употребляемые в переносном значении, перевод которых зачастую связан с определёнными трудностями, поэтому данная книга может представлять интерес для переводчиков.

Материалы могут быть использованы при написании личных и деловых писем.

Автор выражает признательность преподавателям из Германии госпоже Карин Краус и господину Рольфу Хофману, преподавателям Минского лингвистического университета, а также всем коллегам за их активную помощь при подготовке данного справочного пособия.

I часть (Teil I)

Краткий очерк истории немецкой орфографии

Требования придерживаться единой орфографии выдвигались в Германии ещё с начала XVI века. Грамматисты, педагоги и печатники предпринимали попытки упорядочить немецкое правописание. Однако в то время это было чрезвычайно сложно, так как, с одной стороны, формирование общенемецкого национального литературного языка (в письменной разновидности) ещё не было завершено: это произошло лишь к концу XVIII века; с другой стороны, унификации орфографии препятствовало длительное отсутствие государственного единства: политическое объединение Германии произошло лишь в 1871 году.

Особый вклад в нормализацию немецкого правописания внесли Юстус Георг Шоттель (Justus Georg Schottel, 1612–1676), Иоганн Кристоф Готтшед (Johann Christoph Gottsched, 1700–1766), Иоганн Кристоф Аделунг (Johann Christoph Adelung, 1732–1806).

В 1722 году вышло „Руководство по немецкому правописанию" („Anweisung zur teutschen Orthographie") Иеронима Фрайера (Hieronymus Freyer), получившее широкое распространение в Германии в первой половине XVIII века.

В 1788 году вышло „Полное руководство по немецкой орфографии" („Vollständige Anweisung zur Deutschen Orthographie") И.-К. Аделунга, которое во многом следовало принципам, изложенным в работах И.-К. Готтшеда. Взгляды этих грамматистов на принципы немецкой орфографии в основном были схожи. Они основывались на фонетических и семантических критериях.

Со временем к единообразию было приведено написание значительного количества слов. Однако колебания в написании ряда слов сохранились.

С развитием сравнительно-исторического языкознания в XIX веке появились новые взгляды на упорядочение немецкой орфографии. В отличие от двух упомянутых выше принципов, Якоб Гримм (Jakob Grimm, 1785–1863) выдвинул исторический принцип, согласно которому в орфографических правилах должны учитываться соответствующие исторические закономерности. Так, например, он предлагал унифицировать обозначение долготы гласных и использовать при этом немое **h** и **ie** только в тех случаях, где это обусловлено исторически: **lon** (современное **Lohn**), **han** (современное **Hahn**), **war** (современное **wahr**), так как в средневерхненемецком **lôn**, **han(e)**, **wâr**, но **mohn**, так как в средневерхненемецком **mâhen**; **ziehen**, так как в средневерхненемецком **ziehen**, но **vil** (современное **viel**), так как в средневерхненемецком **vil(e)**. Этот принцип написания поддерживали и другие германисты.

В 1872 году вышла „Немецкая орфография" („Die deutsche Rechtschreibung") Конрада Дудена (Konrad Duden, 1829–1911). Правила имели чёткую структуру, основывались на практике написания и были направлены на упрощение, усовершенствование и большую последовательность принципов написания. Доминирующий орфографический принцип в „Немецкой орфографии" К. Дудена – фонологический, кроме того, используется этимологический принцип (например, **e** – **ä**) и смыслоразличительный (например, Waagen – Wagen).

В 1876 году в Берлине состоялась I Орфографическая конференция (I. Orthographische Konferenz) „Об установлении большего единства в немецкой орфографии" („Zur Herstellung größerer Einigung auf dem Gebiet der deutschen Orthographie"). На конференции обсуждался проект Рудольфа фон Раумера (Rudolf von Raumer, 1815–1876), вызвавший немало возражений со стороны противников упрощения написания и усиления его фонетической ориентации. Поскольку на конференции не было достигнуто окончательного соглашения, ее рекомендации не могли удовлетворить нужды школьного обучения. В отдельных землях стали издаваться орфографические справочники и словари для школ с учётом предложений Р. фон Раумера.

В 1880 году выходит „Полный орфографический словарь немецкого языка" („Vollständiges Orthographisches Wörterbuch der deutschen Sprache") К. Дудена, созданный на основе баварских и прусских орфографических правил для школы. Этот словарь закладывает основы единой немецкой орфографии во всех немецкоязычных странах.

В 1892 году Федеральный Совет Швейцарии объявил словарь Дудена официальным справочным изданием для всех сомнительных орфографических случаев.

В 1901 году проходит II Орфографическая конференция, в которой участвовали представители всех земель Германии, а также Австрии и Швейцарии. На ней обсуждается унификация немецкой орфографии и утверждается общенемецкая орфографическая норма, признанная официальными властями в 1902 году.

В 1902 году результаты II Орфографической конференции издаются в виде книги „Правила немецкого правописания вместе со списком слов" („Regeln für die deutsche Rechtschreibung nebst Wörterverzeichnis").

В Австрии новый свод правил объявляется обязательным для всех школ, начиная с 1902/1903 учебного года. Швейцария также вводит новые правила в школах и официальных учреждениях. Бундесрат Германской империи принимает решение о введении новой орфографии с 1903 года.

В 1902 году выходит седьмое издание „Орфографического словаря" К. Дудена, переработанного в свете новых официальных правил.

С 1 января 1903 года официальные правила вступают в силу для учреждений стран немецкого языка, для школ Германской империи и Швейцарии – с начала 1903/1904 учебного года.

В 1903 году типографские союзы Германии, Австрии и Швейцарии обращаются к К. Дудену с просьбой выпустить орфографическое пособие, в котором из многих вариантов написания был бы выбран один. В этом же году К. Дуден публикует „Правописание немецкого языка для типографий" („Rechtschreibung der Buchdruckereien deutscher Sprache"), в котором он учитывает пожелания типографских союзов.

В 1915 году в девятом издании „Орфографический словарь" и „Орфография немецкого языка для типографий" были объединены в „Орфографию немецкого языка и иностранных слов" („Rechtschreibung der deutschen Sprache und der Fremdwörter") Дудена. В этом издании ещё раз было сокращено число вариантов написания и даны рекомендации, которые не были учтены в Берлинском своде правил (то есть II Орфографической конференцией 1901 г.), например, в отношении расстановки знаков препинания и написания с прописной и строчной букв. Тем самым девятое издание вносит значительный вклад в систематизацию немецкой орфографии на несколько десятилетий вперёд.

В 1944 году была предпринята попытка провести реформу правописания. Хотя новые „Правила немецкого правописания и список слов" („Regeln für die deutsche Rechtschreibung und Wörterverzeichnis") были напечатаны миллионным тиражом для школы, реформа не была осуществлена.

Разработка реформы проводилась по инициативе рейхсминистра образования Бернхарда Руста (Bernhard Rust), который преследовал большие планы в отношении реформы. Однако эти планы натолкнулись на сопротивление министерства внутренних дел.

Свод правил, разработанный Отто Баслером (Otto Basler, 1892–1975), Эрихом Гирахом (Erich Gierach, 1881–1943) и Карлом Роймутом (Karl Reumuth), предусматривал факультативное онемечивание иностранных слов (Filosof, Fosfor, rytmisch, Teater, Tese, Kautsch, Miliö, Ragu, Träner, Tur), опускание третьей согласной во всех сложных словах (Blattrichter, fettriefend, stickstoffrei), перенос по слогам (wa-rum, da-rüber, Fens-ter), опускание запятой перед und и oder, соединяющих главные предложения.

Реформа, которая должна была вступить в силу с начала 1944/45 учебного года, была признана как „не имеющая военного значения" и отложена.

В 1948 году О. Баслер с незначительными переработками опубликовал свои концепции по реформе правописания в издательстве Leibnitz-Verlag, но не смог воплотить в жизнь содержащиеся в них нововведения.

С разделом Германии Дуден стал издаваться в Западной и Восточной Германии: в 1947 году, 13-е издание, Лейпциг, с предоставлением права печатать это издание в Австрии, Западной Германии и Швейцарии, и в 1954 году на основе 13-го издания в Мангейме было издано собственное переработанное 14-е издание. Последнее 19-е издание в западногерманском издательстве Дудена вышло в 1986 году. В 1991 году в единой Германии вышло 20-е издание как первое общегерманское издание (Einheitsduden).

В 1955 году в Западной Германии состоялась конференция министров культуры, на которой обсуждались вопросы соблюдения норм немецкой орфографии. На конференции было принято постановление о том, что до введения новых орфографических правил обязательными являются правила, установленные орфографической реформой 1901 года и последующими распоряжениями. Кроме того, в постановлении указывалось, что в сомнительных случаях следует руководствоваться „Немецкой орфографией" Дудена.

В 1980 году образовывается „Международная рабочая группа по реформе правописания" („Der Internationale Arbeitskreis für Rechtschreibreform"), в состав которой вошли германисты из ФРГ, ГДР, Австрии и Швейцарии.

В 1987 году конференция министров культуры даёт поручение Институту немецкого языка („Institut für Deutsche Sprache") в Мангейме по согласованию с Обществом немецкого языка („Gesellschaft für deutsche Sprache") в Висбадене разработать новый свод правил.

В 1988 году Институт немецкого языка разрабатывает предложения, которые предполагают внесение существенных изменений в немецкую орфографию (например, *der Keiser im Bot* вместо *der Kaiser im Boot – кайзер в лодке*). Общественность, а также конференция отвергают эти предложения как неприемлемые.

В 1992 году Международная рабочая группа представляет охватывающий все области орфографии и согласованный со всеми немецкоязычными странами проект под названием „Немецкая орфография – предложения по реформированию" („Deutsche Rechtschreibung – Vorschläge zu ihrer Neuregelung").

В 1993 году конференция министров культуры предлагает 43 союзам высказать свою позицию по вопросам орфографии. Слушания проходят в Бонне, а также в Австрии и Швейцарии. Международная рабочая группа отзывает свое предложение о написании существительных со строчной буквы. Остаётся также различие между das/daß.

В 1994 году ответственные работники министерств культуры стран, участвовавших в разработке новых правил, рекомендуют министрам культуры принять модифицированную редакцию проекта по введению новых правил.

В 1995 году конференция министров культуры Германии принимает решение ввести с 1 августа 1998 года новые правила, установив переходный период до 2004/2005 года.

1 июля 1996 года Германия, Австрия, Швейцария, Лихтенштейн и другие страны, на территории которых проживает немецкоязычное меньшинство, обязуются в Венском заявлении о намерениях (Wiener Absichtserklärung) под названием „Реформирование немецкого правописания" („Neuregelung der deutschen Rechtschreibung") ввести новую орфографию до 1 августа 1998 года. Издаются первые словари по новой орфографии. Некоторые федеральные земли уже с начала 1996/1997 учебного года вводят на занятиях в учебных заведениях новые правила. На международной книжной выставке во Франкфурте-на-Майне около 100 писателей и учёных подписывают „Франкфуртское заявление" („Frankfurter Erklärung") с требованием остановить реформу. Разгорается дискуссия общественности о реформе правописания.

В 1997 году административные суды прилагают усилия для проверки законности введения новой орфографии в школах в соответствии с постановлением министров культуры. В Институте немецкого языка в Мангейме учреждается Межгосударственная комиссия по немецкому правописанию (Zwischenstaatliche Kommission für deutsche Rechtschreibung). Она должна по поручению министров культуры сопровождать введение новых правил и устранять сомнительные случаи написания.

14 июля 1998 года Федеральный конституционный суд Германии своим решением признал постановление министров культуры о введении новой орфографии законным. 1 августа в школах, учреждениях и ведомствах официально вводится новая орфография. Прежнее написание считается устаревшим, однако не признаётся ошибочным, а с 31 июля 2005 года должно использоваться только новое правописание.

1 августа 1999 года – день вступления в силу новой орфографии в немецкоязычных информационных агентствах.

3–4 июня 2004 года на своём 306-м пленарном заседании в Майнце конференция министров культуры Германии утверждает окончательное введение новой немецкой орфографии до 1 августа 2005 года. Одновременно она утверждает четвёртый доклад Межгосударственной комиссии, в котором содержатся небольшие изменения официального свода правил 1996 года.

28 августа 2004 года выходит 23-е издание орфографического словаря Дудена.

17 декабря учреждается „Совет по немецкому правописанию" („Rat für deutsche Rechtschreibung"). Новый орган создаётся в ответ на непрекращающуюся критику реформы правописания. Решение по его созданию принимается министрами культуры земель по согласованию с компетентными государственными учреждениями в Австрии и Швейцарии. Бывший министр культуры Баварии Ханс Цеетмайер (Hans Zehetmair) становится председателем. Местом работы Совета определяется Институт немецкого языка в Мангейме.

В начале июня 2005 года министры культуры принимают постановление, что с 1 августа 2005 года в школах, учреждениях и ведомствах новая орфография имеет обязательную силу. Это относится к написанию слов с прописной и строчной буквы, соответствию звуков и букв, включая также написание иностранных слов, и к написанию через дефис. Пока допускаются ошибки при слитном и раздельном написании, переносе слов и расстановке знаков препинания.

Совет по немецкому правописанию по поручению министров культуры приступает к разработке предложений, касающихся этих областей, для их последующего утверждения.

В феврале 2006 года Совет по немецкому правописанию представляет ряд рекомендаций по изменению отдельных случаев слитного и раздельного написания, написания с прописной и строчной буквы, расстановке знаков препинания, а также по переносу слов.

2–3 марта эти рекомендации единогласно утверждаются на конференции министров культуры, и принимается постановление о том, что с 1 августа 2006 года официальные новые правила орфографии должны стать основой при проведении занятий в учебных заведениях, а по истечении переходного периода продолжительностью в один год только они будут иметь силу.

22 июля 2006 года вышло 24-е издание „Дуден – Правописание немецкого языка" („Duden – Die deutsche Rechtschreibung"). Совет по немецкому правописанию представляет в феврале ряд рекомендаций по изменению отдельных случаев слитного и раздельного написания, написания слов с прописной и строчной буквы, по расстановке знаков препинания, а также по переносу слов. 2–3 марта эти рекомендации единогласно утверждаются на конференции министров культуры.

В конце марта премьер-министры 16 федеральных земель единогласно утвердили изменения, которые предложил Совет по немецкому правописанию.

С **1 августа 2006 года** новые правила вступили в силу во всех немецких школах, учреждениях и ведомствах.

Часть II. Новые правила написания (Neue Rechtschreibregeln)

1. Соответствие звуков и букв (Laut-Buchstaben-Zuordnung)

Соответствие звуков и букв в немецком языке выполняет важную задачу. Оно определяет, с помощью каких букв или какого сочетания букв передаются звуки в устной речи.

Трудности при письме возникают, прежде всего, в тех случаях, когда одинаковые звуки представлены разными буквами. Соответственно при введении новых правил преследовалась главная цель, заключающаяся в том, чтобы облегчить эти трудности.

Для этого был использован принцип сохранения единообразного написания основы в родственных словах. Это позволило сократить количество всевозможных исключений, не внося при этом коренных изменений в орфографию.

1.1. Написание *ß* или *ss* (Schreibung von *ß* oder *ss*)

Новые правила в большей степени, чем ранее, основываются на произношении (то есть фонетический принцип): на долготе и краткости гласного, который стоит перед *ß* или *ss*.

Так, ранее в словах der Fuß *нога, ступня* и der Fluß *река* писалось *ß*, хотя в первом случае гласный звук длинный, а во втором – короткий. Новые правила за некоторыми исключениями чётко разделили эти группы, что облегчило при написании выбор *ß* или *ss*.

1.1.1. Написание *ß* (Schreibung von *ß*)

Как и раньше, *ß* **пишется** при глухом звуке *s* после долгого гласного или дифтонга:

außer	вне, за
außerdem	кроме того
äußern	выражать, высказывать
äußerlich	внешне
beißen	кусать, откусывать
bloß	голый, обнажённый
die Blöße	нагота, обнажённость
das Bußgeld	денежный штраф
der Buß- und Bettag	день покаяния и молитвы
büßen	понести наказание
draußen	снаружи, во дворе, на улице
der Fleiß	прилежание, усердие
fleißig	прилежный
fließen	течь, литься, струиться
der Floß	плот
flößen	сплавлять (*лес*)
der Fuß	ступня
das Gefäß	сосуд, посудина
die Geldbuße	денежный штраф
genießen	наслаждаться
genießbar	съедобный; пригодный, допустимый
genießerisch	смакующий (*что-л.*); наслаждающийся (*чем-л.*)
groß	большой
die Größe	размер, величие
grüßen	приветствовать
der Gruß	привет
heiß	горячий, жаркий
das Maß	мера, размер, мерка

der Maßstab	масштаб
mäßig, *gemäßigt*	умеренный
+ maßgebend	авторитетный, решающий, крайне важный
die Muße	свободное время, досуг
müßig gehen	бездельничать
der Müßiggang	безделье, тунеядство
Preußen	Пруссия
das Roß / die Roße *(ср.-нем.)*	сот *(медовый)*
der Ruß	сажа
der Schoß	колени; побег, росток
der Schoßhund	комнатная собачка; болонка
die Soße	соус
der Stoß	удар, толчок
der Stoßdämpfer	амортизатор; буфер; катаракта *grauer Star*
stoßen (stieß, gestoßen *и т.д.*)	толкать
der Stoß	кипа, стопа; поленница *(дров)*
der Stößel	ползун; толкатель; шток; долбяк *(тех.)*
der Stößer	ястреб-перепелятник; высокая шляпа *(бав.)*
der Stoßer	буфер *(тех.)*
die Straße	улица
süß	сладкий
der Verstoß	нарушение
weiß	белый
schneeweiß	белоснежный

Примечание.

1. Это правило действует только в тех случаях, когда звук *s* при всех изменениях слова (склонении или спряжении) остаётся глухим и если в основе слова не имеется другого согласного:

    das Gras *трава* – die Gräser (хотя долгое *а*)

    das Eis *лёд; мороженое* – des Eises (хотя дифтонг)

    das Haus *дом* – die Häuser (**но:** der Strauß *букет* – die Sträuße)

    der Preis *цена* – die Preise (**но:** der Fleiß *прилежание* – fleißig *прилежный*)

    meistens *чаще всего* (в основе слова имеется другой согласный)

2. Исключения: *aus, heraus* и др.

3. В отношении имён собственных, таких как фамилии, имена, географические названия и т. д., правила написания *ß* или *ss* не действуют, они пишутся так, как это официально установлено. Так, можно встретить фамилию Groß и Gross; населённый пункт Haßloch (по новым правилам пишется der Hass *ненависть*).

4. При отсутствии на компьютере (или пишущей машинке) *ß*, а также в текстах для передачи писем по электронной почте во избежание искажений (кроме приложенных файлов) пишется *ss*.

5. При написании всего слова большими буквами *(в заголовках, на плакатах и т. д.)* вместо *ß* пишется *SS* (STRASSE), однако и имена собственные (см. п. 3) пишутся с *ß* (ANTON GROß).

6. В Швейцарии вот уже несколько столетий вместо *ß* пишется *ss*.

7. В Австрии в слове *das Geschoß* и в соответствующих сложных словах пишется *ß*:

    das Erdgeschoss / das Erdgeschoß *первый этаж, партер* и др.

1.1.2. Написание *ss* (Schreibung von *ss*):

1) При глухом звуке *s* после краткого гласного:

по-старому (до 1996 г.)	**по-новому** (с 2006 г.)	
der Abfluß	Abfluss	сток, отток; слив
das Abflußrohr	das Abflussrohr	сточная, канализационная труба
abgeblaßt	abgeblasst	выцветший, поблекший (*о цвете*)
der Abguß	der Abguss	отливка, литьё, обливание
der Ablaß	der Ablass	спуск; скидка; отпущение грехов
der Abriß	der Abriss	снос (*здания*); обрыв; обвал
die Abrißbirne	die Abrissbirne	стальная груша (*для сноса зданий*)
der Abszeß	der Abszess	абсцесс (*мед.*); нарыв; чирей
der Abschuß	der Abschuss	выстрел; поражение (*воздушной цели*)
der Abschluß	der Abschluss	окончание; заключение; подписание
die Abschlußprüfung	die Abschlussprüfung	выпускной экзамен
das Abschlußexamen	das Abschlussexamen	выпускной экзамен
das Abschlußzeugnis	das Abschlusszeugnis	свидетельство об окончании школы; аттестат об окончании среднего учебного заведения
der Aderlaß	der Aderlass	кровопускание
das Adreßbuch	das Adressbuch	адресная книга
der Amboß	der Amboss	наковальня
der Anbiß	der Anbiss	надкус, откусывание
der Anlaß	der Anlass	повод
anläßlich	anlässlich	по поводу
anpaßbar	anpassbar	согласуемый, приспосабливаемый
der Anriß	der Anriss	трещина, царапина; рывок (*спорт.*)
der Anschiß	der Anschiss	окрик; нагоняй, обман
der Anschluß	der Anschluss	присоединение; пересадка
Aufgepaßt!	Aufgepasst!	Внимание!
der Aufguß	der Aufguss	заварка; настой
der Aufgußbeutel	der Aufgussbeutel	чайный пакетик
der Auflösungsprozeß	der Auflösungsprozess	процесс распада; деградация
der Aufriß	der Aufriss	чертеж, план; эскиз; очерк
der Aufschluß	der Aufschluss	открывание; объяснение
der Ausschluß	der Ausschluss	исключение, брак
aufschlußreich	aufschlussreich	показательный; интересный
der Ausfluß	der Ausfluss	истечение, вытекание; слив (*тех.*)
der Ausguß	der Ausguss	излияние (*чувств*); слив, сток
der Auslaß	der Auslass	выпуск, выхлоп
der Ausschluß	der Ausschluss	исключение (*из состава*)
der Ausschuß	der Ausschuss	комитет, комиссия; коллегия; брак
die Ausschußsitzung	die Ausschusssitzung / Ausschuss-Sitzung	заседание комитета, комиссии; коллегии
die Ausschußware	die Ausschussware	бракованный товар
der Bänderriß	der Bänderriss	разрыв связок (*мед.*)
die Baroneß	die Baroness (*чаще die Baronesse*)	баронесса (*дочь барона, обращение*)
baselstädtisch	basel-städtisch	базельский (= *города Базель*)
baß erstaunt sein (*шутл.*)	baß erstaunt sein	быть крайне удивлённым
der Baß	der Bass	бас (*голос, певец*)
Baß singen	bass singen	петь басом

по-старому	по-новому	
die Baßgeige	die Bassgeige	контрабас
der Baßsänger	Basssänger/Bass-Sänger	бас (*певец*)
der Baukostenzuschuß	der Baukostenzuschuss	безвозвратная ссуда на строительство
die Baumnuß (*швейц.*)	die Baumnuss	орех (*грецкий*) (*плод*)
beeinflußbar	beeinflussbar	подверженный (чужому) влиянию
die Beeinflußbarkeit	die Beeinflussbarkeit	подверженность чужому влиянию
beeinflußt werden	beeinflusst werden	находиться/быть под влиянием
befaßt sein *mit D*	befasst sein	заниматься (*чем-л.*)
✗ Ich befliß mich, …	Ich befliss mich, …	Я старался …
der Begrüßungskuß	der Begrüßungskuss	приветственный поцелуй
der Beschiß	der Beschiss	обман, надувательство (*груб.*)
der Beschluß	der Beschluss	решение, постановление
beschlußfähig	beschlussfähig	правомочный, имеющий кворум
die Beschlußfassung	die Beschlussfassung	принятие решения
der Beschuß	der Beschuss	обстрел
bestgehaßt	bestgehasst	наиболее/самый ненавистный
bestußt	bestusst	глупый; сумасшедший (*разг.*)
die Betelnuß	die Betelnuss	бетель (*сорт ореха*)
betreßt	betresst	обшитый галунами
bevorschußt	bevorschusst	авансированный, выданный авансом
bewußt	bewusst	сознательный
sich *G* bewußt werden	sich *G* bewusst werden/ bewusstwerden	отдавать себе отчёт; сознавать, чувствовать (*за собой*)
die Bewußtheit	die Bewusstheit	осознание (*чего-л.*); сознательность
das Bewußtsein	das Bewusstsein	сознание, память; осознание
bewußtmachen	*или* bewusst machen	доводить (*что-л. до чьего-л.*) сознания
bewußtgemacht	*или* bewusst gemacht	доведённый (*до чьего-л.*) сознания
bewußtlos	bewusstlos	бессознательный; без памяти
die Bewußtlosigkeit	die Bewusstlosigkeit	бессознательное состояние
bezuschußt werden	bezuschusst werden	оказывать материальную помощь
das Bierfaß	das Bierfass	пивная бочка; (*перен.*) толстяк
der Bierbaß	der Bierbass	пропитый (*глухой, сиплый*) бас
der Bilwiß	der Bilwiss (*ю.-нем.*)	гном, домовой; волшебник (*миф.*)
der Biß	der Biss	укус; прикус (*мед.*)
ein bißchen	ein bisschen	немного
die Bißspur	der Bissspur/Biss-Spur	след укуса
die Bißverletzung	die Bissverletzung	рана, повреждение от укуса
blaß	blass	бледный, блеклый; бесцветный
der Bläßhuhn/Bleßhuhn	der Blässhuhn/Blesshuhn	лысуха (*зоол.*)
bläßlich	blässlich	бледноватый
blaßblau	blassblau	бледно-голубой
blaßgelb	blassgelb	бледно-жёлтый
blaßgrün	blassgrün	бледно-зелёный
blaßrosa	blassrosa	светло-розовый; бледно-розовый
blasenziehend	*или* Blasen ziehend	пузырящийся (*о тесте*); покрывающийся пузырями [*волдырями*]
der Blattschuß	der Blattschuss	выстрел/попадание в лопатку дичи
der Bluterguß	der Bluterguss	кровоизлияние; гематома (*мед.*)
der Boß	der Boss	босс
der Bruderkuß	der Bruderkuss	братский поцелуй
der Brummbaß	der Brummbass	низкий бас; контрабас

по-старому	по-новому	
der Büroschluß	der Büroschluss	конец работы (*в учреждении*)
das Busineß	das Business	бизнес, коммерция, дело
das Butterfaß	das Butterfass	маслобойка; кадка (*для масла*)
die Cashewnuß	die Cashewnuss	орех кешью
die Cleverneß	die Cleverness	ум, смекалка, сообразительность
das Dachgeschoß	das Dachgeschoss	мансардный этаж
der Dampfroß	der Dampfross (*шутл.*)	паровой конь (*о паровозе*)
das Danaidenfaß	das Danaidenfass	бочка данаид (*бесконечный и бесплодный труд*); бездонная бочка
der Darmverschluß	der Darmverschluss	кишечная непроходимость
daß	dass	что
der daß-Satz	der dass-Satz /Dasssatz	придаточное предложение с *dass*
der Dauerstreß	der Dauerstress	длительный стресс
die Delikateßgewürzgurke	die Delikatessgewürzgurke	деликатесный консервированный огурец с пряностями
der Delikateßsenf	der Delikatesssenf/ Delikatess-Senf	деликатесная горчица
der Dengelamboß	der Dengelamboss	бабка, наковальня для отбивки кос
der Denkprozeß	der Denkprozess	процесс переосмысления
der Dienstschluß	der Dienstschluss	время окончания работы
der Diplomatenpaß	der Diplomatenpass	дипломатический паспорт
der Doppelpaß	der Doppelpass	игра в сценку (*футбол*)
der Drehschuß	der Drehschuss	удар с поворотом (*футбол*)
der Dreipaß	der Dreipass	трёхлистная пальметта (*строит.*)
der Dreß	der Dress	спортивный; вечерний костюм
der Dünnschiß	der Dünnschiss	понос (*грубо*)
der Durchfluß	der Durchfluss	протекание; проток
der Durchlaß	der Durchlass	проход; пропускная способность
der Durchschuß	der Durchschuss	ранение навылет; пробоина
durchsein	durch sein	пройти (*о поезде, автобусе и т.д.*); выдержать (*испытание*); преодолеть
dußlig	dusslig	сонливый; под лёгким хмельком
die Dußligkeit	die Dussligkeit	сонливость; лёгкий хмель
Das Kind näßt ein. (*от einnässen*)	Das Kind nässt ein.	У ребёнка ночное недержание мочи.
der Einfluß	der Einfluss	влияние, впадение; приток (*реки*)
einflußreich	einflussreich	влиятельный
der Einguß	der Einguss	впускное отверстие, впуск
der Einlaß	der Einlass	впуск, доступ; допуск
die Einlaßkarte	die Einlasskarte	входной билет
einläßlich	einläßlich (*шв. gründlich*)	основательный
der Einriß	der Einriss	разрыв, надрыв, надлом; трещина
der Einschluß	der Einschluss	приложение; включение
der Einschuß	der Einschuss	место попадания (*пули*); взнос
die Einschußstelle	die Einschussstelle/ Einschuss-Stelle	входное отверстие (*пули и т. д.*)
der Einsendeschluß	der Einsendeschluss	последняя дата для отправления
der Eissproß	der Eisspross	ледовый отросток (*рогов оленя*)
der Eisenguß	der Eisenguss	чугунное литьё; отливка
das Elsaß	das Elsass	Эльзас
das Elsaß-Lothringen	das Elsass-Lothringen	Эльзас-Лотарингия

по-старому	по-новому	
energiebewußt	energiebewusst	бережно относящийся к энергетическим ресурсам
der Engpaß	der Engpass	узкий горный перевал; узкое место *(перен.)*, дефицит, нехватка
der Entschluß	der Entschluss	решение; намерение
entschlußfähig	entschlussfähig	готовый принимать решение
der Entwicklungsprozeß	der Entwicklungsprozess	процесс развития
erblaßt	erblasst	побледневший
das Erdgeschoß	das Erdgeschoss *(в Ав. ß)*	первый этаж *(на уровне земли)*
die Erdnuß	die Erdnuss	земляной орех, арахис
die Erdnußbutter	die Erdnussbutter	арахисовое масло
die Erdschluß	die Erdschluss	заземление
erfaßbar	erfassbar	понятный; поддающийся учёту
erfaßt	erfasst	охваченный, учтённый
der Erguß	der Erguss	течение; излияние *(также мед.)*
das Ergußgestein	das Ergussgestein	вулканическая порода
der Erlaß	der Erlass	указ, постановление
ermeßbar	ermessbar	измеримый, определимый
erpreßbar	erpressbar	вымогаемый, шантажируемый
der Erstkläßler	der Erstklässler	первоклассник
eßbar	essbar	съедобный
das Eßbesteck	das Essbesteck	столовый прибор
die Eßecke	die Essecke	уголок в комнате, где едят
die Eßgier	die Essgier	прожорливость, обжорство
die Eßgegewohnheit	die Essgewohnheit	привычки в еде
der Eßlöffel	der Esslöffel	столовая ложка
eßlöffelweise-	esslöffelweise	ложками
der Eßtisch	der Esstisch	обеденный стол
du ißt	du isst	ты питаешься, ешь
das Eßzimmer	das Esszimmer	столовая *(комната)*
expreß	express	срочно, в спешном порядке
der Expreßzug	der Expresszug	экспресс *(поезд)*
die Expreßreinigung	die Expressreinigung	срочная химчистка
die Expreßreparatur	die Expressreparatur	срочный ремонт
der Exzeß	der Exzess	эксцесс
der Fabrikationsprozeß	der Fabrikationsprozess	производственный процесс
die Fairneß	die Fairness	безупречное поведение, благородство
der Fangschuß	der Fangschuss	выстрел, которым добивают зверя
das Faß	das Fass	бочка; бочонок
faßbar	fassbar	понятный, ясный, доходчивый
das Faßbier	das Fassbier	бочечное пиво
das Fäßchen	das Fässchen	бочонок
faßlich	fasslich	доходчивый, понятный
die Faßlichkeit	die Fasslichkeit	доходчивость, доступность
der Faßreifen	der Fassreifen	обруч *(бочки)*
der Faßspund	Fassspund/Fass-Spund	бочечная пробка; бочечный шпунт
du faßt	du fasst	ты хватаешь
er faßt	er fasst	он хватает
er faßte	er fasste	он схватил
Wer viel faßt, läßt viel fallen.	Wer viel fasst, lässt viel fallen.	Кто много хватает, тот много теряет.

по-старому	по-новому	
der Faxanschluß	der Faxanschluss	подключение факса
das Feenschloß	das Feenschloss	замок фей/волшебниц
der Fehlpaß	der Fehlpass	неточная передача, неточный пас
der Fehlschuß	der Fehlschuss	промах, непопадание *(при стрельбе)*
der Fertigungsprozeß	der Fertigungsprozess	процесс изготовления
Ich fessele/feßle ihn an Händen und Füßen.	Ich fessele/*(чаще)* fessle ihn an Händen und Füßen.	Я связываю его по рукам и ногам.
die Fesselung/Feßlung	die Fesselung/Fesslung	связывание; связка *(шахм.)*
die Fitneß	die Fitness	хорошее физическое состояние
der Flachschuß	der Flachschuss	плоский бросок *(хоккей)*
der Fluß	der Fluss	река
das Flußbett	das Flussbett	речное русло, ложе реки
das Flüßchen	das Flüsschen	речушка
das Flußdiagramm	das Flussdiagramm	блок-схема; логическая схема
der Flußsand	der Flusssand/Fluss-Sand	речной песок
die Flußschiffahrt	die Flussschifffahrt/ Fluss-Schifffahrt	плавание по внутренним водным путям; речное судоходство
der Flußspat	der Flussspat/Fluss-Spat	плавиковый шпат, флюорит
der Frauenüberschuß	der Frauenüberschuss	преобладание женского населения *(над мужским)*
der Fremdenpaß	der Fremdenpass	паспорт иностранца
die Freßgier	die Fressgier	обжорство
das Freßpaket	das Fresspaket *(фам.)*	посылка *(свёрток)* с продуктами
der Freßsack *(фам.)*	der Fresssack/Fress-Sack	обжора
du frißt	du frisst	ты жрёшь/лопаешь *(груб.)*
er frißt	er frisst	он жрёт/лопает *(груб.)*
Friß!	Friß!	Жри *(груб.)*!
der Fußbreit	*или* der Fuß breit	шаг, пядь, фут
keinen Fußbreit weichen	*или* keinen Fuß breit weichen	не отходить [не отступать] ни на шаг, не уступить ни пяди *(земли)*
der Gärungsprozeß	der Gärungsprozess	процесс брожения
das Gäßchen/ das Gäßlein	das Gässchen/ das Gässlein *(die Gasse переулок, улочка; улица (ю.-нем.))*	переулочек; *(австр.)* улочка
der Gebiß	der Gebiss	челюсть, зубы; удила, мундштук
der Geburtenüberschuß	der Geburtenüberschuss	превышение рождаемости над смертностью
Er hat sie am Arm gefaßt./ fasste sie am Arm.	Er hat sie am Arm gefasst./ Er fasste sie am Arm.	Он схватил её за руку.
gefaßt	gefasst	обрамленный; спокойный
gefirnißt	gefirnisst	лакированный, покрытый лаком
das Gelaß	das Gelass	помещение, комната; покой *(уст.)*
gemeinfaßlich/ gemeingefährlich	gemeinfasslich/ gemeingefährlich	опасный для общества, социально опасен
Wir haben gemußt.	Wir haben gemusst.	Мы должны были.
Die Wunde hat genäßt.	Die Wunde hat genässt.	Рана сочилась.
der Generalbaß	der Generalbass	генерал-бас *(муз.)*
der Genesungsprozeß	der Genesungsprozess	процесс выздоровления
der Genickschuß	der Genickschuss	выстрел в затылок
Er genoß die Natur.	Er genoss die Natur.	Он наслаждался природой.
der Genuß	der Genuss	наслаждение; удовлетворение

по-старому	по-новому	
genußreich	genussreich	дающий наслаждение
genüßlich	genüsslich	смакующий; наслаждающийся
das Genußmittel	das Genussmittel	деликатесы
die Genußsucht	Genusssucht/Genuss-Sucht	жажда наслаждений; сладострастие
genüßsüchtig	genusssüchtig	жадный до наслаждений
der Gerichtsbeschluß	der Gerichtsbeschluss	постановление суда
der Geruchsverschluß	der Geruchsverschluss	сифон (санитарных устройств)
der Geschäftsabschluß	der Geschäftsabschluss	заключение (торговой) сделки
der Geschäftsschluß	der Geschäftsschluss	закрытие магазинов
Er wurde geschaßt.	Er wurde geschasst.	Его исключили (из учебного заведения), прогнали, сняли (с работы).
geschichtsbewußt	geschichtsbewusst	сознающий исторический характер развития общества
das Geschichtsbewußtsein	das Geschichtsbewusstsein	сознание исторического характера развития человеческого общества
das Geschoß	das Geschoss (в Ав. с ß)	этаж, ярус; снаряд
3geschoßig	3-geschossig	трёхэтажный
etwas in Geschiß machen	in Geschiss machen	раздражённо встать, чтобы что-л. сделать
Alle waren gestreßt.	Alle waren gestresst.	Все были в стрессовом состоянии.
gestreßte Eltern	gestresste Eltern	родители, получившие стресс
der Gewaltschuß	der Gewaltschuss	силовой приём (спорт)
der Gewissensbiß	der Gewissensbiss	угрызения совести (чаще во мн. ч.)
gewiß	gewiss	верный, определённый
die Gewißheit	die Gewissheit	уверенность; достоверность
gewißlich	gewisslich	верно, точно; несомненно
Ich habe es gewußt.	Ich habe es gewusst.	Я знал это.
der Gleisanschluß	der Gleisanschluss	примыкание пути, ветка
der Gnadenerlaß	der Gnadenerlass	амнистия
Er goß die Blumen.	Er goß die Blumen.	Он поливал цветы.
Es goß.	Es goss.	Шёл сильный дождь.
gräßlich	grässlich	ужасный, страшный
der Grenzfluß	der Grenzfluss	пограничная река
der Guß	der Guss	литьё; отливка; ливень (разг.)
das Gußeisen	das Gusseisen	чугун
gußeisern	gusseisern	чугунный
der Gußstahl	der Gussstahl/Guss-Stahl	литая сталь
der Haarriß	der Haarriss	волосная трещина, волосовина (тех.)
der Haraß	der Harass	упаковочный ящик, упаковочная корзина (для стеклянных изделий)
die Haselnuß	die Haselnuss	лесной орех, орех лещины
der Haselnußstrauch	der Haselnussstrauch/ Haselnuss-Strauch	орешник, заросли лещины
der Haß	der Hass	ненависть
haßerfüllt	hasserfüllt	полный ненависти
häßlich	hässlich	некрасивый, уродливый
die Häßlichkeit	die Hässlichkeit	безобразие, уродство, мерзость
die Haßliebe	die Hassliebe	любовь-ненависть
du haßt	du hasst	ты ненавидишь
er haßt	er hasst	он ненавидит
sie haßte	sie hasste	она ненавидела

по-старому	по-новому	
haßverzerrt	hassverzerrt	перекошенное от ненависти *(лицо)*
der Hauptschulabschluß	der Hauptschulabschluss	окончание старшей ступени полной народной *(базовой)* школы *(8 классов)*
der Haushaltsausschuß	der Haushaltsausschuss	бюджетная комиссия (в парламенте)
der Heilungsprozeß	der Heilungsprozess	процесс лечения; выздоровления
das Heringsfaß	das Heringsfass	бочка для сельди
der Hexenschuß	der Hexenschuss	прострел *(мед.)*, люмбаго
Du hast etwas hineingeheimnißt.	Du hast etwas hineingeheimnisst.	Ты что-то домыслил/приписал.
Er hißt die Flagge.	Er hisst die Flagge.	Он поднимает флаг *(от hissen)*.
der Hochgenuß	der Hochgenuss	величайшее наслаждение
der Hochschulabschluß	der Hochschulabschluss	окончание вуза
Hochschulabschluß haben	Hochschulabschluss haben	иметь законченное высшее образование
der Imbiß	der Imbiss	закуска; закусочная
der Imbißstand	Imbissstand/Imbiss-Stand	закусочная *(со стойками)*
die Imbißstube	die Imbissstube	закусочная
der Impfpaß	der Impfpass	справка о прививках
der Indizienprozeß	der Indizienprozess	процесс получения косвенных улик
der Informationsfluß	der Informationsfluss	поток информации
der Innovationsprozeß	der Innovationsprozess	инновационный процесс
du ißt	du isst	ты ешь
er ißt	er isst	он ест
Iß!	Iss!	Ешь!
das Jagdschloß	das Jagdschloss	охотничий замок
die Jäheit	die Jähheit	внезапность; стремительность
der Jahresabschluß	der Jahresabschluss	конец хозяйственного года
der Jahresüberschuß	der Jahresüberschuss	чистая прибыль за год
der Jaß	der Jass *(ю.-нем.)*	игра в ясс *(карты)*
du jaßt; er jaßt	du jasst; er jasst	ты играешь в ясс; он играет в ясс
das Jauchefaß	das Jauchefass	бочка для навозной жижи
der Judaskuß	der Judaskuss	поцелуй Иуды *(лицемерное проявление дружбы, маскирующее предательство)*
der Julierpaß	der Julierpass	перевал Юлиер/Джулиер *(в Альпах)*
der Kabelanschluß	der Kabelanschluss	подключение кабеля
der Kabinettsbeschluß	der Kabinettsbeschluss	постановление кабинета *(министров)*
der Kameraverschluß	der Kameraverschluss	затвор фотоаппарата
der Kanonenschuß	der Kanonenschuss	пушечный выстрел
der Kapselriß	der Kapselriss	капсулярный разрыв *(мед.)*
der Kaßler	der Kassler	житель города Кассель
das Kaßler	das Kassler	копчёная корейка
das Kellergeschoß	Kellergeschoß *(в Ав. с ß)*	подвальный этаж, подвал
keß	kess	шикарный; дерзкий, наглый
die Keßheit	die Kessheit	дерзость, наглость
das Kißchen	das Kisschen	подушечка
das Klassenbewußtsein	das Klassenbewusstsein	классовое (само)сознание
der Klassenhaß	der Klassenhass	классовая ненависть
klatschnaß	klatschnass	промокший до костей/нитки *(разг.)*
der Klettverschluß	der Klettverschluss	застёжка-липучка/застёжка на липучке
der Klausenpaß	Klausenpass/Klausen-Pass	перевал Клаузен *(в Альпах)*
das Kofferschloß	das Kofferschloss	чемоданный замок

18

по-старому	по-новому	
die Kokosnuß	die Kokosnuss	кокосовый орех
die Kolanuß	die Kolanuss	орех колы
der Koloß	der Koloss	колосс
das Kollektivbewußtsein	das Kollektivbewusstsein	коллективное сознание
das Kombinationsschloß	das Kombinationsschloss	кодовый замок
der Kommiß	der Kommiss	военная служба, солдатчина
beim Kommiß sein	der Kommiss	служить в армии
das Kommißbrot	das Kommissbrot	довольствие; солдатский хлеб (перен.)
die Kommißstiefel	die Kommissstiefel/ Kommiss-Stiefel	солдатский сапог
der Kompaß	der Kompass	компас
die Kompaßnadel	die Kompassnadel	магнитная стрелка компаса
die Kompaßrose	die Kompassrose	картушка (компаса); роза ветров
kompreß	kompress	компрессионный, сжатый
der Kompromiß	der Kompromiss	компромисс
kompromißbereit	kompromissbereit	готовый пойти на компромисс
kompromißfähig	kompromissfähig	способный пойти на компромисс
der Kompromißler	der Kompromissler	соглашатель
kompromißlos	kompromisslos	бескомпромиссный
die Kompromißlösung	die Kompromisslösung	компромиссное решение
die Komteß	die Komtess	графиня (незамужняя)
der Kongreß	der Kongress	конгресс
die Kongreßhalle	die Kongresshalle	помещения для съездов/конгрессов
der Kongreßsaal	Kongresssaal/Kongress-S.	зал для съездов/конгрессов
die Kongreßstadt	Kongressstadt/Kongress-S.	город, где происходит конгресс
der Konferenzbeschluß	der Konferenzbeschluss	решение конференции
das Königsschloß	das Königsschloss	королевский замок
der Kontrabaß	der Kontrabass	контрабас (муз.)
der Kontraktabschluß	der Kontraktabschluss	заключение контракта
die Kopfnuß	die Kopfnuss	подзатыльник, щелчок (разг.)
der Kopfschuß	der Kopfschuss	выстрел в голову
das Koppelschloß	das Koppelschloss	застёжка пояса (ремня)
kraß	krass	резкий, бросающийся в глаза
die Kraßheit	die Krassheit	резкость, грубость
der Kreiselkompaß	der Kreiselkompass	гироскопический компас
der Kriminalprozeß	der Kriminalprozess	уголовный процесс
krißlig	krisslig	зернистый, гранулированный
kroß	kross	хрустящий, поджаристый
der Küraß	der Kürass	кираса, панцирь (воен. ист.)
kurzgefaßt	kurzgefasst/kurz gefasst	сжатый, краткий (о стиле)
der Kurzpaß	der Kurzpass	короткая передача (футбол)
der Kurzschluß	der Kurzschluss	короткое замыкание
der Kuß	der Kuss	поцелуй
du/er küßt	du/er küsst	ты целуешь/он целует
sie küßten sich	sie küssten sich	они целовались
Er hat sie geküßt.	Er hat sie geküsst.	Он поцеловал её.
das Küßchen	das Küsschen	поцелуйчик
kußecht	kussecht	несмываемая губная помада
die Kußhand	die Kusshand	воздушный поцелуй
die Kußszene	die Kussszene/Kuss-Szene	сцена с поцелуем
der Kwaß	der Kwass	квас

по-старому	по-новому	
der Ladenschluß	der Ladenschluss	закрытие магазина
das Ladenschlußgesetz	das Ladenschlussgesetz	закон о времени работы магазинов
die Ladenschlußzeit	die Ladenschlusszeit	время работы магазина
der Lamellenverschluß	der Lamellenverschluss	ламельный затвор
laß	lass	усталый, слабый, вялый
läßlich	· lässlich	простительный; допустимый
die Läßigkeit	die Lässigkeit	медлительность; халатность
eine läßliche Sünde	eine lässliche Sünde	небольшой/простительный грех
du, er läßt	du, er lässt	ты оставляешь; он оставляет
<u>lästig fallen</u>	*или* lästigfallen	надоедать, быть в тягость
zu Lasten	*или* <u>zulasten</u>	за счёт
der Lattenschuß	der Lattenschuss	удар в перекладину (*футбол*)
j-m den Laufpaß geben (*разг.*)	j-m den Laufpass geben	уволить со службы; выгнать (*кого-л.*), (*букв. выдать обходной лист, „бегунок", разг.*)
Sie hat ihm den Laufpaß gegeben.	Sie hat ihm den Laufpass gegeben.	Она дала ему отставку (*шутл.*)./ Она ему отказала.
der Lebensgenuß	der Lebensgenuss	наслаждение жизнью
der Leberabszeß	der Leberabszess	абсцесс печени (*мед.*)
leichenblaß	leichenblass	бледный как смерть
das Lenkradschloß	das Lenkradschloss	замок рулевого колеса
der Lernprozeß	der Lernprozess	процесс обучения
die Lichtmeß	die Lichtmess	сретенье (*церковный праздник*)
der Lorbaß	der Lorbass	бездельник, шалопай; олух (*диалект.*)
das Luftschloß	das Luftschloss	воздушный замок
das Lustschloß	das Lustschloss	загородный замок
der Maulkorberlaß	der Maulkorberlass	предписание о ношении собаками намордника
der Mehrheitsbeschluß	der Mehrheitsbeschluss	принятие большинством голосов
der Meisterschuß	der Meisterschuss	удачный, превосходный выстрел
der Meldeschluß	der Meldeschluss	(*последний*) срок подачи заявки
der Meniskusriß	der Meniskusriss	разрыв мениска
das Meßband	das Messband	рулетка
meßbar	messbar	измеримый
der Meßbecher	der Messbecher	мерный стакан (*для продуктов*)
der Meßbrief	der Messbrief	судовой паспорт (*мор.*)
das Meßbuch	das Messbuch	требник (*рел.*)
die Meßdaten	die Messdaten	данные, результаты измерений
der Meßdiener	der Messdiener	дьячок; служка; приказчик (*ком.*)
der Meßfehler	der Messfehler	ошибка, погрешность измерения
der Meßfühler	der Messfühler	измерительный щуп; датчик
das Meßgewand	das Messgewand	облачение, риза (*церк.*)
das Meßglas	das Messglas	мензурка; термометр
das Meßinstrument	das Messinstrument	измерительный инструмент, прибор
das Meßopfer	das Messopfer	святые дары, причастие (*церк.*)
der Meßsatz	der <u>Messsatz</u>/Mess-Satz	комплект измерительных приборов
der Meßstab	der <u>Messstab</u>/Mess-Stab	измерительный стержень
der Meßschnur	<u>Messschnur</u>/Mess-Schnur	мерный шнур
das Meßtischblatt	das Messtischblatt	топографическая карта (*1:25000*)
der Metallguß	der Metallguss	металлическое литье; отливка
der Milchgebiß	der Milchgebiss	молочные зубы

по-старому	по-новому	
der Milzriß	der Milzriss	разрыв селезёнки (мед.)
die Miß	die Miss	мисс
mißachten	missachten	не уважать, презирать (см. п. 3), с. 34)
die Mistreß	die Mistress	миссис (*перед фамилией замужней женщины*), хозяйка, учительница
modebewußt	modebewusst	следующий моде, следящий за модой
der Mordprozeß	der Mordprozess	процесс по делу об убийстве
die Muskatnuß	die Muskatnuss	мускатный орех
der Muskelriß	der Muskelriss	разрыв мышц (*мед.*)
das Muß	das Muss	необходимость
die Mußbestimmung	die Mussbestimmung	норма, обязательная для исполнения
ich, er, sie muß	ich, er, sie muss	я, он должен, она должна
du, er mußt	du, er musst	ты, он должен
sie mußten	sie mussten	они должны были
du mußtest	du musstest	ты должен был
die Mußheirat/	die Mussheirat/	брак из чувства долга
die Mußehe	die Mussehe	
der Musterprozeß	der Musterprozess	показательный процесс (*юр.*)
der Nachlaß	der Nachlass	скидка, наследство
das Nachlaßgericht	das Nachlassgericht	суд по наследственным делам
die Nachlaßsache	die Nachlasssache/ Nachlass-Sache	дело о наследстве
der Nachlaßverwalter	der Nachlassverwalter	попечитель над наследственным имуществом
der Nachschuß	der Nachschuss	выстрел вслед; доплата
die Nachschußpflicht	die Nachschusspflicht	обязанность оплаты дополнительных взносов (*страх.*)
der Narziß	der Narziss	нарцисс, самовлюбленный человек
der Narzißt	der Narzisst	нарцисст
der Narzißmus	der Narzissmus	нарциссизм (*мед.*)
narzißtisch	narzisstisch	страдающий нарциссизмом (*мед.*)
naß	nass	сырой, мокрый
naß machen	nass machen/nassmachen	намочить, смочить; увлажнять
naß schwitzen	nass schwitzen/nassschwitzen	что-л. становится мокрым от пота
sich naß schwitzen	sich nass schwitzen/ nassschwitzen	становиться мокрым от пота
naß spritzen	nass spritzen/ nassspritzen	(*что-л.*) в результате опрыскивания; разбрызгивания становится мокрым
naßforsch	nassforsch	подчёркнуто молодцеватый
naßgeschwitzt	nass geschwitzt/ nassgeschwitzt	мокрый от пота
naßkalt	nasskalt	сырой и холодный; промозглый
die Naßrasur	die Nassrasur	бритьё обычной бритвой (*с водой*)
die Naßwäsche	die Nasswäsche	влажное бельё
der Naßschnee	Nassschnee/Nass-Schnee	мокрый снег
nationalbewußt	nationalbewusst	с национальным /обладающий национальным самосознанием
der Nationaldreß	der Nationaldress	национальная спортивная форма
die Nebelschlußleuchte	die Nebelschlussleuchte	задняя противотуманная фара
der Nebenanschluß	der Nebenanschluss	параллельный телефон
das Nebengelaß (*уст.*)	das Nebengelass	соседнее помещение

по-старому	по-новому	
der Nebenfluß	der Nebenfluss	приток (*реки*)
der Negerkuß	der Negerkuss (= *der Schokokuss*)	„поцелуй негра" (*лёгкая сбивная масса, глазированная шоколадом*)
der Netzanschluß	der Netzanschluss	подключение к сети
die Niß (*устар.*)	die Niss (*чаще* die Nisse)	гнида (*вши*)
die Nuß	die Nuss	орех
der Nußbaum	der Nussbaum	ореховое дерево
das Nußbaumholz	das Nussbaumholz	ореховое дерево (*материал*)
nußbraun	nussbraun	ореховый (*о цвете*)
das Nüßchen	das Nüsschen	орешек
die Nußfüllung	die Nussfüllung	ореховая начинка
der Nußknacker	der Nussknacker	щипцы для орехов; щелкунчик; Щелкунчик (*в сказке*)
der Nußkuchen	der Nusskuchen	пирог с орехами
das Nußöl	das Nussöl	ореховое масло
wic cincn Nußsack prügeln	wie einen Nusssack/ Nuss-Sack prügeln	лупить (*кого-л. как сидорову козу*) (*разг.*)
die Nußschale	Nussschale/Nuss-Schale	ореховая скорлупа
der Nußschinken	der Nussschinken/ Nuss-Schinken	солёный и копченый свиной рулет
die Nußschokolade	die Nussschokolade/ Nuss-Schokolade	шоколад с ореховой начинкой
der Nußkuchen	der Nusskuchen	пирог с орехами
der Nußstrudel (*ю.-нем.*)	Nussstrudel/Nuss-Strudel	штрудель с орехами
die Nußtorte	die Nusstorte	ореховый торт
das Obergeschoß	das Obergeschoss	верхний этаж
der Ölmeßstab	der Ölmessstab	щуп для определения уровня масла
die Paranuß	die Paranuss	южный орех (*от названия штата Пара в Бразилии*)
der Parlamentsausschuß	der Parlamentsausschuss	парламентская комиссия
der Parlamentsbeschluß	der Parlamentsbeschluss	решение, постановление парламента
der Parnaß	der Parnass	Парнас (*гора в Греции*); (*перен.*) парнас (*собирательно о поэтах*)
der Parteikongreß	der Parteikongress	партийный съезд
der Parteitagsbeschluß	der Parteitagsbeschluss	партийное постановление
der Paß	der Pass	паспорт; перевал
das Paßbild/das Paßfoto	das Passbild/das Passfoto	паспортная фотокарточка
die Paßform	die Passform	хороший покрой (*платья*)
der Paßgang	der Passgang	иноходь
der Paßgänger	der Passgänger	иноходец (*лошадь*)
paßgenau	passgenau	подходящий по размеру
paßgerecht	passgerecht	подходящий, пригнанный
die Paßkontrolle	die Passkontrolle	контроль паспортов
das Paßamt	das Passamt	паспортное бюро
die Paßstelle	die Passstelle/Pass-Stelle	паспортное бюро
die Paßstraße	Passstraße/Pass-Straße	перевал, горная дорога
die Paßhöhe	die Passhöhe	наивысшая точка перевала
paßwärts	passwärts	в направлении перевала
das Paßwort	das Passwort	пароль; шифр, код (*замков сейфов*)
paßwortgeschützt	passwortgeschützt	защищено паролем
der Paßzwang	der Passzwang	обязательная паспортизация

по-старому	по-новому	
Der Schlüssel paßte nicht ins Schloß.	Der Schlüssel passte nicht ins Schloss.	Ключ не подходил к замку.
Der Ring hat an den Finger gepaßt.	Der Ring hat an den Finger gepasst.	Кольцо (на палец) подошло.
Er hat gut gepaßt.	Er hat gut gepasst.	Он дал хороший пас (футбол).
patsch(e)naß	patsch(e)nass	промокший до нитки
der Perlitguß	der Perlitguss	литейный, перлитный чугун
persöhlichkeitsbewußt	persöhlichkeitsbewusst	с чувством собственного достоинства
der Petitionsausschuß	der Petitionsausschuss	комитет по рассмотрению жалоб
die Pfeffernuß	die Pfeffernuss	маленький круглый пряник
das Pferdegebiß	das Pferdegebiss	удила, мундштук
pflichtbewußt	pflichtbewusst	сознающий свой долг
das Pflichtbewußtsein	das Pflichtbewusstsein	сознание своего долга
der Pfostenschuß	der Pfostenschuss	удар в боковую штангу (футбол)
der Piß	der Piss	моча (разг.)
die Pimpernuß	die Pimpernuss	клекачка (бот.)
er pißt	er pisst	он мочится (разг.)
der Pistolenschuß	der Pistolenschuss	выстрел из пистолета
pitschnaß/ pitsch(e)patsch(e)naß	pitschnass/ pitsch(e)patsch(e)nass	промокший до нитки (разг.)
das Pökelfaß	das Pökelfass	чан, бочка, кадка для посола
potthäßlich (разг.)	potthässlich	очень некрасивый, уродливый
der Praß (уст.)	der Prass	(старый) хлам
du, er, sie praßt	du, er, sie prasst	ты кутишь, он, она кутит
er praßte	er prasste	он кутил
Er hat gepraßt.	Er hat geprasst.	Он кутил.
preisbewußt einkaufen	preisbewusst einkaufen	разумно делать покупки
der Preisnachlaß	der Preisnachlass	скидка (с цены)
der Prellschuß	der Prellschuss	рикошет
preß decken	press (англ., спорт, = nah)	вплотную прикрывать (кого-л.) во время игры
der Preßball	der Pressball (футбол)	одновременный труднопредсказуемый удар двух игроков по мячу
die Preßform	die Pressform	пресс-форма
das Preßglas	das Pressglas	прессованное стекло
das Preßguß	das Pressguß	литьё под давлением
das Preßgut	das Pressgut	прессуемый материал
der Preßharz	der Pressharz	прессовочная смола
die Preßhefe	die Presshefe	прессованные дрожжи
das Preßholz	das Pressholz	прессованная древесина
der Preßling	der Pressling	брикет; прессованное изделие
die Preßluft	die Pressluft	сжатый воздух
die Preßkohle	die Presskohle	угольный брикет
der Preßkopf	der Presskopf	белый зельц (вид колбасы)
der Preßluftbohrer	der Pressluftbohrer	пневматический бур
die Preßluftflasche	die Pressluftflasche	баллон для сжатого воздуха
der Preßlufthammer	der Presslufthammer	пневматический молоток
der Preßsack	Presssack/Press-Sack	зельц
der Preßschlag	Pressschlag/Press-Schlag	одновременный удар 2-х игроков по мячу
der Preßspan	Pressspan/Press-Span	прессшпан

по-старому	по-новому	
die Preßspanplatte	die Pressspanplatte/ Press-Spanplatte	древесно-стружечная плита (ДСП)
der Preßstoff	der Pressstoff/Press-Stoff	прессованный материал; пластмасса
das Preßstroh	das Pressstroh/Press-Stroh	прессованная солома
du preßt	du presst	ты выжимаешь
er preßt	er presst	он выжимает
Er preßte eine Zitrone.	Er presste eine Zitrone.	Он выжимал лимон.
Er hat Trauben gepreßt.	Er hat Trauben gepresst.	Он выжал виноградный сок.
die Preßluftflasche	die Pressluftflasche	баллон для сжатого воздуха
die Preßwehen	die Presswehen	схватки, потуги (при родах)
die Preßwurst	die Presswurst	зельц
die Prinzeß (уст.)	die Prinzess	принцесса
die Prinzeßbohne	die Prinzessbohne	овощная фасоль; бобы спаржевые
das Prinzeßkleid	das Prinzesskleid	платье принцессы
das Problembewußtsein	das Problembewusstsein	способность понимать проблемы
der Produktionsprozeß	der Produktionsprozess	производственный процесс
der Profeß	der Profess	постриженик, постриженец (постриженный в монахи)
die Profeß	die Profess	монашеский обет
programmäßig	programmäßig	соответствующий программе, плану
der Progreß	der Progress	прогресс
der Prozeß	der Prozess	процесс
die Prozeßakte	der Prozessakte	дело суда
die Prozeßkosten	die Prozesskosten	судебные издержки
der/die Prozeßbevollmächtigte	der/die Prozessbevollmächtigte	уполномоченный, …ая по ведению судебного процесса
die Prozeßfähigkeit	die Prozessfähigkeit	гражданско-процессуальная правоспособность (юр.)
die prozeßführenden Parteien	die prozessführenden Parteien	участники судебного процесса
der/die Prozeßbeteiligte	der/die Prozessbeteiligte	участники судебного процесса
der Prozeßgegner	der Prozessgegner	противная сторона (в суде)
die Prozeßordnung	die Prozessordnung	устав судопроизводства
die Prozeßpartei	die Prozesspartei	сторона в гражданском процессе
der Prozeßrechner	der Prozessrechner	управляющее вычислительное устройство
das Prozeßrecht	das Prozessrecht	процессуальное право
die Prozeßvollmacht	die Prozessvollmacht	судебная доверенность
publik machen	или publikmachen	обнародовать, опубликовать
pudelnaß	pudelnass	промокший до костей; (как пудель)
das Pulverfaß	das Pulverfass	пороховая бочка
pußlig	pusslig	милый; нежный, мягкий (на ощупь)
qualitätsbewußt	qualitätsbewusst	с сознательным отношением к качеству (выполняемой работы)
der Quartal(s)abschluß	der Quartal(s)abschluss	конец квартала, квартальный отчёт
der Quartalschluß	der Quartalschluss	конец квартала
der Quellfluß	der Quellfluss	река, образуемая источниками
der Querpaß	der Querpass	поперечная передача (футбол)
der Querschuß	der Querschuss	поперечный удар (футбол и др.); срыв (плана, намерения)

по-старому	по-новому	
der Rassenhaß	der Rassenhass	расовая ненависть
Ich raßle durch die Prüfung.	Ich rassle durch die Prüfung.	Я (с треском) проваливаюсь на экзамене.
sich rar machen	sich rarmachen	не показываться на глаза
die Rasiercreme	*или* die Rasierkreme	крем для бритья
der Raßler	der Rassler	кулик-воробей
zu Rate ziehen	*или* zurate ziehen	посоветоваться *(с кем-л.)*
Räterußland	Räterussland	Советская Россия *(ист., название в первые годы РСФСР)*
der Ratsbeschluß	der Ratsbeschluss	постановление совета
der Ratschluß	der Ratschluss	решение, постановление, приговор
nach Gottes Ratschluß	nach Gottes Ratschluss	по воле божьей *(высок.)*
ratsuchend	*или* Rat suchend	в поисках совета
sich ratsuchend an j-n wenden	*или* sich Rat suchend an j-n wenden	обратиться *(к кому-л.)* за советом
der/die Ratsuchende	*или* der/die Rat Suchende	обращающийся/яся в совете
das Rauchfaß	das Rauchfass	кадило
der Rausschmiß	der Rausschmiss *(разг.)*	выставление *(кого-л. за дверь)*
der Rechtsausschuß	der Rechtsausschuss	юридический комитет
das Rechtsbewußtsein	das Rechtsbewusstsein	правосознание
der Redaktionsschluß	der Redaktionsschluss	подписание *(номера, книги)* в печать
das Regenfaß	das Regenfass	бочка для дождевой воды
der Regenguß	der Regenguss	ливень
regennaß	regennass	мокрый от дождя
der Regionalexpreß	der Regionalexpress	региональный экспресс
der Regreß	der Regress	регресс
der Regreßanspruch	der Regressanspruch	регрессная претензия *(страх.)*
die Regreßpflicht	die Regresspflicht	обязанность возмещения убытков *(по регрессному иску)*
regreßpflichtig	regresspflichtig	обязанный возместить убытки
der Reifungsprozeß	der Reifungsprozess	процесс созревания, спелости
der Reisepaß	der Reisepass	заграничный паспорт
der Reißverschluß	der Reißverschluss	молния *(застёжка)*
der Renkverschluß	der Renkverschluss	байонетный запор
der Reschenpaß	der Reschenpass	Решен *(перевал в Тирольских Альпах)*
respekteinflößend	*или* Respekt einflößend	внушающий уважение
eine respekteinflößende Persönlichkeit	*или* eine Respekt einflößende Persönlichkeit	личность, внушающая уважение
der Rettungsschuß	der Rettungsschuss	спасательный выстрел
der Rezeß	der Rezess	соглашение, полюбовная сделка
der Riß	der Riss	трещина, царапина
Er riß den Brief.	Er riss den Brief.	Он порвал письмо.
rißfest	rissfest	стойкий к образованию трещин
der Roß	der Ross	конь
der Roßapfel *(чаще мн. ч.)*	der Rossapfel *(ю.-нем., шутл.)*	экскременты лошади; конский навоз
die Roßbreiten	die Rossbreiten	„конские" широты *(геогр.)*
das Roßhaar	das Rosshaar	конский волос; конская грива
die Roßhaarmatratze	die Rosshaarmatratze	волосяной матрац
die Roßkastanie	die Rosskastanie	конский каштан *(бот.)*
der Roßkamm	der Rosskamm	скребница; барышник *(конский)*

по-старому	по-новому	
die Roßkur	die Rosskur	грубый метод лечения
eine Roßkur überstehen	eine Rosskur überstehen	подвергнуться тяжелой операции
das Rößchen	das Rösshen	конёк; трещина; разрыв (*тест.*)
das Rößlein	das Rösslein	конёк
das Rößl	das Rössl	конёк
der Roßschlachter	der Rossschlachter	забойщик коней
der Roßschlächter	der Rossschlächter	забойщик коней (*н.-нем.*)
die Roßschlächterei	die Rossschlächterei	конская бойня
der Roßtäuscher	der Rosstäuscher	барышник (*конский, уст.*);
(*уст. Pferdehändler*)	(*торговец лошадьми*)	(*перен.*) шарлатан, жулик
die Roßtäuscherei	die Rosstäuscherei	шарлатанство; жульничество
der Roßtäuschertrick	der Rosstäuschertrick	шарлатанство; шарлатанский трюк
die Roßtrappe	die Rosstrappe	Росстраппе (*скала в горах Гарц*)
der Rückfluß	der Rückfluss	обратное течение, отток
der Rückpaß	der Rückpass	передача назад (*спорт.*)
der Rückschluß	der Rückschluss	вывод (*о причине на основании следствия*)
der Ruhegenuß	der Ruhegenuss	пенсия (*австр.*)
der Runderlaß	der Runderlass	циркуляр
Rußland	Russland	Россия
der Rußki	der Russki	русский (*дискриминированно для русского и русского солдата*)
rußlanddeutsch	russlanddeutsch	немецкий русского происхождения
der/die Rußlanddeutsche	der/die Russlanddeutsche	немец/немка русского происхождения
der Säbelraßler	der Säbelrassler	бряцающий оружием
der Saisonschluß	der Saisonschluss	окончание сезона
der Salutschuß	der Salutschuss	салют (*выстрелами*)
das Salzfaß	das Salzfass	солонка
der Samenerguß	der Samenerguss	извержение семени, эякуляция
der Sammelanschluß	der Sammelanschluss	серийная линия
der Sarraß	der Sarrass	сабля с тяжёлым клинком
der Saß	der Sass	заячья нора, лёжка
der Säulenabschluß	der Säulenabschluss	капитель (*архит.*)
der Säureüberschuß	der Säureüberschuss	избыток, излишек кислоты
der Schalenguß	der Schalenguss	кокильное чугунное литьё
der Schalterschluß	der Schalterschluss	окончание работы (билетных) касс
Man schaßte ihn. (*от schassen*)	Man schasste ihn.	Его исключили (*из уч. заведения*), прогнать; сняли (*с работы*).
der Schauprozeß	der Schauprozess	показательный (*судебный*) процесс
der Scheidungsprozeß	der Scheidungsprozess	бракоразводный процесс
er schoß	er schoss	он выстрелил
das Schlachtroß	das Schlachtross	боевой конь; (*уст.*) ратный конь
der Schlagfluß (*уст.*)	der Schlagfluss	апоплексия, апоплексический удар
Sie schliß Federn.	Sie schliss Federn.	Она ощипывала перья. (*от schleißen*)
der Schlitzverschluß	der Schlitzverschluss	щелевой затвор (*тех.*)
Er schloß die Tür.	Er schloss die Tür.	Он закрыл дверь.
das Schloß	das Schloss	замок, замок
der Schloßgarten	der Schlossgarten	дворцовый сад
der Schloßhof	der Schlosshof	замковый двор
die Schloßkirche	die Schlosskirche	дворцовая церковь

по-старому	по-новому	
die Schloßruinen	die Schlossruinen	развалины замка
das Schlößchen	das Schlösschen	маленький замок; замочек
der Schloßherr	der Schlossherr	владелец замка
der Schloßpark	der Schlosspark	дворцовый парк
der Schluß	der Schluss	конец, окончание, вывод
die Schlußabstimmung	die Schlussabstimmung	окончательное согласование
der Schlußakkord	der Schlußakkord	последний аккорд (*муз.*)
der Schlußakt	der Schlussakt	последнее действие (*театр.*)
der Schlußball	der Schlussball	последний мяч
die Schlußbearbeitung	die Schlussbearbeitung	заключительная отделка поверхности
die Schlußbemerkung	die Schlussbemerkung	заключительное замечание
die Schlußbesprechung	die Schlussbesprechung	итоговое обсуждение, совещание
die Schlußbestimmungen	die Schlussbestimmungen	заключительная часть (*договора*)
die Schlußbilanz	die Schlussbilanz	заключительный баланс
das Schlußbild	das Schlussbild	заключительный кадр (*фильма*)
der Schlußbrief	der Schlussbrief	документ, подтверждающий основные условия сделки
das Schlußdrittel	das Schlussdrittel	последний период игры (*в хоккей*)
schlußendlich	schlussendlich	наконец, в конце концов (*рег.*)
die Schlußfeier	die Schlussfeier	заключительный праздник
schlußfolgern	schlussfolgern	делать вывод; подытоживать
die Schlußfolgerung	die Schlussfolgerung	вывод, заключение
die Schlußfolge	die Schlussfolge	вывод, заключение
die Schlußfoformel	die Schlussformel	заключительная формула (*дип. ноты*)
das Schlußkapitel	das Schlusskapitel	последняя глава (*в книге и т.д.*)
der Schlußkurs	der Schlusskurs	заключительный курс (*бирж.*)
das Schlußlicht	das Schlusslicht	задний свет; стоп-сигнал
die Schlußleuchte	die Schlussleuchte	задний свет; стоп-сигнал
der Schlußmann	der Schlussmann	бегущий на последнем этапе эстафеты; плывущий на последнем этапе
die Schlußnote	die Schlussnote	биржевая записка о заключении сделки
die Schlußnotierung	die Schlussnotierung	заключительная биржевая котировка
der Schlußpfiff	der Schlusspfiff	финальный свисток (*судьи*)
die Schlußphase	die Schlussphase	заключительная фаза
der Schlußpunkt	der Schlusspunkt	заключительный/последний пункт
der Schlußsatz	der Schlusssatz/ Schluss-Satz	последнее предложение (*текста*); логический вывод; финал (*муз.*)
der Schlußsprung	Schlusssprung/Schluss-S.	соскок (*спорт.*)
der Schlußspurt	Schlussspurt/Schluss-S.	рывок перед финишем
die Schlußrechnung	die Schlussrechnung	тройное правило (*мат.*); окончательный расчёт/счёт (*ком.*)
der Schlußredakteur	der Schlussredakteur	редактор, имеющий право подписи в печать; выпускающий редактор
das Schlußsignal/ die Schlußsirene	Schlusssignal/Schluss-S./ Schlusssirene/Schluss-S.	сигнал окончания (*напр., радиопередачи*)
der Schlußstein	der Schlussstein/ Schluss-Stein	замковый кирпич, камень (*свода*); завершение, завершающий этап
der Schlußstrich	Schlussstrich/Schluss-S.	черта в конце рукописи, документа
einen Schlußstrich (*unter A*) ziehen	einen Schlussstrich (*unter A*) ziehen	покончить (*с каким-л. делом*)

по-старому	по-новому	
einen Schlußstrich unter	einen Schlussstrich unter	подвести черту под (каким-л.)
eine Rechnung ziehen	eine Rechnung ziehen	счётом, подвести итог
die Schlußverteilung	die Schlussverteilung	окончательное распределение кон-
		курсной массы среди кредиторов
die Schlußszene	Schlusssszene/Schluss-S.	заключительная сцена (спектакля)
der Schlußverkauf	der Schlussverkauf	распродажа (в конце сезона)
das Schlußwort	das Schlusswort	заключительное слово
das Schlußzeichen	das Schlusszeichen	сигнал окончания (напр., радиопередачи)
der Schmerfluß	der Schmerfluss	текучесть смазки
Er schmiß mit Steinen.	Er schmiss mit Steinen.	Он бросает/швыряет камни.
der Schmiß	der Schmiss	рубец, шрам
das Schnappschloß	das Schnappschloss	замок с защёлкой
der Schnappschuß	der Schnappschuss	моментальный снимок
die Schnee-Eifel	или die Schneeeifel	снежные горы Эйфель (сев.-зап.
		часть Рейнских Сланцевых гор)
die Schnee-Eule	или die Schneeeule	сова белая
die Schneewächte	die Schneewechte	большой снежный сугроб
der Schnellimbiß	der Schnellimbiss	(лёгкая) еда, еда на скорую руку;
		закусочная(-автомат); буфет
der Schnellschuß	der Schnellschuss	весьма срочный заказ (полигр.);
		быстрая мера, быстрая реакция
der Schnellastwagen	der Schnelllastwagen/	быстроходный грузовой
	Schnell-Lastwagen	автомобиль
der Schnelleser	der Schnellleser/	быстродействующее читающее
	Schnell-Leser	устройство/владеющий скорочтением
der Schokolade[n]guß	der Schokolade[n]guss	шоколадная глазурь
der Schokokuß	der Schokokuss	шоколадная глазурь
Er schoß aus der Flinte.	Er schoss aus der Flinte.	Он стрелял из охотничьего ружья.
Er schoß den Ball ins Tor.	Er schoss den Ball ins Tor.	Он забил гол в ворота.
der Schoß	der Schoss	побег (бот.)
Die Pflanze schoß	Die Pflanze schoss	Растение дало побеги.
(schoßte, hat geschoßt).	(schosste, hat geschosst).	(от schossen)
der Schoßhund	der Schosshund	комнатная собачка; болонка
wie ein Schoßhund	wie ein Schosshund	выть (как собака), завывать;
heulen	heulen	скулить; (разг.) ревмя реветь
der Schößling	der Schössling	отпрыск, побег, росток
der Schraubverschluß	der Schraubverschluss	навинчивающаяся крышка
schreckensblaß	schreckensblass	бледный от ужаса, страха
der Schreckschuß	der Schreckschuss	(предупредительный) выстрел;
		сигнал предупреждения
der Schrotschuß	der Schrotschuss	выстрел дробью; ранение дробью
der Schulabschluß	der Schulabschluss	окончание школы
schuldbewußt	schuldbewusst	сознающий свою вину
der Schuldenerlaß	der Schuldenerlass	списание задолжности
der Schulschluß	der Schulschluss	окончание школы
der Schulstreß	der Schulstress	стресс в школе
der Schulterschluß	der Schulterschluss	тесная связь групп людей
		(имеющих общие интересы)
der Schuß	der Schuss	выстрел
die Schußabgabe	die Schussabgabe	производство выстрела (воен.);
		резкая передача/подача (спорт.)

по-старому	по-новому	
das Schußbein	das Schussbein	ударная нога (футбол)
schußbereit/ schußfertig	schussbereit/ schussfertig	готовый к стрельбе
das Schußfeld	das Schussfeld	сектор обстрела (воен.)
schußfest	schussfest	пуленепробиваемый (воен.)
Schußgeschwindigkeit	Schußgeschwindigkeit	скорострельность
schußlig	schusslig (разг.)	рассеянный, неловкий; вертлявый
die Schußlinie	die Schusslinie	направление стрельбы
schußschwach sein	schussschwach sein	быть плохим бомбардиром
die Schußschwäche	die Schussschwäche/ Schuss-Schwäche	плохой бомбардир; слабая атака ворот
schußstark sein	schussstark sein	быть хорошим бомбардиром
die Schußverletzung	die Schussverletzung	огнестрельное ранение
die Schußwaffe	die Schusswaffe	огнестрельное оружие
der Schußwechsel	der Schusswechsel	перестрелка
die Schußweite	die Schussweite	дальность стрельбы
die Schußwunde	die Schusswunde	огнестрельная рана
die Schußzahl	die Schusszahl	количество выстрелов
der Sehnenriß	der Sehnenriss	разрыв сухожилия (мед.)
der Seigerriß	der Seigerriss	вертикальный разрез, профиль (геол.)
der Selbstschuß	der Selbstschuss	самострел
selig machen	или seligmachen	облагодетельствовать
der Senatsbeschluß	der Senatsbeschluss	постановление сената
der Sendeschluß	der Sendeschluss	окончание радиопередач
der Senkungsabszeß	der Senkungsabszess	натёчный абсцесс (мед.)
der Sensationsprozeß	der Sensationsprozess	сенсационный судебный процесс
das Showbusineß	das Showbusiness	шоу-бизнес
siegesbewußt/ siegesgewiß	siegesbewußt/siegesgewiss	уверенный в победе
die Siegesgewißheit	die Siegesgewissheit	уверенность в победе
der Simplonpaß	Simplonpass/Simplon-Pass	Симплон (перевал в Альпах)
Sowjetrußland	Sowjetrussland	Советская Россия
der Speichelfluß	der Speichelfluss	слюнотечение
der Spliß	der Spliss	заноза, заусенец (тех.); стык
du splißt (per. splissen)	du splisst	ты колешь, щепаешь (лучину)
er spliß (spleißen)	er spliss	он колол, щепал (лучину)
der Splügenpaß	der Splügenpass	Шплюген (перевал в Альпах)
der Sportdreß	der Sportdress	спортивный костюм
das Sprenggeschoß	das Sprenggeschoss	фугасный снаряд (воен.)
der Spritzguß	der Spritzguss	литьё под давлением (тех.)
Es sproß neues Grün.	Es spross neues Grün.	Взошла/появилась молодая зелень.
der Sproß	der Spross	побег, отросток; отпрыск, потомок
sproß (om sprießen)	spross	взошло/появилось
die Sproßachse	die Sprossachse	ось побега; побег
das SpRößchen	das Sprösschen	маленький отросток/отросточек
der SpRößling	der Sprössling	отпрыск (разг., о ребёнке)
der Stadtexpreß	der Stadtexpress	пригородный поезд
das Stahlroß	das Stahlross	стальной конь (шутл. о велосипеде)
der Stehimbiß	der Stehimbiss	закусочная (со стойками)
der Steilpaß	der Steilpass	навесной пас (футбол)
der Sterbeablaß	der Sterbeablass	отпущение смертных грехов
der Steuerausschuß	der Steuerausschuss	налоговый комитет

по-старому	по-новому	
der Steuererlaß	der Steuererlass	освобождение от уплаты налогов
der Steuermeßbetrag	der Steuermessbetrag	сумма для исчисления поземельного и промыслового налогов
die Stewardeß	die Stewardess	стюардесса, бортпроводница
der Straferlaß	der Straferlass	помилование, амнистия (юр.)
ein bedingter Straferlaß	ein bedingter Straferlass	условное осуждение (юр.)
der Strafnachlaß	der Strafnachlass	снижение наказания (австр., юр.)
der Strafprozeß	der Strafprozess	уголовный процесс (юр.)
die Strafprozeßordnung	die Strafprozessordnung	уголовно-процессуальный кодекс
der Streifschuß	der Streifschuss	лёгкое ранение, царапина
Er hat einen Streifschuß bekommen.	Er hat einen Streifschuss bekommen.	Он легко ранен, его только задело пулей.
das Streitroß	das Streitross (уст.)	боевой конь
der Streß	der Stress	стресс
der Streßabbau	der Stressabbau	уменьшение стресса
Der Lärm streßt.	Der Lärm streßt.	Шум раздражает. (от stressen)
Ich bin gestreßt.	Ich bin gestresst.	Я получил стресс.
die Streßsituation	die Stresssituation/Stress-S	стрессовая ситуация
der Stuß	der Stuss	чушь, чепуха, вздор, ерунда
der Sustenpaß	der Sustenpass	Зустен (перевал в Альпах)
das Tankschloß	das Tankschloss	замок на крышке бака
der Tankverschluß	der Tankverschluss	замок, запорное устройство бака
der Tarifabschluß	der Tarifabschluss	тарифное соглашение
das Täßchen	das Tässchen	чашечка
der Tauernexpreß	der Tauernexpress	Тауэрнский экспресс (горы в Австрии)
taunaß	taunass	мокрый, сырой, влажный от росы
das Teerfaß	das Teerfass	бочка из-под смолы, дёгтя
der Temperguß	der Temperguss	неотожжённый ковкий чугун
der Terminstreß	der Terminstress	стресс, вызываемый сроком
das Tintenfaß	das Tintenfass	чернильница
der Tiraß (франц.)	der Tirass	силок; сеть для ловли птиц
todblaß/totenblaß	todblass/totenblass	смертельно бледный
der Todesschuß	der Todesschuss	смертельный выстрел
der Torschuß	der Torschuss	удар по воротам
der Tortenguß	der Tortenguss	глазурь на торте
totenblaß	totenblass	бледный как смерть
traditionsbewußt	traditionsbewusst	преемственный
das Traditionsbewußtsein	das Traditionsbewusstsein	преемственность
der Traß	der Trass	трасс (вулканические туфы)
triefnaß	triefnass	насквозь, совершенно мокрый
tropfnaß	tropfnass	совершенно мокрый
der Troß	der Tross	обоз, свита
Troß!	Tross (рег. schnell)!	Быстро!
das Troßschiff	Trossschiff/Tross-Schiff	транспортное судно
der Truchseß	der Truchsess	стольник (ист.)
der Trugschluß	der Trugschluss	ложное заключение, ложный вывод
das Trumpfas	Trumpfass/Trumpf-Ass	козырной туз
Tschüß!/Tschüs!	Tschüss!/Tschüs!	Пока!
Wie wollen dir tschüs/tschüß sagen.	Wie wollen tschüs/Tschüs, tschüss/Tschüss sagen.	Мы хотим с тобой попрощаться.

по-старому	по-новому	
das Türschloß	das Türschloss	дверной замок
der Überbiß	der Überbiss	перекрывающий прикус (мед.)
der Überdruß	der Überdruss	скука; пресыщение; отвращение
der Überfluß	der Überfluss	изобилие
die Überflußgesellschaft	die Überflussgesellschaft	общество изобилия
der Übergenuß	der Übergenuss	переплата (австр., канц.)
der Überguß	der Überguss	обливание; подливка; оболочка (конф.)
der Überschuß	der Überschuss	излишек, избыток; чистая прибыль
die Überschußproduktion	die Überschussproduktion	перепроизводство
der Umdenkprozeß	der Umdenkprozess	процесс изменения взглядов
der Umdenkungsprozeß	der Umdenkungsprozess	процесс переосмысливания
Die Liste umfaßt alles Wichtige.	Die Liste umfasst alles Wichtige.	Список содержит всё основное.
der Umkehrschluß	der Umkehrschluss	заключение, вывод от противного
der Umriß	der Umriss	контур, очертание
die Umrißzeichnung	die Umrisszeichnung	набросок, эскиз, чертёж
der Umschichtungsprozeß	der Umschichtungsprozess	процесс перегруппировки
der Umstellungsprozeß	der Umstellungsprozess	процесс переориентации, перестройки
der Umwandlungsprozeß	der Umwandlungsprozess	процесс преобразования; конверсии
umweltbewußt	umweltbewusst	отличающийся высоким экологическим сознанием, подходом
das Umweltbewußtsein	das Umweltbewusstsein	высокое экологическое сознание
der Umwelteinfluß	der Umwelteinfluss	влияние окружающей среды
unangepaßt	unangepasst	несогласованный
die Unangepaßtheit	die Unangepasstheit	несогласованность
unbeeinflußbar	unbeeinflussbar	не подверженный (чужому) влиянию
unbeeinflußt	unbeeinflusst	свободный от каких-л. влияний
unbewußt	unbewusst	бессознательный; непреднамеренный
unerläßlich	unerlässlich	необходимый, неизбежный
unermeßlich	unermesslich	неизмеримый, необъятный
Die Steuern steigen ins unermeßliche.	Die Steuern steigen ins Unermessliche.	Налоги растут неизмеримо.
die Unermeßlichkeit	die Unermesslichkeit	неизмеримость, безмерность
die Unfairneß	die Unfairness (спорт)	некорректность, не по правилам
unfaßbar/	unfassbar/	непостижимый; непонятный/
unfaßlich	unfasslich	невообразимый, немыслимый
für den Menschenverstand unfaßbar	für den Menschenverstand unfassbar	уму непостижимо
Die Kosten steigen ins ungeheure.	Die Kosten steigen ins Ungeheure.	Расходы безмерно возрастают.
ungewiß	ungewiss	неизвестный, неопределённый
die Ungewißheit	die Ungewissheit	неизвестность, неопределённость
unmißverständlich	unmissverständlich	недвусмысленный, ясный
Das kommt mir unpaß.	Das kommt mir unpass.	Это мне некстати.
unpäßlich	unpässlich	нездоровый
unpäßlich sein	unpässlich sein	чувствовать недомогание
die Unpäßlichkeit	die Unpässlichkeit	нездоровье, недомогание
das Unrechtsbewußtsein	das Unrechtsbewusstsein	сознание неправомерности (деяния)

по-старому	по-новому	
der Unterausschuß	der Unterausschuss	подкомитет, подкомиссия
unterbewußt	unterbewusst	подсознательный
das Unterbewußtsein	das Unterbewusstsein	подсознание
das Untergeschoß	das Untergeschoß	цокольный этаж
ohne Unterlaß	ohne Unterlass *(высок.)*	непрерывно, без устали *(работать)*
der Unterschuß *(уст.)*	der Unterschuss	дефицит, убыток
der Untersuchungs- ausschuß	der Untersuchungs- ausschuss	следственная комиссия *(бундестага ФРГ и Австрии)*
unvergeßlich	unvergesslich	незабываемый, памятный
der Verbiß	der Verbiss	потрава дичью *(лес.)*
Die Farbe verblaßt.	Die Farbe verblasst.	Цвет выцвел./Краска выцвела.
	(от verblassen бледнеть; блёкнуть, выцветать)	
die verblaßten Kindererinnerungen	die verblassten Kindererinnerungen	стёршиеся детские воспоминания
Das verdroß uns.	Das verdross uns.	Это огорчило нас.
	(от verdrießen сердить, раздражать; огорчать)	
der Verdruß	der Verdruss	досада, огорчение; неприятность
Du verfaßt einen Artikel.	Du verfasst einen Artikel.	Ты напишешь статью.
Er hat den Brief verfaßt.	Er hat den Brief verfasst.	Он составил/написал письмо.
vergeßlich	vergesslich	забывчивый
die Vergeßlichkeit	die Vergesslichkeit	забывчивость
das Vergißmeinnicht	das Vergissmeinnicht	незабудка *(бот.)*
du vergißt	du vergisst	ты забываешь
er vergißt	er vergisst	он забывает
Vergiß!	Vergiss!	Забудь!
verhaßt	verhasst	ненавистный, презренный
sich verhaßt machen	sich verhasst machen	вызывать к себе ненависть
der Verkehrsfluß	der Verkehrsfluss	транспортный поток
Auf ihn ist kein Verlaß.	Auf ihn ist kein Verlass.	На него нельзя положиться.
der Verlaß	der Verlass	надёжность
Auf ihn ist kein Verlaß.	Auf ihn ist kein Verlass.	На него нельзя положиться.
verläßlich	verlässlich	надёжный
die Verläßlichkeit	die Verlässlichkeit	надёжность
Der Betrieb vermaßt es.	Der Betrieb vermasst es.	Предприятие делает это продукцией массового производства.
	(от vermassen делать что-л. продукцией массового производства)	
Er vermißt dich.	Er vermisst dich.	Ему тебя не хватает.
Sie hat dich vermißt.	Sie hat dich vermisst.	Ей тебя не хватало.
Die Vermißtenanzeige	die Vermisstenanzeige	объявление о розыске пропавшего без вести лица
Er hat den Zug verpaßt.	Er hat den Zug verpasst.	Он опоздал на поезд.
Das Geld wurde verpraßt.	Das Geld wurde verprasst.	Деньги транжирились.
der Verriß	der Verriss	разгромная критика *(произведения)*
der Verschiß	der Verschiss	бойкот *(груб.)*
der Verschluß	der Verschluss	запор; замок; закупорка *(мед.)*
der Verschlußdeckel	der Verschlussdeckel	запорная крышка; люк; лючок
die Verschlußkappe	die Verschlusskappe	колпак, колпачок; заглушка

по-старому	по-новому	
der Verschlußlaut	der Verschlusslaut	смычный/взрывной согласный
die Verschlußsache	die Verschlusssache/ Verschluss-Sache	секретный документ
die Verschlußschraube	die Verschlussschraube/ Verschluss-Schraube	запорный винт
der Verschlußstreifen	der Verschlussstreifen/ Verschluss-Strefen	бумажная полоса *(для бандероли)*
die Verschlußzeit	die Verschlusszeit	автоматическая выдержка *(фото)*
die Verselbständigung	*или* Verselbstständigung	обособление; отделение
der Versorgungsengpaß	der Versorgungsengpass	узкое место в снабжении
der Versorgungsgenuß *(австр., канц.)*	der Versorgungsgenuss	пенсия для близкого родственника умершего
das Vorhängeschloß/ das Vorlegeschloß	das Vorhängeschloss/ das Vorlegeschloss	висячий замок
die Vorschlußrunde	die Vorschlussrunde	полуфинал *(спорт.)*
der Vorschuß	der Vorschuss	аванс, задаток
die Vorschußlorbeeren	die Vorschusslorbeeren	преждевременные похвалы/лавры
vorschußweise	vorschussweise	в виде аванса, задатка; авансом
die Vorschußzahlung	die Vorschusszahlung	задаток, авансовый платёж
der Vertragsabschluß	der Vertragsabschluss	заключение договора
der Vertragsschluß	der Vertragsschluss	заключение договора
der Vorschuß	der Vorschuss	аванс, задаток
der Wachsabguß	der Wachsabguss	восковая фигура
der Wahlausschuß	der Wahlausschuss	избирательная комиссия
die Walnuß	die Walnuss	грецкий орех
das Walroß	das Walross	морж
der Wandlungsprozeß	der Wandlungsprozess	процесс преобразований
das Wasserschloß	das Wasserschloss	замок, окруженный рвом с водой
wäßrig	wässrig	водянистый
die Wäßrigkeit	die Wässrigkeit	водянистость
der Wechselregreß	der Wechselregress	вексельный регресс
der Wehrpaß	der Wehrpass	военный билет
wißbegierig	wissbegierig	любознательный
die Wißbegier(de)	die Wissbegier(de)	любознательность, жажда знаний
ihr wißt	ihr wisst	вы знаете
Er wußte	er wusste	он знал
du wußtest	du wusstest	ты знал
Ich wüßte gern darüber.	Ich wüsste gern darüber.	Я охотно узнал бы об этом.
Ich habe gewußt.	Ich habe gewusst.	Я знал.
der Witterungseinfluß	der Witterungseinfluss	влияние погоды
das Zahlenschloß	das Zahlenschloss	кодовый замок
die Zaubernuß	die Zaubernuss	гамамелис *(бот.)*
der Zentralausschuß (der Werbewirtschaft)	der Zentralausschuss (der Werbewirtschaft)	Центральное управление *(по делам торговой рекламы (ФРГ))*
der Zersetzungsprozeß	der Zersetzungsprozess	процесс разложения

по-старому	по-новому	
zielbewußt	zielbewusst	целеустремлённый
die Zielbewußtheit	die Zielbewusstheit	целеустремлённость
der Zippverschluß	der Zippverschluss	застёжка „молния" (австр.)
der Zirkelschluß	der Zirkelschluss	порочный круг; круг (лог.)
der Zivilprozeß	der Zivilprozess	гражданский процесс (юр.)
die Zivilprozeßordnung	die Zivilprozessordnung	гражданский процессуальный кодекс
das Zivilprozeßrecht	das Zivilprozessrecht	гражданское право (юр.)
der Zubiß	der Zubiss	укус
der Zuckerguß	der Zuckerguss	(сахарная) глазурь
der Zufluß	der Zufluss	приток, прилив; стечение
das Zündschloß	das Zündschloss	замок зажигания
Er hat zugepaßt.	Er hat zugepasst.	Он дал пас (особенно в футболе).
zugepreßt	zugepresst (zupresen)	придавленный, прижатый
Er hat zurückgemußt.	Er hat zurückgemusst.	Ему необходимо было вернуться.
Er hat das Gespräch zusammengefaßt.	Er hat das Gespräch zusammengefasst.	Он подвёл итоги беседы.
der Zusammenfluß	der Zusammenfluss	слияние (рек)
Seine Worte und Taten paßten nicht zusammen.	Seine Worte und Taten passten nicht zusammen.	Его слова расходились с делами.
Er hat die Lippe zusammengepreßt.	Er hat die Lippe zusammengepresst.	Он сжал губы.
der Zusammenschluß	der Zusammenschluss	соединение, объединение; сплочение
der Zuschuß	der Zuschuss	прибавка, субсидия, пособие
der Zuschußbetrieb	der Zuschussbetrieb	бюджетное предприятие
die Zuschußwirtschaft	die Zuschusswirtschaft	бюджетное предприятие, хозяйство
der Zuschußbogen	der Zuschussbogen	сверхкомплектный лист (полигр.)
der Zweitkläßler	der Zweitklässler	второклассник, ученик 2-го класса
der Zweitklaßwagen	der Zweitklaßwagen	вагон второго класса (шв. ж.-д.)
das Zwischengeschoß	das Zwischengeschoss	полуэтаж, антресоль
Weißrußland	Weißrussland (неофиц.)	Беларусь

Примечание.

По новым правилам остался один вариант написания die Hostess хостесса, гид-переводчица, сопровождающая гостя (по-старому: die Hostess, die Hosteß).

2) союз *dass* (по старым правилам *daß*):

по-старому	по-новому	
Ich weiß, daß er kommt.	Ich weiß, dass er kommt.	Я знаю, что он придёт.
Er freut sich, daß schönes Wetter ist.	Er freut sich, dass schönes Wetter ist.	Он радуется, что стоит хорошая погода.
Sie glaubt, dass der Unterricht nicht ausfällt.	Sie glaubt, dass der Unterricht nicht ausfällt.	Она верит/считает/полагает, что занятие не будет отменено.
Er arbeitete Tag und Nacht, so daß er krank wurde.	Er arbeitete Tag und Nacht, so dass/so dass er krank wurde.	Он работал день и ночь так, что заболел.

3) приставка *miss* (по старым правилам *miß*):

по-старому	по-новому	
die Mißachtung	die Missachtung	неуважение, презрение
die Mißbildung	die Missbildung	уродство; порок развития
mißbilligen	missbilligen	не одобрять, порицать, хулить
mißbehagen	missbehagen	не нравиться, быть не по нутру
Es mißbehagt mir hier.	Es missbehagt mir hier.	Мне здесь не нравится/не по себе.
mißbehaglich	missbehaglich	неприятный, досадный
mißbeschaffen	missbeschaffen	имеющий неправильную форму
die Mißbeschaffenheit	die Missbeschaffenheit	уродливость, безобразие
mißbilligen	missbilligen	не одобрять, порицать, хулить
der Mißbrauch	der Missbrauch	злоупотребление (чем-л.)
mißbrauchen	missbrauchen	злоупотреблять (чем-л.)
mißbräuchlich	missbräuchlich	основанный на злоупотреблении
mißbräuchlicherweise	missbräuchlicherweise	неправильно, незаконно
mißdeuten	missdeuten	ложно, превратно истолковывать
die Mißdeutung	die Missdeutung	ложное толкование; кривотолки
mißdeutbar	missdeutbar	двусмысленный
mißdeutig	mißdeutig	двусмысленный
die Mißempfindung	die Missempfindung	нездоровье
der Mißerfolg	der Misserfolg	неудача
die Mißernte	die Missernte	неурожай, недород
mißfallen	missfallen	не нравиться, быть неприятным
das Mißfallen	das Missfallen	неудовольствие, недовольство
Mißfallenskundgebung	Missfallenskundgebung	демонстрация, митинг протеста
mißfällig	missfällig	неприятный, противный
die Mißfarbe	die Missfarbe	некрасивый, неприятный цвет
mißfarben/mißfarbig	missfarben/missfarbig	имеющий некрасивый цвет
die Mißgeburt	die Missgeburt	урод, уродец, ублюдок; аборт
mißgelaunt	missgelaunt	расстроенный, не в духе
mißlaunig/mißlaunisch	misslaunig/misslaunisch	не в духе, не в настроении
die Mißgelauntheit	die Missgelauntheit	дурное настроение
das Mißgeschick	das Missgeschick	несчастье, неудача, невзгода
die Mißgestalt	die Missgestalt	уродство, уродливость
mißgestaltet	missgestaltet	уродливый, убогий (от рождения)
mißgestalten	missgestalten	уродовать, обезображивать
mißgestimmt	missgestimmt	расстроенный, не в духе
mißgewachsene Bäume	missgewachsene Bäume	уродливые деревья
ein mißgewachsener Mensch	ein missgewachsener Mensch	калека
mißgönnen	missgönnen	завидовать, жалеть
mißglücken	missglücken	не удаваться
der Mißgriff	der Missgriff	ошибка; неправильный приём
die Mißgunst	die Missgunst	недоброжелательство, немилость
mißgünstig	missgünstig	завистливый; неблагоприятный
mißhandeln	misshandeln	жестоко обращаться, издеваться
die Mißhandlung	die Misshandlung	жестокое обращение, истязание
die Mißheirat	die Missheirat	неудачный брак; неравный брак
mißhellig	misshellig	нестройный (о звуках)
die Mißhelligkeit	die Misshelligkeit	неблагозвучие; (перен.) неполадки
der Mißklang	der Missklang	диссонанс, неблагозвучие
der Mißkredit	der Misskredit	недоверие; дурная репутация

по-старому	по-новому	
mißleiten	missleiten	сбивать с пути истинного
die Mißleitung	die Missleitung	введение в заблуждение
mißlich	misslich	щекотливый, деликатный
mißliebig	missliebig	нелюбимый; ненавистный
mißlingen	misslingen	не удаваться
das Mißmanagement	das Mißmanagement	плохой менеджмент
der Mißmut	der Missmut	досада; уныние, мрачность
mißmutig	missmutig	недовольный; угрюмый
mißraten	missraten	не удаваться
der Mißstand	Missstand/Miss-Stand	плохое состояние, неисправность
mißtrauen	misstrauen	не доверять, остерегаться
das Mißtrauen	das Misstrauen	недоверие; подозрение
mißtrauisch	misstrauisch	недоверчивый, подозрительный
die Mißstimmung	die Missstimmung/ Miss-Stimmung	дурное/плохое настроение, разлад; расстройство
du, er, sie mißt (*messen*)	du, er, sie misst	ты измеряешь, он, она измеряет
du, er, sie mißt (*missen*)	du, er, sie misst	ты, он лишён, она лишена (*чего-л.*)
die Mistreß	die Mistress	миссис, госпожа
mißwachsen	misswachsen	расти искалеченным, быть убогим
der Mißpickel	der Misspickel	мышьяковый колчедан
das Mißvergnügen	das Missvergnügen	недовольство, досада
das Mißverhältnis	das Missverhältnis	диспропорция, несоответствие
das Mißverständnis	das Missverständnis	недоразумение, разногласие
mißverstehen	missverstehen	ложно, неправильно понимать
der Mißwachs	der Misswachs	плохой, медленный рост
die Mißweisung	die Missweisung	неверное указание
die Mißwirtschaft	die Misswirtschaft	бесхозяйственность
mißzufrieden	misszufrieden (*уст.*)	недовольный

4. Если в основе слова (при глухом звуке *s* после краткого гласного) содержится *ss*, при его изменении или образовании новых слов (по новым правилам) *ss* сохраняется:

bevorschussen du bevorschusst ты авансируешь; er bevorschusste он авансировал;
авансировать er hat bevorschusst он авансировал

bezuschussen du bezuschusst ты оказываешь материальную помощь
оказывать er bezuschußte он оказывал материальную помощь;
мат. помощь er hat bevorschusst он оказал материальную помощь

essen есть du isst ты ешь; er isst он ест; Iss! Ешь!
essbar съедобный; der Esstisch обеденный стол

fassen хватать du fasst ты хватаешь; er fasst он хватает; er fasste он схватил;
er hat gefasst он схватил; fassbar уловимый; понятный,
fasslich доходчивый

hassen du hasst ты ненавидишь; er hasst он ненавидит; sie hasste она
ненавидеть ненавидела; ihr hasst вы ненавидите; der Hass ненависть

küssen целовать küsste; geküsst; du/er küsst; sie küssten sich; der Kuss поцелуй

lassen оставлять du lässt ты оставляешь; er lässt он оставляет

messen du misst ты измеряешь; er misst он измеряет;
измерять messbar измеримый; das Messband рулетка

müssen быть du musst ты должен; er muss он должен; sie mussten они должны
должным были; er hat gemusst он должен был; das Muss необходимость;
die Mussvorschrift должностная инструкция

passen подходить	Das passt nicht hierher.	Это сюда не подходит.
	Der Hut passte ihm gut.	Шляпа ему подходит хорошо.
	Die Koffer haben ins Auto gepasst.	Чемоданы поместились в машине.
	Die Größe ist passgerecht.	Размер подходящий.
prassen кутить, прожигать жизнь	du prasst ты кутишь;	er prasst он кутит;
	er prasste он кутил;	er hat geprasst он кутил
pressen жать, прессовать; выжимать сок	du presst ты выжимаешь;	er presst он выжимает;
	er presste он выжимал;	er hat gepresst он выжал;
	die Pressluft сжатый воздух;	der Pressling брикет
verblassen бледнеть; блёкнуть; выцветать	Das Foto verblasste.	Фотография выцвела.
	die verblassten Tapeten	выцветшие обои
	Die Kindererinnerungen sind verblasst.	Воспоминания детства стёрлись.
vergessen забывать	du vergisst ты забываешь;	er vergisst он забывает;
	Er ist vergesslich.	Он забывчивый.
wissen знать	Er wusste das nicht.	Он не знал этого.
	Hast du gewusst, dass er kommt?	Ты знал, что он придёт?
	Er ist wissbegierig.	Он любознательный.
die Klasse класс	der Erstklässler	первоклассник
	der Zweitklässler	второклассник
das Wasser вода	wässrig/wässerig	водянистый
	die Wässrigkeit	водянистость

Также: verblassen, verhassen, verlassen, vermassen, vermissen, verprassen (перевод см. выше)

Кроме случаев, когда они получают долгую гласную или дифтонг:

er aß	он ел	ich weiß	я знаю
er ließ	он оставил	du weißt	ты знаешь
er maß	он измерял	er weiß	он знает
er vergaß	он забывал		

Примечание.

Если после короткого гласного писали *s*, а не *ß*, то по-прежнему пишется одна *s*. К ним относятся:

1) слова, оканчивающиеся на *-nis, -as, -is, -os, -us,* часто заимствованные из иностранных языков, пишутся с одной *s*, хотя во множественном числе они пишутся с *ss*:

das Zeugnis аттестат; *(школьный)* табель – die Zeugnisse, der Atlas – die Atlasse; der Iltis хорёк – die Iltisse; der Albatros – die Albatrosse; der Bus – die Busse и др.,

2) „грамматические слова": *bis, das, des* (**но:** *dessen*), *was, wes* (**но:** *wessen*),

3) приставка *dis-*: die Diskussion; die Diskothek, diskret тактичный.

1.1. 3. Колебания в написании *ß* или *ss* (Schwankungen bei der Schreibung von *ß* oder *ss*):

по-старому	по-новому	
der Löß	*или* der Löss[1]	лёсс *(геология)*
lößig	*или* lössig	лёссовый
die Lößlandschaft	*или* die Lösslandschaft	лёссовый ландшафт
die Lößschicht	*или* Lössschicht/Löss-Schicht	лёссовый слой
die Maß	*или* die Mass	*(ю.-нем.)* мера *(жидкости)*; литровая кружка *(пива)*

[1] Такой вариант добавился по новым правилам, и *ö* соответственно произносится кратко.

1.2. Выпадение безударной -e- внутри слова
(Entfall des unbetonten -e- im Wortinnern)

Безударная -*e* в конце основы слова выпадает, и такая короткая форма является общеупотребительной. Это наблюдается в глаголах, оканчивающихся на -*rn* или -*ln*, а также в существительных, образованных от этих глаголов:

по-старому	по-новому	
ich bessere mich	*или* ich bessre mich	я исправляюсь
die Besserung	*или* die Bessrung	улучшение, выздоровление, поправка
die Bewässerung	*или* die Bewässrung	орошение, ирригация, обводнение
ich bessere nach	*или* ich bessre nach	я устраняю дефекты
die Nachbesserung	*или* die Nachbessrung	доделка, дополнительное исправление
der Verbesserer	*или* der Verbessrer	реформатор; рационализатор
die Verbessererung	*или* die Verbessrerung	поправка, исправление; улучшение
die Verwässerung	*или* die Verwässrung	обводнение, заводнение
ich fessele	*или* ich fessle	я связываю
die Fesselung	*или* die Fesslung	связывание, сковывание; связка (*шахм.*)
ich schussele	*или* ich schussle	я бестолково суечусь; портачу (*разг.*)
Ich vermassele ihm	*или* Ich vermassle ihm	Я испорчу ему настроение
die Stimmung.	die Stimmung.	(*разг.*).

Также: trockner (trockener) Boden сухая почва и др.

1.3. Сохранение единообразного написания основы в родственных словах
(Erhalt der Stammschreibung in verwandten Wörtern)

Вторым важным принципом написания слов является сохранение единообразного написания основы в родственных словах (das Stammprinzip). Это означает, что слова, образованные от одной основы, должны как можно меньше отличаться друг от друга. Это в значительной степени облегчает написание слов. В прежних правилах в этом отношении имелось множество часто не вполне обоснованных исключений, то есть этот принцип в таких случаях не соблюдался:

die Nummer номер **но:** numerieren нумеровать
der Platz место **но:** plazieren занять (*какое-л.*) место (*спорт.*) и т. д.

Сохранение единообразного написания основы в родственных словах по новым правилам выражается в **следующем**.

1) Сохранение трёх одинаковых букв на стыке составных частей сложного слова
(Erhalt dreier gleicher Buchstaben beim Zusammentreffen in Zusammensetzungen)

В составных словах, если первое из них заканчивается двумя одинаковыми согласными или гласными, а другое начинается с такой же согласной или гласной, все три согласные или гласные сохраняются при письме. Для облегчения чтения этих слов их можно писать через дефис. К ним относятся **существительные**:

по-старому	по-новому	
die Ballettruppe	die Balletttruppe/ Ballett-Truppe	балетная труппа
das Bettuch	das Betttuch/ Bett-Tuch	простыня
der Flußsand	der Flusssand/ Fluss-Sand	речной песок
die Hawaii-Inseln	die Hawaiiinseln/ Hawaii-Inseln	Гавайские острова
der Kaffee-Ersatz	der Kaffeeersatz/ Kaffee-Ersatz	суррогат кофе
die Schnellebigkeit	die Schnelllebigkeit	недолговечность

Так же два варианта написания **по новым правилам** имеют:

die Armee-Einheit	die Armeeeinheit	войсковая часть, подразделение
die Bestellliste	die Bestell-Liste	список; бланк заказов; заявка
die Brennnessel	die Brenn-Nessel	крапива
der Eisschnelllauf	der Eisschnell-Lauf	скоростной бег на коньках
das Dämmmaterial	das Dämm-Material	изоляционный материал
der Dasssatz	der dass-Satz	придаточное предложение с *dass*
die Falllinie	die Fall-Linie	линия падения
der Fetttropfen	der Fett-Tropfen	капля жира/масла
die Fetttusche	die Fett-Tusche	жирная тушь
der Flanelllappen	der Flanell-Lappen	фланелевая тряпка
Fußballländerspiel	das Fußball-Länderspiel	международная встреча по футболу
der Geschirrreiniger	der Geschirr-Reiniger	средство для мытья посуды
die Gewinnnummer	die Gewinn-Nummer	выигрышный номер
die Kaffee-Ernte	die Kaffeeernte	урожай кофе
der Kaffee-Export	der Kaffeeexport	экспорт кофе
der Kaffee-Extrakt	der Kaffeeextrakt	экстракт кофе
der Kammmacher	der Kamm-Macher	гребенщик
die Kämmmaschine	die Kämm-Maschine	гребнечесальная машина
die Kennnummer	die Kenn-Nummer	код; числовая характеристика
die Klemmmappe	die Klemm-Mappe	папка с зажимом
die Kontrolllampe	die Kontroll-Lampe	контрольная лампочка
die Kontrollliste	die Kontroll-Liste	контрольный/проверочный список
das Krepppapier	das Krepp-Papier	креповая/гофрированная бумага
der Kristallleuchter	der Kristall-Leuchter	хрустальная люстра
die Kristalllüster	die Kristall-Lüster	хрустальная люстра
die Kunststofffolie	die Kunststoff-Folie	синтетическая/полимерная плёнка
die Kunststoffflasche	die Kunststoff-Flasche	пластмассовая бутылка
die Metalllegierung	die Metall-Legierung	металлический сплав
das Mullläppchen	das Mull-Läppchen	долька, лоскут из марли (*мед.*)
die Nulllage	die Null-Lage	нулевое, нейтральное положение
der Nullleiter	der Null-Leiter	нулевой провод (*эл.*)
die Nulllösung	die Null-Lösung	нулевое решение
die Pinnnadel	die Pinn-Nadel	кнопка
der Rollladen	der Roll-Laden	жалюзи
die Rammmaschine	die Ramm-Maschine	джин (*машина для обработки хлопка*)
die Raumschifffahrt	die Raumschiff-Fahrt	космонавтика
der Rouletttisch	der Roulett-Tisch	рулеточный стол
die Sauerstoffflasche	die Sauerstoff-Flasche	кислородный баллон
die Schalllehre	die Schall-Lehre	акустика, учение о звуке
der Schallleiter	der Schall-Leiter	проводник звука (*физ.*)
die Schallleitung	die Schall-Leitung	проведение звука (*физ.*)
die Schifffahrt	die Schiff-Fahrt	поездка на пароходе
die Schlammmasse	die Schlamm-Masse	месиво; вязкая грязь; грязь
die Schnee-Eifel	die Schneeeifel	снежные горы Эйфель
die Schnee-Eule	die Schneeeule	сова белая
der Schritttanz	der Schritt-Tanz	медленный танец; хоровод
das Schritttempo	das Schritt-Tempo	относительно медленный темп
der Schwimmmeister	der Schwimm-Meister	инструктор по плаванию
der Schrotttransport	der Schrott-Transport	перевозка металлолома
der See-Elefant	der Seeelefant	морской слон южный (*зоол.*)
die See-Erfahrung	die Seeerfahrung	морской опыт

das Sperrrad	das Sperr-Rad	храповик, храповое колесо *(тех.)*
der Sperrriegel	der Sperr-Riegel	задвижка, засов, запор
die Stalllaterne	die Stall-Laterne	*(переносной)* фонарь
die Stammmanschaft	die Stamm-Manschaft	основной состав команды *(спорт.)*
die Stammmutter	die Stamm-Mutter	родоначальница, праматерь
die Stammmiete	die Stamm-Miete	*(театральный)* абонемент
der Stammmieter	der Stamm-Mieter	постоянный съёмщик квартиры
der Stemmmeißel	der Stemm-Meißel	стамеска; резец *(для работ по дереву)*
das Stillleben	das Still-Leben	натюрморт *(живопись)*
die Stilllegung	die Still-Legung	свёртывание, консервация *(предпр.)*
die Stofffarbe	die Stoff-Farbe	цвет материи/ткани
die Stofffetzen	die Stoff-Fetzen	лоскуты материи; лохмотья
die Stofffülle	die Stoff-Fülle	изобилие/богатство материала
der Stopppreis	der Stopp-Preis	наивысшая/предельная цена
das Tee-Ei	das Teeei	мерная ложка для заварки чая
die Tee-Ernte	die Teeernte	урожай; сбор чайного листа
die Volllast	die Voll-Last	полная нагрузка *(тех.)*
der Wettteufel	der Wett-Teufel	страсть заключать пари *(шутл.)*
das Wetttauchen	das Wett-Tauchen	соревнования по нырянию
das Wettturnen	das Wett-Turnen	соревнования по гимнастике
der Wolllappen	der Woll-Lappen	шерстяная тряпка
die Zellstofffabrik	die Zellstoff-Fabrik	целлюлозный завод
die Zelllehre	die Zell-Lehre	цитология, учение о клетке
die Zolllinie	die Zoll-Linie	таможенная граница

Примечание.

Ранее были случаи, когда буква на стыке составных частей не опускалась, то есть было три одинаковых буквы:

по-старому	**по-новому**	
der Kipppflug	*или* der Kipp-Pflug	балансирный плуг *(с.-х.)*
das Pappplakat	*или* das Papp-Plakat	плакат, афиша из картона
die Sauerstoffflasche	*или* Sauerstoff-Flasche	кислородный баллон
der Stopppreis	*или* der Stopp-Preis	наивысшая/предельная цена

Die Armee-Einheit войсковая часть ранее писали через дефис (по-новому: Armeeeinheit). Эти прежние случаи написания и послужили основой для принятия нового правила.

Другие части речи:

по-старому	**по-новому**	
alliebend	allliebend	всеми любимый/любимый всеми
griffest	grifffest	крепкий, цепкий; прочный
hellicht	helllicht	*(очень)* ясный, светлый
hellila	helllila	светло-лиловый, сиреневый
helleuchtend	hellleuchtend/hell leuchtend	сияющий; яркий
hellodernd	helllodernd/hell lodernd	ярко пылающий *(огонь)*
schnellebig	schnelllebig	недолговечный
die Schnelllebigkeit	die Schnelllebigkeit	недолговечность
volladen	vollladen	догружать
der Vollastbetrieb	der Volllastbetrieb	режим полной нагрузки *(тех.)*
vollaufen	volllaufen	наполниться *(водой)*
sich vollaufen lassen	sich volllaufen lassen	накачаться, напиться *(фам.)*
volleibig	vollleibig	толстый, полный
zollang	zolllang	длиной в *(один)* дюйм

Примечание.

Это правило применимо и к тем словам, которые по новым правилам в конце слова вместо *ß* получили *ss*:

по-старому	по-новому	
die Flußstrecke	die Flussstrecke/Fluss-Strecke	плёс
die Flußsenke	die Flusssenke/Fluss-Senke	сток речи

Это правило не коснулось слов, которые и по старым правилам не рассматривались как сложные: *dennoch* всё же, однако, **das Drittel** треть, **der Mittag** полдень.

2) Удвоение согласной (Verdoppelung des Konsonantenbuchstabens)

После ударной краткой гласной удваивается согласная. Это исходит из исторически сложившегося написания родственных слов:

по-старому	по-новому		как и слово	
das As	das Ass	туз, ас	des Asses аса, die Asse асы	
fritieren	frittieren обжаривать во фритюре		die Frittüre	фритюр (*жир*)
numerieren	nummerieren*	(про)нумеровать	die Nummer	номер
der Karamel	der Karamell	жжёный сахар	die Karamelle	карамель
das Karamelbier	das Karamellbier	солодовое пиво		
der Karamelbonbon	Karamellbonbon	конфета, карамель, леденец		
der Karamelzucker	Karamellzucker	жжёный сахар; ячменный сахар		
karamelisieren	karamellisieren	жечь (сахар)		
der Mop	der Mopp	верёвочная щётка	moppen	подметать пол
der Onestep	der Onestepp	уанстеп (*танец*)	steppen	танцевать степ
die Platitüde	die Plattitüde/Platitude (*высок., фр.*)	пошлость; плоская шутка		
der Step	der Stepp	степ, чечётка		
der Stepschritt	der Steppschritt	па танца степ		
der Steptanz	der Stepptanz	степ, чечётка (танец)		
der Steptänzer	der Stepptänzer	чечёточник		
der Twostep	der Twostepp	тустеп (*танец*) (= *der Zweischritt*)		
der Stop	der Stopp**	остановка (*мяча*)	stoppen	останавливать
der Tip	der Tipp	подсказка, совет	tippen (*разг.*)	допускать
der Tolpatsch	der Tollpatsch	недотёпа	toll	сумасбродный
der Zierat	der Zierrat	украшение	der Vorrat	запас

*У некоторых слов, заимствованных из других языков, удвоения согласно не произошло:

das Numero (*итал.*)	номер (*уст.*)
der Numerus (мн. ч. *die Numeri*)	число (*грамм.*)
der Numerus clausus	количественное ограничение, процентная норма (*приёма в учебные заведения*)
das Numerale	имя числительное
die Numerik	цифровое программное управление

Два варианта по-прежнему имеют: **numerisch** и **nummerisch** численный; числовой

**Это слово теперь пишется, как и (ранее) следующие слова:

der Autosto**pp**	автостоп
der Sto**pp**	остановка, задержка; прекращение
sto**pp** (*stop англ.*)	стой!, стоп!
der Sto**pp**ball	остановка мяча (*фут.*); укороченный удар (*тен.*)

Примечание.

По новым правилам так же получили удвоение согласной и пишутся с *ss* (хотя редакция Дуден рекомендует вариант написания с одной *s*):

по-старому	по-новому		
der <u>Mes</u>ner	*или* der Messner	пономарь *(церк.)*	die Messe месса
der <u>Mes</u>mer *(бав., шв.)*	*или* der Messmer	пономарь *(церк.)*	
die <u>Poles</u>je	*или* die Polessje	Полесье	
der Kris	der Kriss	малайский кинжал	
der <u>Kumys</u>	*или* der Kumyss	кумыс	

В некоторых случаях в новом варианте, наоборот, произошло уменьшение числа согласных:

по-старому	по-новому		как и слово
der <u>Saisonn</u>ier	*или* der Saisonier *(ав., шв.)*	сезонный рабочий	die Saison сезон
die <u>Ordonn</u>anz	*или* die Ordonanz	ординарец	ordinare *(лат.)*
der <u>Waggon</u>	*или* der Wagon	вагон	der Wagen вагон

У некоторых слов из французского языка, наоборот, добавился вариант написания с одной согласной (хотя редакция Дуден рекомендует вариант написания с двумя согласными):

по-старому	по-новому	
die <u>Bonbonn</u>iere	*или* die Bonboniere	бонбоньерка; фасон дамского чепца
der <u>Chanson</u>nier	*или* der Chansonier	шансонье
die <u>Chanson</u>nière	*или* die Chansoniere	эстрадная певица – исп. жанр. песен
der <u>Waggon</u>	*или* der Wagon	вагон

3) Написание с умлаутом (Schreibung mit Umlaut)

Некоторые слова в соответствии с принципом сохранения единообразного написания основы в родственных словах получили умлаут:

по-старому	по-новому		как слово	
<u>aufwendig</u>	*или* aufwändig	дорогостоящий	der Aufwand	затраты
<u>zeitaufwendig</u>	*или* zeitaufwändig	требующий больших затрат времени		
behende	behände	ловкий, юркий	die Hand	рука *(кисть)*
die Behendigkeit	die Behändigkeit	проворство, быстрота, юркость		
belemmert	belämmert	глупый	der Lamm	овечка *(перен.)*
belemmern	belämmern	обманывать		
das Bendel	das Bändel	лента	das Band	лента, тесьма
einbleuen	einbläuen	вдалбливать	blau	синий
die Gemse	die Gämse	серна	der/die Gams	серна
greulich	gräulich	ужасный	grauen	наводить ужас
die Greuel	die Gräuel	ужас	das Grauen	ужас
das Quentchen	das Quäntchen	крупица	das Quantum	квант
die Schenke	die Schänke/ die <u>Schenke</u>	трактир/ кабак	der Ausschank ausschenken	торговля в розлив; трактир разливать *(спиртное)*
sich schneuzen	sich schnäuzen	сморкаться	die Schnauze	рыло, нос
der Stengel	der Stängel	стебель	die Stange	шест, жердь
der Stendel	der Ständel	любка двулистная	Ständer/Stand	стойка
überschwenglich	überschwänglich	чрезмерный	der Überschwang	чрезмерность
einbleuen	einbläuen	вдалбливать	blau	синий
durchbleuen	durchbläuen	отколотить, вздуть, отлупить *(разг.)*		
verbleuen	verbläuen	избить *(до синяков)*		

Примечание.

Некоторые слова из-за этого принципа потеряли умлаут:

по-старому	по-новому		как слово	
die Wächte	die Wechte	снежный надув	wehen	веять
Wächtenbildung	Wechtenbildung	образование надувов		
überwächten	überwechten	образовать надувы	*(mit Wechten bedecken)*	
überwächtet	überwechtet	с надувами		
die Schneewächte	die Schneewechte	большой снежный сугроб		

4) Другие случаи (Andere Fälle)

а) У некоторых слов изменились (добавились) согласные:

по-старому	по-новому		как слово	
plazieren *(редко:* placieren, *фр.)*	platzieren	поставить на место, занять место *(спорт.)*	der Platz	место
der Stukkateur	der Stuckateur	лепщик; лепщик	der Stuck	лепнина/лепка
der Stukkator	der Stuckator	лепщик; лепщик		
die Stukkatur	der Stuckatur	штукатурная/лепная работа		
das Trekking	*или* das Trecking	турпоход *(по труднопроход. местности)*	der Treck	обоз, колонна
das Trekkingbike	*или* Treckingbike	дорожный велосипед		
die Trekkingtour	*или* Treckingtour	турпоход		

б) В некоторых случаях в основу добавляется *h*:

по-старому	по-новому		как слово	
der Fön	der Föhn	фен	der Föhn	фён *(сухой тёплый ветер)*
die Haare fönen	die Haare föhnen	сушить волосы феном		
die Jäheit	die Jähheit	внезапность	jäh (+ heit)	внезапный
die Roheit	die Rohheit	грубость	roh (+ heit)	грубый
die Zäheit	die Zähheit	упорство	zäh (+ heit)	упорный

Но по-прежнему: die Hoheit величие, высочество; верховная власть; господство

в) Некоторые слова получили ещё один вариант написания:

по-старому	по-новому		как слово	
der Alpdruck	*или* der Albdruck	удушье *(во сне)*	der Alb/Alp	дух, призрак[1]
das Alpdrücken	*или* Albdrücken	удушье *(во сне);* кошмар *(тж. перен.)*		
der Alptraum	*или* der Albtraum	кошмарный сон		

[1] который согласно немецкой мифологии садится ночью на грудь спящего и вызывает угнетающее чувство страха

Словосочетания с *selbst + ständig* имеют два варианта написания:

по-старому	по-новому	
selbständig	*или* selbstständig	самостоятельный
unselbständig	*или* unselbstständig	несамостоятельный, зависимый
Unselbständigkeit	*или* Unselbstständigkeit	несамостоятельность, зависимость

1.4. Приравнивание к написанию подобных слов
   (Angleichung an vergleichbare Schreibung)

В ряде слов после согласной *h* больше не пишется, так как редко встречающиеся старые сочетания букв были приравнены к написанию подобных слов:

по-старому	по-новому		как слово
das Känguruh	Känguru	кенгуру	das Gnu гну, der Kakadu какаду
rauh	rau	шершавый	blau синий, grau серый, genau точный, schlau хитрый
anrauhen	anrauen	делать грубым, шероховатым, неровным	
aufrauhen	aufrauen	придавать шероховатость	
aufgerauht	aufgeraut	шероховатый	
rauhen	rauen	делать шероховатым; ворсовать *(текст.)*	
die Rauherei	die Rauerei	ворсование	
der Rauhputz	der Rauputz	наброска, первый штукатурный намёт	
die Rauhbank	die Raubank	фуганок	
rauhhaarig	rauhaarig	жесткошерстный	
der Rauhfrost	der Raufrost	изморозь *(ю.-нем.)*	
das Rauhfutter	das Raufutter	объёмный фураж, грубый корм	
die Rauhigkeit	die Rauigkeit	шероховатость; грубость	
rauhbeinig	raubeinig	неотёсанный, грубый *(разг.)*	
rauhborstig	rauborstig	щетинистый; неотёсанный, грубый	
die Rauhigkeit	die Rauigkeit	шероховатость, неровность	
Rauhfasertapete	Raufasertapete	грубоволокнистые обои для внутренней отделки	
der Rauhreif	der Raureif	изморозь	

Примечание.
По-прежнему: die Rauheit шершавость, шероховатость, неровность; грубость

Ранее два слова, обозначающие одно и то же, писали по-разному:
   die Rauhigkeit и die Rauheit

1.5. Написание слов, заимствованных из иностранных языков
   (Schreibung von Fremdwörtern)

Когда слово (или основа слова) заимствовалось из другого языка, то в немецком языке его написание сначала было таким же, как на языке происхождения, например, *die Photographie*. Затем, по мере привыкания к нему, происходило его онемечивание в написании, например, *die Fotografie*. Таким образом, слово получает два варианта написания. В дальнейшем могло произойти так, что оставалась только одна онемеченная форма. Так, в словаре 1902 года записаны две формы: *die Coulisse* и *die Kulisse* кулиса *(в разных значениях)*. Сейчас употребляется только *die Kulisse*.

Другие слова, прежде всего, заимствования из греческого языка, напротив, не были подвержены этим преобразованиям и остались в прежнем виде:
   die Philosophie, das Theater, die Rhetorik и т. д.

Учесть и управлять этими процессами преобразований нелегко. Поэтому новые правила следуют принципу, который учитывает адаптацию формы языка происхождения к немецкому правописанию слов, разбив их на группы или отдельные случаи. При этом оставлены два варианта с тем, чтобы не форсировать процесс принятия решения об определении одного варианта, а дать время, чтобы один из вариантов утвердился сам.

Варианты написания по новым правилам касаются групп слов, в которых буквы (сочетания букв) заменяются на другие, а именно:

1) *ph, th, rh -> f, t, r*

Сочетание *ph* в общеупотребительном языке в словах с основой *phon, phot, graph* можно заменить на *f*. Такое написание практиковалось уже долгое время, и группа слов ещё раньше была включена в орфографический словарь Дудена, например, das Mikrofon, die Fotokopie, der Grafiker (см. с. 45).

По новым правилам пишутся:

ph -> f (из греческого языка)

по-старому	по-новому	
die Autobiographie	*или* die Autobiografie	автобиография
das Autograph	*или* das Autobiograf	автограф, подлинная рукопись
der Bibliograph	*или* der Bibliograf	библиограф
die Bibliographie	*или* die Bibliografie	библиография
der Biograph	*или* der Biograf	биограф
die Biographie	*или* die Biografie	биография
der Choreograph	*или* der Choreograf	хореограф
die Choreographie	*или* die Choreografie	хореография
Computertomographie	*или* Computertomografie	компьютерная томография
die Demographie	*или* die Demografie	демография
der Delphin	*или* der Delfin	дельфин
das Diktaphon	*или* das Diktafon	диктофон
der Geograph	*или* die Geograf	географ
die Geographie	*или* die Geografie	география
der Graphit	*или* der Grafit	графит
der Graphologe	*или* der Grafologe	графология
der Kalligraph	*или* der Kalligraf	каллиграф
die Kalligraphie	*или* die Kalligrafie	каллиграфия
kalligraphiesch	*или* kalligrafiesch	каллиграфический
die Kartographie	*или* die Kartografie	картография
die Lithographie	*или* die Lithografie	литография
die Mammographie	*или* die Mammografie	маммография
das Megaphon	*или* das Megafon	мегафон
das Mikrophon	*или* das Mikrofon	микрофон
der Paragraph	*или* der Paragraf	параграф
die Phantasie	*или* die Fantasie	фантазия
das Phon	*или* das Fon	фон (*единица уровня громкости звука*)
das Phonem	*или* das Fonem	фонема (*лингв.*)
die Phonetik	*или* die Fonetik	фонетика
der Phonetiker	*или* der Fonetiker	фонетист
phonetisch	*или* fonetisch	фонетический
phonisch	*или* fonisch	фонический; звуковой
das Phonogramm	*или* das Fonogramm	фонограмма
das Phonometer	*или* das Fonometer	фонометр
die Phonotechnik	*или* die Fonotechnik	фонотехника
die Phonothek	*или* die Fonothek	фонотека
die Phonzahl	*или* die Fonzahl	громкость звука (*в фонах*)
polyphon	*или* polyfon	полифонический

по-старому	по-новому	
die Poliphonie	*или* die Polifonie	полифония
die Pornographie	*или* die Pornografie	порнография
die Psaligraphie	*или* die Psaligrafie	искусство вырезывания силуэтов
die Orthographie	*или* die Orthografie	орфография
der Oszillograph	*или* der Oszillograf	осциллограф
das Saxophon	*или* das Saxofon	саксофон
der Seismograph	*или* der Seismograf	сейсмограф
der Tachograph	*или* der Tachograf	тахограф, самопишущий тахометр
die Topographie	*или* die Topografie	топография
das Telephon	*или* das Telefon	телефон
die Xerographie	*или* die Xerografie	ксерография *(полигр.)*
xerographisch	*или* xerografisch	ксерокопированный
der Xylograph	*или* der Xylograf *(греч.)*	ксилограф, гравёр по дереву
der Xylophon	*или* der Xylofon *(греч.)*	ксилофон *(музыкальный инструмент)*
die Zoographie	*или* die Zoografie	зоография
die Zinkographie	*или* die Zinkografie	цинкография

Многие слова из профессионального языка *Photo-* можно писать *Foto-*:

по-старому	по-новому	
der Photoeffekt	*или* der Fotoeffekt	фотоэффект
das Photoelement	*или* das Fotoelement	фотоэлемент
das Photogramm	*или* das Fotogramm	фотограмма
die Photogravüre	*или* die Fotogravüre	фотогравюра; гелиогравюра
die Photometrie	*или* die Fotometrie	фотометрия
das Photometer	*или* das Fotometer	фонометр
das Photon	*или* das Foton	фотон
die Photophysiologie	*или* die Fotophysiologie	фотофизиология
die Photosphäre	*или* die Fotosphäre	фотосфера
die Photosynthese	*или* die Fotosynthese	фотосинтез *(бот.)*
die Phototherapie	*или* die Fototherapie	фототерапия, лечение светом
die Photozelle	*или* die Fotozelle	фотоэлемент

Некоторые слова из профессионального языка сохранили два варианта написания (см. с. 242–255):

der Fotograf/Photograf	фотограф
das Fotogramm/Photogramm	фотограмма
die Fotografik/Photografik	фотографика
die Fotokopie / Photokopie	фотокопия

Кроме: das Phot фот *(физ.)*, das Photon фотон *(физ.)*

Однако **прежним осталось** написание следующих слов:

der Apostroph	апостроф	der Philosoph	философ
die Atmosphäre	атмосфера	der Philanthrop	филантроп
das Phantom	призрак	die Philatelie	филателия
die Pharmakologie	фармакология	Philadelphia	Филадельфия
das Phänomen	феномен	der Phosphor	фосфор
die Phase	фаза	die Physik	физика
die Philologie	филология	die Physiologie	психология
die Philosophie	философия		

Соответственно в часто употребляемых словах сочетания *rh* (только в конце слова), *th, gh* могут заменяться на *r, t, g* (то есть после согласной может опускаться *h*):

по-старому	по-новому	
der <u>Katarrh</u>	*или* der Katarr	катар
die <u>Myrrhe</u>	*или* die Myrre	мирра *(ароматическая смола)*
der <u>Panther</u>	*или* der Panter	пантера, барс
die <u>Spaghetti</u>	*или* die Spagetti	спагетти
der <u>Thunfisch</u>	*или* der Tunfisch	тунец
der/das <u>Joghurt</u>	*или* der/das Jogurt	йогурт

В некоторых иностранных словах *h* после согласной осталось:

das Rheuma	ревматизм	die Apotheke	аптека
der Rhesus	резус	das Thema	тема
die Rhinitis	ринит; насморк	die Sympathie	симпатия
der Rhythmus	ритм		

2) *é – ée -> ee*

Слова, оканчивающиеся на *é* и *ée*, практически все заимствованы из французского языка. В словах die Allee, die Armee, die Chaussee, das Entree вход; плата за вход; передняя, вестибюль, die Idee, der Kaffee, das Klischee, das Püree, das Renommee репутация, престиж, реноме, das Resümee, die Tournee ещё раньше *é* и *ée* были заменены *ee* (по-французски: allée, armée, purée и т. д.)

по-старому	по-новому	
das <u>Bouclé</u>	*или* das Buklee	плательная ткань из пряжи букле
der <u>Bouclé</u>	*или* der Buklee	ткань и ковер из букле
die <u>Chicorée</u>	*или* die Schikoree	салатный сорт цикория
das <u>Dekolleté</u>	*или* das Dekolletee	декольте
das <u>Dragée</u>	*или* das <u>Dragee</u>	драже
der <u>Drapé</u>	*или* der <u>Drapee</u>	драп *(ткань)*
das <u>Exposé</u>	*или* das Exposee	меморандум; доклад
der <u>Frappé</u> *(фр.)*	*или* der Frappee	материал с тиснёным узором *(текст.)*
das <u>Frappé</u>	*или* das Frappee *(австр.)*	лимонад со льда
das <u>Glacé</u>	*или* das Glacee	лайка *(кожа)*; гласе *(ткань)*
der <u>Lamé</u>	*или* der Lamee	ламе *(ткань)*
das <u>Negligé</u>	*или* das Negligee	неглиже
Das ist <u>passé</u>.	*или* Das ist passee.	Это уже не актуально.
das <u>Rommé</u>	*или* das Rommee	роме *(карточная игра)*
das <u>Séparée</u>	*или* das <u>Separee</u>	отдельный кабинет *(в ресторане)*
das <u>Soufflé</u>	*или* das Soufflee	суфле
das <u>Varieté</u>	*или* das Varietee	варьете

3) *...tial, ...tiell -> ...zial, ...ziell*

Если родственные слова в конце слова имеют *-z*, то возможна замена буквы *-t*:

по-старому	по-новому		как слово
das Differential	*или* das <u>Differenzial</u>	дифференциал	die Differenz разница
differentiell	*или* <u>differenziell</u>	дифференциальный	
dementiell	*или* <u>demenziell</u>	слабоумный	die Demenz слабоумие
essentiell	*или* <u>essenziell</u>	существенный	die Essenz сущность
existentiell	*или* <u>existenziell</u>	жизненно важный	die Existenz бытие

по-старому	по-новому		как слово
der Justitiar	или der Justiziar	юрисконсульт	die Justiz юстиция
das Lizentiat	или das Lizenziat	лиценциат (учёная степень)	die Lizenz лицензия
das Potential	или das Potenzial	потенциал	die Potenz сила
Einsparpotential	или Einsparpotenzial	потенциал экономии	
potentiell	или potenziell	потенциальный	
präferentiell	или präferenziell	преимущественный	die Präferenz преимущество
sequentiell	или sequenziell	последовательный	die Sequenz последовательность
substantiell	или substanziell	субстанциальный	die Substanz субстанция

Некоторые слова ещё по старым правилам имели -z:

		как слово	
finanziell	финансовый	die Finanz	финансы
tendenziell	имеющий тенденцию	die Tendenz	тенденция

В некоторых случаях в новом варианте происходит обратная замена z – t:

preziös	или pretiös (фр.)	драгоценный	die Preziosen/Pretiosen драгоценности

4) Правописание отдельных иностранных слов (Schreibung von einzelnen Fremdwörtern)

Произошли изменения в написании некоторых слов, чаще всего заимствованные из французского языка:

по-старому	по-новому	
die Bravour	или die Bravur	отвага, смелость; высокое мастерство
bravourös	или bravurös	энергично, ловко; мастерски
das Château (фр.)	или das Chateau	замок, дворец
der Csárdás	или der Csardas	чардаш
die Hämorrhoide	или die Hämorride	геморрой
der/das Ketchup	или der/das Ketschup	кетчуп
das Kommuniqué	или das Kommunikee	коммюнике
das Necessaire	или das Nessessär	несессер
das Pappmaché	или das Pappmaschee	папье-маше
das Portemonnaie	или das Portmonee	портмоне
der Shrimp	или der Schrimp	креветка
tête-à-tête	Tête-à-Tête/Tete-a-Tete	тет-а-тет, встреча с глазу на глаз
vis-à-vis	или vis-a-vis	визави, друг против друга; напротив

5) Образование множественного числа английских существительных, оканчивающихся на -y (Pluralbildung der englischen Substantive, die auf -y enden):

по-старому	по-новому	
die Ladys/Ladies	die Ladys	леди
die Lobbys/Lobbies	die Lobbys	лобби
die Partys/Parties	die Partys	вечеринки
die Rowdys/Rowdies	die Rowdys	хулиганы
die Storys/Stories	die Storys	рассказы, новеллы, (разг.) небылицы

По-прежнему: das Baby младенец – die Babys

6) Правописание английских существительных
(Schreibung der englischen Substantiven)

Новые правила правописания существительных, заимствованных из английского языка, касаются лишь тех из них, которые наиболее употребляемы в немецком языке и благодаря этому вошли в орфографический словарь Дудена. На другие слова, особенно из профессиональной области, новые правила не распространяются.

По новым правилам существительные, заимствованные из английского языка и состоящие из нескольких частей, можно писать **слитно**. Наряду с этим возможно эти составные части писать **через дефис**.

При принятии решения о выборе одного из этих вариантов рекомендуется поставить себе вопрос в отношении того, будет ли без дефиса это слово читаться без проблем.

Существительные, которые можно писать слитно и через дефис:

по-старому	по-новому	
das Action-painting	das Actionpainting/ Action-Painting	ташизм, „активная живопись"
die After-shave-Lotion	die Aftershavelotion/ Aftershave-Lotion	лосьон после бритья
das/der Blackout	или das/der Black-out	временное отсутствие/отключение электричества; провал памяти
das Blow-up	или das Blowup	фотографическое увеличение
der Cherry Brandy	Cherry-Brandy/Cherrybrandy	вишнёвый ликёр
das Comeback	или das Come-back	успешное возвращение после перерыва (на сцену, экран и т.д.)
der/das Countdown	или der/das Count-down	обратный отсчёт времени
der Davis-Cup	или der Daviscup	Кубок Дэвиса
der Davis-Pokal	или der Davispokal	Кубок Дэвиса
der Fallout	или der Fall-out	вредные (радиоактивные) выпадения (из атмосферы)
das Feedback	или das Feed-back	обратная связь
der Full-time-Job	Fulltimejob/Fulltime-Job	полная занятость
das Glamourgirl	или das Glamour-Girl	гламурные девушки
der/das Kickdown	или der/das Kick-down	резкое нажатие на педаль газа
der Knockout	или der Knock-out	нокаут (бокс)
der Knockoutschlag	или der Knock-out-Schlag	нокаут (удар в боксе)
das Know-how	или das Knowhow	ноу-хау
das Lawn-Tennis	или das Lawntennis	лаун-теннис
das Layout	или das Lay-out	компоновка текста и графики
der Live-Act	или der Liveact	прямая запись, трансляция
der Live-Mitschnitt	или der Livemitschnitt	прямая запись, трансляция
die Live-Musik	или der Livemusik	„живая" музыка (разг.)
die Live-Sendung/ die Live-Übertragung	или der Livesendung/ die Liveübertragung	прямая (нестудийная) трансляция
die Midlife-crisis	Midlifecrisis/Midlife-Crisis	кризис среднего возраста
der Molotowcocktail	или der Molotow-Cocktail	бутылка с зажигательной смесью
New Yorker	или New-Yorker	житель Нью-Йорка; нью-йоркский
das Playback	или das Play-back	воспроизведение записи
das Playbackverfahren	или Play-back-Verfahren	съёмка/запись под фонограмму

по-старому	по-новому	
das Play-off	*или* das Playoff	система отборочных игр
die Play-off-Runde	*или* das Playoffrunde	круг отборочных игр
der Showdown	*или* der Show-down	выяснение отношений
die Sightseeing-Tour	*или* die Sightseeingtour	экскурсионный тур с осмотром достопримечательностей
das Sit-in	*или* das Sitin	сидячая забастовка
das Stock-Car-Rennen	das Stockcar-Rennen/ Stockcarrennen	гонки на автомобилях, переделанных из серийных
das/der Take-off	*или* das/der Takeoff	старт самолёта и т. п.; начало
das Teach-in	*или* das Teachin	„тич-ин"; диспут-семинар
der/das Tie-Break	*или* der/das Tiebreak	уменьшение партии/сета *(теннис)*
der Toe-loop	der Toeloop/Toe-Loop	тулуп *(прыжок в фигурном катании)*
die Traide-union	die Traide-Union/ Traideunion	тред-юнион *(английский профсоюз)*

Некоторые существительные стали писаться только слитно:

по-старому	по-новому	
der Afro-Look	der Afrolook	афрокосички
das After-shave	das Aftershave	крем/лосьон после бритья
der Kick-off	der Kickoff	первый удар по мячу *(футбол)*
die Love-Story	die Lovestory	история любви, любовная история
die Rush-hour	die Rushhour	час пик
der Sales-manager	der Salesmanager	начальник отдела сбыта; менеджер по сбыту
der Sales-promoter	der Salespromoter	специалист по сбыту
die Sales-promotion	die Salespromotion	продвижение товара
das Soft-Eis	das Softeis	мягкое *(незакалённое)* мороженое
der Stock-Car	der Stockcar	гоночный автомобиль, переделанный из серийного
die Talk-Show	die Talkshow	ток-шоу *(телепередача)*
der/das Tea-Room	der/das Tearoom	чайная; *(шв.)* кафе(-кондитерская)
top-secret	topsecret	совершенно секретный

Кроме того, некоторые составные части стали писаться с прописной или строчной буквы.

Ряд существительных, которые ранее было принято писать раздельно, получили вариант слитного написания:

по-старому	по-новому	
die Big Band	*или* die Bigband	большой джазовый или танцевальный оркестр
die Cold Cream	*или* die Coldcream	кольдкрем
der Hard Rock	*или* der Hardrock	тяжёлый рок
der Soft Drink	*или* der Softdrink	безалкогольный напиток
der Soft Rock	*или* der Softrock	тихая мелодичная форма рок-музыки

Некоторые существительные, которые ранее было принято писать слитно, получили вариант раздельного написания:

по-старому	по-новому	
die Greencard	*или* die Green Card	грин-карта

Ряд слов получил варианты слитного и раздельного написания, при этом последнюю составную часть стали писать с прописной буквы (так как она является существительным):

по-старому	по-новому	
das Corned beef	Cornedbeef/Corned Beef	солёное говяжье мясо
der English-Waltz	Englishwaltz/English Waltz	английский/медленный вальс
das Happy-End	das Happy End/ Happyend	хеппи-энд, счастливый конец
die Hard disk	die Harddisk/Harddisc/ Hard Disk/Hard Disc	жёсткий диск
das Fair play	das Fair Play/das Fairplay	честная/корректная игра
das Free climbing	или das Freeclimbing/ Free Climbing	восхождение на горы; альпинизм без вспомогательных средств
das/der Hot dog	das/der Hotdog/Hot Dog	хотдог
die Short story	die Shortstory/Short Story	новелла; короткий рассказ
das Slow food	das Slow Food/Slowfood	
der Small talk	der Small Talk/Smalltalk	лёгкая светская беседа
der Small cap	der Small Cap/Smallcap	ценная бумага малого предприятия

2. Написание через дефис (Schreibung mit Bindestrich)

К раздельному и слитному написанию относится и возможность написания через дефис. Здесь следует различать два случая: в первом случае дефис является **обязательным**, во втором случае – **факультативным стилистическим средством**.

2.1. Дефис является обязательным (Schreibung nur mit Bindestrich)

С одной стороны, есть случаи, например, **O-Beine** *(шутл.)* ноги колесом, **x-beliebig** любой *(разг.)*, **der UNO-Sicherheitsrat** Совет безопасности ООН, когда дефис ставится для того, чтобы отчётливо была видна составная часть слова, стоящая справа.

Этой цели служит и единственное изменение в постановке дефиса, которое вносят новые правила. Оно касается сложных слов, первая часть которых пишется цифрой:

по-старому	по-новому	
der 3achser	der 3-Achser	трёхосный вагон (или автомобиль)
8geschoßig	8-geschossig	восьмиэтажный
8mal	8-mal	восемь раз, восьмикратно; в восемь раз
5minütig	5-minütig	пятиминутный
10seitig	10-seitig	десятистраничный

Суффиксы по-прежнему присоединяются без дефиса: 80er Jahre 80-е годы.

2.2. Дефис как факультативное стилистическое средство (Bindestrich als fakultatives stylistisches Mittel)

Это значит, что в сложных словах для облегчения чтения можно ставить дефис:

die Blumentopf-Erde   почва для растений, выращиваемых в цветочных горшках

Новые правила предоставляют больше права в постановке дефиса. Так, постановка дефиса между словами, когда на их стыке три гласных, хотя по новым правилам и допускается (и часто имеет смысл), но не является обязательной:

der Kaffee-Extrakt *или* der Kaffeeextrakt экстракт кофе.

С другой стороны, когда на стыке пишется три согласных, то для облегчения чтения можно ставить дефис:

die Pinn-Nadel *или* die Pinnnadel кнопка

3. Раздельное и слитное написание (Getrennt- und Zusammenschreibung)

Общие положения

Раздельное и слитное написание никогда в истории немецкой орфографии не было регламентировано. Следовательно, в этой области существовало большое поле для относительной самостоятельности. Здесь возникало множество сомнительных случаев:
- при сочетании сложного наречия и глагола:

  auseinandertreten *или* auseinander treten   расступаться, расходиться

- при сочетании существительного и глагола:

  Maß halten *или* maßhalten   соблюдать меру, знать меру

  Schritt halten *или* schritthalten   идти в ногу; *(перен. также)* не отставать

В этих случаях пишущие по-разному воспринимали эти сочетания и часто, разумеется, чисто случайно писали эти сочетания или раздельно, или слитно.

При разработке новых правил были приняты попытки систематизировать этот сложный раздел написания. Было сделано принципиальное разделение на две группы:
- группы слов, которые пишутся раздельно;

- сочетания, которые пишутся слитно.

Некоторые слова можно писать раздельно и слитно:

по-старому	**по-новому**	
schwerverletzt	*или* schwer verletzt	тяжелораненый

Во многих случаях по новым правилам разрешено раздельное и слитное написание, так как часто трудно определить, идёт речь о группе слов или о сложном слове.

Это касается следующего:
- некоторых сочетаний существительного и глагола:

по-старому	**по-новому**	
brustschwimmen	*или* Brust schwimmen	плавать стилем „брасс"
haltmachen	*или* Halt machen	остановиться; устроить привал

- сочетания с наречиями, употребляемыми в качестве прилагательных:

по-старому	**по-новому**	
alleinerziehende Mutter	*или* allein erziehende Mutter	мать-одиночка

- сочетания с простым несклоняемым прилагательным:

по-старому	**по-новому**	
schwerverständlich	*или* schwer verständlich	труднопонимаемый

- сочетания *nicht* с прилагательным:

по-старому	**по-новому**	
eine nicht öffentliche Sitzung	*или* eine nichtöffentliche Sitzung	закрытое заседание

- сочетаний прилагательного и глагола, в которых прилагательное обозначает результат действия глагола:

по-старому	по-новому	
blank putzen	*или* blankputzen	начистить до блеска; чисто убрать
glatthobeln	*или* glatt hobeln	выстругать

- сочетания, употребляемые адвербиально/как наречия:

по-старому	по-новому	
außerstand setzen	*или* außer Stand setzen	лишать возможности
instand setzen	*или* in Stand setzen	ремонтировать
zuwege bringen	*или* zu Wege bringen	выполнять, справляться

- сочетания, употребляемые предложно:

по-старому	по-новому	
mit Hilfe	*или* mithilfe	с помощью
zugunsten	*или* zu Gunsten	на пользу, в пользу
zu Lasten *(G)*	*или* zulasten *(G)*	за счёт

По-прежнему пишутся слитно, если:

- первую составную часть можно описать группой слов:

angsterfüllt *(= von/mit Angst erfüllt)*	преисполненный страха
herzerquickend	услаждающий душу, бодрящий

- одна из составных частей не употребляется самостоятельно:

blauäugig	синеглазый, голубоглазый
letztmalig	последний, недавний

При этом составная часть выражается превосходной степенью:

schwerstbehindert	имеющий тяжелейшее увечье
die zeitsparendste Lösung	решение, позволяющее значительно экономить время

Это касается и сложных глаголов, у которых в первой составной части слова потеряли признаки свободно употребляемых слов:

abhanden-, einher-, fürlieb-, inne-, überhand

или при употреблении в составе слова эти составные части не могут быть отнесены к какой-либо части речи:

fehl-, feil-, irre-, kund-, preis-, wett-

- сочетание имеет новое идиоматическое значение:

freisprechen	оправдать, признать невиновным
kaltstellen	лишить влияния; бойкотировать
krankschreiben	выдать больничный листок, бюллетень

По-новому пишут:

по-старому	по-новому	
abhanden kommen	abhandenkommen	пропадать *(у кого-л., книжн.)*
leid tun	leidtun	сожалеть
not tun	nottun	нужно, необходимо, требуется

Раздельное написание получили
- сочетания с *sein* (см. ниже п. I)

по-старому	по-новому	
absein	ab sein	быть далеко
hersein	her sein	пройти, миновать (*о времени*)

- прилагательные, у которых первая составная часть дополнена или имеет степень сравнения:

leichter verdaulich	легче усваиваемый (*о пище*)
besonders schwer verständlich	особенно трудно понятный
höchst erfreulich	весьма радостный

- сочетания, в которых одна из составных частей дополняется:

dies eine Mal	этот один раз
in bekannter Weise	известным способом
eine Zeit lang	некоторое время; недолго

- *so, wie* или *zu* + прилагательное, наречие или местоимение:

Er sagte das so oft.	Он говорил это так часто.
zu viel Aufregung	слишком много волнения

- *gar kein, gar nicht, gar nichts, gar sehr, gar wohl*

- сочетания из двух глаголов:

arbeiten gehen	идти работать
laufen lernen	учиться бегать (*ходить, о ребёнке*)
lesen üben	упражняться читать

Но в переносном значении возможно и слитное написание:

kennen lernen/kennenlernen	знакомиться (*с кем-л., с чем-л.*); узнавать (*что-л.*)
sitzen bleiben/ sitzen bleiben	оставаться на второй год (*в классе, разг.*)

Раздельно стали писать некоторые сочетания существительного и глагола:

Hof halten	иметь резиденцию, пребывать со своим двором
Rad fahren	ездить, кататься на велосипеде
Maschine schreiben	печатать на (*пишущей*) машинке

3.1. Раздельное написание (Getrenntschreibung)

3.1.1. Раздельное написание по новым правилам (Getrenntschreibung nach neuen Regeln)

I. Пишутся раздельно словосочетания:
1) с глаголом *sein*:

по-старому	по-новому	
absein	ab sein	быть далеко
allesein	alle sein	заканчиваться (*о вещественном*)
aufsein	auf sein	бодрствовать, быть открытым (*о дверях*)
aussein	aus sein (*разг.*)	окончиться; погаснуть (*об электр. свете, свече*)
auf etwas aussein	auf etwas aus sein	быть падким, жадным (*к чему-л., разг.*)
beieinandersein	beieinander sein	быть вместе
beisammensein	beisammen sein	быть вместе
dabeisein	dabei sein	быть, присутствовать (*при этом*)

по-старому	по-новому	
dasein	da sein	иметься; быть налицо, присутствовать
dabeisein	dabei sein	быть, принимать участие
draufsein	drauf sein	быть в хорошем настроении
drinsein	drin sein	быть, находиться внутри
heransein	heran sein	быть тут как тут
heraussein	heraus sein	стать известным, открыться
hersein	her sein	пройти, миновать *(о времени)*
heruntersein	herunter sein	быть утомлённым, в плохом состоянии
herumsein	herum sein	быть в плохом состоянии *(физ. и мор.)*
hiersein	hier sein	присутствовать, пребывать
über ein bestimmtes Alter hinaussein	über ein bestimmtes Alter hinaus sein	быть уже не того возраста
hinsein	hin sein	пропасть, умереть; испортиться
hinterhersein	hinterher sein	задним числом
hinübersein	hinüber sein *(разг.)*	быть непригодным
innesein	inne sein *(G)*	понимать, сознавать
umsein	um sein	истекать, кончаться *(о сроке, времени)*
zusammensein	zusammen sein	совместно, совместно жить; сработаться
zusein	zu sein	быть запертым, закрытым

2) существительное + глагол, если существительное не потеряло своей самостоятельности:

по-старому	по-новому	
hofhalten	Hof halten	иметь резиденцию
kegelschieben	Kegel schieben	играть в кегли
kürlaufen	Kür laufen	произвольно кататься *(коньки)*
maschineschreiben	Maschine schreiben	печатать на машинке
probefahren	Probe fahren	делать пробную поездку
probelaufen	Probe laufen	пробежать на пробу
probeschreiben	Probe schreiben	писать пробную работу
probesingen	Probe singen	петь на пробу
probeturnen	Probe turnen	делать гимнастическое упражнение на пробу
radfahren	Rad fahren	ездить на велосипеде
radschlagen	Rad schlagen	кувыркаться, ходить колесом

Но: ein maschine(n)geschriebener Brief письмо, напечатанное на машинке

3) глагол + глагол:

по-старому	по-новому	
bestehenbleiben	bestehen bleiben	сохраняться, оставаться
bestehenlassen	bestehen lassen	сохранять, оставлять
flötengehen	flöten gehen	пропасть, пойти прахом
liebenlernen	lieben lernen	полюбить
liegenbleiben	liegen bleiben	*(продолжать)* лежать
schätzenlernen	schätzen lernen	оценить *(кого-л.)*, проникнуться уважением
spazierengehen	spazieren gehen	гулять, прогуливаться
spazierenfahren	spazieren fahren	кататься, ехать *(на прогулку)*
spazierenführen	spazieren führen	водить гулять, выводить на прогулку
spazierenreiten	spazieren reiten	совершать верховую прогулку
steckenbleiben	stecken bleiben	застревать *(где-л.)*, останавливаться
steckenlassen	stecken lassen	оставить, не вытаскивать, не вынимать
stiftengehen	stiften gehen	удирать, уходить; тайком улизнуть *(разг.)*

4) причастие + глагол:

по-старому	по-новому	
gefangennehmen	gefangen nehmen	пленить, взять в плен
gefangenhalten	gefangen halten	держать под стражей (*арестом, в плену*)
gefangensetzen	gefangen setzen	заключать под стражу, сажать в тюрьму

Но: <u>verloren geben</u> *или* verlorengeben; verlorengehen *или* <u>verloren gehen</u> (см. п. 14, с. 76–77)

5) прилагательное + глагол (**в прямом значении**, см. п. 6, с. 67):

по-старому	по-новому	
fettfüttern	fett füttern	откармливать (*животных*)
Ausfahrt freihalten!	Ausfahrt frei halten!	Не загораживайте проезд!
sich (*D*) den Rücken freihalten	sich (*D*) den Rücken frei halten	обеспечить возможность отступления (*также перен.*)
geheimhalten	geheim halten	хранить в тайне, скрывать
sich heißlaufen	sich heiß laufen	перегреваться (*тех.*)
offenbleiben	offen bleiben	оставаться открытым (*об окне и т.д.*)
offenstehen	offen stehen	быть открытым (*об окне и т.д.*)
offenlassen	offen lassen	оставлять открытым (*о двери и т.д.*)
parallelschalten	parallel schalten	соединять/включать параллельно (*эл.*)
sauberhalten	sauber halten	держать в чистоте, быть честным
strengnehmen	streng nehmen	принимать всерьёз
übrighaben/ übrigbehalten	übrig haben/ übrig behalten	иметь в остатке
sich taubstellen	sich taub stellen	притвориться глухим
sich totstellen	sich tot stellen	притвориться убитым

Но по-прежнему в переносном значении:

offenstehen	быть открытым (*о вопросе и т.д.*)
geheimtun	секретничать, скрытничать

6) наречие + глагол:

по-старому	по-новому	
gut beieinandersein	gut beieinander sein	быть здоровым
geradehalten	gerade halten	держать прямо (*отвесно*)
geradesitzen	gerade sitzen	сидеть прямо
wiedereinfallen	wieder einfallen	снова прийти на ум, припоминаться
wiedertun	wieder tun	повторять, делать снова
zueinanderfinden	zueinander finden	подобрать один к одному

Слитное, раздельное и слитное написание с *gerade-* см., п. 9, с. 72.

7) причастие (Partizip I) + прилагательное (**в значении высокой степени** чего-либо):

по-старому	по-новому	
ein blendendweißes Kleid	ein blendend weißes Kleid	ослепительно белое платье
kochendheißes Wasser	kochend heißes Wasser	кипяток
ein brütendheißer Tag	ein brütend heißer Tag	знойный день
drückendheißes Wetter	drückend heißes Wetter	душная, жаркая погода
glänzendschwarze Haare	glänzend schwarze Haare	чёрные блестящие волосы

8) прилагательное + причастие (Partizip II):

по-старому	по-новому	
genaugenommen	genau genommen	собственно/точнее говоря

9) прилагательное + прилагательное (часто обозначающее **оттенок цвета, форму**):

по-старому	по-новому	
grünlichgelb	grünlich gelb	зеленовато-жёлтый
herbstlichgelb	herbstlich gelb	по-осеннему золотой/жёлтый
länglichrund	länglich rund	овальный, эллиптический
rösigweiß	rösig weiß	розово-белый
rötlichbraun	rötlich braun	красновато-коричневый
schwärzlichbraun	schwärzlich braun	тёмно-коричневый

10) словосочетания с „*viel*", „*wenig*" или слова *so, wie, zu* в сочетании с прилагательным, наречием или предлогом:

по-старому	по-новому	
allzubald	allzu bald	слишком скоро
allzuoft	allzu oft	слишком часто
allzusehr	allzu sehr	слишком/чересчур
allzuviel	allzu viel	слишком/чересчур много
ebensogut	ebenso gut	так же хорошо
ebensolange	ebenso lange	так же долго, столько же
ebensosehr	ebenso sehr	настолько же
ebensoviel	ebenso viel	столько же
ebensovielmal	ebenso viel Mal	столько же раз
ebensowenig	ebenso wenig	так же мало, так же не…
genausogut	genauso gut	точно такой же хороший
genausolang(e)	genauso lang(e)	так же долго
genausowenig	genauso wenig	так же мало
soviel du willst	so viel du willst	столько ты хочешь
soviel wie	so viel wie	столько… сколько
Es ist soweit.	Es ist so weit.	Пора./Пришло время.
soweit wie möglich	so weit wie möglich	насколько это возможно
viel zuviel	viel zu viel	слишком много
viel zuwenig	viel zu wenig	слишком мало
Wieviel kostet die Uhr?	Wie viel kostet die Uhr?	Сколько стоят часы?

11) сочетания с „*-mal*" (+ с прописной буквы) (ср. п. 12, Примечание, с. 57, п. 28, с. 83):

по-старому	по-новому	
ein für allemal	ein für alle Mal	раз (и) навсегда
beidemal	beide Mal	оба раза
ebensovielmal	ebenso viel Mal	столько же раз
etlichemal	etliche Mal	неоднократно
ein dutzendmal	ein Dutzend Mal	очень часто
jedesmal	jedes Mal	каждый раз
millionenmal	Millionen Mal	миллион раз
unendlichemal	unendliche Mal	бесчисленное множество раз

Но по-прежнему: beide Male, etliche Male, unendliche Male, ein für alle Male;
<u>noch mal</u>/ nochmal ещё раз (*разг.*)

Примечание:

У некоторых словосочетаний остался один вариант, при котором „*Mal*" пишется раздельно и с заглавной буквы (ср. п. 11, с. 56):

по-старому	по-новому	
das erstemal/das erste Mal	das erste Mal	первый раз
zum erstenmal/zum ersten Mal	zum ersten Mal	в первый раз
das letztemal/das letzte Mal	das letzte Mal	последний раз
das andernmal/ das and[e]re Mal	das and[e]re Mal	другой раз
zum andernmal/zum and[e]ren Mal	zum and[e]ren Mal	в другой раз
zum nächstenmal/zum nächsten Mal	zum nächsten Mal	в следующий раз
zum letztenmal/zum letzten Mal	zum letzten Mal	в последний раз
zum x-tenmal	zum x-ten Mal	в который уж раз (*разг.*)

13) некоторые английские слова:

по-старому	по-новому	
die High-Society	die High Society	высшее общество
das Joint-venture	das Joint Venture	совместное предприятие
der Personalcomputer	der Personal Computer	персональный компьютер

3.1.2. Слитное написание (Zusammenschreibung)

3.1.2(1). Слитное написание по новым правилам (Zusammenschreibung nach neuen Regeln)

Слитно по новым правилам пишутся **некоторые словосочетания**:

1)

по-старому	по-новому	
bankrott gehen (*разг.*)	bankrottgehen	обанкротиться
pleite gehen	pleitegehen	разориться; обанкротиться
leid tun	leidtun	сожалеть
not tun	nottun	нужно, необходимо, требуется
irre werden	irr[e]werden	помешаться (ср. п. 8, с. 62)
zur Zeit	zurzeit	в настоящее время
vonstatten gehen	vonstattengehen	протекать, проходить, совершаться

Но: zur Zeit Peters des Ersten во времена Петра Первого

2) прилагательное + глагол (ср. п. 5, с. 55):

по-старому	по-новому	
ähnlich sehen (*перен.*)	ähnlichsehen	походить, быть похожим (*на кого-л.*)
j-n allein lassen	j-n alleinlassen	бросить (*кого-л. на произвол судьбы*)
allein stehen	alleinstehen	не иметь семьи, быть холостяком; быть незамужней
sich bereit halten	sich bereithalten	быть готовым (*наготове*)
sich mit j-m	sich mit j-m	общаться, знаться, водиться,
gemein machen	gemeinmachen	быть (*с кем-л.*) запанибрата
gern haben (mögen)	gernhaben	любить, быть расположенным
gesund schreiben	gesundschreiben	выписать на работу (*после болезни*)
groß schreiben	großschreiben	писать с прописной буквы
j-m die Hölle	j-m die Hölle	задавать жару (или перцу) (*кому-л.*),
heiß machen	heißmachen	брать в оборот (*кого-л.*)
klein schreiben	kleinschreiben	писать со строчной буквы
sich krank melden	sich krankmelden	подать заявление о болезни
krank schreiben	krankschreiben	выдать бюллетень

по-старому	по-новому	
den Motor	den Motor	дать двигателю поработать на
leer laufen lassen	leerlaufen lassen	холостом ходу
j-n madig machen	j-n madigmachen	чернить/поносить (*кого-л.*)
j-m etw.	j-m etw.	внушить отвращение, отбить
madig machen	madigmachen	охоту; испортить (*настр., вечер*)
satt haben	satthaben	надоесть (*= nicht mehr mögen*)
satt bekommen	sattbekommen	надоесть (*разг.*)
sich kurz fassen	sich kurzfassen	говорить кратко
platt machen	plattmachen	разрушить, сравнять с землёй (*разг.*)
etwas niedrig hängen	etwas niedrighängen	считать (*что-л.*) неважным
niedriger hängen	etwas niedrigerhängen	считать (*что-л.*) менее важным
sich satt hören	sich satthören	наслушаться (*вдоволь*)
sich satt sehen	sich sattsehen	наглядеться (*вдоволь*)
sich schlau machen	sich schlaumachen	получать информацию (*разг.*)
schwach machen	schwachmachen	нервировать
sich schwarz ärgern	sich schwarzärgern	почернеть от злости (*разг.*)
Schnaps	Schnaps	заниматься самогоноварением
schwarz brennen	schwarzbrennen	
schwarz kopieren	schwarzkopieren	незаконно копировать, размножать
CDs schwarz brennen	CDs schwarzbrennen	незаконно копировать, размножать компакт-диски
etwas schräg stellen	etwas schrägstellen	поставить что-либо наискось
sich wichtig machen	sich wichtigmachen	важничать
sich wichtig tun	sich wichtigtun	важничать

Но: sich satt essen — наесться (*досыта*)
sich satt trinken — напиться (*досыта*)
die hungrigen Kinder satt bekommen — накормить голодных детей

3) с ***irgend*** (слитное написание см. п. 5, с. 61):

по-старому	по-новому	
irgend etwas	irgendetwas	что-нибудь, что-либо, что-то
irgend jemand	irgendjemand	кто-нибудь, кто-либо, кто-то

4) наречия, имеющие в своем составе ***-wärts*** + глагол:

по-старому	по-новому	
abwärts gehen	abwärtsgehen	сходить вниз, спускаться
abwärts fahren	abwärtsfahren	ехать вниз
abwärts fallen	abwärtsfallen	падать вниз
abwärts fließen	abwärtsfließen	течь вниз
abwärts rutschen	abwärtsrutschen	скользить, съезжать вниз
aufwärts gehen	aufwärtsgehen	идти вверх
aufwärts fahren	aufwärtsfahren	ехать вверх
aufwärts schieben	aufwärtsschieben	толкать вверх
aufwärts steigen	aufwärtssteigen	подниматься вверх
rückwärts fahren	rückwärtsfahren	двигаться задним ходом
rückwärts gehen	rückwärtsgehen	пятиться задом, ухудшаться
vorwärts gehen	vorwärtsgehen	продвигаться вперед
vorwärts kommen	vorwärtskommen	преуспевать
vorwärts schreiten	vorwärtsschreiten	преуспевать

5) наречия, если главное ударение падает на **daheim, daneben, darauf, dagegen** + глагол:

по-старому	по-новому	
daheim bleiben	daheimbleiben	быть дома/на родине
daheim sitzen	daheimsitzen	сидеть дома
daneben gehen	danebengehen (*разг.*)	не попадать в цель; не уд(ав)аться
daneben greifen	danebengreifen	попасть (*рукой*) не туда; не ухватить(ся)
daneben hauen	danebenhauen (*перен. разг.*)	промахнуться (при ударе); ошибиться; попасть пальцем в небо
daneben legen	danebenlegen (*разг.*)	ошибиться; попасть пальцем в небо
daneben liegen	danebenliegen	ошибаться, заблуждаться (*разг.*)
daneben schießen	danebenschießen	промахнуться, не попасть в цель
darauf legen	darauflegen	положить (*на что-л.*)
sich darauf setzen	sich daraufsetzen	сесть (*на что-л.*)
darauf stellen	daraufstellen	поставить (*на что-л.*)
dagegen halten	dagegenhalten	придерживать (*что-л.*); упираться (*во что-л., рукой*)
dagegen stellen	dagegenstellen	приставить, прислонить
zugute halten	zugutehalten	зачесть (*что-л. в чью-л. пользу*)
zugute kommen	zugutekommen	быть полезным, идти на пользу
sich *D* etwas auf etwas zugute tun	sich *D* etwas auf etwas zugutetun	гордиться (*чем-л.*)
sich zugute tun	sich etwas zugutetun	доставить себе удовольствие
zuhanden kommen	zuhandenkommen	попадаться под руку
zunichte werden	zunichtewerden	пропадать; рушиться (*о надеждах и т. п.*)
zunichte machen	zunichtemachen	уничтожать; разрушать (*надежды и т.п.*)
zustatten kommen	zustattenkommen	быть кстати; пригодиться
zuteil werden	zuteilwerden	выпасть на долю, доставаться

6) наречия, если главное ударение падает на **beiseite** + глагол:

по-старому	по-новому	
beiseite lassen	beiseitelassen	пропускать (*при чтении и т. п.*)
beiseite legen	beiseitelegen	откладывать (*что-л. для кого-л.*)
beiseite schaffen	beiseiteschaffen	убирать, прятать
beiseite schieben	beiseiteschieben	отодвигать (*на задний план*)
beiseite setzen	beiseitesetzen	пренебрегать, оставлять без внимания
beiseite treten	beiseitetreten	отойти в сторону

7) словосочетания дней недели и времени суток:

по-старому	по-новому	
(am) Mittwoch abend	(am) Mittwochabend	в среду вечером
Но: mittwochs abends	*или* mittwochabends	в среду вечером/по вечерам

8) прилагательные, оканчивающиеся на **-er** и обозначающие десятки лет:

по-старому	по-новому	
die zwanziger Jahre	*или* <u>Zwanzigerjahre</u>/ Zwanziger	двадцатые годы

9) прилагательные, образованные от географических названий и обозначающие какие-либо отношения между материками (ср. п. 4, с. 61):

по-старому	по-новому	
afro-amerikanische Beziehungen	afroamerikanische Beziehungen	афро-американские отношения
afro-asiatische Beziehungen	afroasiatische Beziehungen	афро-азиатские отношения

10) прилагательные, обозначающие вкусовые качества:

по-старому	по-новому	
süß-sauer	süßsauer	кисло-сладкий

Как и по-прежнему: bittersüß кисло-сладкий

Но некоторые из таких прилагательных стали писать через дефис (однако, рекомендация Дудена – слитное написание):

по-старому	по-новому	
<u>herbsüß</u>	*или* herb-süß	кисло-сладкий

11) в некоторых случаях прилагательное + прилагательное в составе сказуемого:

по-старому	по-новому	
Es ist bitter kalt.	Es ist bitterkalt.	Страшно холодно.

В качестве определения *bitterkalt очень холодный; лютый (о холоде)* по-прежнему пишется вместе:

ein bitterkalter Wintertag   очень холодный зимний день

12) наречия + глагол:

по-старому	по-новому	
abseits stehen	abseitsstehen	стоять в стороне (*также перен.*)
drin bleiben	drinbleiben (*разг.*)	оставаться внутри, в коллективе *и т.д.*
drüben bleiben	drübenbleiben	остаться по ту сторону

11) Ряд английских слов:

по-старому	по-новому	
der Afro-Look	der Afrolook	афрокосички
das After-shave	das Aftershave	крем/лосьон после бритья

3.1.2(2). Сохранение слитного написания (Erhalt der Zusammenschreibung):

По-прежнему пишутся слитно глаголы (существительное + глагол), которые
1) употребляются только в **инфинитив I и партицип II**:

bergsteigen	восходить в горы	Ich werde bergsteigen.	Ich bin berggestiegen.
kopfrechnen	считать в уме	Ich kann kopfrechnen.	Ich habe kopfgerechnet.
notlanden	совершать вынужденную посадку	Wir werden notlanden.	Wir sind notgelandet.
sonnenbaden	загорать	Er wird sonnenbaden.	Er hat sonnengebadet.
schutzimpfen	делать прививку	Wir lassen uns schutzimpfen.	Wir haben uns schutzimpfen lassen.

2) начинаются с (отделяемых) *heim-, preis-, stand-, teil-*:

heimbegleiten	провожать домой
heimbringen	приносить домой
heimeilen	спешить домой
heimfahren	ехать на родину
heimfinden	находить дорогу домой
heimtragen	нести домой
heimkehren	возвращаться
heimkommen	возвращаться на родину
heimreisen	возвращаться на родину
preisgeben	бросать на произвол
standhalten	стойко держаться
teilnehmen	участвовать

3) начинаются с *eis-, kopf-*:

eislaufen	кататься на коньках
kopfstehen	стоять на голове

4) сложные существительные, образованные от географических названий и обозначающие происхождение:

der Anglokanadier	канадец английского происхождения
der Angloamerikaner	американцы английского происхождения
der Afroamerikaner	афро-американец, американский негр

а также прилагательные образованные от них (ср. п. 9, с. 60):

afroamerikanische Musik	афро-американская музыка *(= афро-американцев)*
afroasiatisch	афро-азиатский
galloromanisch	галло-романский

5) начинаются с *irgend* (ср. п. 3, с. 58):

irgendwann	когда-нибудь, когда-либо
irgendwas	что-нибудь, что-либо, что-то
irgendwer	кто-нибудь, кто-либо, кто-то
irgendwohin	куда-нибудь, куда-либо
irgendwoher	откуда-нибудь, откуда-либо
irgendwo	где-нибудь, где-либо, где-то

6) если первая часть слова усиливает или ослабляет его значение с *bitter-, brand-, dunkel-, erz-, extra-, früh-, gemein-, grund-, hyper-, lau-, minder-, stock-, super-, tod-, ultra-, ur-, voll-*:

bitterkalt	очень холодный
brandgefährlich	огнеопасный
dunkelrot	тёмно-красный
halbamtlich	полуофициальный
superklug	чрезвычайно умный
uralt	древний, древнейший

7) начинаются с *glatt-* (см. с. 70, 164), с *klar-* (см. с. 176) и имеют переносное значение:

glattgehen	идти гладко *(о деле)*
glattmachen	улаживать *(дело)*
glattstellen	ликвидировать *(сделку)*
klargehen	идти гладко *(о деле)*
klarmachen	разъяснить, делать понятным
klarkommen	справиться *(разг.)*
klarlegen	ясно излагать
klarsehen	ясно видеть, представлять

Aneinander- и *aufeinander-*, как правило, пишутся слитно, если на них падает главное ударение:

aneinandergeraten	повздорить, сцепиться
aneinanderfügen	соединять, скреплять
aneinanderreihen	нанизывать
aneinandergrenzen	граничить друг с другом
aneinandergeraten	прикладывать друг к другу
aufeinanderprallen	сталкиваться друг с другом
aufeinanderlegen	класть друг на друга
aufeinandertreffen	встречаться *(друг с другом)*

Но: aneinander denken	думать друг о друге
sich aneinander freuen	радовать друг друга
aneinander vorbeigehen	пройти мимо друг друга
aufeinander achten	считаться друг с другом и др.

8) Глаголы, начинающиеся с *irre-* (ср. п. 1, с. 57):

irreführen/ irr(e)machen	сбивать с толку
irregehen	заблудиться
irreleiten	направлять не туда
irrereden	бредить, заговариваться

Но по-прежнему: **irre sein** быть не в своем уме

3.1.2(3). Раздельное и слитное написание (Getrennt- und Zusammenschreibung)

Могут иметь раздельное и слитное написание (рекомендации Дудена подчеркнуты):

1) существительное + глагол, так как в их основе лежит словосложение или группа слов:

по-старому	по-новому	
achthaben	*или* Acht haben	обращать внимание
Habt darauf acht!	*или* Habt darauf Acht!	Обрати на это внимание!
	Но только: sehr, gut, genau achthaben	
achtgeben	*или* Acht geben	присматривать
Gib acht!	*или* Gib Acht!	Осторожно!/ Берегись!
brustschwimmen	*или* Brust schwimmen	плавать стилем „брасс"
Er kann gut brustschwimmen.	*или* Er kann gut Brust schwimmen.	Он хорошо может плавать стилем „брасс".
Но только: Er schwimmt Brust.		Он плавает стилем „брасс".
delphinschwimmen	delfinschwimmen / Delfin/ Delphin schwimmen	плавать стилем „дельфин"
Er lernt delphinschwimmen.	Er lernt delfinschwimmen/ Delfin schwimmen.	Он учится плавать стилем „дельфин".
Но только: Er schwimmt Delfin/Delphin.		Он плавает стилем „дельфин".
haltmachen	*или* Halt machen	останавливаться
Er hat haltgemacht.	*или* Er hat Halt gemacht.	Он сделал привал.
haushalten	*или* Haus halten	вести хозяйство
Er hat gehaushaltet.	*или* Er hat Haus gehalten.	Он вёл хозяйство.
hohnlachen	*или* Hohn lachen	язвительно смеяться
Er hohnlacht.	*или* Er lacht Hohn.	Он насмехается.
hohnsprechen	*или* Hohn sprechen	издеваться, насмехаться
	или Er spricht Hohn.	Он издевается.
maßhalten	*или* Maß halten	соблюдать меру, знать меру
Er hat beim Essen maßgehalten.	*или* Er hat beim Essen Maß gehalten.	Он ел в меру.

Примечание.

| По-прежнему: | Dank sagen и danksagen | благодарить |
| | Staub saugen и staubsaugen | пылесосить |

| **по-старому** | **по-новому** | |
| Marathon laufen | *или* marathonlaufen | заниматься марафонским бегом |

Но только: Ich laufe Marathon.   Я занимаюсь марафонским бегом.

2) различные сложные субстантивации, часто состоящие из прилагательного или наречия + причастие (партицип I или II) или глагол:

по-старому	**по-новому**	
der/die Außenstehende	*или* der/die außen Stehende	находящийся,...яся снаружи, посторонний,...яя
der/die Blindgeborene	*или* der/die blind Geborene	слепорождённый,...ая
der/die Festangestellte	*или* der/die fest Angestellte	служащий,...ая
der/die Gleichgesinnte	*или* der/die gleich Gesinnte	единомышленник,...ца
das Kleingedruckte	*или* das klein Gedruckte	напечатанное мелким шрифтом
der/die Neuvermählte	*или* der/die neu Vermählte	новобрачный, ...ая
der/die Obenerwähnte	*или* der/die oben Erwähnte	вышеупомянутый, ...ая
der/die Obengenannte	*или* der/die oben Genannte	вышеназванный, ...ая
der/die Obenstehende	*или* der/die oben Stehende	вышестоящий, ...ая
der/die Ratsuchende	*или* der/die Rat Suchende	посетитель,...ница (в консультации)
der/die Totgeglaubte	*или* der/die Tot Geglaubte	считавшийся,...аяся умершим,...ей
der/die Werbungtreibende	*или* der/die Werbung Treibende	лицо, занимающееся рекламой
der/die Zuhausegebliebene	*или* der/die zu Hause Gebliebene	оставшийся,...аяся дома (*отец, мать*)
der Zivildienstleistende	*или* der Zivildienst Leistende	проходящий альтернативную службу

Примечание.
У некоторых субстантиваций, чаще состоящих из предлога и глагола, добавился вариант написания через дефисы:

по-старому	**по-новому**	
das Zugrundegehen	*или* das Zu-Grunde-Gehen	гибель; разорение
das Zuspätkommen	*или* das Zu-spät-Kommen	опоздание
das Zustandebringen	*или* das Zu-Stande-Bringen	осуществление, выполнение
das Zustandekommen	*или* das Zu-Stande-Kommen	осуществление
das Zustandekommen von Bundesgesetzen	*или* das Zu-Stande-Kommen von Bundesgesetzen	вступление в силу законов (*принятых бундестагом ФРГ*)

3) сложное существительное, обозначающее какую-либо **меру** и оканчивающееся на
   -breit, *-lang* или *-voll*:

по-старому	по-новому	
der Fingerbreit	*или* der Finger breit	пядь
der Fußbreit	*или* der Fuß breit	шаг, пядь, фут
nicht (um) ein Haarbreit	*или* nicht (um) ein Haar breit	ни на йоту
die Handbreit	*или* die Hand breit	ширина ладони (*мера*)
der Spaltbreit	*или* der Spalt breit	*букв.* шириной в щель
die Tür Spaltbreit öffnen	*или* die Tür Spalt breit öffnen	(*немного*) приоткрыть дверь
der Zollbreit	*или* der Zoll breit	ширина в (*один*) дюйм
eine Zeitlang warten	*или* eine Zeit lang warten	ждать некоторое время
ein Armvoll	*или* ein Arm voll	охапка
die Handvoll	*или* die Hand voll	горсть, горсточка
der Mundvoll	*или* der Mund voll	кусок; глоток

4) существительное + причастие (партицип I), из них Дуден рекомендует:

   - писать слитно:

по-старому	по-новому	
abscheuerregend	*или* Abscheu erregend	вызывающий отвращение
aufsehenerregend	*или* Aufsehen erregend	сенсационный
besorgniserregend	*или* Besorgnis erregend	внушающий опасения
blutbildend	*или* ein Blut bildend	кроветворный (*препарат*)
blutreinigend	*или* Blut reinigend	кровоочищающий
blutsaugend	*или* Blut saugend	кровососущий (*о насекомых*)
blutstillend	*или* Blut stillend	кровоостанавливающий
diensthabend	*или* Dienst habend	дежурный
dienstleistend	*или* Dienst leistend	оказывающий услуги
diensttuend	*или* Dienst tuend	дежурный
entsetzenerregend	*или* Entsetzen erregend	приводящий в ужас
epochemachend	*или* Epoche machend	выдающийся, эпохальный
fruchtbringend	*или* Frucht bringend	плодотворный
fruchttragend	*или* Frucht tragend	плодоносные деревья
furcherregend	*или* Furcht erregend	вызывающий страх
gewinnbringend	*или* Gewinn bringend	прибыльный, выгодный
insektenfressend	*или* Insekten fressend	насекомоядный
kostendeckend	*или* Kosten deckend	покрывающий расходы
kostensparend	*или* Kosten sparend	экономичный
kräfteschonend	*или* Kräfte schonend	экономящий силы
kraftsparend	*или* Kraft sparend	энергосберегающий
kräftesparend	*или* Kräfte sparend	экономящий силы
kraftraubend	*или* Kraft raubend	трудоёмкий
laubtragend	*или* Laub tragende	лиственный
krebserregend	*или* Krebs erregend	канцерогенный
mitleiderregend	*или* Mitleid erregend	вызывающий жалость
platzsparend	*или* Platz sparend	занимающий мало места
schaudererregend	*или* Schauder erregend	внушающий ужас, пугающий
schreckenerregend	*или* Schrecken erregend	ужасное, вызывающее ужас
sinnstiftend	*или* Sinn stiftend	имеющий, придающий смыл
staunenerregend	*или* Staunen erregend	вызывающий удивление
zeitraubend	*или* Zeit raubend	отнимающий много времени
zeitsparend	*или* Zeit sparend	экономящий время

- писать раздельно:

по-старому	по-новому	
achtunggebietend	*или* Achtung gebietend	внушающий уважение
ackerbautreibend	*или* Ackerbau treibend	занимающийся земледелием
arbeitsuchend	*или* Arbeit suchend	ищущие работу люди
aufsichtführend	*или* Aufsicht führend	контролирующий, наблюдающий
beifallheischend	*или* Beifall heischend	требуя одобрения
buchführend	*или* Buch führend	ведущий бухгалтерский учёт
datenverarbeitend	*или* Daten verarbeitend	обрабатывающий данные
erdölexportierend	*или* Erdöl exportierend	экспортирующий нефть
erdölfördernd	*или* Erdöl fördernd	нефтедобывающий
erfolgversprechend	*или* Erfolg versprechend	многообещающий
feuerspeiend	*или* Feuer speiend	огнедышащий
furchteinflößend	*или* Furcht einflößend	внушающий/вселяющий страх
gefahrbringend	*или* Gefahr bringend	грозящий опасностью
glückbringend	*или* Glück bringend	приносящий счастье
glückverheißend	*или* Glück verheißend	сулящий счастье
händchenhaltend	*или* Händchen haltend	держась за руки
handeltreibend	*или* Handel treibend	занимающийся торговлей
hilfesuchend	*или* Hilfe suchend	ищущий помощи
hitzeabweisend	*или* Hitze abweisend	теплоотражающий
holzverarbeitend	*или* Holz verarbeitend	деревообрабатывающий
kohleführend	*или* Kohle führend	угленосный
lebenspendend	*или* Leben spendend	животворный
lebenzerstörend	*или* Leben zerstörend	разрушающий жизнь
metallverarbeitend	*или* Metall verarbeitend	металлообрабатывающий
milchgebend	*или* Milch gebend	дающая молоко *(корова и т.д.)*
musikliebend	*или* Musik liebend	любящий музыку
notleidend	*или* Not leidend	бедствующий
profitbringend	*или* Profit bringend	приносящий прибыль
radfahrend	*или* Rad fahrend	едущий на велосипеде
ratsuchend	*или* Rat suchend	ищущий совета
schleimabgesondert	*или* Schleim abgesondert	отделённые от слизи/мокрот
schmutzabweisend	*или* Schmutz abweisend	грязеотталкивающий *(материал)*
sporttreibend	*или* Sport treibend	занимающийся спортом
staubabweisend	*или* Staub abweisend	пылеотталкивающий
unheilbringend	*или* Unheil bringend	приносящий несчастье; роковой
völkerverbindend	*или* Völker verbindend	объединяющий народы
zugrundeliegend	*или* zugrunde liegend / zu Grunde liegend	лежащий в основе

5) глагол + *bleiben* или *lassen* (часто в переносном значении), при этом

а) добавился вариант раздельного написания:

по-старому	по-новому	
haftenbleiben	*или* haften bleiben	запоминаться
hängenbleiben	*или* hängen bleiben	повиснуть *(где-л.)*
klebenbleiben	*или* kleben bleiben	остаться на второй год в школе
liegenbleiben	*или* liegen bleiben	оставаться неоконченной
sitzenbleiben	*или* sitzen bleiben	остаться на второй год в школе
steckenbleiben	*или* stecken bleiben	запинаться
stehenbleiben	*или* stehen bleiben	остановиться *(перен.)*
bleibenlassen	*или* bleiben lassen	не делать, не выполнять *(чего-л.)*
fahrenlassen	*или* fahren lassen	отказываться *(от чего-л.)*, упускать

по-старому	по-новому	
fallenlassen	*или* <u>fallen lassen</u>	отказаться (*от чего-л.*)
gehenlassen	*или* <u>gehen lassen</u>	оставлять в покое (*кого-либо*)
sich gehenlassen	*или* sich <u>gehen lassen</u>	распускаться, давать себе волю
j-n hängenlassen	*или* j-n <u>hängen lassen</u>	бросить (*на произвол судьбы*)
laufenlassen	*или* <u>laufen lassen</u>	отпускать (*на свободу*)
liegenlassen	*или* <u>liegen lassen</u>	забывать (*взять*)
ruhenlassen	*или* <u>ruhen lassen</u>	временно прекращать
sausenlassen	*или* <u>sausen lassen</u>	бросить какое-либо дело
j-m, etwas	*или* j-m/etwas	дать полную волю (*кому-л.*);
schießenlassen	<u>schießen lassen</u>	предаться (*чему-л.*)
sich die Zügel	*или* sich die Zügel	вести себя необузданно/не знать
schießenlassen	<u>schießen lassen</u>	удержу
etwas schießenlassen	*или* <u>schießen lassen</u>	отказаться от (*чего-л.*)
seinlassen(=*nicht tun*)	*или* <u>sein lassen</u>	оставить намерение (*разг.*)
sitzenlassen	*или* <u>sitzen lassen</u>	оставить на второй год
steckenlassen	*или* <u>stecken lassen</u>	оставить, не вынимать
stehenlassen	*или* <u>stehen lassen</u>	пройти/уйти, не обращая внимания

б) добавился вариант слитного написания:

по-старому	по-новому	
sich (D) etwas <u>bieten lassen</u>	*или* sich (D) etwas bietenlassen	терпеть что-либо
sich <u>blicken lassen</u>	*или* sich blickenlassen	показываться на глаза (*разг.*)
den Gegner <u>kommen lassen</u>	*или* den Gegner kommenlassen	подпустить противника поближе
<u>krachen lassen</u>	*или* krachenlassen	необузданно праздновать
<u>laufen lassen</u>	*или* laufenlassen	не вмешиваться
eine Konferenz <u>platzen lassen</u>	*или* eine Konferenz platzenlassen	сорвать конференцию
j-n <u>schmoren lassen</u>	*или* schmorenlassen	оставить (*кого-л.*) в неведении
sich <u>sehen lassen</u>	*или* sich sehenlassen	быть заметным/значительным
<u>setzen lassen</u>	*или* setzenlassen	осмыслить, переварить
alles <u>schleifen</u> lassen	*или* alles schleifenlassen	больше ни о чём не заботиться
die Muskeln <u>spielen lassen</u>	*или* die Muskeln spielenlassen	демонстрировать мускулы (*перен.*)
die Fakten für sich <u>sprechen lassen</u>	*или* etwas für sich sprechenlassen	оперировать фактами
Blumen <u>sprechen lassen</u>	*или* Blumen sprechenlassen	выражать положительные чувства; дарить цветы (*в знак чего-л.*)
die Waffen <u>sprechen lassen</u>	*или* die Waffen sprechenlassen	пустить в ход оружие (*часто после неудавшихся переговоров*)
<u>springen lassen</u>	*или* springenlassen	раскошелиться (*разг.*)
eine Party <u>steigen lassen</u>	*или* eine Party steigenlassen	устроить, закатить крутую вечеринку (*разг.*)
ein Projekt <u>sterben lassen</u>	*или* ein Projekt sterbenlassen	похоронить, загубить проект (*разг.*)
sich <u>treiben lassen</u>	*или* sich treibenlassen	плыть по течению (*перен.*)
jegliches Taktgefühl <u>vermissen lassen</u>	*или* jegliches Taktgefühl vermissenlassen	терять всякое чувство ритма; такта; всякую тактичность
j-n etwas <u>wissen lassen</u>	*или* j-n etwas wissenlassen	сообщить, дать знать; уведомить (*кого-л. о чём-л.*)

Также в переносном значении глагол (по)знакомиться *(с кем-л., чем-л.)*, узнать:

Wenn wir uns <u>kennengelernt</u>/ kennen gelernt haben, war er 30 Jahre alt.	Когда мы познакомились, ему было 30 лет.
Er hat das Schrecken des Krieges <u>kennengelernt</u>/ kennen gelernt.	Он узнал ужасы войны.

6) прилагательное + глагол, при этом (ср. п. 5, с. 55):

а) добавился вариант слитного написания в сочетаниях прилагательного с *machen*:

по-старому	по-новому	
<u>alt machen</u>	*или* altmachen	старить
<u>arm machen</u>	*или* armmachen	разорить *(кого-л.)*
<u>billig machen</u>	*или* billigmachen	удешевлять *(например, продукт)*
<u>dicht machen</u>	*или* dichtmachen	сгустить; делать непроницаемым
<u>dick machen</u>	*или* dickmachen	толстеть *(от чего-л.)*
glattmachen	*или* <u>glatt machen</u>	разглаживать, расправлять
einen Durchgang <u>eng machen</u>	*или* einen Durchgang engmachen	делать узким проход
den Oberkörper <u>frei machen</u>	*или* den Oberkörper freimachen	раздеться до пояса
den Weg <u>frei machen</u>	*или* den Weg freimachen	дать/уступить дорогу *(кому-л.)*, пропустить *(кого-л.)*
sich von Vorurteilen <u>frei machen</u>	*или* sich von Vorurteilen freimachen	освободиться от предрассудков
sich <u>frisch machen</u>	*или* sich frischmachen	освежиться
etwas wieder <u>ganz machen</u>	*или* etwas wieder ganzmachen	починить *(исправить, склеить, зашить)*
<u>gesund machen</u>	*или* gesundmachen	вылечить, исцелить *(кого-л.)*
<u>heiß machen</u>	*или* heißmachen	подогреть *(воду и т.д.)*
<u>krank machen</u>	*или* krankmachen	заболеть *(от чего-л.)*
keinen Finger <u>krumm machen</u>	*или* keinen Finger krummmachen	не пошевелить и пальцем
es mit D <u>kurz machen</u>	*или* es mit D kurzmachen	быстро расправиться, разделаться *(с кем-л., чем-л., разг.)*
<u>leer essen</u>	*или* leeressen	съесть *(например, всю порцию)*
<u>leer machen</u>	*или* leermachen	опорожнить
j-n <u>munter machen</u>	*или* j-n muntermachen	подбодрить; разбудить *(кого-л.)*
<u>mürbe machen</u>	*или* mürbemachen *(разг.)*	сломить сопротивление, уломать
den Teig <u>mürbe machen</u>	*или* den Teig mürbemachen	сделать рыхлым тесто
j-n <u>reich machen</u>	*или* j-n reichmachen	сделать богатым, обогатить *(кого-л.)*
die Küche <u>rein machen</u>	*или* die Küche reinmachen	убирать кухню
einen Stein <u>rund machen</u>	*или* einen Stein rundmachen	округлять камень
<u>satt machen</u>	*или* sattmachen	насытиться чем-л.
die Pferde <u>scheu machen</u>	*или* die Pferde scheumachen	отпугивать, пугать *(лошадей)*
<u>schlank machen</u>	*или* schlankmachen	стройнить, делать стройным
<u>schlapp machen</u>	*или* schlappmachen	разморить
ein Fahrzeug <u>schnell machen</u>	*или* ein Fahrzeug schnell machen	обеспечить, *(разг.)* организовать автомобиль

по-старому	по-новому	
schwach machen	или schwachmachen	ослаблять (*организм*)
selig machen	или seligmachen	облагодетельствовать
sicher machen	или sichermachen	взять под охрану
stark machen	или starkmachen	придать силы
warm machen	или warmmachen	подогреть (*еду*)
weich machen	или weichmachen	размягчить (*кожу и т.д.*)
j-n wild machen	или j-n wildmachen	доводить до бешенства, бесить
zart machen	или zartmachen	делать нежной (*кожу и т.д.*)

б) добавился вариант раздельного написания в сочетаниях прилагательного с *machen*:

по-старому	по-новому	
bekanntmachen	или bekannt machen	объявлять, познакомить
sich feinmachen	или sich fein machen	наряжаться; прихорашиваться
j-n feinmachen	или j-n fein machen	наряжать; прихорашивать

Но: glattmachen (= *bezahlen*) (*разг.*) оплачивать, расплачиваться
eine Schuld glattmachen уплатить долг

leichtmachen	или leicht machen	облегчить
saubermachen	или sauber machen	чистить, убирать
sich schönmachen	или sich schön machen	мазаться (*разг.*), подкрашиваться;
für A	für A	наряжаться
schwermachen	или schwer machen	осложнять (*нужды*)

Но в переносном значении:

schwerfallen	даваться тяжело
schwerfallen	быть трудным; трудно даваться
schwernehmen	принимать близко к сердцу, тяжело переживать

в) прилагательное обозначает чаще **результат** деятельности глагола, при этом:
- добавился вариант слитного написания:

по-старому	по-новому	
sich bereit erklären	или sich bereiterklären	заявить о своей готовности
blank legen	или blanklegen	оголить (*провода и т.д.*)
blank liegen	или blankliegen	быть оголённым
blank polieren	или blankpolieren	(от)шлифовать до блеска
blank putzen	или blankputzen	начистить до блеска; чисто убрать
blank reiben	или blankreiben	натирать, драить до блеска
die Schuhe breit treten	или Schuhe breittreten	разнашивать обувь
einen Nagel	или einen Nagel	расклепать гвоздь
breit schlagen	breitschlagen	
dumm kommen	или dummkommen	говорить глупости; валять дурака
flach drücken	или flachdrücken	расплющивать
flach klopfen	или flachklopfen	отбивать (*шницель*)
gar kochen	или garkochen	доварить (*до готовности*)
gesund pflegen	или gesundpflegen	выходить (*кого-л.*)
gut gehen	или gutgehen	находить сбыт (*о товаре*)
gut gehen	или gutgehen	идти хорошо (*о делах*)

Но в переносном значении по-прежнему:

gutbringen, gutschreiben	записывать в кредит
guthaben	иметь в активе
gutsagen, gutsprechen, gutstehen	ручаться (*за кого-л.*)
guttun	благотворно действовать

по-старому	по-новому	
kalt stellen	*или* kaltstellen	поставить на холод/на лёд
krumm biegen	*или* krummbiegen	сгибать, искривлять *(что-л.)*
kühl stellen	*или* kühlstellen	поставить *(что-л.)* на холод
kurz mähen	*или* kurzmähen	коротко скосить траву
sich die Haare	*или* sich die Haare	коротко подстричь волосы
kurz schneiden lassen	kurzschneiden lassen	
lästig fallen	*или* lästigfallen	надоедать; стеснять *(кого-л.)*
leer räumen	*или* leerräumen	убрать *(напр., всё из помещения)*
ein Zimmer	*или* ein Zimmer	вынести всё из комнаты
leer räumen	leerräumen	
leer trinken	*или* leertrinken	выпить *(напр., весь стакан)*

Но пишутся вместе или раздельно:

leerlaufen	вытечь *(до дна – о бочке и т. д.)*	
leer stehen	пустовать	
massiv werden	*или* massivwerden	грубить, проявлять агрессивность
j-n matt setzen	*или* j-n mattsetzen	дать мат; *(перен.)* вывести из игры
patt setzen	*или* pattsetzen	попасть в патовое положение
einen Sack	*или* einen Sack	*(туго)* набить мешок
prall füllen	prallfüllen	
rein waschen	*или* reinwaschen	постирать *(бельё)*
die Uhrzeiger	*или* die Uhrzeiger	установить правильно стрелки
richtig stellen	richtigstellen	часов

Но в переносном значении по-прежнему: richtigstellen исправлять

sich die Haut	*или* sich die Haut	натереть кожу докрасна
rot scheuern	rotscheuern	*(мочалкой, щёткой)*
sich die Augen	*или* sich die Augen	иметь заплаканные глаза
rot weinen	rotweinen	
einen gebrochenen	*или* einen gebrochenen	иммобилизовать, обеспечить
Arm ruhig stellen	Arm ruhigstellen	неподвижность сломанной руки
den Mund	*или* den Mund	скривить рот
schief ziehen	schiefziehen	
schlecht gehen	*или* schlechtgehen	плохо себя чувствовать, дела плохи
schwach werden	*или* schwachwerden	поддаться; ослабевать; уступать
spitz schleifen	*или* spitzschleifen	заострить, заточить
Sahne steif schlagen	*или* Sahne steifschlagen	хорошо взбить сливки
wach liegen	*или* wachliegen	бодрствовать, не спать
warm werden	*или* warmwerden	близко познакомиться *(с кем-л.)*
warm stellen	*или* warmstellen	поставить *(что-л.)* в тёплое место
weh tun	*или* wehtun	причинять боль

Но по-прежнему: wehklagen сетовать, жаловаться, плакаться

weich klopfen	*или* weichklopfen	отбивать *(антрекот)*
weich kochen	*или* weichkochen	варить вкрутую *(яйца)*
weich spülen	*или* weichspülen	прополоскать *(бельё)* так, чтобы оно было мягким на ощупь
weich werden	*или* weichwerden	уступать, поддаваться
weiß waschen	*или* weißwaschen	отбеливать *(бельё)*
wieder einführen	*или* wiedereinführen	снова вводить в действие *(правила)*
wohl ergehen	*или* wohlergehen	жить в благополучии
sich wohl fühlen	*или* sich wohlfühlen	чувствовать себя хорошо

- добавился вариант раздельного написания:

по-старому	по-новому	
bekanntgeben	*или* bekannt geben	объявлять, сообщать
bekanntwerden	*или* bekannt werden	стать известным, гласным
bessergehen	*или* besser gehen	идти лучше (о делах)
besserstellen	*или* besser stellen	повысить благосостояние
die Mauerreste	*или* die Mauerreste	раскапывать, обнаруживать
bloßlegen	bloß legen	остатки сцены
die Hintergründe	*или* die Hintergründe	выявить, раскрыть мотивы
der Tat bloßlegen	der Tat bloß legen	деяния
Wenn die Nerven	*или* Wenn die Nerven	Нервы сдали/не выдержали/
bloßliegen …	bloß liegen …	подвели (разг.).
feinmahlen	*или* fein mahlen	мелко молоть; измельчать
feinvermahlen	*или* fein vermahlen	измельчать, мелко дробить
feinschleifen *(чаще в проф. языке)*	*или* j-n fein schleifen	окончательно отшлифовывать
freibekommen	*или* frei bekommen	получить освобождение …
Er hat eine Stunde freibekommen.	*или* Er hat eine Stunde frei bekommen.	Меня освободили/отпустили на час.
freihaben	*или* frei haben	быть свободным (от работы и т. д.)
j-m eine Stunde freigeben	*или* j-m eine Stunde frei geben	освободить (кого-л.) на один час
sich einen Tag freigeben lassen	*или* sich einen Tag frei geben lassen	освободиться, отпроситься на один день
geringachten	*или* gering achten	считать неважным
geringschätzen	*или* gering schätzen	пренебрегать, не уважать
freilassen	*или* frei lassen	выпускать; освобождать (кого-л.)
freilegen	*или* frei legen	откапывать; очищать (напр., улицу)
freikratzen	*или* frei kratzen	очистить, соскоблить (что-л.)
glattbügeln	*или* glatt bügeln	разглаживать утюгом
glatthobeln	*или* glatt hobeln	выстругать
glattmachen	*или* glatt machen	разглаживать, расправлять
glattkämmen	*или* glatt kämmen	гладко причесать
glattrasieren	*или* glatt rasieren	гладко выбрить
glattrühren	*или* glatt rühren	ровно перемешивать
glattschleifen	*или* glatt schleifen	окончательно отшлифовать
glattstreichen	*или* glatt streichen	разгладить; расправить
glattziehen	*или* glatt ziehen	расправлять, разглаживать
hochachten	*или* hoch achten	глубоко уважать, ценить
hochschätzen	*или* hoch schätzen	высоко ценить, глубоко уважать
klarwerden	*или* klar werden	становиться ясным, понятным
kleinhacken	*или* klein hacken	мелко нарубить (дрова и т.д.)
kleinmahlen	*или* klein mahlen	мелко молоть; размельчать
kleinschneiden	*или* klein schneiden	мелко нарезать
kaputtdrücken	*или* kaputt drücken	раздавить, сломать
kaputtmachen	*или* kaputt machen	испортить, сломать
kaputtschlagen	*или* kaputt schlagen	разбить (что-л.)
kaputttreten	*или* kaputt treten	вытоптать (траву)
kahlfressen	*или* kahl fressen	обгладывать (о вредителях)
kahlscheren	*или* kahl scheren	остричь наголо
kahlschlagen	*или* kahl schlagen	вырубать (лес)

по-старому	по-новому	
langziehen	*или* lang ziehen	растягивать, вытягивать (*в длину*)
j-m die Hammelbeine langziehen	*или* j-m die Hammel-beine lang ziehen	браться, взяться (*за кого-л.*), взять (*кого-л.*) в оборот (*разг.*)
j-m die Ohren langziehen	*или* j-m die Ohren lang ziehen	надрать уши (*кому-л., разг.*)
leckschlagen	*или* leck schlagen	получить пробоину
leerfegen	*или* leer fegen	очистить, вымести (*комнату*)
mündigsprechen	*или* mündig sprechen	объявлять совершеннолетним
schuldig sprechen	*или* schuldigsprechen	признать кого-л. виновным (*юр.*)
schieftreten	*или* schief treten	стаптывать (*обувь*)
schlechtgehen	*или* schlecht gehen	дела плохи
schlechtstehen	*или* schlecht stehen	обстоять плохо
schwarzweißmalen	*или* schwarz-weiß malen /schwarzweiß malen	изображать явления [героев] положительно или отрицательно
stillsitzen	*или* still sitzen	концентрироваться (*на чём-л.*)
strammziehen	*или* stramm ziehen	туго натягивать (канат, трос)
trockenbügeln	*или* trocken bügeln	высушить утюжкой
trockenföhnen	*или* trocken föhnen	высушить (*волосы*) феном
trockenreiben	*или* trocken reiben	насухо вытереть (*протереть*)
trockenschleudern	*или* trocken schleudern	высушить (*бельё*) в центрифуге
trockenwischen	*или* trocken wischen	насухо вытереть
übelberaten	*или* übel beraten	получивший дурной совет
übelnehmen	*или* übel nehmen	обижаться
übrigbleiben	*или* übrig bleiben	оставаться (*о деньгах, времени*)
übriglassen	*или* übrig lassen	оставлять (*как остаток*)
wachrütteln	*или* wach rütteln	растолкать (*спящего*), разбудить
weiterbestehen	*или* weiter bestehen	продолжать существовать
sich wundliegen	*или* sich wund liegen	належать пролежни
zufriedenstellen	*или* zufrieden stellen	удовлетворять

7) прилагательное *wund* + *глагол* = причинение какого-либо повреждения:

по-старому	по-новому	
sich die Füße wund laufen	*или* sich die Füße wundlaufen	натереть себе ноги; (*перен.*) сбиться с ног (*в поисках чего-л.*)
sich die Haut wund jucken	*или* sich die Haut wundjucken	расчесать кожу (*до крови*)
sich wund kratzen	*или* sich wundkratzen	расчесать кожу до крови
sich wundliegen	*или* sich wund liegen	належать пролежни
sich die Finger wund nähen	*или* sich die Finger wundnähen	исколоть себе пальцы за шитьем
sich den Mund wund reden	*или* sich den Mund wundreden	договориться до того, что язык во рту не ворочается
sich die Haut wund reiben	*или* sich die Haut wundreiben	натереть себе кожу до крови
sich die Finger wund schreiben	*или* sich die Finger wundschreiben	писать до полного изнеможения

8) прилагательное, обозначающее цвет, + *färben* (или другой):

по-старому	по-новому	
blau färben	*или* blaufärben	окрашивать в синий цвет
bunt färben	*или* buntfärben	раскрашивать
dunkel färben	*или* dunkelfärben	красить в тёмный цвет (*ресницы*)
dunkel lackieren	*или* dunkellackieren	лакировать в тёмный цвет
gelb färben	*или* gelbfärben	красить в жёлтый цвет
grün färben	*или* grünfärben	красить в зелёный цвет
sich die Haare	*или* sich die Haare	покрасить волосы
lila färben	lilafärben	в лиловый цвет
sich die Haare	*или* sich die Haare	выкрасить волосы
schwarz färben	schwarzfärben	в чёрный цвет
weiß färben	*или* weißfärben	протравлять белый рисунок на тёмной набивной ткани
weiß kalken	*или* weißkalken	белить известью
weiß tünchen	*или* weißtünchen	красить в белый цвет; белить

Соответственно и причастия, образованные от них:

по-старому	по-новому	
blaugefärbt	*или* blau gefärbt	окрашенный в синий цвет
blondgefärbt	*или* blond gefärbt	окрашенный в светло-русый цвет
schwarzgefärbt	*или* schwarz gefärbt	выкрашенный в чёрный цвет
unigefärbt	*или* uni gefärbt	окрашенный в однородный цвет

9) глаголы с *gerade*- в значении „выпрямить " и т. д. (ср. п. 6, с. 55):

по-старому	по-новому	
geradebiegen	*или* gerade biegen	расправить, распрямить
gerademachen	*или* gerade machen	приводить в прямое положение
geraderichten	*или* gerade richten	выпрямлять
geradesitzen	*или* gerade sitzen	сидеть прямо
geradestellen	*или* gerade stellen	поставить прямо

Но пишутся раздельно:

по-старому	по-новому	
geradehalten	gerade halten	держать прямо, отвесно
sich geradehalten	sich gerade halten	держаться прямо
geradelegen	gerade legen	класть прямо; поправлять

В переносном значении по-прежнему слитно пишется

geradestehen   нести ответственность

10) глаголы в значении „*быть любимчиком*":

по-старому	по-новому	
liebbehalten	*или* lieb behalten	любить по-прежнему
liebhaben	*или* lieb haben	любить
liebgewinnen	*или* lieb gewinnen	завоевать любовь

Но в несколько ином значении по-прежнему слитное написание имеют:

liebäugeln   кокетничать; носиться (*с мыслью*)
liebkosen   ласкать, миловать

11) словосочетания с некоторыми глаголами:

по-старому	по-новому	
treuergeben	*или* treu ergeben	быть верным, преданным
übelnehmen	*или* übel nehmen	обижаться
sich wundliegen	*или* sich wund liegen	належать пролежни
zufriedenstellen	*или* zufrieden stellen	удовлетворять

Но по-прежнему: sich zufriedengeben удовлетворяться

12) наречие + глагол

по-старому	по-новому	
aufeinanderfolgen	*или* aufeinander folgen	следовать друг за другом

13) прилагательное + причастие (партицип II), при этом:
• написание раздельное:

по-старому	по-новому	
blaugestreift	*или* blau gestreift	в голубую полоску
blankpoliert	*или* blank poliert	отполированный до блеска
braungebrannt	*или* braun gebrannt	загорелый
blaugefleckt	*или* blau gefleckt	в синих пятнах
blaugestreift	*или* blau gestreift	в синюю/голубую полоску
blindgeboren	*или* blind geborenen	слепорождённый
blondgefärbt	*или* blond gefärbt	обесцвеченный (*о волосах*)
blondgelockt	*или* blond gelockt	светлокудрый
braungebrannt	*или* braun gebrannt	загорелый
breitgefächert	*или* breit gefächert	широкий (*ассортимент*)
buntgefiedert	*или* bunt gefiedert	с пёстрым оперением (*птица*)
buntgemischt	*или* bunt gemischt	пёстрый (*о концерте и т. д.*)
buntgemustert	*или* bunt gemustert	с пёстрым узором
buntgestreift	*или* bunt gestreift	в разноцветную полоску
dichtbehaart	*или* dicht behaart	волосатый
dichtbevölkert	*или* dicht bevölkert	густонаселённый
dichtbebaut	*или* dicht bebaut	густозастроенный
dichtbewölkt	*или* dicht bewölkt	покрытый густыми тучами
dichtbelaubt	*или* dicht belaubt	густо покрытый листьями
dichtgedrängt	*или* dicht gedrängt	тесный, плотный (*о толпе*)
dünnbesiedelt	*или* dünn besiedelt	малонаселённый
dünnbevölkert	*или* dünn bevölkert	малонаселённый
enganliegend	*или* eng anliegend	обтягивающее (*платье*)
engbefreundet	*или* eng befreundet	очень дружный
engbedruckt	*или* eng bedruckt	напечатанный убористым шрифтом
engumgrenzt	*или* eng umgrenzt	тесно окружённый
engverwandt	*или* eng verwandt	являющийся близким родственником
ernstgemeint	*или* ernst gemeint	серьёзный
grobgemahlen	*или* grob gemahlen	грубого помола
grobgestrickt	*или* grob gestrickt	грубой вязки
gutgeschrieben	*или* gut geschrieben	хорошо написанный
gutsituiert	*или* gut situiert	состоятельный
gutunterrichtet	*или* gut unterrichtet	хорошо осведомлённый
gutbezahlt	*или* gut bezahlt	хорошо оплачиваемый
gutdotiert	*или* gut dotiert	хорошо дотированный
gutgekleidet	*или* gut gekleidet	хорошо одетый

по-старому	по-новому	
gutgelaunt	*или* gut gelaunt	весёлый, в хорошем настроении
gutgeschrieben	*или* gut geschrieben	хорошо написанный
gutsituiert	*или* gut situiert	состоятельный
gutunterrichtet	*или* gut unterrichtet	хорошо осведомлённый
gutgebaut	*или* gut gebaut	хорошо сложенный (*спортсмен*)
gutgekleidet	*или* gut gekleidet	хорошо одетый
gutgemeint	*или* gut gemeint	доброжелательное (*предложение*)
hartgekocht	*или* hart gekocht	сваренный вкрутую
hartgebrannt	*или* hart gebrannt	сильно обожжённый
heißbegehrt	*или* heiß begehrt	вожделенный, желанный
heißersehnt	*или* heiß ersehnt	заветный, желанный
hartgefroren	*или* hart gefroren	мёрзлый, промёрзший
heißgeliebt	*или* heiß geliebt	горячо любимый
langgezogen	*или* lang gezogen	продолжительный, длительный
feingemahlen	*или* fein gemahlen	мелкого помола
feingevermahlen	*или* fein vermahlen	тонкоизмельчённый
feingesponnenes Garn	*или* fein gesponnenes G.	тонкая пряжа
feingeschnitten	*или* fein geschnitten	мелко нарезанный
ein feingeschwun-	*или* ein fein geschwun-	изящно/красиво выполненный/
gener Bogen	gener Bogen	нарисованный полукруг (*в букве*)
feingestreift	*или* fein gestreift	в тонкую полоску
feingezähnt	*или* fein gezähnt	мелконадрезанный
festangestellt	*или* fest angestellt	состоящий в штате
festbesoldet	*или* fest besoldet	состоящий в штате (*армии*)
festgefügt	*или* fest gefügt	прочный; сплочённый
festgeschnürt	*или* fest geschnürt	туго зашнурованный
festverwurzelt	*или* fest verwurzelt	пустивший корни
frohgelaunt	*или* froh gelaunt	веселый; веселого нрава
frühgeboren	*или* früh geboren	недоношенный (*мед., ребёнок*)
frühgestorben/	*или* früh gestorben/	рано умерший
frühverstorben	*или* früh verstorben	
frühvollendet	*или* früh vollendet	безвременно скончавшийся
geradegewachsen	*или* gerade gewachsen	прямой (*о дереве*)
graugestreift	*или* grau gestreift	в серую полоску
grellbeleuchtet	*или* grell beleuchtet	яркоосвещённый
graumelierte Haare	*или* grau melierte Haare	волосы с проседью
grobgemahlen	*или* grob gemahlen	грубого помола
großangelegt	*или* groß angelegt	широко задуманный
großgewachsen	*или* groß gewachsen	высокого роста
großgemustert	*или* groß gemustert	с крупным рисунком (*о ткани*)
großkariert	*или* groß kariert	в крупную клетку
heißbegehrt	*или* heiß begehrt	вожделенный, желанный
heißersehnt	*или* heiß ersehnt	заветный, желанный
heißgelaufen	*или* heiß gelaufen	перегревшийся (*о двигателе*)
heißgeliebt	*или* heiß geliebt	горячо любимый
heißumkämpft	*или* heiß umkämpft	являющийся предметом
		ожесточённой борьбы
heißumstritten	*или* heiß umstritten	вызывающий горячие споры
kaltgeschleudert	*или* kalt geschleudert	очищенный холодным способом
kleingedruckt	*или* klein gedruckt	напечатанный мелким шрифтом
kleingeschnitten	*или* klein geschnitten	мелконарезанный

по-старому	по-новому	
kleingemustert	*или* <u>klein gemustert</u>	мелкоузорчатый
kurzgefaßt	kurzgefasst/<u>kurz gefasst</u>	сжатый, краткий *(о стиле)*
kurzgebraten	*или* <u>kurz gebraten</u>	немножко/слегка поджаренный
kurzgeschnitten	*или* <u>kurz geschnitten</u>	коротко подстриженный
langgestreckt	*или* <u>lang gestreckt</u>	вытянутый, растянутый, длинный
langgehegt	*или* <u>lang gehegt</u>	давнишний; давно имевшийся
langgezogen	*или* <u>lang gezogen</u>	продолжительный, длительный
längsgestreift	*или* <u>längs gestreift</u>	материал с продольными полосами
leergefegt	*или* <u>leer gefegt</u>	опустевший, безлюдный
nahverwandt	*или* <u>nah verwandt</u>	близкородственный
nähergelegen	*или* <u>näher gelegen</u>	расположенный ближе
neubearbeitet	*или* <u>neu bearbeitet</u>	переработанный
neueröffnet	*или* <u>neu eröffnet</u>	вновь открытый
neugeschaffenen	*или* <u>neu geschaffenen</u>	вновь созданный
niedriggesinnt	*или* <u>niedrig gesinnt</u>	низменный
parallelgeschaltet	*или* <u>parallel geschaltet</u>	соединенные параллельно
privatversichert	*или* <u>privat versichert</u>	индивидуально застрахован
quergestreift	*или* <u>quer gestreift</u>	в косую полоску
reichgeschmückt	*или* <u>reich geschmückt</u>	богато украшенный
reichverziert	*или* reich verziert	богато украшенный, отделанный
rotgestreift	*или* <u>rot gestreift</u>	в красную полоску
rotgeweinte Augen	*или* <u>rot geweinte</u> Augen	заплаканные глаза
schlechtgelaunt	*или* schlecht gelaunt	не в духе/в плохом настроении
schwachbegabt	*или* <u>schwach begabt</u>	неспособный; бездарный
schwachbetont	*или* <u>schwach betont</u>	несущий слабое ударение *(фон.)*
schwachbevölkert	*или* <u>schwach bevölkert</u>	малонаселённый
schwachbewegt	*или* <u>schwach bewegt</u>	малоподвижный
schwarzgerändert	*или* <u>schwarz gerändert</u>	бумага с чёрными полями
eine spätvollendete Oper	*или* eine <u>spät</u> <u>vollendete</u> Oper	опера, над которой композитор работал долгое время и завершил написание в зрелом возрасте
tiefbewegt	*или* <u>tief bewegt</u>	глубоко взволнованный
tiefempfunden	*или* <u>tief empfunden</u>	глубоко прочувствованный
tieferschüttert	*или* <u>tief erschüttert</u>	потрясённый до глубины души
tiefgefühlt	*или* <u>tief gefühlt</u>	удручённый; скорбящий
tiefverschneit	*или* <u>tief verschneit</u>	сильно заснеженный
totgeglaubt	*или* <u>tot geglaubt</u>	считавшийся умершим, погибшим
totgeboren	*или* <u>tot geboren</u>	мертворождённый
treuergeben	*или* <u>treu ergeben</u>	верный, преданный
treugesinnt	*или* <u>treu gesinnt</u>	верный, благонадёжный
übelgesinnt	*или* <u>übel gesinnt</u>	злонамеренный
übelberaten	*или* <u>übel beraten</u>	получивший дурной совет
übelgelaunt	*или* <u>übel gelaunt</u>	дурно настроенный
vielbefahren	*или* <u>viel befahren</u>	с интенсивным движением
vielbeschäftigt	*или* <u>viel beschäftigt</u>	занятой
vielbeschworen	*или* <u>viel beschworen</u>	*(дружба,)* в которой часто клянутся
vielbesprochen	*или* <u>viel besprochen</u>	часто обсуждаемый
vieldiskutiert	*или* <u>viel diskutiert</u>	широко дискутируемый
vielerörtert	*или* <u>viel erörtert</u>	широко обсуждаемый
vielgefragt	*или* <u>viel gefragt</u>	пользующийся большим спросом
vielgelesen	*или* <u>viel gelesen</u>	пользующийся читательским спросом

по-старому	по-новому	
vielgereist	*или* viel gereist	много путешествовавший
vielgeschmäht	*или* viel geschmäht	презренный, поносимый
vielzitiert	*или* viel zitiert	часто цитируемый
vollautomatisiert	*или* voll automatisiert	полностыо автоматизированный
vollbeladen	*или* voll beladen	полностью гружёный
vollbesetzt	*или* voll besetzt	полный, переполненный
vollentwickelt	*или* voll entwickelt	развитый
vollklimatisiert	*или* voll klimatisiert	оборудованный кондиционером
weißgekleidet	*или* weiß gekleidet	одетый в белое
weitverbreitet	*или* weit verbreitet	широко распространённый
übelberaten	*или* übel beraten	получивший дурной совет
übelgelaunt	*или* übel gelaunt	дурно настроенный
übelgesinnt	*или* übel gesinnt	злонамеренный

• пишутся слитно:

по-старому	по-новому	
fällig geworden	*или* fälliggeworden	с истёкшим сроком платежа
fett gedruckt	*или* fettgedruckt	отпечатанный жирным шрифтом
frisch gestrichen	*или* frischgestrichen	свежеокрашенный
genau unterrichtet	*или* genauunterrichtet	подробно информированный
getrennt geschrieben	*или* getrenntgeschrieben	раздельно пишущееся *(слово)*
knapp gehalten	*или* knappgehalten	краткий, в краткой форме
lang ersehnt	*или* langersehnt	желанный
stark behaart	*или* starkbehaart	покрытый густыми волосами
stark bewacht	*или* starkbewacht	усиленно охраняемый
wenig gelesen	*или* weiniggelesen	мало читаемый
wenig befahren	*или* wenigbefahren	со слабым движением *(дороги)*

14) причастие (партицип II) + глагол, при этом
• пишутся слитно:

по-старому	по-новому	
j-n verloren geben	*или* j-n verlorengeben	терять надежду на спасение
Er hat sie schon verloren gegeben.	*или* Er hat sie schon verloren gegeben.	Он потерял надежду на её спасение.
Wir dürfen uns nicht verloren geben.	*или* Wir dürfen uns nicht verloren geben.	Мы не должны терять надежду на наше спасение.
etwas verloren geben	*или* verlorengeben	считать что-л. потерянным
das Spiel verloren geben	*или* das Spiel verlorengeben	сдать партию, сдаться, прекратить игру *(также перен.)*
Ich darf das Spiel nicht frühzeitig verloren geben.	*или* Ich darf das Spiel nicht nicht frühzeitig verlorengeben.	Мне нельзя преждевременно сдавать партию/ сдаваться/ прекращать игру.

• пишутся раздельно:

по-старому	по-новому	
verlorengehen	*или* verloren gehen	пропадать, затеряться
Der Brief konnte verlorengehen.	*или* Der Brief konnte verloren gehen.	Письмо могло затеряться.
Sein Pass ist verlorengegangen.	*или* Sein Pass ist verloren gegangen.	У него пропал паспорт.
An ihm ist ein Arzt verlorengegangen.	*или* An ihm ist ein Arzt verloren gegangen.	Из него вышел бы хороший врач (*разг.*).
Der Krieg ist verlorengegangen.	*или* Der Krieg ist verloren gegangen.	Война (была) проиграна.

Сохранилось раздельное написание:

verloren sein не иметь шансов на спасение, быть полностью беспомощным:
Das Spiel ist längst verloren gewesen.   Уже давно не было шансов спасти игру.

verloren glauben:
Wir hatten das Spiel schon verloren geglaubt. Мы уже считали игру проигранной.

Но: Das bereits verloren geglaubte/verloren-geglaubte Spiel wurde doch gewonnen.   Игра, которую уже считали проигранной, все же была выиграна.

15) прилагательное + причастие (Partizip I), при этом добавились варианты:
• раздельного написания:

по-старому	по-новому	
allgemeinbildend	*или* allgemein bildend	общеобразовательный
alleinerziehend	*или* allein erziehend	отец-одиночка или мать-одиночка
besserverdienend	*или* besser verdienend	зарабатывающий больше
buntschillernd	*или* bunt schillernd	переливающийся разными цветами
doppeltwirkend	*или* doppelt wirkend	двойного действия
einzelnstehendes Haus	*или* einzeln stehendes Haus	особняк
ernstzunehmend	*или* ernst zu nehmend	воспринимаемый серьёзно
flottgehend	*или* flott gehend	преуспевающий (*бизнес*)
gleichbleibend	*или* gleich bleibend	остающийся неизменным
gleichdenkend	*или* gleich denkend	одинаковых убеждений
gleichlautend	*или* gleich lautend	одинаковый по звучанию
gutaussehend	*или* gut aussehend	хорошо выглядящий
gutsitzend	*или* gut sitzend	хорошо сшитый/сидящий
gutverdienend	*или* gut verdienend	хорошо зарабатывающий
kaltlächelnd	*или* kalt lächelnd	с холодной усмешкой
klardenkend	*или* klar denkend	ясномыслящий
leerstehend	*или* leer stehend	пустующий (*о помещении*)
parallellaufend	*или* parallel laufend	параллельный, идущий параллельно
rotglühend	*или* rot glühend	раскалённый докрасна
scheelblickend	*или* scheel blickend	косоглазый; завистливый
schlechtsitzend	*или* schlecht sitzend	плохо сшитый/сидящий (*костюм*)
schwerwiegend	*или* schwer wiegend	веский
sicherwirkend	*или* sicher wirkend	верный, действующий наверняка
tiefgehend	*или* tief gehend	глубокий (*перен.*)
tiefgreifend	*или* tief greifend	глубокий; основательный

по-старому	по-новому	
tiefliegend	*или* tief liegend	низкий; низменный *(геогр.)*
tiefliegende Augen	*или* tief liegende Augen	глубоко сидящие глаза
tiefstehend	*или* tief stehend	с низким уровнем *(о воде)*
treusorgend	*или* treu sorgend	нежный, заботливый
übelriechend	*или* übel riechend	зловонный, вонючий
weißglühend	*или* weiß glühend	раскалённый добела
wildlebend	*или* wild lebend	живущий на воле *(о животных)*
wildwachsend	*или* wild wachsend	дикорастущий *(о растениях)*
zähfließend	*или* zäh fließend	вязкий; густой; вязкотекучий
zartfühlend	*или* zart fühlend	чуткий, деликатный, тактичный
zartbesaitet	*или* zart besaitet	чувствительный, нужный

• слитного написания:

по-старому	по-новому	
hell lodernd	*или* helllodernd	ярко пылающий
hell strahlend	*или* hellstrahlend	ярко-лучистые
knapp sitzend	*или* knappsitzend	тесный *(об одежде)*
lang anhaltend	*или* langanhaltend	продолжительный
laut redend	*или* lautredend	громко разговаривающие соседи
richtig gehend	*или* richtiggehend	правильно идущий *(о часах и т.д.)*

Примечание.
Некоторые слова получили и вариант слитного написания при прямом значении:

по-старому	по-новому	
ein nahe liegendes Gehöft	*или* ein naheliegendes Gehöft	близлежащий хутор
ein nahe stehendes Haus	*или* ein nahestehendes Haus	близстоящий дом

В переносном значении, как правило, они по-прежнему имеют слитное написание:

ein naheliegender Vorschlag	понятное предложение
ein mir nahestehender Mensch	близкий мне человек

16) наречия + причастие (Partizip I), при этом добавилось следующее:
  • вариант раздельного написания:

по-старому	по-новому	
andersdenkend	*или* anders denkend	инакомыслящий
anderslautend	*или* anders lautend	иначе звучащий
darauffolgend	*или* darauf folgend	следующий
hierhergehörend	*или* hierher gehörend	относящийся сюда
linksstehend	*или* links stehend	левых убеждений
rechtsstehend	*или* rechts stehend	правых убеждений
obenstehend	*или* oben stehend	вышестоящий
vielsagend	*или* viel sagend	многозначительный
vielversprechend	*или* viel versprechend	многообещающий
untenliegend	*или* unten liegend	лежащий внизу, нижний
untenstehend	*или* unten stehend	нижестоящий
untenerwähnt	*или* unten erwähnt	нижеупомянутый
untengenannt	*или* unten genannt	нimplied
untengenannt	*или* unten genannt	ниженазванный
weitblickend	*или* weit blickend	дальновидный
weitgehend	*или* weit gehend	далеко идущий
weitgreifend	*или* weit greifend	широко задуманный
weittragend	*или* weit tragend	важный

• вариант слитного написания:

по-старому	по-новому	
dahin gehend	*или* dahingehend	в этом отношении
links abbiegend	*или* linksabbiegend	поворачивающий налево
links sitzend	*или* linkssitzend	сидящий слева
rechts abbiegend	*или* rechtsabbiegend	поворачивающий направо

17) прилагательное + прилагательное:

по-старому	по-новому	
allgemeingültig	*или* allgemein gültig	общепринятый
allgemeinverbindlich	*или* allgemein verbindlich	обязательный для всех
allgemeinverständlich	*или* allgemein verständlich	понятный для всех

18) сочетания с *selbst-*, ранее писавшиеся слитно с Partizip II, стали писаться и раздельно:

по-старому	по-новому	
selbstgebackenes Brot	*или* selbst gebackenes Brot	домашний хлеб
ein selbstgebackener Kuchen	*или* ein selbst gebackener Kuchen	домашний пирог
selbstgebrautes Bier	*или* selbst gebrautes Bier	самодельное пиво
eine selbstgedrehte Zigarette	*или* eine selbst gedrehte Zigarette	цигарка, самокрутка
selbstgemacht	*или* selbst gemacht	самодельный (*разг.*)
selbstgestrickt	*или* selbst gestrickt	собственной вязки
selbstverdient	*или* selbst verdient	заработанный самим
selbstgeschneidert	*или* selbst geschneidert	сшитый своими руками

19) сочетания с *leicht-*:

по-старому	по-новому	
Er hat es sich leichtgemacht.	*или* Er hat es sich leicht gemacht.	Он слабо старался.
leichtbeschwingt	*или* leicht beschwingt	легкокрылый
leichtbewaffnet	*или* leicht bewaffnet	легковооружённый
leichtbehindert	*или* leicht behindert	получивший лёгкое телесное повреждение
leichtbekömmlich	*или* leicht bekömmlich	легкоусвояемый
leichtentzündlich	*или* leicht entzündlich	легковоспламеняющийся
leichtverletzt	*или* leicht verletzt	легкораненый
leichtverwundet	*или* leicht verwundet	легкораненый
leichtverdaulich	*или* leicht verdaulich	легко перевариваемый
leichtverderblich	*или* leicht verderblich	скоропортящийся
leichtverständlich	*или* leicht verständlich	понятный, ясный

20) сочетания с *schwer-*:

по-старому	по-новому	
schwerbeladen	*или* schwer beladen	тяжелонагруженный
schwerbewaffnet	*или* schwer bewaffnet	тяжеловооружённый
schwererziehbar	*или* schwer erziehbar	трудновоспитуемый
schwerkrank	*или* schwer krank	тяжелобольной
schwerlöslich	*или* schwer löslich	труднорастворимый

по-старому	по-новому	
schwerverständlich	*или* schwer verständlich	труднопонимаемый
schwerverdaulich	*или* schwer verdaulich	трудноперевариваемый
schwerverletzt	*или* schwer verletzt	тяжелораненый
schwerverträglich	*или* schwer verträglich	неуживчивый; несговорчивый
schwerverwundet	*или* schwer verwundet	тяжелораненый
schwerwiegend	*или* schwer wiegend	веский, серьёзный

21) сочетания с *hoch-*:

по-старому	по-новому	
hochangesehen	*или* hoch angesehen	глубокоуважаемый
hoch aufgeschlossen	*или* hochaufgeschlossen	глубоко заинтересованный
hochbegabt	*или* hoch begabt	высокоодарённый
hochbeglückt	*или* hoch beglückt	очень счастливый
hochbesteuert	*или* hoch besteuert	облагаемый большим налогом
hochbezahlt	*или* hoch bezahlt	высокооплачиваемый
hochdosiert	*или* hoch dosiert	высокой дозировки
hochdotiert	*или* hoch dotiert	высокодотируемый
hochentwickelt	*или* hoch entwickelt	высокоразвитый
hochgeehrt	*или* hoch geehrt	глубокоуважаемый
hochgelobt	*или* hoch gelobt	глубоко похвальный
hochgespannte Erwartungen	*или* hoch gespannte Erwartungen	*(неоправданно)* большие надежды/ ожидания
hochindustriealisiert	*или* hoch industriealisiert	высокоиндустриальный
hochkompliziert	*или* hoch kompliziert	очень сложный
hochkompliziert	*или* hochkompliziert	очень сложный
hochkonzentriert	*или* hoch konzentriert	высокой концентрации
hochmotiviert	*или* hoch motiviert	высокомотивированный
hochqualifiziert	*или* hoch qualifiziert	высококвалифицированный
hochspezialisiert	*или* hoch spezialisiert	высокоспециализированный
hochtechnisiert	*или* hoch technisiert	высокомеханизированный
hochverschuldet	*или* hoch verschuldet	имеющий большие долги

22) сочетания с *wohl-*:

по-старому	по-новому	
wohlausgewogen	*или* wohl ausgewogen	взвешенный
wohlbedacht	*или* wohl bedacht	продуманный
wohlbegründet	*или* wohl begründet	хорошо обоснованный
wohlbehütet	*или* wohl behütet	хорошо хранимый
wohlbekannt	*или* wohl bekannt	хорошо известный
wohlberaten	*или* wohl beraten	получивший хорошую консультацию
wohldosiert	*или* wohl dosiert	умеренный
wohldurchdacht	*или* wohl durchdacht	хорошо продуманный
wohl ergehen	*или* wohlergehen	жить в благополучии
wohlerhalten	*или* wohl erhalten	хорошо сохранившийся
wohlerwogen	*или* wohl erwogen	тщательно взвешенный
wohlerzogen	*или* wohl erzogen	благовоспитанный
wohldurchdacht	*или* wohl durchdacht	хорошо продуманный
wohlformuliert	*или* wohl formuliert	хорошо сформулированный

по-старому	по-новому	
sich wohl fühlen	*или* sich wohlfühlen	чувствовать себя хорошо
wohlgenährt	*или* wohl genährt	упитанный
wohlgeformte	*или* wohl geformte Sätze	хорошо сформулированные предложения
wohlgeordnet	*или* wohl geordnet	упорядоченный
wohlgeraten	*или* wohl geraten	удачный
wohlgesetzt	*или* wohl gesetzt	хорошо сформулированный
wohlgetan	*или* wohl getan (*уст.*)	правильный; хороший
wohlklingend	*или* wohl klingend	благозвучный
wohllautend	*или* wohl lautend	благозвучный (*высок.*)
wohlversorgt	*или* wohlversorgt	хорошо обеспеченный
wohlüberlegt	*или* wohl überlegt	хорошо продуманный
wohlproportioniert	*или* wohl proportioniert	с хорошими пропорциями
wohlriechend	*или* wohl riechend (*высок.*)	благоухающий; благоуханный
wohlschmeckend	*или* wohl schmeckend	вкусный, приятный на вкус
wohltönend	*или* wohl tönend	благозвучный
wohlunterrichtet	*или* wohl unterichtet	хорошо осведомлённый
wohlversorgt	*или* wohl versorgt	вполне обеспеченный
wohlverstanden	*или* wohl verstanden	правильно понятый
wohlverwahrt	*или* wohl verwahrt	хорошо припрятанный
wohlvorbereitet	*или* wohl vorbereitet	хорошо подготовленный

Но: wohlbehalten — неповреждённый, целый; хорошо сохранившийся
wohltuend — полезный, благотворный
wohlgemut — весёлый, бодрый

23) *weit-* в сочетаниях с причастиями:

по-старому	по-новому	
weitblickend	*или* weit blickend	дальновидный
weitgehend	*или* weit gehend	далеко идущий; значительный
weitgereist	*или* weit gereist	побывавший в далёких краях
weitgreifend	*или* weit greifend	широко задуманный (*план*)
weitreichend	*или* weitreichend	широкий (*о полномочиях и т.д.*)
weittragend	*или* weit tragend	имеющий серьёзные последствия; важный (*перен.*)
weitverbreitet	*или* weit verbreitet	широко распространённый
weitverzweigt	*или* weit verzweigt	разветвленный

24) прилагательное, оканчивающееся на *-ig* + глагол или другая часть речи (ср. п. 24, с. 82):

по-старому	по-новому	
fertigbekommen	*или* fertig bekommen	получить готовой (*работу*)
fertigbringen	*или* fertig bringen	доводить до конца
fertigmachen	*или* fertig machen	сделать, закончить
fertigkochen	*или* fertig kochen	сварить; (*разг.*) справляться
sich fertigmachen	*или* sich fertig machen	(под)готовиться (*für A*)
fertigstellen	*или* (etwas) fertig stellen	закончить/завершить (*что-л.*)
fertigwerden	*или* fertig werden	покончить, разделаться (*mit D*)
fertigwerden	*или* fertig werden	справиться (*с чем-л., mit D*)
übrigbleiben	*или* übrig bleiben	оставаться (*о деньгах, времени*)
übriglassen	*или* übrig lassen	оставлять (*как остаток*)
selig machen	*или* seligmachen	осчастливить

Но: fertigbekommen, fertigbringen справляться (ср. п. 24, с. 81)
fertigmachen доконать *(фам.)*
seligsprechen причислять к лику блаженных
seligpreisen считать *(кого-л.)* в высшей степени счастливым *(часто в переносном значении)*

25) словосочетания, начинающиеся с **halb**-:

по-старому	по-новому	
halbautomatisch	*или* halb automatisch	полуавтоматический
halbbekleidet	*или* halb bekleidet	полуодетый
halbblind	*или* halb blind	полуслепой
halberfroren	*или* halb erfroren	полузамёрзший
halberwachsen	*или* halb erwachsen	полувзрослый
halbfertig	*или* halb fertig	полуготовый
halbgar	*или* halb gar	недоваренный; полуготовый
halbleer	*или* halb leer	полупустой
halblinks	*или* halb links	впереди слева *(наискось)*
halbrechts	*или* halb rechts	впереди справа *(наискось)*
halbnackt	*или* halb nackt	полуобнаженный, полуголый
halboffen	*или* halb offen	полуоткрытый
halberwachsen	*или* halb erwachsen	полувзрослый
halbtot	*или* halb tot	еле живой, полумертвый
halboffen	*или* halb offen	полуоткрытый
halbrechts	*или* halb rechts	впереди справа *(наискось)*
halbreif	*или* halb reif	недоспелый, полузрелый
halbtot	*или* halb tot	еле живой, полумертвый
halbverhungert	*или* halb verhungert	умирающий с голоду
halbverwelkt	*или* halb verwelkt	полузавявший
halbverdaut	*или* halb verdaut	полуперевариваемый
halbvoll	*или* halb voll	наполненный до половины
halbwach	*или* halb wach	дремотный

Но по-прежнему:
halbbitter полугорький, полусладкий *(о шоколаде)*
halbfest полужёсткий
halbgebildet полуобразованный, недоученный
halbhoch невысокий

26) словосочетания, начинающиеся с **hart**-:

по-старому	по-новому	
hartkochen	*или* hart kochen	сварить вкрутую
hart machen	*или* hartmachen	повышать твёрдость *(тех.)*

Но: hartgesotten сваренный вкрутую

27) словосочетания, начинающиеся с **nicht**-:

по-старому	по-новому	
nichtsahnend	*или* nichts ahnend	ничего не подозревающий
nichtleitend	*или* nicht leitend	непроводящий, диэлектрический
nichtrostend	*или* nicht rostend	нержавеющий
nichtorganisiert	*или* nicht organisiert	не являющийся членом организации

по-старому	по-новому	
nichtssagend	*или* nichts sagend	ничего не говорящий/значащий
nicht selbständig/ nichtselbständig	*или* nicht selbstständig/ nichtselbstständig	несамостоятельный, зависимый неавтономный
die nicht zutreffende Behauptung	*или* die nichtzutreffende Behauptung	неподходящее утверждение
Die Sitzung war nicht öffentlich.	*или* Die Sitzung war nichtöffentlich.	Заседание было закрытым.
Die Darstellung ist nicht amtlich.	*или* Die Darstellung ist nichtamtlich.	Изложение неофициальное.

Как и ранее, два варианта:

nichtberufstätig	*или* nicht berufstätig	неработающий, ...ая

28) сочетания с „*Mal*" (с прописной буквы, иногда при ударении на оба слова, ср. , рекомендаций Дуден не даёт, ср. п. 11, с. 56):

по-старому	по-новому	
einmal	*или* ein Mal	один раз
ein paarmal	*или* ein paar Mal	несколько раз
ein paar Dutzend Mal	*или* ein paar dutzend Mal	несколько десятков раз
fünfundsiebzigmal	*или* fünfundsiebzig Mal	семьдесят пять раз
hundertmal	*или* hundert Mal	сотню раз
sovielmal	*или* so viel Mal	сколько бы раз
tausendmal	*или* tausend Mal	тысячу раз
vieltausendmal	*или* vieltausend Mal	много тысяч раз
wievielmal	*или* wie viel Mal	сколько раз

29) существительное с предлогом, если это соединение превратилось в новый предлог и наречие:

по-старому	по-новому	
außerstande sein	*или* außer Stande sein	быть не в силах
auf seiten	aufseiten / auf Seiten	на стороне кого-л.
dortzulande	*или* dort zu Lande	в тех краях
hierzulande	*или* hier zu Lande	здесь
Hо: bei uns zulande	bei uns zu Lande	в нашей стране
in Frage stellen	*или* infrage stellen	ставить под сомнение
insonderheit	*или* in Sonderheit *(канц.)*	в частности, в особенности
imstand(e) sein	*или* im Stand(e) sein	мочь, быть в состоянии
instand halten	*или* in Stand halten	содержать в исправности
instand setzen	*или* in Stand setze	ремонтировать
mit Hilfe	*или* mithilfe	с помощью
zuleide tun	*или* zu Leide tun	обидеть
zumute	*или* zu Mute	испытывать душевный дискомфорт
zunutze machen	*или* zu Nutze machen	извлечь пользу
zugrunde gehen	*или* zu Grunde gehen	гибнуть, разрушать
zugrunde legen	*или* zu Grunde legen	положить в основу

по-старому	по-новому	
zugrunde liegen	*или* zu Grunde liegen	лежать в основе
zugrunde richten	*или* zu Grunde richten	погубить, разрушить
zugunsten	*или* zu Gunsten	на пользу, в пользу
zu Haus(e) sein	*или* zuhaus(e) sein	находиться, быть дома
zu Lasten	*или* zulasten	за счёт
zuschanden machen	*или* zu Schanden machen	испортить, совершенно сводить на нет, расстроить (*планы и т.д.*)
zuschanden gehen	*или* zu Schanden gehen	испортиться
zuschanden werden	*или* zu Schanden werden	испортиться
j-n, etwas zuschanden werden lassen	*или* j-n, etwas zu Schanden werden lassen	обречь на позорный провал; погубить (*кого-л., что-л.*)
zuschulden kommen lassen	*или* zu Schulden kommen lassen	провиниться в чем-л.; позволить себе вольность
zustande kommen/ bringen	*или* zu Stande kommen/ bringen	осуществляться; завершаться
von seiten	vonseiten, von Seiten	со стороны
zu seiten G	zuseiten, zu Seiten G	по обеим сторонам
zutage treten/kommen	*или* zu Tage treten/kommen	обнаружиться
zutage bringen/fördern	*или* zu Tage bringen/fördern	обнаружить, показать
zuwege bringen	*или* zu Wege bringen	выполнять, справляться
(gut) zuwege sein	*или* zu Wege sein	быть здоровым; в хорошей форме

Но один вариант получило (такой, как рекомендует Дуден у всех выше приведённых примеров):

по-старому	по-новому	
zur Zeit	zurzeit	вовремя; в настоящее время

Но:

по-старому	по-новому	
unterderhand	unter der Hand	случайно, по случаю; с рук

Здесь существительное вышло из составного слова, став самостоятельным.

30) Ряд иностранных слов:

по-старому	по-новому	
die Big Band	*или* die Bigband	большой джазовый или танцевальный оркестр
die Cold Cream	*или* die Coldcream	кольдкрем

В некоторых сочетаниях раздельное или слитное написание зависит от их значения (прямого или переносного). К ним относятся:

а) наречия или местоимения с глаголом:

Прямое значение (раздельно)	Переносное значение (слитно)
Er soll da bleiben, wo er hingehört. Он должен остаться там, где его место.	Er soll dableiben. Он должен остаться./ Он не должен уходить.
Die Flecken sind davon gekommen, dass die Tinte verschüttet wurde. Пятна появились оттого, что были пролиты чернила.	Wir sind noch einmal davongekommen. Мы ещё раз ушли от этого.
Das Haus, das Sie gegenüber sehen können, gehört meinem Freund. Дом, который вы видите напротив, принадлежит моему другу.	Plötzlich habe ich mich dem gesuchten Mann gegenübergesehen. Неожиданно я увидел перед собой разыскиваемого человека.

б) глаголы или причастия с *fest, frei, groß, gut, klein, schön* или *sicher*:

Прямое значение (раздельно)	Переносное значение (слитно)
Man muss das Seil fest (in die Hand) nehmen. Необходимо крепко удерживать канат (в руке).	Der Kommissar will den Dieb festnehmen. Комиссар хочет задержать вора (= *арестовать*).
Der Redner kann frei sprechen. Оратор говорил свободно (= *без бумажки*).	Der Richter wird den Angeklagten freisprechen. Судья признает подсудимого невиновным.
Sport wird bei uns groß geschrieben. Спорту у нас придаётся большое значение.	„Buch" wird großgeschrieben. Слово „Buch" пишется с прописной буквы.
Er hat das Buch gut geschrieben. Он хорошо написал книгу.	Er hat den Betrag gutgeschrieben. Он оприходовал сумму (= *включил в счёт*).
Warum hat er (ganz) klein geschrieben? Почему он написал (совсем) мелким почерком?	Warum wird dieses Wort kleingeschrieben? Почему это слово пишется с малой буквы?
Er kann schön schreiben. Он может писать красивые слова.	Er kann schönschreiben. Он написал красивым почерком.
Das kleine Kind kann schon sicher gehen. Маленький ребёнок может уже уверенно стоять на ногах.	Wir wollen in dieser Sache sichergehen. Мы хотим в этом деле действовать наверняка.

4. Написание с прописной и со строчной буквы (Общие положения)
   (Groß- und Kleinschreibung) (Allgemeine Bestimmungen)

Ранее в написании и с прописной и со строчной буквы имелось множество каверзностей и противоречий, из-за чего (почти) никто не мог твёрдо усвоить соответствующие правила. Ввиду этого в реформе правописания данной области отведена важная роль. Однако результат свидетельствует о том, что коренных изменений не последовало. Существительные по-прежнему пишутся с прописной буквы. Правда, было устранено множество исключений и в результате основные правила сейчас имеют большую значимость. Реформа в написании с прописной буквы коснулась четырёх наиболее спорных областей. Это написание с прописной буквы:

- в начале предложения,
- при вежливом обращении,
- имён собственных,
- существительных и субстантиваций.

4.1. Написание с прописной буквы в начале предложения
(Großschreibung am Satzanfang)

Здесь было внесено только одно изменение.

Если после двоеточия следует новое целое предложение, то уже не делается различия между сообщением (Ankündigung), с одной стороны, и обобщением/выводом (Zusammenfassung/Folgerung), с другой стороны, и по новым правилам слово, стоящее в начале этого предложения, можно писать или с прописной, или со строчной буквы:

Zufrieden schaute er in den Garten:	С удовлетворением он посмотрел в сад:
Alles/alles wuchs und gedieh.	всё росло и благоухало.

4.2. Написание с прописной буквы местоимений *du* и *ihr* в письмах
(Schreibung der vertraulichen Anredepronomen *du* и *ihr* in Briefen)

Личные местоимения *du* и *ihr* (ср. п. 11, с. 97, п. 6, с. 103), а также соответствующие притяжательные местоимения ранее писались по-разному: в письмах и текстах, приравниваемых к письмам, они писались с прописной буквы, в остальных случаях – со строчной. В этом случае возникала большая неуверенность, особенно в том отношении, какие другие тексты следует приравнивать к письмам, например, считать ли таковыми указания в школьных учебниках и т. д. С другой стороны, написание с прописной буквы в некоторых случаях ни чем не обусловливалось. Так, например, если речь идёт об обращении на ты, то нет, собственно говоря, никакого повода за счёт написания с прописной буквы выражать особое почтение. По новым правилам все же в письмах эти местоимения можно писать и со строчной, и с прописной буквы (рекомендация Дудена – с прописной, как дань традиции):

Lieber Anton, herzlichen Dank für dein/	Дорогой Антон, большое спасибо тебе
Dein Foto, auf dem du/Du und deine	за твою фотографию, на которой
Schwester zusammen mit euren/Euren	изображены ты и твоя сестра вместе
Kollegen abgebildet sind …	с вашими коллегами …

4.3. Написание с прописной буквы имён собственных
(Großschreibung der Eigennamen)

Имена собственные в основном пишутся по-прежнему с прописной буквы.
Проблематичными остаются три случая написания:
- сложных имён собственных (то есть состоящих из нескольких частей речи), в состав которых входят прилагательные,
- сложных устойчивых названий, в состав которых входят прилагательные (mehrteilige Begriffe mit Adjektiven),
- прилагательных, образованных от имён собственных.

Простые имена собственные (то есть состоящие из одной части речи), с грамматической точки зрения, являются существительными и, соответственно, пишутся с прописной буквы. Проблем здесь, как показывает практика, как правило, не возникает. Сложные имена собственные, напротив, имеют в своем составе несколько частей речи, главным образом прилагательное, которое также пишут с прописной буквы:

der Schiefe Turm von Pisa	Пизанская падающая башня
der Nahe Osten	Ближний Восток
die Schweizerischen Bundesbahnen	Швейцарские железные дороги

Если в состав имени собственного входит прилагательное, то важно знать, что вообще следует рассматривать в качестве имени собственного.

Часто с именами собственными раньше смешивали (и в таком случае писали с прописной буквы) устойчивые названия, состоящие из прилагательного (причастия, местоимения, порядкового числительного) и существительного. Эти устойчивые названия при строгом подходе не являются именами собственными. Более того, они обозначают классы предметов, лиц, а также действий. В течение времени здесь возникла определённая неразбериха. Так, при старом написании можно было встретить:

die schwarze Liste	чёрный список	и das Schwarze Brett	доска объявлений
das schwarze Schaf	белая ворона *(перен.)*	и die Schwarze Magie	чёрная магия
der erste Spatenstich	закладка фундамента *(букв. первый раз копнуть лопатой)*	и die Erste Hilfe	первая помощь *(мед.)*

по-старому	**по-новому**	
die schwarze Liste	die schwarze Liste	чёрный список
das schwarze Schaf	das schwarze Schaf	белая ворона *(перен.)*
der schwarze Markt	der schwarze Markt	чёрный рынок
der erste Spatenstich	der erste Spatenstich	закладка фундамента
das Schwarze Brett	das Schwarze/schwarze Brett	доска объявлений
die Schwarze Magie	die schwarze Magie	чёрная магия
der schwarze Mann	der schwarze/Schwarze Mann	трубочист
die Erste Hilfe	die Erste/erste Hilfe	первая помощь

Хотя здесь, как следует из примеров, по новым правилам прилагательные (порядковые числительные) пишутся со строчной буквы, однако некоторые из них, получившие новое общее значение (mit neuer Gesamtbedeutung), можно писать с прописной буквы:

Написание с прописной буквы действует ещё только в четырёх случаях:

- титулы:

Königliche Hoheit	Королевское Величество
Erster Bürgermeister	Первый бургомистр
Erster Staatsanwalt	Первый (главный) прокурор

- особые дни в календаре:

Heiliger Abend	рождественский сочельник *(рел.)*
Weißer Sonntag	воскресенье после Пасхи *(рел.)*
Tag der Deutschen Einheit	День немецкого единства

- названия из ботаники, зоологии или других областей науки, специальностей и т. д.:

Schwarzer Holunder	чёрная бузина/ бузина чёрная
Weißer Hai	белая акула
die Organische Chemie	органическая химия
die Aktuelle Stunde	актуальный час *(в парламенте)*
die Gelbe Karte	жёлтая карточка *(футбол)*

Примечание.

В некоторых областях возможно написание со строчной буквы:

| grauer Star | катаракта *(мед.)* |

- исторические события и эпохи:

| die Französische Revolution | Французская революция |
| Mittlere Bronzenzeit | средний бронзовый век |

Третью проблему представляет написание слов, образованных от фамилий, оканчивающихся на *-isch* или *-sch*.

Ранее нужно было различать личное достижение:

das Ohmsche Gesetzt	закон Ома (*то есть открыт Омом*)
die Viktorianische Zeit	викторианская эпоха (*время правления английской королевы Виктории*)

и просто название в честь кого-либо:

der ohmsche Widerstand	омическое сопротивление
der viktorianische Still	викторианский стиль

По новым правилам: das ohmsche/Ohm'sche Gesetz, der ohmsche/Ohm'sche Widerstand; die Viktorianische Zeit, der viktorianische Still

Из этого следует, что по новым правилам эти прилагательные в основном пишутся со строчной буквы (как и рекомендует Дуден). Только, если с помощью апострофа выделяется фамилия, чтобы тем самым показать что-то самостоятельное, то слово пишется с прописной буквы: *das Ohm'sche Gesetz*.

Однако в отдельных случаях твёрдо закрепилось написание только с прописной буквы:

die Viktorianische Zeit	см. выше

В отдельных случаях фамилия не отделяется апострофом:

die pythagoreische Philosophie	философия Пифагора
die napoleonischen Kriege	войны Наполеона

По-прежнему с прописной буквы пишется прилагательное, образованное от фамилии или другого названия и оканчивающееся на *-isch* или *-sch*, если оно и существительное как единое целое представляют имя собственное:

die Meyersche/Meyer'sche Verlagsbuchhandlung	книжный магазин издательства Майера
die Schweizerischen Bundesbahnen	Швейцарские железные дороги

4.4. Написание с прописной буквы существительных (Großschreibung der Nomen)

Наиболее сильные споры при проведении реформы правописания были по вопросу написания существительных с прописной буквы (были предложения писать существительные со строчной буквы, так как в Европе после реформы датского языка (1946 г.) только в немецком языке они пишутся с заглавной буквы). У многих возникали трудности при написании, поскольку, как известно, границы между частями речи не всегда чётко обозначены. Существительные могут переходить в другие части речи. Так, например, *abends вечером, по вечерам* является наречием, или *dank благодаря* – предлогом и т. д. Другие части речи могут субстантивироваться: *das Heute und das Morgen настоящее и будущее, das Schöne прекрасное, красивое, das Laufen бег*.

В результате реформы было модифицировано написание существительных с прописной буквы. Это позволило видеть разграничения между субстантивированным и не субстантивированным употреблением слова. По новым правилам при написании можно руководствоваться формальными критериями. Так, если перед словом имеется артикль, а это значит, что речь идёт о субстантивациях, то это слово пишется с прописной буквы:

der/die Einzelne	одиночка
im Dunkeln tappen	идти на ощупь, блуждать в потёмках
um ein Beträchtliches größer	намного, гораздо больше
Es ist das Beste, wenn ich gehe.	Лучше, если я уйду.

Модификация написания существительных с прописной буквы коснулась следующего:

1) существительных в устойчивых сочетаниях,
2) gestern, heute, morgen + время суток,
3) прилагательного, близкого по содержанию к неопределённым числительным,
4) порядковых числительных,
5) прилагательного в превосходной степени,
6) прилагательного в устойчивых сочетаниях с глаголами,
7) прилагательного в других устойчивых сочетаниях,
8) прилагательного в обозначениях цветов и языков,
9) прилагательного в парных формах,
10) отдельных случаев.

1) В отношении <u>существительных в устойчивых сочетаниях</u> действует основной принцип: при раздельном написании – написание с прописной буквы:

по-старому	по-новому	
in bezug auf	in Bezug auf	относительно
in betreff (G)	in Betreff	относительно, касательно
<u>zugrunde</u> richten	*или* zu Grunde richten	погубить, разрушить
<u>zugunsten</u>	*или* zu Gunsten	на пользу, в пользу
radfahren	Rad fahren	ездить, кататься на велосипеде
<u>imstande</u> sein	*или* im Stande sein	быть в состоянии
in acht nehmen	in Acht nehmen	заботиться *(о чем-л.)*, беречь *(что-л.)*

2) В сочетаниях <u>gestern, heute, morgen + время суток</u> последнее пишется с прописной буквы:

по-старому	по-новому	
gestern abend	gestern Abend	вчера вечером

3) Прилагательные, которые по содержанию <u>близки к неопределённым местоимениям</u>, так называемые неопределённые числительные, ранее писались со строчной буквы. Новые правила предусматривают написание со строчной буквы только очень часто употребляемых слов: *viel, wenig, ein, ander* (и всех их форм):

Das haben schon viele erlebt.	Это пережили/испытали уже многие.
Das war nur wenigen bekannt.	Это было известно только немногим.
Die meisten haben dieses Buch gelesen.	Большинство читало эту книгу.
Die einen kommen, die anderen gehen.	Одни приходят, другие уходят.
Er hatte noch anderes zu tun.	Ему ещё надо сделать другое дело.
Unter anderem wurde auch über den Ausflug gesprochen.	Среди прочего разговор шёл об экскурсии.

Однако и эти слова могут писаться с прописной буквы, если подчёркивается, что речь идёт не о неопределённом числительном, а о существительном:

Die Meinung der Vielen (= *der breiten Masse*) interessierte ihn nicht.	Мнение многих (= *широкой массы*) его не интересовало.
Die Einen sagen dies, die Anderen das.	Одни люди говорят одно, другие другое.
Die Meisten stimmen mir zu.	Большинство людей соглашается со мной.

Прилагательные с демонстративным значением по новым правилам как субстантивированные прилагательные пишутся только с прописной буквы:

Er sagte das Gleiche.	Он сказал то же самое.
Merke dir Folgendes: …	Запомни следующее: …

4) <u>Порядковые числительные</u> являются прилагательными. При их субстантивации ранее нужно было различать следующее: если они выражали простую очерёдность, то писались со строчной буквы, а в остальных случаях – с прописной. Это правило касалось и родственных прилагательных *nächst* и *zuletzt*:

Er fuhr als erster/als letzter (= *zuerst/zuletzt*) ins Ziel.	Он финишировал первым/последним (= *раньше/позже*).
Er fuhr als Erster/als Letzter (= *als Sieger/ als Verlierer*) durchs Ziel.	Он финишировал первым/последним (= *победителем/проигравшим*).

По новым правилам это различие не учитывается, и субстантивированные прилагательные пишутся с прописной буквы.

5) По-прежнему со строчной буквы пишутся прилагательные в превосходной степени с *am*, так как можно поставить вопрос *как?*. Они находятся в одном ряду с другими формами степеней сравнения, которые также пишутся со строчной буквы:

Er schreibt genau – genauer – am genauesten.	Он пишет аккуратно – аккуратнее – аккуратнее всего.
Der Baum ist hoch – höher – am höchsten.	Дерево высокое – выше – самое высокое.

В остальных случаях применимо правило для субстантивированных прилагательных:

по-старому	по-новому	
Das ist das beste, was du tun kannst.	Das ist das Beste, was du tun kannst.	Это лучшее, что ты можешь сделать.
Die Sache steht nicht zum besten.	Die Sache steht nicht zum Besten.	Дела обстоят неважно.
Wir haben uns aufs beste unterhalten.	Wir haben uns aufs <u>Beste</u>/ beste unterhalten.	Мы побеседовали как нельзя лучше.

В последнем примере возможно написание и со строчной буквы, так как к прилагательному в превосходной степени можно поставить вопрос как.

6) Субстантивированные прилагательные по старым правилам писались со строчной буквы, если они входили в состав устойчивого выражения:

по-старому	по-новому	
auf dem trockenen sitzen	auf dem Trockenen sitzen	сидеть (как рак) на мели (*быть без денег*)

Но: auf dem Trockenen sitzen   сидеть на мели (*без денег, разг.*)
    (= *auf dem trockenen Land sitzen*)   (= *сидеть на сухом месте*)

Однако раньше это правило не всегда действовало:

ins Schwarze treffen   попасть в яблоко/в центр мишени, попасть в цель;
    (*перен.*) попасть в точку, попасть не в бровь, а в глаз

Новые правила во всех таких случаях предписывают написание с прописной буквы:

по-старому	по-новому	
j-n zum besten haben/halten	j-n zum Besten haben/halten	подсмеиваться, подшучивать, дурачить, разыгрывать (*кого-л.*)
den kürzer(e)n ziehen	den Kürzer(e)n ziehen	остаться в проигрыше
ins reine bringen	ins Reine bringen	выяснить, урегулировать
im trüben fischen	im Trüben fischen	ловить рыбу в мутной воде

7) Подобным образом обстояло дело с так называемыми устойчивыми выражениями, употребляемым более свободно (freier verwendbare feste Wendungen). И здесь не совсем выдерживались правила написания со строчной буквы:

im verborgenen	втайне, тайно, тайком
Но: im Freien	на открытом воздухе, под открытым небом; на воле

Новые правила во всех таких случаях предписывают написание с прописной буквы:

по-старому	по-новому	
Wir sind im wesentlichen einig.	Wir sind im Wesentlichen einig.	Наши взгляды в основном совпадают.
Wir haben alles des langen und breiten diskutiert.	Wir haben alles des langen und breiten diskutiert.	Мы всё подробно обсудили.
Sie hat mir die Sache des näheren erläutert.	Sie hat mir die Sache des näheren erläutert.	Она подробно разъяснила мне вопрос.

В некоторых устойчивых сочетаниях из предлога и прилагательного возможно написание с прописной и строчной буквы:

по-старому	по-новому	
seit langem	*или* seit Langem	(уже) давно
von nahem	*или* von Nahem	с близкого расстояния
bei weitem	*или* bei Weitem	намного, гораздо
ohne weiteres	*или* ohne Weiteres	сразу, немедленно

8) Обозначения цветов и языков имеют частично характер существительных, частично прилагательных:

Er hasst Gelb.	Он ненавидит жёлтый цвет.
Er strich die Bank blau.	Он покрасил скамейку в синий цвет.
Sein Deutsch hat einen polnischen Akzent.	В его немецком языке имеется польский акцент.
Er las den Vertrag russisch vor.	Он зачитал текст договора по-русски.

Проблемы возникали с некоторыми тесными сочетаниями с предлогами. Не всегда было ясно, как следовало рассматривать обозначения цветов и языков: как существительные или как прилагательные. По новым правилам их следует рассматривать как субстантивации, и как обозначения цветов и языков писать соответственно с прописной буквы:

In Ostafrika verständigt man sich am besten auf Suaheli oder auf Englisch.	В Восточной Африке лучше всего объясняться на кисуахили (*языке народа суахили*) или английском.
Die Ampel schaltete auf Rot.	Светофор переключился на красный свет.
Wir liefern das Gerät in Grau und Schwarz.	Мы поставляем приборы серого и чёрного цвета.

Но по-прежнему:

Das werde ich dir schwarz auf weiß beweisen.	Это я тебе докажу чётко/ясно/ недвусмысленно.
Die Stimmung war grau in grau.	Настроение было мрачное.

9) Парные несклоняемые прилагательные для обозначения людей по новым правилам пишутся с прописной буквы (см. п. 3, с. 95):

по-старому	по-новому	
Das ist ein Fest für jung und alt.	Das ist ein Fest für Jung und Alt.	Это праздник для всех без исключения.

Склоняемые формы и раньше писались с прописной буквы: ein Fest für Junge und Alte.

10) <u>Отдельные случаи</u> также отрегулированы новыми правилами. Они сейчас лучше вписываются в общую систематику написания с прописной или строчной буквы:

по-старому	по-новому	
Rechtens sein	rechtens sein	быть справедливым [законным]
an Eides Statt	an Eides statt	вместо присяги
im nachhinein	im Nachhinein	*(австр.)* впоследствии, потом
im voraus	im Voraus	заранее

4.5. Написание с прописной буквы (Großschreibung)
4.5.1. С прописной буквы по новым правилам пишутся (Großschreibung nach neuen Regeln):

1) субстантивированные прилагательные и причастия:

по-старому	по-новому	
ähnliches erleben	Ähnliches erleben	пережить подобное
und ähnliches (u. ä.)	und Ähnliches (u. Ä.)	и тому подобное (и т. п.)
im allgemeinen	im Allgemeinen	в общем
Er ist immer der alte geblieben.	Er ist immer der Alte geblieben.	Он такой же, как прежде/ остался таким, каким был.
jeder beliebige	jeder Beliebige	любой, первый встречный
Wir haben derartiges nicht bemerkt.	Wir haben Derartiges nicht bemerkt.	Мы подобного не заметили.
jeder einzelne	jeder Einzelne	каждый в отдельности
jeder einzelne von uns	jeder Einzelne von uns	каждый из нас в отдельности
einzelne werden sich fragen, ob …	einzelne werden sich fragen, ob …	отдельные зададут себе вопрос, …
einzelnes blieb ungeklärt	Einzelnes blieb ungeklärt	одно осталось невыясненным
bis ins einzelne	bis ins Einzelne	до мельчайших подробностей
ins einzelne gehend	ins Einzelne gehend	вдаваться в подробности
im einzelnen	im Einzelnen	в частности
kein einziger	kein Einziger	ни один
der einzige	der Einzige	один-единственный
die einzige	die Einzige	одна-единственная
das einzige wäre ...	das Einzige wäre ...	единственным было бы …
Er als einziger hatte einen großen Erfolg.	Er als Einziger hatte einen großen Erfolg.	Он, будучи одним-единственным, имел большой успех.
Sie als einzige hat den Auftrag für.	Sie als Einzige hat den Auftrag für.	Она, будучи одной-единственной, выполнила поручение.
Das einzigartige dabei ist, dass …	das Einzigartige dabei ist, dass …	особенное в этом случае то, что …
das folgende	das Folgende	следующее
Es ist folgendes zu beachten.	Es ist Folgendes zu beachten.	Следует обратить внимание на следующее/учесть следующее.
in folgendem	in Folgendem	в дальнейшем, далее, ниже
aus folgendem	aus Folgendem	из следующего
ein geringes tun	ein Geringes tun	делать малость, немногое.

по-старому	по-новому	
um ein geringes weniger	um ein Geringes weniger	немного меньше
das gleiche tun	das Gleiche tun	делать то же самое
Der nächste, bitte!	Der Nächste, bitte!	Следующий, пожалуйста!
der (die, das) letzte	der (die, das) Letzte	последний (последняя, последнее)
fürs letzte	fürs Letzte	под конец, наконец
im reinen sein mit etwas	im Reinen sein mit etwas	ясно представлять себе *(что-л.)*
ins reine bringen	ins Reine bringen	выяснить, урегулировать *(что-л.)*
ins reine kommen	ins Reine kommen	разобраться в себе
ins reine schreiben	ins Reine schreiben	писать начисто/набело *(что-л.)*
alles sonstige	alles Sonstige	всё прочее
alles übrige	alles Übrige	всё остальное
ein übriges tun	ein Übriges tun	сделать больше, чем требуется
im übrigen	im Übrigen	впрочем
die übrigen	die Übrigen	другие
vorangehendes gilt …	Vorangehendes gilt …	вышеупомянутое касается …
der/die vorige	der/die Vorige	предшествующий, …ая
Das vorige gilt auch …	Das Vorige gilt auch …	Вышеуказанное касается также …
Im vorigen heißt es …	Im Vorigen heißt es …	В вышеизложенном речь идёт о …
vorliegendes	Vorliegendes	представленное
im vorliegenden	im Vorliegenden	в представленном

в том числе в устойчивых выражениях:

по-старому	по-новому	
aus alt neu machen	aus Alt Neu machen	обновлять старые вещи
Alles ist beim alten.	Alles ist beim Alten.	Всё остаётся по-старому.
alles beim alten lassen	alles beim Alten lassen	оставить всё по-старому
am alten hängen	am Alten hängen	придерживаться старых взглядов
im argen liegen	im Argen liegen	находиться в беспорядке
um ein bedeutendes zunehmen	um ein Bedeutendes zunehmen	значительно прибавлять в весе, поправляться, полнеть
um ein beträchtliches höher	um ein Beträchtliches höher	намного, гораздо выше
im bisherigen	im Bisherigen	(как) указано выше
im bösen auseinandergehen	im Bösen auseinandergehen	расстаться врагами
im dunkeln bleiben	im Dunkeln bleiben	оставаться в неизвестности
im dunkeln lassen	im Dunkeln lassen	оставить в неизвестности
im dunkeln tappen	im Dunkeln tappen	блуждать в потёмках *(также перен.)*
sein eigen nennen	sein Eigen nennen	владеть чем-л.
im großen einkaufen	im Großen einkaufen	закупать оптом
im ganzen gesehen	im Ganzen gesehen	рассматривая в целом
um ein kleines	um ein Kleines	немного
über ein kleines *(уст.)*	über ein Kleines	скоро
den kürzer(e)n ziehen	den Kürzer(e)n ziehen	оказаться в убытке
auf dem laufenden sein	auf dem Laufenden sein	быть в курсе событий
auf dem trockenen sitzen	auf dem Trockenen sitzen	сидеть на мели *(о финансах)*
im trüben fischen	im Trüben fischen	ловить рыбу в мутной воде
aus schwarz Weiß machen wollen	aus Schwarz Weiß machen wollen	пытаться из чёрного сделать белое
auf dem laufenden sein	auf dem Laufenden sein	быть в курсе событий

по-старому	по-новому	
Er hat sein möglichstes getan.	Er hat sein Möglichstes getan.	Он сделал всё, что только мог/что было в его силах.
im nachfolgenden	im Nachfolgenden	ниже, далее (*в тексте*)
des näheren erläutern	etwas des Näheren e.	разъяснить (*что-л.*) подробно
es aufs neue versuchen	es aufs Neue versuchen	снова, ещё раз пытаться
Auf ein neues!	Auf ein Neues!	С Новым Годом! С почином!
im speziellen	im Speziellen	в частности; в отдельности
etwas im stillen vorbereiten	etwas im Stillen vorbereiten	готовить что-л. тайком, втихомолку, исподтишка
aus dem rohen arbeiten	aus dem Rohen arbeiten	начерно сделать (*что-л.*)
im rohen fertig sein	im Rohen fertig sein	быть готовым вчерне
sich im sicheren fühlen	sich im Sicheren fühlen	чувствовать себя в безопасности
sich ins unabsehbare ausweiten	sich ins Unabsehbare ausweiten	необозримо расширяться
bis ins undendliche	bis ins Undendliche	до бесконечности
Die Kosten steigen ins ungeheure.	Die Kosten steigen ins Ungeheure.	Расходы безмерно возрастают.
im unreinen	im Unreinen	вчерне
ins unreine schreiben	ins Unreine schreiben	писать начерно

2) субстантивированные прилагательные в превосходной степени:

по-старому	по-новому	
Es ist das beste, wenn er nicht kommt.	Es ist das Beste, wenn er nicht kommt.	Лучше, если он не придёт.
Ich halte für das beste, wenn er nicht kommt.	Ich halte für das Beste, wenn er nicht kommt.	Я считаю, что лучше (*всего*), если он не придёт.
zum besten geben	zum Besten geben	угощать, выставлять (*кому-л.*)
zum besten haben	zum Besten haben	подсмеиваться, разыгрывать
mit j-m nicht zum besten stehen	mit j-m nicht zum Besten stehen	относиться (*к кому-л.*) неприязненно; (*с чем-л.*) обстоит дело неважно
j-n zum besten haben/halten	j-n zum Besten haben/halten	подсмеивать, подшучивать, дурачить, разыгрывать
der erste beste	der erste Beste	первый встречный/попавшийся
das erste beste nehmen	das erste Beste nehmen	брать что попало
Das einfachste ist, wenn	Das Einfachste ist, wenn	Самое простое, если …
Das größte wäre, wenn	Das Größte wäre, wenn …	Было бы очень хорошо, если …
nicht im entferntesten	nicht im Entferntesten	нисколько, ничуть
im geringsten	nicht im Geringsten stören	ничуть не мешать
Ihm entgeht nicht das geringste.	Ihm entgeht nicht das Geringste.	От него ничего не ускользает./ Он ничего не упустит.
Es geht ihn nicht das geringste an.	Es geht ihn nicht das Geringste an.	Это его ровно никак не касается.
nicht im geringsten stören	nicht im Geringsten stören	не мешать ничуть/нисколько
das richtigste sein	das Richtigste sein	быть правильным (*о действиях*)
Es wäre das richtigste, wenn ich hier bleibe.	Es wäre das Richtigste, wenn ich hier bleibe.	Правильным было бы, если я останусь здесь.
das schlimmste ist, daß du weggehst.	das Schlimmste ist, dass du weggehst.	Плохо, что ты уходишь.
das sicherste ist, wenn ..	das Sicherste ist, wenn …	надежно/верно будет, если …

Однако два варианта имеют (при этом рекомендуется писать со строчной буквы):

по-старому	по-новому	
die <u>allermeisten</u> glauben	*или* die Allermeisten	(подавляющее) большинство верит
das <u>allermindeste</u>	*или* das Allermindeste	по меньшей мере
das <u>allerwenigste</u>	*или* das Allerwenigste	менее всего

3) субстантивированные парные несклоняемые прилагательные в описаниях людей (см. п. 9, с. 92):

по-старому	по-новому	
arm und reich	Arm und Reich *(уст.)*	каждый, всякий
bei arm und reich	bei Arm und Reich	у бедных и богатых
groß und klein	Groß und Klein	от мала до велика, стар и млад
für groß und klein	für Groß und Klein	для всех без исключения
jung und alt	Jung und Alt	млад и стар
für jung und alt	für Jung und Alt	для всех без исключения
mein und dein verwcchseln	Mein und Dein verwechseln	быть нечистым на руку/*(ирон.)* не разбирать, где своё, где чужое
Gleich und gleich gesellt sich gern.	Gleich und Gleich gesellt sich gern.	Два сапога – пара./ Свой своему поневоле брат.
hoch und nieder	Hoch und Nieder	каждый, всякий *(мал и велик)*
falsch und richtig nicht unterscheiden können	Falsch und Richtig nicht unterscheiden können	не уметь отличать правильное и неправильное

а также парные склоняемые прилагательные:

по-старому	по-новому	
im großen und im kleinen einkaufen	im Großen und im Kleinen einkaufen	закупать оптом и в розницу
im großen und ganzen	im Großen und Ganzen	в общем (и целом), в основном
ein langes und breites (viel) sagen	ein Langes und Breites (viel) sagen	обстоятельно, подробно говорить
etwas des langen und breiten erklären	etwas des Langen und Breiten erklären	что-либо подробно объяснять

Но по-прежнему: Arm und Reich бедные и богатые люди

4) порядковые числительные и приравненные к ним слова, указывающие очерёдность:

по-старому	по-новому	
der achte, den ich sehe	der Achte, den ich sehe	восьмой, которого я вижу
jeder achte bleibt hier	jeder Achte bleibt hier	каждый восьмой останется здесь
die achte, die ich sehe	die Achte, die ich sehe	восьмой/восьмая, кого я вижу
jede achte bleibt hier	jede Achte bleibt hier	каждая восьмая останется здесь
jeder dritte	jeder Dritte	каждый третий
zum dritten	zum Dritten	в-третьих
der, die, das erste	der, die, das Erste	первый, первая, первое
fürs erste	fürs Erste	для начала, на первых порах
zum ersten	zum Ersten	в первый
Mein erstes war, ein Heft zu kaufen.	Mein Erstes war, ein Heft zu kaufen.	Сначала я куплю тетрадь.
als erstes im Kühlschrank nachsehen	als Erstes im Kühlschrank nachsehen	сначала посмотреть в холодильнике
Als erster (erste) durchs Ziel gehen	als Erster (Erste) durchs Ziel gehen	первым (первой) финишировать, порвать ленточку

по-старому	по-новому	
Jeder will der erste sein.	Jeder will der Erste sein.	Каждый хочет быть первым.
am ersten jeden Monats	am Ersten jeden Monats	первого числа каждого месяца
Den letzten beißen die Hunde.	Den Letzten beißen die Hunde.	Последнего собаки рвут.
jeder vierte	jeder Vierte	каждый четвёртый
Er hat wie kein zweiter gearbeitet.	Er hat wie kein Zweiter gearbeitet.	Он старался больше всех.
Jeder zweite war krank.	Jeder Zweite war krank.	Каждый второй был болен.

5) субстантивированные наречия, предлоги, союзы и междометия и т. д:

по-старому	по-новому	
im voraus	im Voraus	заранее
Er glaubt, wunder was getan zu haben (ugs.).	Er glaubt(,) Wunder was getan zu haben (ugs.).	Ему кажется, что он невесть что сделал (разг.).
Sie ist mein ein und (mein) alles.	Sie ist mein Ein und (mein) Alles.	Она моя единственная отрада/для меня всё.

6) имена существительные, которые входят в состав устойчивых словосочетаний с глаголами и предлогами (см. п. 1, с. 89):

по-старому	по-новому	
in acht nehmen	in Acht nehmen	быть осторожным с чем-либо
außer acht lassen	außer Acht lassen	упустить (что-л.) из виду
diät leben	Diät leben	быть на диете
in bezug auf	in Bezug auf	относительно
in betreff (G)	in Betreff	относительно, касательно
not sein, not werden	Not sein, Not werden.	требоваться, быть нужным

7) также существительное *die Angst страх* в составе устойчивых выражений (ср. 4.6.2, с. 100):

по-старому	по-новому	
angst (und bange) machen	Angst (und Bange) machen	пугать, нагонять страх

8) времена суток: *Morgen, Vormittag, Mittag, Nachmittag, Abend, Nacht, Mitternacht* после наречий *vorgestern, gestern, heute, morgen, übermorgen*:

по-старому	по-новому	
vorgestern abend	vorgestern Abend	позавчера вечером
heute nacht	heute Nacht	сегодня вечером
morgen vormittag	morgen Vormittag	завтра в первой половине дня
heute früh	*или* heute Früh	сегодня рано

9) названия языков в сочетании с предлогом:

по-старому	по-новому	
auf deutsch sagen	auf Deutsch sagen	сказать на немецком языке
in englisch abfassen	in Englisch abfassen	составить на английском языке
auf gut russisch gesagt	auf gut Russisch gesagt	говоря на хорошем русском языке

10) перифразы (штампы):

по-старому	по-новому	
die aktuelle Stunde	die Aktuelle Stunde	актуальный час *(в парламенте)*
die atlantische Allianz	die Atlantische Allianz	Атлантический альянс/союз
der blanke Hans	der Blanke Hans *(сев.-нем.)*	белопенный Ганс *(о Сев. море)*; Северное море *(во время шторма)*
der blaue Planet	der Blaue Planet *(Erde)*	голубая планета *(Земля)*
dänische Dogge	Dänische Dogge	датский дог
die deutsche Dogge	die Deutsche Dogge	немецкий дог
der deutsche Schäferhund	der Deutsche Schäferhund	немецкая овчарка
die dritte Welt	die Dritte Welt	страны третьего мира *(развив. страны)*
die erste Bundesliga	die Erste Bundesliga	первая бундеслига
der erste Geiger	der Erste Geiger	первая скрипка *(скрипач)*
Но: die erste Geige spielen		играть первую скрипку *(также перен.)*
fliegende Fische	Fliegende Fische	летучие рыбы
die goldenen Zwanziger	die Goldenen Zwanziger	золотые двадцатые годы
der große Teich	der Große Teich	Атлантический океан
der kalte Krieg	der Kalte Krieg	холодная война
der rote Planet	der Rote Planet *(Mars)*	красная планета *(Марс)*
die rote Liste	die Rote Liste	Красная книга
rote Be(e)te	Rote Be(e)te	свёкла
rote Johannisbeeren	Rote Johannisbeeren	красная смородина
spanische Fliege	Spanische Fliege	шпанка, ясеневая/шпанская муха
die zweite Bundesliga	die Zweite Bundesliga	вторая бундеслига
das zweite Programm	das Zweite Programm	вторая программа немецкого телевидения (телеканал ZDF)

11) личное местоимение *du*, входящее в состав именного сказуемого (см. п. 4.2, с. 86):

по-старому	по-новому	
j-n mit du anreden	j-n mit Du anreden	обратиться *(к кому-л.)* на ты
mit j-m auf du und du stehen	mit j-m auf Du und Du stehen	быть *(с кем-л.)* на ты

12) некоторые английские слова (в одном из вариантов):

по-старому	по-новому	
das Corned beef	Cornedbeef/Corned Beef	солёное говяжье мясо
das Heavy metal	das Heavy Metal	тяжелый металл; металлический рок *(музыкальный стиль)*
das Happy-End	Happy End/Happyend	хеппи-энд, счастливый конец
die Hard disk	Harddisk/ Harddisc/ Hard Disk/Hard Disc	жёсткий диск
das/der Hot dog	Hotdog /Hot Dog	хотдог
das Free climbing	das Freeclimbing *или* das Free Climbing	восхождение на горы; альпинизм без вспомогательных средств
der Irish coffee	der Irish Coffee	ирландский кофе/кофе по-ирландски *(напиток из смеси ирландского виски и кофе с сахаром и сливками)*
No-future-Generation	No-Future-Generation	потерянное поколение
der Paying guest	der Paying Guest	кто живет в семье как гость, но платит за питание и проживание

по-старому	по-новому	
die Pressure-group	die Pressure-Group	влиятельная группа, оказывающая давление на парламент
das Open-air-Festival	das Open-Air-Festival	фестиваль на открытом воздухе
das Open-air-Konzert	das Open-Air- Konzert	концерт на открытом воздухе
der Round table	der Round Table	круглый стол (переговоров)
die Slow motion	die Slow Motion	замедленное движение на экране
der Small talk	Small Talk/ Smalltalk	лёгкая светская беседа
der Small cap	Small Cap/ Smallcap	ценная бумага малого предприятия
das T-bone-Steak	das T-Bone-Steak	стейк на косточке, бифштекс из задне-поясничной части говяжьей туши
der Toe-loop	der Toeloop/ Toe-Loop	тулуп (прыжок в фигурном катании)
die Traide-union	Traide-Union/Traideunion	тред-юнион (английский профсоюз)
das Walkie-talkie	das Walkie-Talkie	портативная радиостанция

Заимствования из других языков (чаще латинского):

по-старому	по-новому	
die Alma mater	die Alma Mater	(родной) университет (лат. студ.)
das Alter ego	das Alter Ego	второе я
das Eau de parfum	das Eau de Parfum (фр.)	парфюмированная вода
das Eau de toilette	das Eau de Toilette (фр.)	туалетная вода
der Lapsus calami	der Lapsus Calami	описка
der Lapsus linguae	der Lapsus Linguae	оговорка, обмолвка
der Lapsus memoriae	der Lapsus Memoriae	ошибка по забывчивости
tabula rasa machen	Tabula rasa machen	начисто смести всё старое

4.5.2 Написание с прописной буквы по-прежнему (Großschreibung wie früher)

С прописной буквы пишутся по-прежнему:

1) все существительные, в том числе субстантивации, имена собственные и т. д.

2) вежливая форма „*Sie*" и соответствующие притяжательные местоимения:

Haben Sie alles verstanden?	Вы всё поняли?
Ich danke Ihnen für Ihren Brief.	Я благодарю вас за ваше письмо.

3) устойчивые вежливые обращения:

Haben Eure Exzellenz noch einen Wunsch? Что ещё желает Ваше превосходительство?

4) названия цвета в сочетании с предлогом:

in Rot	в красный цвет
bei Grün die Straße überqueren	перейти улицу на зелёный свет

5) имена собственные, праздничные дни, исторические события и т. д.:

die Große Mauer	Великая китайская стена
die Grüne Insel	Зелёный остров (поэт., об Ирландии)
die Grüne Woche	Зелёная неделя (выставка в Берлине)
die Grünen	зелёные (партия в ФРГ)
das Grüne Gewölbe	„Грюнес Гевёльбе"/„Зелёные своды" (музей в Дрездене)
Heiliger Abend	сочельник (24 декабря)
der Stille Ozean	Тихий океан
Weißer Sonntag	воскресенье после Пасхи
der Westfälische Friede(n)	Вестфальский мир и др.

4.6. Написание со строчной буквы (Kleinschreibung)

4.6.1 Написание со строчной буквы по новым правилам (Kleinschreibung nach neuen Regeln)

1) Количественные числительные до миллиона:

по-старому	по-новому	
Null Komma nichts	null Komma nichts	ноль целых шиш десятых
in Null Komma nichts	in null Komma nichts	в один момент
Die Temperatur sinkt unter Null.	Die Temperatur sinkt unter null.	Температура падает ниже нуля.
Die Stimmung ist unter Null gesunken.	Die Stimmung ist unter null gesunken.	Настроение совсем упало/ испортилось.
Er fängt wieder bei Null an.	Er fängt wieder bei null an.	Он снова начинает с нуля.
Der Zeiger steht auf Null.	Der Zeiger steht auf null.	Стрелка стоит на нуле.
Sie ist über Sechzig.	Sie ist über sechzig.	Ей за шестьдесят.
Er ist Mitte Achtzig.	Er ist Mitte achtzig.	Ему около 75 лет.
Er kommt in die Fünfzig.	Er kommt in die fünfzig.	Скоро ему исполнится 50.

2) Слово *viertel* при обозначении времени на часах:

по-старому	по-новому	
um Viertel acht	um viertel acht	(в) четверть восьмого *(время)*
um drei Viertel acht	um drei viertel acht	(в) три четверти восьмого

3) Прилагательное, числительное, имя собственное в устойчивых выражениях с существительным (см. п. 4.3, с. 86–87):

по-старому	по-новому	
das Große Los	das große Los	главный выигрыш
die Schwarze Magie	die schwarze Magie	чёрная магия
der Weiße Sport	der weiße Sport	теннис; зимний спорт, лыжи
der Weiße Tod	der weiße Tod	белая смерть
die Sieben Freien Künste	die sieben freien Künste	семь свободных искусств
die Sieben Weltwunder	die sieben Weltwunder	семь чудес света
der Gregorianische Kalender	der gregorianische Kalender	грегорианский календарь *(новый стиль)*
Malthusisches Bevölkerungsgesetz	malthusisches Bevölkerungsgesetz	закон народонаселения Мальтуса
die Münchhausischen Schriften	die münchhausischen Schriften	сочинения Мюнхаузена
die Sokratische Lehre	die sokratische Lehre	учение Сократа
Spinozaische Schriften	spinozaische Schriften	труды Спинозы
Torricellische Leere	torricellische Leere	торичеллиева пустота *(физ.)*
Tizianische Malweise	tizianische Malweise	живописная манера; кисть/ манера художника Тициана

4) Звуки или буквы перед существительными:

по-старому	по-новому	
der A-Laut	der a-Laut	звук а
der I-Punkt	der i-Punkt	точка над i

5) Некоторые слова в сочетаниях:

по-старому	по-новому	
an Eides Statt	an Eides statt	вместо присяги
an meiner Statt	an meiner statt	вместо меня
an Zahlungs Statt	an Zahlungs statt	вместо уплаты, в счёт уплаты
an Kindes Statt annehmen	an Kindes statt annehmen	усыновлять, удочерять
Hungers sterben	hungers sterben	умереть с голоду

4.6.2. Написание со строчной буквы по-прежнему (Kleinschreibung wie früher)

Слова *angst* (ср. п. 7, с. 96), *leid, pleite, recht, schuld* в сочетании с *sein* и *werden*:

Mir ist angst (und bange).	Мне жутко./Я боюсь.
Ich bin es leid, das immer wieder zu hören.	Мне жаль без конца слышать это.
Er ist pleite.	Он обанкротился/вылетел в трубу.
Das ist mir durchaus recht.	Это меня вполне устраивает.
Das geschieht ihm recht.	Поделом ему.
Du bist an allem Unglück schuld.	Ты виноват во всех бедах.

4.6.3. Написание с заглавной и строчной букв (Groß- und Kleinschreibung)

1) Некоторые субстантивации:

по-старому	по-новому	
von nahem	*или* von Nahem	с близкого расстояния
von neuem	*или* von Neuem	снова
seit neuestem	*или* seit Neuestem	недавно, с недавних пор
der, die, das and(e)re	*или* der, die, das And(e)re	другой/иной; ...ая/ая; ...ое
ein, kein, etwas, allerlei, nichts and(e)res	*или* ein, kein, etwas, allerlei, nichts And(e)res	другое/иное; что-л. иное; всякое, ничто другое/иное
eine, keine, jeder, alles, das and(e)re	*или* eine, keine, jeder, alles, das And(e)re	другая/иная; никакая иная; любой другой/иной, другое/иное
die Suche nach dem and(e)ren	*или* die Suche nach dem And(e)ren	поиск нового мира
die einen kamen, die anderen gingen	*или* die Einen kamen, die Anderen gingen	Одни/эти приходили, Другие/те уходили
ach und weh	*или* Ach und Weh	жалобы, причитания, ахи и охи

2) В устойчивых выражениях с *recht/Recht, schuld/Schuld вина*:

по-старому	по-новому	
recht behalten	*или* Recht behalten	оказаться правым (*в споре*)
recht bekommen	*или* Recht bekommen	оказаться правым; выиграть дело
j-m recht geben	*или* j-m Recht geben	признать правоту
recht haben	*или* Recht haben	быть правым
recht daran tun	*или* Recht daran tun	поступать правильно
unrecht haben	*или* Unrecht haben	быть неправым
schuld/die Schuld haben	Schuld/die Schuld haben	быть виновным (*an etwas, в чём.-л.*)
schuld/die Schuld geben	Schuld/die Schuld geben	обвинить
unrecht haben	*или* Unrecht haben	быть неправым, ошибаться
unrecht behalten	*или* Unrecht behalten	оказаться неправым
unrecht bekommen	*или* Unrecht bekommen	оказаться неправым
j-m unrecht tun	*или* j-m Unrecht tun	поступать неправильно
j-m unrecht geben	*или* j-m Unrecht geben	считать неправым (*кого-л.*)
zuschulden	*или* zu Schulden	провиниться (*в чём-л.*);
kommen lassen	kommen lassen	позволить себе вольность

3) В сочетаниях с *sagen, rufen, schreien* и т. д. (рекомендуется писать с прописной буквы, так как предполагается говорить что-либо конкретное, то есть за глаголом следует существительное):

по-старому	по-новому	
ade/adieu sagen	*или* Ade/Adieu sagen	проститься (*с кем-л.*)
auf Wiedersehen sagen	*или* Auf Wiedersehen s.	попрощаться (*с кем-л.*)
bitte sagen	*или* Bitte sagen	сказать „пожалуйста"
guten Tag sagen	*или* Guten Tag sagen	поздороваться (*с кем-л.*)
danke (schön) sagen	*или* Danke (schön) sagen	благодарить
Hallo rufen	*или* Hallo rufen	крикнуть: алло, эй; ау, привет
Halt rufen	*или* halt rufen	крикнуть: стой, ни с места
hurra schreien	*или* Hurra schreien	кричать „ура"
muh machen/schreien	*или* Muh machen	мычать (*о корове*)
pfui rufen	*или* Pfui rufen	возмущаться, выражать презрение
mit j-m per du sein	*или* mit j-m per Du sein	быть (*с кем-л.*) на ты
zu einander du sagen	*или* zu einander Du sagen	обращаться друг к другу на ты
nein sagen	*или* Nein sagen	отказать
ja sagen	*или* Ja sagen	соглашаться
zu allem ja und amen sagen	*или* Ja und Amen sagen (*разг.*)	поддакивать

4) Буквы в сочетаниях при написании через дефис:

по-старому	по-новому	
O-beinig	*или* o-beinig	кривоногий, с ногами колесом
X-beinig	*или* x-beinig	кривоногий (*разг.*)
O-förmig	*или* o-förmig	овальный
S-förmig	*или* s-förmig	в виде буквы „*s*"
das Zäpfchen-R	*или* das Zäpfchen-r	язычковое *r* (*фон.*)
Zäpfchen-R sprechen	*или* Zäpfchen-r sprechen	картавить (*в русском языке*)
das Zungen-R	*или* das Zungen-r	переднеязычное *r* (*фон.*)

5) В перифразах (штампах):

по-старому	по-новому	
das gelbe Trikot	*или* das Gelbe Trikot	жёлтая майка (*велогонка мира*)
die gelbe Karte	*или* die Gelbe Karte	жёлтая карточка (*футбол*)
die gelbe Rübe	*или* die Gelbe Rübe	морковь (*ю.-нем.*)
der goldene Schnitt	*или* der Goldene Schnitt	золотое сечение (*мат.*)
das Goldene Zeitalter	*или* das goldene Zeitalter	золотой век
eine graue Eminenz	*или* eine Graue Eminenz	серый кардинал
die große Anfrage	*или* die Große Anfrage	большой запрос (*бундестага правительству*)
die große Koalition	*или* die Große Koalition	большая коалиция
die Große Kreisstadt	*или* die große Kreisstadt	крупный районный центр
das große Lauschangriff	*или* der Große Lauschangriff	тотальное противозаконное подслушивание
über die grüne Grenze gehen	*или* über die Grüne Grenze gehen (*разг.*)	нелегально перейти границу
die grüne Lunge	*или* die Grüne Lunge	зелёные насаждения в городе
der grüne Punkt	*или* der Grüne Punkt	зелёный пункт
das grüne Trikot	*или* das Grüne Trikot	зелёная майка (*велоспорт*)
Но по-прежнему: die grüne Welle		„зелёная волна"
die grüne Minna		„чёрный ворон" (*автозак, разг.*)

по-старому	по-новому	
der Heilige Krieg	или der heilige Krieg	священная война
die Hohe Schule	или die hohe Schule	высшая школа верховой езды
Internationale Einheit	или internationale Einheit	международная единица
Internationales Einheitensystem	или internationales Einheitensystem	международная система единиц (измерения)
die kleine Anfrage	или die Kleine Anfrage	малый запрос (бундестага)
die kleine Koalition	или die Kleine Koalition	малая коалиция
die Letzten Dinge	или die letzten Dinge	последние дела
der Letzte Wille	или der letzte Wille	последняя воля (умирающего)
die neuen Medien	или die Neuen Medien	новые средства массовой информации
rote Karte	или Rote Karte	красная карточка
das Schwarze Brett	или das schwarze Brett	доска (для) объявлений
das schwarze Gold	или das Schwarze Gold	чёрное золото
der schwarze Mann	или der Schwarze Mann	трубочист
schwarzes Loch	или Schwarzes Loch	чёрная дыра
die Schwarze Kunst	или die schwarze Kunst	колдовство, чёрная магия
Schwarzer Peter	или schwarzer Peter	Чёрный Петер (детская карточная игра типа „Акулины")
der Schwarze Tod	или der schwarze Tod	чёрная смерть, чума (ист.)
das Zweite Gesicht	или das zweite Gesicht	ясновидение, дар предвидения

4) В устойчивых сочетаниях „*auf das*" или „*aufs*" + превосходная степень (в переводе означает „как?, каким образом?"):

по-старому	по-новому	
auf das/aufs allerbeste	или auf das/aufs Allerbeste	наилучшим образом
auf das/aufs allerhöchste	или auf das/aufs Allerhöchste	крайне
auf das/aufs angelegentlichste	или auf das/aufs Angelegentlichste	самым настойчивым образом
auf das entschiedenste	или auf das Entschiedenste	очень решительно
aufs äußerste erschrecken	или aufs Äußerste erschrecken	испугаться до крайности
auf das/aufs beste	или auf das/aufs Beste	как нельзя лучше
auf das/aufs deutlichste	или auf das/aufs Deutlichste	ясно, чётко; внятно
auf das/aufs dringendste	или auf das/aufs Dringendste	настоятельно
auf das/aufs eindringlichste	или aufs Eindringlichste	очень убедительно
aufs eingehendste	или aufs Eingehendste	очень обстоятельно
aufs engste	или aufs Engste	очень тесно
aufs genau[e]ste	или aufs Genau[e]ste	точь-в-точь
j-m aufs gröbste	или j-m aufs Gröbste	очень грубо
auf das/aufs herzlichste	или auf das/aufs Herzlichste	сердечно, искренне
auf das/aufs höchste	или auf das/aufs Höchste	весьма, чрезвычайно
aufs innigste	или aufs Innigste	очень тесно
aufs königlichste	или aufs Königlichste	по-королевски
auf das schärfste	или auf das Schärfste	очень строго
auf das/aufs schönste	или auf das/aufs Schönste	наилучшим образом
auf das/aufs strengste	или auf das/aufs Strengste	строжайшим образом
auf das/aufs tiefste	или auf das/aufs Tiefste	очень глубоко, сильно

Но по-прежнему: Wir sind (worauf) aufs Schlimmste gefasst.
Мы готовы (к чему) к самому плохому.

5) Числительные *hundert* и *tausend*, в том числе с *ein paar, einige, mehrere* и *viele*, если они не указывают точного числа, можно писать с прописной и со строчной буквы:

по-старому	по-новому	
ein paar hundert Bäume	*или* ein paar <u>Hundert</u> Bäume	несколько сотен деревьев
einige, mehrere, viele hundert Schmetterlinge	*или* einige, mehrere, viele <u>Hundert</u> Schmetterlinge	несколько, много сотен бабочек
einige, mehrere, viele hunderte von Menschen	*или* einige, mehrere, viele <u>Hunderte</u> von Menschen	несколько, много сотен людей
Die Menge strömte zu <u>Hunderten</u> auf den Platz.	*или* Die Menge strömte zu hunderten auf den Platz.	Люди сотнями устремились (повалили) на площадь.
hundert und aberhundert Studenten	*или* <u>Hundert und Aberhundert</u> Studenten	сотни и сотни студентов
<u>Hunderte und Aberhunderte</u> weißer Störche	*или* hunderte und aberhunderte weißer Störche	сотни и сотни белых аистов
ein paar tausend Lehrlinge	*или* ein paar <u>Tausend</u> Lehrlinge	несколько тысяч учеников
einige, mehrere, viele tausend Autos	*или* einige, mehrere, viele <u>Tausend</u> Autos	несколько, много тысяч автомобилей
einige, mehrere, viele tausende von Tauben	*или* einige, mehrere, viele <u>Tausende</u> von Tauben	несколько, много тысяч голубей

Но они по-прежнему пишутся со строчной буквы, если обозначают точное число:

hundert Millionen	сто миллионов
bis hundert (tausend) zählen	считать до ста (тысячи)
von null auf hundert beschleunigen	увеличить скорость от нуля до ста километров в час
Tempo hundert	со скоростью сто километров в час
tausend Grüße	тысячу приветов
das Land der tausend Seen	страна тысячи озёр *(Финляндия)*

Dutzend, если не указывается точное число:

по-старому	по-новому	
Wir bekamen <u>Dutzende</u> von CDs.	*или* Wir bekamen dutzende von CDs.	Мы получили десятки компакт-дисков.
In Berlin war ich einige, viele <u>Dutzend(e)</u> Mal(e).	*или* In Berlin war ich einige, viel dutzend(e) Mal(e).	В Берлине я был много раз.
Er bekam <u>Dutzende</u> von Briefen.	*или* Er bekam dutzende von Briefen.	Он получил много/ десятки писем.

Но: 2 Dutzend Eier два десятка яиц (так как точное число)

6) Местоимения *du* и *ihr*, а также соответствующие притяжательные местоимения в письмах, посвящениях и т. д. (ср. п. 4.2, с. 86):

по-старому	по-новому	
<u>Du</u>, <u>Dein</u>, <u>Dir</u> …	*или* du, dein, dir …	ты, твой, тебе …
<u>Ihr</u>, <u>Euer</u>, <u>Euch</u> …	*или* ihr, euer, euch …	вы, ваш, вам …

Но: jemandem das Du anbieten предложить *(кому-л.)* обращаться на ты, das vertrauliche Du доверительное ты *(так как это субстантивации)*

8) Имена существительные, которые входят в состав устойчивых словосочетаний с глаголами и предлогами (ср. с. 1), с. 89):

по-старому	по-новому	
instand halten	или in Stand halten	содержать в исправности
instand setzen	или in Stand setzen	ремонтировать
imstand(e) sein	или im Stand(e) sein	быть в состоянии

9) Прилагательное в устойчивых выражениях с существительным (см. п. 5, с. 101–102):

по-старому	по-новому	
das gelbe Trikot	или das Gelbe Trikot	жёлтая майка (велогонка)
die gelbe Karte	или die Gelbe Karte	жёлтая карточка (футбол)
die gelbe Rübe	или die Gelbe Rübe	морковь (ю.-нем.)
die Erste Hilfe	или die erste Hilfe	первая помощь (мед.)
die Schwarze Kunst	или die schwarze Kunst	колдовство, чёрная магия
das Schwarze Brett	или das schwarze Brett	доска (для) объявлений
die Singende Säge	или die singende Säge	поющая пила (муз. инстр.)
der Schwarze Tod	или der schwarze Tod	чёрная смерть, чума (ист.)
das Schwarze Gold	или das schwarze Gold	чёрное золото
der Schwarze Mann	или der schwarze Mann	трубочист
schwarzes Loch	или Schwarzes Loch	чёрная дыра
der Weiße Tod	или der weiße Tod	белая смерть
die kalte Ente	или die Kalte Ente (разг.)	холодный крюшон (напиток)

12) Притяжательные местоимения с определенным артиклем:

по-старому	по-новому	
jedem das Seine	или jedem das seine	каждому своё
jedem das Seine lassen	или jedem das seine lassen	воздавать каждому по заслугам
Er sorgt für die Seinen.	или Er sorgt für die seinen.	Он заботится о своих близких.
Ich tu(e) das Meine.	или Ich tu(e) das meine.	Я выполняю свой долг.
Wir tun das Unsere.	или Wir tun das unsere.	Мы выполняем свой долг.

13) Слова, **образованные от личных имён**, даже если имеется в виду их личное достижение, если на это имя падает ударение. В этом случае после этого имени ставится апостроф (ср. п. 4.3, с. 88):

по-старому	по-новому	
die bismarck(i)schen Sozialgesetze	die bismarck(i)schen/ Bismarck'schen Sozialgesetze	социальные законы Бисмарка
Darwin(i)sche Lehre	darwinsche/darwinische/ Darwin'sche Lehre	учение Дарвина, дарвинизм
Einsteinsche Gleichung	einsteinsche/Einstein'sche Gleichung	уравнение Эйнштейна
Faradysche Gesetze	faradysche Gesetze/ Farady'sche Gesetze	законы Фарадея
die Fraunhofersche Linie	die fraunhofersche / Fraunhofer'sche Linie	линия Фраунгофера
eine Freudsche Fehlleistung	eine freudsche / Freud'sche Fehlleistung	ошибка, промах Фрейда
die Heinischen Reisebilder	die heineschen/Heine'schen Reisebilder	„Путевые картины" Гейне (сборник прозы)

по-старому	по-новому	
die Boschsche Zündkerze	die boschsche/Bosch'sche Zündkerze	свеча зажигания Bosch
die Goetheschen/ Goetischen Dramen	die goetheschen/ Goethe'schen Dramen	драмы Гёте
die Grimmschen Märchen	die grimmschen/ Grimm'schen Märchen	сказки братьев Гримм
die Hegelsche Philosophie	die hegelsche / Hegel'sche Philosophie	философия Гегеля
das Humboldtsche Erziehungsideal	das humboldtsche/ Humboldt'sche Erziehungsideal	идеал воспитания Гумбольдта
die La-Fontaineschen Fabeln	die la-fontaineschen/ la-Fontaine'schen Fabeln	басни (Жан де) Ла Фонтена (фр.)
Lessingsche Dramen	lessingsche/Lessing'sche Dramen	драмы Лессинга
die Luthersche Bibelübersetzung	die luthersche/ Luther'sche Bibelübersetzung	перевод библии, выполненный Лютером
die Marxsche Philosophie	die marxsche / Marx'sche Philosophie	философия Маркса
die Moltkeschen Briefe	die moltkeschen/ Moltke'schen Briefe	письма Мольтке
Mozartische Kompositionen	mozartische Kompositionen	композиции Моцарта
Mendelsche Regeln	mendelsche/Mendel'sche Regeln	законы Менделя
die Napoleonischen Kriege	die napoleonischen Kriege	войны Наполеона
das Ohmsche Gesetzt	das ohmsche/Ohm'sche Gesetz	закон Ома
der ohmsche Widerstand	der ohmsche/Ohm'sche Widerstand	омическое сопротивление
die Parkinsonsche Krankheit	die parkinsonsche/ Parkinson'sche Krankheit	болезнь Паркинсона
die Pawlowschen Hunde	die pawlowschen/ Pawlow'schen Hunde	собаки Павлова
Potemkinsche Dörfer	или potemkinsche/ Potemkin'sche Dörfer	„потёмкинские деревни" (инсценировка благополучия)
die Pythagoreische Philosophie	die pythagoreische Philosophie	философия Пифагора
die Raffaelische Madonne	die raffaelische Madonne	мадонна Рафаэля
die Rubensschen Gemälde	die rubensschen/ Rubens'schen Gemälde	картины Рубенса
die Schiller(i)schen Balladen	die schillerschen/ schilleri-schen/Schiller'schen Balladen	баллады Шиллера
ein Schopen hauer(i)-sches Werk	ein schopenhauersches/ Schopenhauer'sches Werk	произведение Шопенгауэра
die Shakespeareschen Sonette	die shakespeareschen / Shakespeare'schen Sonette	сонет Шекспира
Volta(i)sche Säule	volta(i)sche/ Volta'sche Säule	вольтов столб
Zeissche Erzeugnisse	zeisssche/Zeiss'sche Erzeugnisse	цейсовские изделия

5. Перенос слов (Worttrennung am Zeilenende/Silbentrennung)

Прежний перенос слов, с одной стороны, был определён исторически обусловленными отдельными положениями, с другой стороны, предполагал наличие определённых знаний, которыми могли обладать только немногие.

К примеру, ранее существовало правило, которое не разрешало разделение *st*, в отличие от *sp*. Это было связано с историческими условиями печатного дела. В старом немецком шрифте длинное *s* и *t* были соединены и, таким образом, были в одном блоке, и их невозможно было разделить. Сейчас другой вид набора текстов и, соответственно, имеются технические возможности для переноса.

Ранее наличие определённых знаний требовалось ввиду того, что перенос сложных греческих и латинских слов, согласно прежним правилам, осуществлялся по их составным частям. Соответственно необходимо было знать деление слова на составные части. Так, ранее требовался перенос:

> die Päd-a-go-gik   педагогика
> der He-li-ko-pter   вертолёт

Правда, прежние правила в отдельных случаях требовали перенос по слогам, по которым читается слово:

> die Ka-te-go-rie   категория
> der Dra-ma-turg   драматург
> tran-si-tiv   переходный

Перенос по их составным частям следовало бы осуществлять следующим образом:

> die Kat-ego-rie; der Dra-mat-urg; trans-itiv

Новые правила внесли изменения в перенос:

- *st*;

- *ck*;

- сочетаний с *r* и *l*, а также *gn* и *kn* в иностранных словах;

- сложных слов, которые сейчас больше не воспринимаются как таковые.

5.1. Перенос слов по новым правилам (Worttrennung nach neuen Regeln)

1) **Перенос слов по новым правилам** осуществляется по слогам таким же образом, как они делятся при медленном чтении:
   Brau-e-rei пивоваренный завод, Na-ti-o-nen нации, Gu-a-te-ma-la Гватемала

2) Если **ss** стоит между двумя гласными в качестве **замены** *ß*, то **ss** разделяется:
   Grüs-se вместо Grü-ße, heis-sen вместо hei-ßen

   В обычных случаях: Grü-ße, hei-ßen и т. д

2) Прежний запрет на разделение буквосочетания *st* больше не действует:

по-старому	по-новому	
ge-stern	ges-tern	вчера
die Mu-ster	die Mus-ter	образец
sech-ste	sechs-te	шестой

3) Буквосочетание *ck* при переносе не превращается в два *kk*:

по-старому	по-новому	
der Zuk-ker	der Zu-cker	сахар
bak-ken	ba-cken	печь

4) Можно переносить иностранные слова (из латинского или романских языков) с буквосочетаниями: *bl, cl, fl, gl, kl, pl, ph; br, cr, dr, gr, kr, phr, pr, thr, tr, vr; gn, kn*, то есть согласная + *l, n* или *r*:

по-старому	по-новому	
die Ar-thri-tis	*или* die Arth-ri-tis	артрит
das Di-plom	*или* das Dip-lom	диплом
der Emi-grant	*или* der Emig-rant	эмигрант
der Feb-ru-ar	*или* der Fe-bru-ar	февраль
der Ma-gnet	*или* Mag-net	буклет
das Pu-bli-kum	*или* das Pub-li-kum	публика
das Si-gnal	*или* das Sig-nal	сигнал
der Zy-klus	*или* der Zyk-lus	цикл

5) Если слово больше не рассматривается как сложное, разрешается переносить его и по фонетическим слогам:

по-старому	по-новому	
be-ob-ach-ten	*или* beo-bach-ten	наблюдать
her-um	*или* he-rum	вокруг
hin-auf	*или* hi-nauf	вверх, кверху, наверх
ein-an-der	*или* ei-nan-der	друг друга
der He-li-ko-pter	*или* der He-li-kop-ter	вертолёт
in-ter-es-sant	*или* in-te-res-sant	интересно
die Nost-al-gie	*или* die Nos-tal-gie	ностальгия
die Päd-a-go-gik	*или* die Pä-da-go-gik	педагогика

6) Следует избегать таких переносов, которые могут исказить смысл слова или затруднить его чтение:

be-inhalten	содержать, охватывать, включать
вместо: bein-halten	(нога-держать)
Spar-gelder	сбережения
вместо: Spargel-der	(Spargel спаржа)

6. Знаки препинания (Satzzeichen)

Прежние правила расстановки знаков препинания, особенно запятой, считались слишком сложными. Многое при этом было связано не с тем, что расстановка знаков препинания была произвольной. Основанием для такого мнения в большей мере служило то, что было сложно доступно сформулировать эти правила и соответствующим образом представить. Соответственно, при работе над новыми правилами внимание обращалось на то, чтобы сформулировать их более прозрачно и доступно.

Новые правила расстановки знаков препинания направлены в первую очередь на то, чтобы значительно упростить постановку запятой. Правила в отношении расстановки других знаков препинания не изменились. Следовательно, в расстановке знаков препинания изменения произошли незначительные.

6.1. Запятая (das Komma)

Новые правила внесли некоторые существенные изменения в расстановку запятых. Они касаются:

- запятой перед *und*,

- запятой перед инфинитивными оборотами и причастиями (партиципами),

- сочетания запятой и кавычек.

При этом новые правила преследовали цель упростить прежние правила и, прежде всего, там, где есть смысл, предоставить несколько больше свободы выбора в расстановке запятых. Вместе с тем при выработке новых правил соблюдался принцип осторожного подхода к старым правилам.

1. Запятая перед *und* (Komma vor *und*)

Ранее перед *und, oder* и родственными союзами, которые соединяли главные предложения, предписывалось ставить запятую:

Gabi liest ein Buch, und Peter löst ein Kreuzworträtsel.	Габи читает книгу, а Петер решает кроссворд.

Так как это правило явно противоречило чувству языка и словоупотреблению у многих, даже опытных пишущих, и раньше часто допускались отклонения от правила и запятая не ставилась.

Новые правила в этом отношении идут навстречу пишущему, и хотя не отменяют постановку запятой, но дают право выбора. В принципе перед *und, oder* и родственными союзами запятая не ставится. Однако в соответствии с прежним правилом, которое ведь не стало вдруг неправильным, можно ставить запятую для того, чтобы структуру предложения сделать более чёткой и избежать ошибок при чтении. В следующем примере без проблем для чтения можно не ставить запятую:

Gabi liest ein Buch(,) und Peter löst ein Kreuzworträtsel.	Габи читает книгу, а Петер решает кроссворд.

Напротив, в следующем примере есть смысл поставить запятую и таким образом обозначить структуру предложения, разделив его на две части:

Wir warten auf euch, oder die Kinder gehen schon voraus.	Мы вас подождём, или дети пойдут раньше.

Без запятой всё предложение читается труднее:

Wir warten auf euch oder die Kinder gehen schon voraus.

Ничего в принципе не меняется, если запятая должна ставиться в конце придаточного предложения или дополнения:

Er sagte, dass er morgen komme, und verabschiedete sich.	Он сказал, что придёт завтра, и попрощался.
Mein Onkel, ein großer Tierfreund, und seine Katzen leben in einer alten Mühle.	Мой дядя — большой друг животных, а его кошки живут в старой мельнице.

2. Запятая при инфинитивных оборотах и причастиях
   (Komma bei Partizip- und Infinitivgruppen)

Прежние правила в этой области действительно были чрезвычайно сложными и отчасти произвольными. Так, простое правило гласило, что распространённый инфинитивный оборот отделяется запятой, а простой – не отделяется:

Sie hatte vor, ins Theater zu gehen.	Она планировала пойти в театр.
Sie hatte vor zu gehen.	Она планировала пойти.

Однако это правило не действовало в случае, когда распространённый инфинитивный оборот стоит в начале сложного предложения:

Diesen Film gesehen zu haben hat noch niemandem geschadet.	Посмотреть этот фильм – это ещё никому не повредило.

Напротив, нужно было ставить запятую, если инфинитивный оборот по отношению к глаголу, который относится к придаточному предложению, играет роль объекта:

Diesen Film gesehen zu haben, hat noch nienand bereut.	Посмотреть этот фильм – это ещё никто не сожалел.

Запятая ставилась, если инфинитив (даже простой!) в качестве подлежащего следовал за сказуемым, относящимся к придаточному предложению:

Ihre Abscht war, fernzusehen.	Её намерение было посмотреть телевизор.

Это значит, чтобы по старым правилам правильно поставить запятую, нужно было уверенно владеть совершенно разными грамматическими категориями.

По новым правилам инфинитивные обороты следует разграничивать, если они начинаются с *um, ohne, statt, außer* или *als*:

Er öffnet das Fenster, um zu lüften.	Он открыл окно, чтобы проветрить.
Sie bot mir, ohne einen Augenblick zu zögern, ihre Hilfe an.	Она предложила мне, не колеблясь ни минуты, свою помощь.

Кроме того, запятая ставится, если инфинитивный оборот зависит от существительного коррелята или слова, указывающих на этот оборот, или указательного слова:

Er wurde beim <u>Versuch</u>, den Tresor zu knacken, überrascht.	Его, при попытке взломать сейф, застали на месте преступления.
Es macht mir <u>Spaß</u>, ihr zu helfen.	Мне доставляет удовольствие помогать ей.
Er hatte <u>damit</u> nicht gerechnet, den Job zu bekommen.	Он не рассчитывал на то, чтобы найти работу.

Только при простом инфинитиве в этих случаях можно опускать запятые, если не возникнет никаких недоразумений:

Seine Lust(,) zu fliegen(,) war verständlich.	Его желание летать было понятно.

При возникновении недоразумений, как и прежде, нужно ставить запятую:

Ich rate(,) ihm zu helfen.	Я советую, чтобы ему помогли.
Ich rate ihm(,) zu helfen.	Я советую ему, чтобы он помог.

Во всех остальных случаях запятую можно ставить, чтобы чётко была видна структура предложения.

На этих основаниях запятыми можно отделять также и другие обороты, в том числе в состав которых входят причастия или прилагательные:

Er kam(,) vor Aufregung keuchend(,) die Treppe herauf.	Он, задыхаясь, поднимался по лестнице.
Ganz in Decken verpackt(,) saß er auf der Terrassse.	Полностью укутавшись в одеяла, он сидел на террасе.

3. Сочетание запятой и кавычек (Kombination von Komma und Anführungszeichen)

В этом вопросе правила упростились. Так, запятая при прямой речи не опускается, если комментирующее предложение следует или после неё продолжается. Как и раньше:

„Ich komme gleich wieder", sagte sie.	„Я сейчас вернусь", – сказала она.

По новым правилам также:

„Wann kommst du?", fragte sie.	„Когда ты придёшь?" – спросила она.
Sie sagte: „Ich komme gleich wieder", und ging hinaus.	Она сказала: „Я сейчас вернусь", и вышла.
Sie sagt, sie komme gleich wieder, und ging hinaus.	Она сказала, что она сейчас вернётся, и вышла.

6.1.1. Запятая в простом предложении (Komma in einfachem Satz)

I. Запятая ставится:

1. При перечислениях, между однородными членами предложения, если они не соединены союзами *und* или *oder*:

Wir verkaufen heute nur Äpfel, Birnen, Pflaumen und Orangen.	Мы продаём сегодня только яблоки, груши, сливы и апельсины.
Ich habe im Urlaub viel gelesen, Museen besucht, Volleyball gespielt und geangelt.	Я во время отпуска много читал, посещал музеи, играл в волейбол и ловил рыбу.
Er stand auf, nahm ein Buch, setzte sich auf den Stuhl und begann zu lesen.	Он встал, взял книгу, сел на стул и стал читать.
Der Arzt hat montags, mittwochs, freitags Sprechstunde.	Часы приёма у врача по понедельникам, средам, пятницам.
Er hat einen interessanten, informativen Artikel geschrieben.	Он написал интересную, содержательную статью.

Примечание.

Если два прилагательных не являются однородными (то есть первое прилагательное более точно определяет второе), запятая не ставится:

Dunkles bayrisches Bier schmeckt gut.	Тёмное баварское пиво очень вкусное.
Die letzten großen Ferien waren sehr schön.	Последние большие каникулы были прекрасными.

Запятая может отсутствовать, если перечисления записаны в столбик:

Wir verkaufen:	Мы продаём:
– Äpfel	– яблоки
– Birnen	– груши
– Orangen	– апельсины

2. Перед противопоставительными союзами *aber, allein, (je)doch, vielmehr, sondern*:

Er ist nicht besonders begabt, aber fleißig.	Он не особенно одарённый, но прилежный.
Er war arm, aber glücklich.	Он был бедным, но счастливым.
Ich wartete auf sie, allein sie kam nicht.	Я ждал её, но она не пришла.
Die Wohnung ist schön, doch auch teuer.	Квартира великолепная, но и дорогая.
Man sah sie am Tage, vielmehr am Nachmittag.	Её часто видели днём, скорее всего во второй половине дня/после обеда.

3. Перед пояснениями, стоящими после поясняемого слова, например, *also итак*, следовательно, *besonders особенно*, *das heißt (d. h.)* то есть, *das ist (d. i.)* это, *genauer точнее*, *insbesondere особенно; в частности*, *nämlich а именно*, *und das и это*, *und zwar а именно*, *vor allem прежде всего*, *zum Beispiel (z. B.)* например и др.:

Nicht du, sondern ich war dort.	Не ты, а я был там.
Er kennt viele Bundesländer, besonders Niedersachsen.	Он знает многие федеральные земли, особенно Нижнюю Саксонию.
Auf der Ausstellung waren viele ausländische Firmen, insbesondere holländische (Firmen) vertreten.	На выставке были представлены многие иностранные фирмы, в особенности голландские (фирмы).
Es gibt vier Jahreszeiten, nämlich Frühling, Sommer, Herbst und Winter.	Имеется четыре поры года, а именно весна, лето, осень и зима.

4. В заголовке письма после названия населённого пункта: Minsk, (den) 25. Oktober

5. Если после существительного стоит не менее двух несклоняемых прилагательных или причастий:

Das Haus, alt und zerfallen, ist abgerissen.	Дом, старый и разрушенный, снесён.
Das Haus, schön und gemütlich, gefiel ihr.	Дом, красивый и уютный, нравился ей.

6. Если после существительного стоит одно или несколько склоняемых прилагательных или причастий:

Die Wissenschaft, die entwickeltste, hat das Problem gelöst.	Наука, самая передовая, решила эту проблему.

7. При уточнении, обособлении:

Peter, mein Freund, hat mich besucht.	Петер, мой друг, посетил меня.
Die Donau, der längste Fluss Europas, mündet ins Schwarze Meer.	Дунай, самая длинная река Европы, впадает в Чёрное море.

8. Если коррелят обобщает содержание члена предложения:

In der Stadt, da habe ich ihn getroffen.	В городе, там я его встретил.

9. После *ja, nein, doch, danke*, которые стоят в начале предложения:

Kommst du noch zu uns? – Ja, ich komme. – Nein, ich komme nicht.	Ты ещё придёшь к нам? – Да, я приду. – Нет, я не приду.
Gehst du nicht mit uns? – Doch, ich gehe.	Ты не идёшь с нами? – Нет, я иду.
Möchten Sie eine Zigarette rauchen? – Danke, ich rauche nicht.	Вы не хотели бы выкурить сигарету? – Спасибо, я не курю.

10. Перед обращением или после него:

Liebe Kollegen, ich grüße Sie alle.	Дорогие коллеги, я всех вас приветствую.
Ich grüße Sie alle, liebe Kollegen.	Я приветствую всех вас, дорогие коллеги.
Ich, liebe Kollegen, grüße Sie alle.	Я, дорогие коллеги, приветствую всех вас.
Hallo, Tina, wie geht es dir?	Привет, Тина, как твои дела?

11. После выделяемых интонацией междометий, то есть в восклицаниях:

Oh, das war eine schwere Prüfung!	О, это был тяжелый экзамен!
Was, du bist umgezogen?	Что, ты переехал?
Du bist umgezogen, was?	Ты переехал, что ли?

Примечание.

Если нет выделения интонацией, то запятая не ставится:

Oh wenn sie doch käme! О, если бы она пришла!

Ach lass mich doch in Ruhe! Ах, оставь же меня в покое!

Если интонация падает на *bitte*, оно выделяется запятой (запятыми) в зависимости от места в предложении:

Bitte, komm doch morgen zu mir. Пожалуйста, приди же завтра ко мне.

Komm doch, bitte, morgen zu mir. Приди же, пожалуйста, завтра ко мне.

Komm doch morgen zu mir, bitte. Приди же завтра ко мне, пожалуйста.

При выражении вежливой просьбы *bitte* запятыми не выделяется:

Bitte komm doch morgen zu mir. Пожалуйста, приди же завтра ко мне.

Komm doch bitte morgen zu mir. Приди же, пожалуйста, завтра ко мне.

Komm doch morgen zu mir bitte. Приди же завтра ко мне, пожалуйста.

12. При особом выделении:

Du hast mir, leider, nicht alles gesagt. Ты, к сожалению, не все мне сказал.

Без выделения: Du hast mir leider nicht alles gesagt.

II. Запятая не ставится:

1) если определения не являются однородными членами предложения:

Paris ist die größte französische Stadt. Париж – самый большой город Франции.

2) при однородных членах предложения, если одно по содержанию подчинено другому:

Er geht im Sommer während seines Летом, во время своего отпуска,
Urlaubs oft baden. он часто ходит купаться.

3) если однородные члены предложения соединены союзами *und, oder, beziehungsweise (bzw.), entweder … oder, nicht … noch, sowie, sowohl … als (auch), sowohl … wie (auch), weder … noch, wie:*

Der Arzt hat montags, mittwochs und Врач принимает по понедельникам,
freitags Spréchstunde. средам и пятницам.

Ist er dumm oder faul? Он глупый или ленивый?

Er wohnt in Ulm beziehungsweise in Köln. Он живёт в Ульме или Кёльне.

Weder du noch ich können es schaffen. Ни ты, ни я это не сделаем.

4) если после существительного стоит <u>одно</u> несклоняемое прилагательное или наречие:

Rösslein rot розочка красная

das Haus dort дом там

Forelle blau форель отварная

5) если перед фамилией стоят должность, звание, титул и т. д.:

Direktor Professor Dr. Georg Gerdt директор профессор д-р Георг Гердт

6) см. п. I, Примечание, с. 110; п. 2 Примечание, с. 110; п. II, с. 112; п. III, с. 113.

III. Запятая может отсутствовать:

1) в указаниях даты (времени), адреса, литературы, (<u>по новым правилам</u> их можно рассматривать как перечисление, и после них запятую можно не ставить):

Er kam am Montag, dem 12. Juli(,) zurück.	Он вернулся в понедельник, 12 июля.
Mittwoch, (den) 2. Juni, (um) 19.00 Uhr(,) findet das Konzert statt.	В среду, 2 июня, в 19 часов состоится концерт.
Er kommt Montag, (den) 2. März(,) an.	Он приедет в понедельник, 2 марта.
Er kommt am Montag, dem 2. März(,) an.	Он приедет в понедельник, 2 марта.
Herr Groß aus Leipzig, Alte Salzstraße 54(,) hat den ersten Preis gewonnen.	Господин Гросс из Лейпцига, Альте Зальцштрассе, 54 получил первый приз.
Herr Busch ist von Bonn, Feldstraße 3(,) nach Köln, Prellerstraße 14(,) umgezogen.	Господин Буш, проживавший в Бонне по Фельдштрассе, 3, переехал в Кёльн на Преллерштрассе, 14.
Ср.: Er kommt Montag, den 12. Juli.	Он прибудет в понедельник, 12 июля.
Er wohnte in Ulm, Goethestraße 4.	Он проживал в Ульме, Гётештрассе, 4.
Но: Er wohnte in Ulm in der Goethestraße 4.	Он проживал в Ульме на Гётештрассе, 4.

2) также в сносках на местонахождение печатных текстов из книг и журналов:

Man kann diese Regel im Duden, Rechtschreibung, S. 21, R 34(,) finden.	Это правило можно найти в Дудене, правописание, стр. 21, строка 34.
Der Artikel ist im „Spiegel", Heft 2, 2007, S. 24 (,) erschienen.	Эта статья была опубликована в „Шпигеле", номер 2, 2007 год, стр. 24.
Ср.: Er zitiert aus dem Duden, 9. Auflage, Band 1.	Он цитирует из Дудена, 9-е издание, т. 1.

Примечание.
В ссылках на законы, постановления и т. п. запятые не ставятся:
§ 1 Abs. 2 Satz 3   § 1 абз. 2 предложение 3

3) когда есть слова *„geb."* (geboren урожденный, родившийся), *„verh."* (verheiratet mit D состоящий в браке с...), *„verw."* (verwitwet овдовевший):

Uta Otto(,) geb. Kühn(,) und ...	Ута Отто, урождённая Кюн, и ...

4) по решению пишущего в зависимости от того, хочет он или не хочет характеризовать слова или группу слов в качестве добавления. Это касается следующих случаев:
а) с *wie* или начинающей с предлога группы слов:

Menschen(,) wie er oder du(,) schaffen das.	Люди, как он или ты, сделают это.
Alle(,) bis auf Anton(,) wollen mitfahren.	Все, до Антона, хотят ехать вместе.

б) с фамилиями (и именами), которые относятся к предыдущему определению:

Der Angeklagte(,) Peter Otto(,) erschien nicht zur Verhandlung.	Обвиняемый Петер Отто не явился на заседание суда.

в) с фамилиями (и именами), если перед ними длинное определение (<u>по новым правилам</u>):

Der Direktor unserer Schule in Bonn(,) Klaus Otto(,) wurde in Ulm geboren.	Директор нашей школы в Бонне Клаус Отто родился в Ульме.

6.1.2. Запятая между предложениями (Komma zwischen Teilsätzen)

I. Запятая ставится:

1) между двумя самостоятельными главными предложениями:

Gleich kommt er, er kann nicht anders.	Сейчас он придёт, по-другому он не может.
Es regnete, aber sie tanzte im Regen.	Падал дождь, но она танцевала под дождём.

кроме случаев, когда предложения соединены союзами *und, oder*:

Nimm die Tasche oder lass sie liegen.	Возьми сумку, или пусть она лежит.
Er las ein Buch und sie sah fern.	Он читал книгу, а она смотрела телевизор.
Er lief und sie fuhr in die Stadt.	В город он пошёл пешком, а она поехала.

Примечание.
Запятая может стоять (по новым правилам):
- перед *und* и *oder* для того, чтобы можно было увидеть структуру всего предложения:

Ich habe sie oft besucht(,) und wir saßen bis spät in die Nacht hinein zusammen.	Я часто посещал её, и мы сидели вместе до поздней ночи.
Sie begegnete ihrem Trainer(,) und dessen Mannschaft musste lange auf ihn warten.	Она встретила своего тренера, а его команде пришлось долго ждать его.
Ich warte auf dich(,) oder du bleibst zu Hause.	Я подожду тебя, или ты останешься дома.

2) между главным и придаточным предложениями (см. соответствующие разделы):

Ich hoffe, dass er pünktlich kommt.	Я надеюсь, что он вовремя придёт.
Besuch mich, wenn du nach Ulm kommst.	Навести меня, когда ты приедешь в Ульм.

3) между неоднородными придаточными предложениями:

Ich hoffe, dass du mich besuchst, wenn ich in Bonn bin, und du mir das Buch mitbringst.	Я надеюсь, что ты меня навестишь, когда я буду в Бонне, и привезёшь с собой мне книгу.

4) между однородными придаточными предложениями, если они не соединены союзами *und* или *oder*:

Ich freue mich, dass du kommst, dass du mir das Buch mitbringst.	Я рад, что ты придёшь, что ты мне принесёшь/привезёшь с собой книгу.

II. Запятая не ставится:

1) между главными предложениями, если они соединены *und* или *oder*:

Er studiert in Köln und sie arbeitet hier.	Он учится в Кёльне, а она работает здесь.
Bleibst du oder kommst du mit?	Ты остаёшься, или ты пойдёшь с нами?

2) между однородными придаточными предложениями, если они соединены *und* или *oder*:

Ich freue mich, dass du kommst und dass du mir das Buch mitbringst.	Я рад, что ты придёшь и что ты мне принесёшь книгу.

6.1.3. В причастных и инфинитивных оборотах (Bei Partizip- und Infinitivgruppen)
I. Запятая ставится:

1) если имеется слово или группа слов, которые указывают на этот причастный оборот или инфинитивную конструкцию:

Aus vollem Hals lachend, so kam er auf uns zu.	Во все горло/во всю глотку хохоча, так он подошел к нам.
Genau so, mit viel Wurst belegt, hat er die Pizza am liebsten.	Именно так, чтобы в пицце было много колбасы, он любил ее больше всего.
Daran, sie bald zu sehen, dachte er lange.	Он уже долго думал о том, как быстрее увидеть её.

или после существительного или местоимения, когда обороты рассматриваются как обособления:

Er, tödlich getroffen, fiel vom Pferd.	Сражённый насмерть, он упал с лошади.

Примечание.

Если причастия нераспространённые, запятая не ставится:

Singend ging er über die Straße.	Напевая, он переходил дорогу.
Lachend kam sie auf mich zu.	Смеясь, она шла навстречу мне.
Gelangweilt sah er zum Fenster hinaus.	Скучая, он смотрел в окно.

или распространяются только модальным наречием:

Laut singend ging er über die Straße.	Громко напевая, он переходил дорогу.

2) если они вынесены в начало предложения и служат для разъяснения:

Bald zu einem Erfolg zu kommen, das war sein sehnlichster Wunsch.	Быстро достичь успеха – это было его заветное желание.
Wir, ohne einen Moment zu zögern, hatten sofort zugestimmt.	Мы, ничуть не колеблясь, сразу же согласились.

3) при инфинитивных оборотах *als, (an)statt, außer, ohne и um … zu + инфинитив*:

Ich kenne nichts Schöneres, als mit einem guten Buch am Kamin zu sitzen.	Я не знаю ничего лучшего, чем сидеть у камина с хорошей книгой.
(An)statt zu arbeiten, spielte er.	Вместо того чтобы работать, он играл.
Ich kann nichts tun, außer abzuwarten.	Я ничего иного не могу сделать, кроме того, как ждать.
Er lief, ohne ein Wort zu sagen, weiter.	Он побежал дальше, не сказав ни слова.
Er ging nach Hause, um sich umzuziehen.	Он пошёл домой, чтобы переодеться.
Sie, um bald zu einem Erfolg zu kommen, musste viel arbeiten.	Ей, чтобы быстро достичь успеха, пришлось много работать.
Er ging zur Polizei, um seinen Pass abzuholen.	Он пошёл в полицию, чтобы забрать свой паспорт.

4) инфинитивный оборот зависит от существительного:

Mein Vorschlag, ins Kino zu gehen, wurde verworfen.	Моё предложение пойти в кино было отвергнуто.

5) инфинитивный оборот зависит от коррелята или слова, указывают на этот оборот:

Er liebt es, lange auszuschlafen.	Он любит долго спать.
Damit, noch zu gewinnen, habe ich nicht gerechnet.	На то, чтобы ещё выиграть, я не рассчитывал.

II. Запятая не ставится:

1) если перед инфинитивом не ставится *zu*:

Er wollte zu ihr kommen.	Он хотел к ней прийти.
Sie hörte ihn ein Lied singen.	Она слышала, как (что) он пел песню.
Das Buch blieb auf dem Tisch liegen.	Книга осталась лежать на столе.
Sie hat ihre Jacke am Haken hängen.	Ее куртка висит на вешалке.
Er fand den Hut auf dem Boden liegen.	Он нашёл шляпу лежащей на земле.
Wer hat dich das tun heißen?	Кто велел тебе это делать?
Ich half ihr die Reisetasche tragen.	Я помог ей нести дорожную сумку.
Er braucht kein Wort zu sagen.	Ему не надо говорить ни слова.
Er hat schwimmen gelernt.	Он научился плавать.
Sie lehrte ihre Tochter nähen.	Она учила дочь шить.

2) после инфинитива, если он выступает в роли подлежащего и не распространён, а также после устойчивого сочетания в этой же роли, например, Sport treiben заниматься спортом, если оно стоит в начале предложения:

Parken ist verboten!	Стоянка (автомашин) воспрещена!
Ruhe bewahren ist die erste Regel des Verhaltens.	Сохранять спокойствие – первое правило поведения.
Deutsch zu lernen ist eine reine Freude.	Изучать немецкий язык – настоящая радость.

III. Запятая может отсутствовать:

1) чтобы увидеть структуру предложения или избежать неверного понимания:
   а) при причастных оборотах:

Er fiel(,) von einer Kugel getroffen(,) vom Pferd.	Он упал, сражённый пулей, с лошади.
Sie stand(,) eine Tasche in der Hand haltend(,) an der Tür.	Она стояла, держа сумку в руках, у двери.

в том числе, когда опущены *haltend* имея, держа; *seiend* будучи:

Den Hut in der Hand(,) betrat er das Haus.	Держа шляпу в руке, он вошёл в дом.
Seit mehreren Jahren kränklich(,) hatte er sich ins Sanatorium zurückgezogen.	Будучи многие годы больным, он отправился в санаторий.

   б) при инфинитивных конструкциях (без запятой возможно двоякое толкование (как в русском языке „казнить(,) нельзя(,) помиловать"):

Ich rate(,) ihm zu helfen.	Я советую, чтобы ему помогли.
Ich rate ihm(,) zu helfen.	Я советую ему, чтобы он помог.

2) если инфинитив простой (глагол + zu) и предложение понимается однозначно:

Er dachte nicht daran(,) zu gehen.	Он не думал о том, чтобы уйти.
Die Angst(,) zu fallen(,) war groß.	Страх упасть был большой *(букв.)*.

3) если речь идёт о формальном придаточном предложении:

Wie bereits gesagt(,) geht das nicht.	Как уже сказано, так не получится.
Ich komme(,) wenn nötig(,) bei dir vorbei.	Я зайду, если необходимо, к тебе.

6.2. Точка с запятой (das Semikolon)

Этот знак сильнее, чем запятая, разделяет предложения, а также группы слов.

Она может ставиться:

1) вместо точки или запятой между двумя равноправными предложениями:

Er fährt in die Stadt; sie geht zur Arbeit.	Он едет в город; она идёт на работу.
Mein Freund hatte den Zug versäumt; deshalb kam er eine halbe Stunde später.	Мой друг опоздал на поезд, поэтому он пришёл на полчаса позже.

2) между равнозначными группами слов одинаковой конструкции в перечислениях:

Unser Proviant bestand aus gedörrtem Fleisch, Speck und Rauchschinken; Ei- und Milchpulver; Reis, Nudeln und Grieß.	Наш провиант состоял из вяленого мяса, сала и копчёного окорока; яичного и молочного порошка; риса, лапши и манки.

Примечание.

При более слабом разделении может стоять запятая:

Er fährt in die Stadt, sie geht zur Arbeit.	Он едет в город, она идет на работу.
Unser Proviant bestand aus gedörrtem Fleisch, Speck und Rauchschinken, Ei- und Milchpulver, Reis, Nudeln und Grieß.	Наш провиант состоял из вяленого мяса, сала и копчёного окорока, яичного и молочного порошка, риса, лапши и манки

6.3. Двоеточие (der Doppelpunkt) в немецком языке ставится:

1) после слов автора, перед прямой речью:

Der Lehrer sagte:„Öffnet die Bücher!"	Учитель сказал: „Откройте учебники!"

2) перед перечислением после обобщающего слова:

Die Namen der Monate sind folgende: Januar, Februar, März, April, Mai usw.	Месяцы имеют следующие названия: январь, февраль, март, апрель, май и т. д.
Er hat schon mehrere Länder besucht: Frankreich, Belgien, Polen …	Он посетил уже многие страны: Францию, Бельгию, Польшу…

3) перед обобщением или разъяснением специальных данных:

Wir fassen zusammen: So geht es nicht.	Делаем вывод: так дело не пойдёт.
Wir stellen sofort ein: Dreher Kraftfahrer Schlosser	Срочно требуются: токари, водители, слесари
Nächste Arbeitsberatung: 30.10.2007	Следующее рабочее совещание: 30.10.2007
Familienstand: ledig	Семейное положение: холост
Deutsch: befriedigend	Немецкий язык: удовлетворительно
Gebrauchsanweisung: Man nehme jede zweite Stunde eine Tablette.	Инструкция по применению: следует принимать каждые два часа по одной таблетке.

После двоеточия слово пишется с заглавной буквы, если начинается полное предложение:

Wir wiederholen das Ergebnis: Der Verunglückte hat den Unfall verursacht.	Мы настаиваем на выводе: несчастный случай произошёл по вине потерпевшего.

и со строчной буквы, если дальше не следует полное предложение:

Es gibt drei Arten von Infinitiven: nicht erweiterte Infinitive ohne *zu*, erweiterte Infinitive mit *zu* und erweiterte Infinitive.	Имеется три вида инфинитивов: нераспространённый инфинитив без *zu*, нераспространённый инфинитив с *zu* и распространённый инфинитив.

6.4. Тире (der Gedankenstrich)

Этот знак ставится часто там, где в устной речи делается чёткая пауза. Часто в этих случаях можно было бы поставить запятые или скобки. Существуют простое и двойное (парное) тире.

I. Простое тире (der einfache Gedankenstrich):

1) (вместо двоеточия или запятой) возвещает, что за ним последует какое-либо продолжение, часто что-либо неожиданное:

Er trat ins Zimmer und sah – seine Frau.	Он вошёл в комнату – и увидел жену.
Im Hausflur war es still – ich druckte erwartungsvoll auf die Klingel.	В подъезде было тихо – я в надежде нажал на звонок.

Простое тире может стоять вместо многоточия, выражая незавершённую мысль:

„Sei still, du —!" schrie er ihn wütend an.	„Замолчи, ты!" — прикрикнул он гневно на него.

2) между двумя полными предложениями для четкого показа смены темы или мысли, не начиная новый абзац:

Wir können doch diese Aufgabe bewältigen. – Nunmehr ist der nächste Punkt der Tagesordnung zu besprechen.	Мы ведь можем осилить эту задачу. – Теперь необходимо обсудить следующий пункт повестки дня.
Ist Peter schon da? – Ist übrigens heute die Post gekommen?	Петер уже здесь? – Кстати, почта сегодня пришла?

3) при смене говорящего:

Komm einmal her! – Ja, ich komme gern.	Приходи когда-нибудь сюда. – Да, я охотно приду.

4) при разъяснениях, чаще всего, перед *also, besonders, das heißt, genauer, insbesondere, nämlich, und das, und zwar, vor allem, zum Beispiel* и т. п.:

Er isst gern Obst – besonders Bananen.	Он любит фрукты, особенно бананы.

II. Двойное (парное) тире (der doppelte/paarige Gedankenstrich):

1) (вместо запятых или, возможно, и кавычек) для более чёткого выделения с двух сторон вводных и вставных конструкций:

Die Leistungen der Schüler – es ist schon angedeutet worden – lassen nach.	Успеваемость учеников – об этом уже упоминалось – падает.
Eines Tages – das war mitten im Sommer – hagelte es.	Однажды, это было среди лета, шёл град.

2) (вместо запятых) при обособлении:

Johannes Gutenberg – der Erfinder der Buchdruckerkunst – wurde in Mainz geboren.	Иоганн Гутенберг, изобретатель книгопечатания, родился в городе Майнце.

3) если имеется слово или группа слов, которые указывают на слово или группу слов:

Er – der Lehrer – weiß es ganz genau.	Он – учитель – знает это весьма точно.
Wir beide – du und ich – wissen das genau.	Мы оба – ты и я – знаем это точно.
Das – eine Familie zu gründen – ist sein größter Wunsch.	Это – создать семью – является его самым большим желанием.

В начале или в конце предложения группа слов выделяется с одной стороны:

Eine Familie zu gründen – das ist sein ...	Создать семью – это является его ...
Du und ich – wir beide wissen das genau.	Ты и я – мы оба знаем это точно.

4) при вводных восклицаниях, или вопросах:

Er behauptete – so eine Frechheit! –, dass er im Kino gewesen wäre.	Он утверждает – какая наглость! – что он якобы был в кино.
Sie hat das – erinnerst du dich nicht? – gestern gesagt.	Она, разве ты не помнишь, это сказала вчера.

6.5. Скобки (Klammern)

Скобки ставятся:

1) (вместо запятой или тире) для выделения вставных конструкций (вставок):

Eines Tages (das war mitten im Sommer) hagelte es.	Однажды (это было среди лета) шёл град.

2) (вместо тире) при обособлении:

Johannes Gutenberg (der Erfinder der Buchdruckerkunst) wurde in Mainz geboren.	Йоганнес Гутенберг, изобретатель книгопечатания, родился в Майнце.

3) при разъяснениях, чаще всего перед *also, besonders, das heißt, genauer, insbesondere, nämlich, und das, und zwar, vor allem, zum Beispiel*:

Sie isst gern Obst (besonders Apfelsinen und Bananen).	Она охотно ест фрукты, особенно апельсины и бананы.

4) для объяснения географических, биологических и других понятий:

Frankfurt (Main)	Франкфурт (Майн)
Grille (Insekt)	сверчок (насекомое)

5) при вводных восклицаниях или вопросах, указывающих на автора высказывания:

Das geliehene Buch (du hast es schon drei Wochen!) hast du mir noch nicht zurückgegeben.	Взятую книгу (она у тебя находится уже три недели!) ты мне ещё не вернул.
Sie hat das (erinnerst du dich nicht?) gestern gesagt.	Она (разве ты не помнишь?) это сказала вчера.
„Der Staat bin ich" (Ludwig der Vierzehnte)	„Государство – это я" (Людовик XIV).

6) часто для показа сокращений, обобщений, альтернатив и т. п.:

Lehrer(in) (сокращение для:) учительница или учитель
Lehrer(innen) (сокращение для:) учительницы и/или учителя

Примечание.
Скобками в отличие от запятой или тире можно четко отделить выделяемую часть от остального текста, особенно в том случае, когда эта часть длинная.

В немецком языке обычно используют круглые скобки (runde Klammern). Наряду с ними в определённых видах текстов используют также квадратные скобки (eckige).

В квадратные скобки заключаются:

а) пояснения к уже заключённым в скобки дополнениям:

Mit dem Wort Bankrott (vom italienischen „banko rotta" [zusammengebrochene Bank]) bezeichnet man die Zahlungsunfähigkeit.	Словом Bankrott (с итальянского „banko rotta" — развалившийся банк) обозначается неплатёжеспособность.

б) также часто при собственных дополнениях в цитируемых текстах или при пояснениях в неразборчивых или местами повреждённых текстах:

Im Brief schrieb sie: „Ich werde ihm das [gemeint ist die Abreise]" nicht verzeihen.	В письме она писала: „Я ему это (имеется в виду отъезд)" не прощу.

в) часто в словарях, формулярах и т. п. для того, чтобы показать, что буквы, части слов или слова могут быть опущены:

gern[e]	охотно
sieb[en]tens	в-седьмых
Eltern mit [schulpflichtigen] Kinder	родители с детьми (школьного возраста)

6.6. Кавычки (Anführungszeichen, „Gänsefüßchen")

В немецком языке кавычки ставят:

1) в начале и в конце прямой речи, не прерываемой словами автора:

Der Dozent sagte: „Jetzt lesen wir den Text vor."	Преподаватель сказал: „Сейчас прочтём текст вслух".

2) в прерываемой прямой речи, открывая и закрывая её первую и вторую части:

„Ergänzen Sie die Wendungen durch Synonyme", sagte der Lehrer, „und übersetzen Sie diese Wendungen."	„Замените выражения синонимами, – сказал преподаватель, – и переведите эти выражения".
„Geben Sie den Inhalt des Textes mit eigenen Worten wieder!" sagte der Lehrer.	„Передайте содержание текста своими словами!" – сказал учитель.

3) в цитатах:

Es steht im Brief: „Lieber Uli, …"	В письме написано: „Дорогой Ули, …"

4) в заголовках, названиях произведений и т. д.:

Sie las den Artikel „Heimkehr" in der „Wochenpost".	Она читала статью „Возвращение" в журнале „Вохенпост".
Kennst du Heinrich Bölls Roman „Wo warst du, Adam?"	Ты знаешь роман Генриха Бёлля „Где ты был, Адам?"

Однако, если однозначно видно, что речь идёт о названии, кавычки часто опускают:

Goethes Faust wurde schon mehrfach verfilmt.	Фауст Гёте уже неоднократно экранизировался.
Der Artikel erschien im Spiegel.	Статья была опубликована в „Шпигеле".

5) в поговорках, высказываниях и т. д., когда кто-либо комментирует их, выражает своё отношение к ним:

Das Sprichwort „Eile mit Weile" hört man oft.	Поговорку „торопись не спеша" можно часто слышать.
Ihre ständige Entschuldigung „Ich habe keine Zeit" ist weniger glaubhaft.	Её постоянное извинение „у меня нет времени" звучит менее правдоподобно.

6) при употреблении слова или группы слов в ироническом или переносном значении:

Und du willst ein „treuer Freund" sein?	И ты хочешь быть „верным другом"?

7) кавычки ставятся, если говорящий хочет обратить внимание именно на это слово или сочетание слов:

Das Wort „Wald" wird in Deutsch großgeschrieben.	Слово „лес" в немецком языке пишется с прописной буквы.
Die Präposition „*ohne*" verlangt den Akkusativ.	Предлог „*ohne*" требует аккузатива.
Der Begriff „Umweltschutz" wird heute vielfältig verwendet.	Понятие „защита окружающей среды" используется сегодня часто.

Примечание.

В немецком языке наряду с кавычками имеются полукавычки (halbe Anführungszeichen). С их помощью выделяются слово или группа слов, стоящие внутри всей группы слов, заключённой в кавычки:

In der Vorlesung sagte der Dozent: „Sie haben bestimmt darüber im Roman ‚Vom Winde verweht' gelesen."	В лекции преподаватель сказал: „Вы, конечно, в романе „Унесённые ветром" читали об этом".
„Die Sendungen heißen ‚Glücksrad' und ‚Wer wird Millionär'" sagte sie.	„Передачи называются „Поле чудес" и „Как стать миллионером", – сказала она.

6.7. Многоточие (Auslassungspunkte)

Многоточие свидетельствует о том, что в слове, предложении или тексте опущены части, при этом, если опускается часть слова, то многоточие следует после буквы слова, если опускается слово, то – после слова (то есть с интервалом):

Du bist ein E… (Esel)	Ты о… (осёл)
Scher dich zum …	Убирайся/проваливай к …
Mit „Es war einmal …" beginnen viele Märchen.	Со слов „Жили-были …/Жил да был …" начинаются многие сказки.
Viele Märchen beginnen mit den Worten: „Es war einmal …"	Со слов „Жили-были/Жил да был …" начинаются многие сказки.

Примечание.

Прежде всего, в научных текстах многоточия в цитатах дополнительно выделяются квадратными скобками:

Die Forschungen auf dem Gebiet der Gentechnologie […] haben zu politischen Kontroversen geführt.	Исследования в области генной инженерии […] привели к политическим разногласиям.

Если многоточие стоит в конце предложения, то точка не ставится (см. выше). Однако вопросительный и восклицательный знаки чаще всего ставятся:

Kommt er noch …?	Он придёт ещё …?
Du machst das …!	Ты сделаешь это …!

6.8. Точка (der Punkt)

1. Точка ставится:

1) в конце всего предложения, чаще всего простого повествовательного или сложно-подчинённого:

Er hat uns heute gesehen.	Он видел нас сегодня.
Sie kommt nicht, weil sie krank ist.	Она не придёт, так как она больна.
Ich weiß nicht, ob er zu Hause ist.	Я не знаю, дома ли он.

2) в конце побудительного предложения, если нет настойчивого требования:

Rufen Sie bitte später noch einmal an.	Позвоните, пожалуйста, позже ещё раз.

3) после порядкового числительного, обозначенного цифрой:

am 31.12.2007	31.12.2007
der 2. Weltkrieg/der II.Weltkrieg	Вторая мировая война
Friedrich II.	Фридрих Второй

4) после принятых сокращений:

a. D. (= außer Dienst)	в отставке
d. h. (= das heißt)	т. е. (= то есть)
Dr. (= Doktor)	д-р (= доктор)
Tel. (= Telefon)	тел. (= телефон)
usw. (= und so weiter)	и т. д. (= и так далее)
z. B. (zum Beispiel)	напр. (= например)

2. Точка не ставится:

1) в аббревиатурах:

BGB (= Bürgerliches Gesetzbuch)	ГК (= Гражданский Кодекс)
TÜV (= Technischer Überwachungs-Verein)	Техническая инспекция

2) в общепризнанных немецких и международных сокращениях:

g (= Gramm)	г (= грамм)
Hz (= Hertz)	гц (= герц)
m (= Meter)	м (= метр)
km/h (= Kilometer pro Stunde)	км/ч (= километров в час)
s (= Sekunde)	с (= секунд)

Отдельные слова могут иметь две формы, то есть с точкой и без точки:

Co./Co (= Company)	компания
M. d. B./MdB (= Mitglied des Bundestages)	член бундестага

6.9. Дефис (обычный) (der Bindestrich) ставится между словами.

I. Употребление дефиса по новым правилам

Дефис по новым правилам употребляется:

1) для <u>особого выделения</u> имени собственного, стоящего в первой части слова,

Herkules-stark	сильный, как Геркулес
Goethe-begeistert	поклонник Гёте
Luther-feindlich	противник Лютера
Goethe-Haus	дом Гёте
der Merkel-Vorschlag	предложение Меркель
Möbel-Maier	фирма, магазин „Мёбель-Майер"

Примечание.

По новым правилам возможно и слитное написание (рекомендация Дудена — дефис):

по-старому	**по-новому**	
der <u>Mozart-Konzertabend</u>	*или* der Mozartkonzertabend	концертный вечер, посвящённый Моцарту
die Parkinson-Krankheit	*или* die <u>Parkinsonkrankheit</u>	болезнь Паркинсона
die Richter-Skala	*или* die <u>Richterskala</u>	шкала Рихтера
die Salk-Vakzine	*или* die <u>Salkvakzine</u>	вакцина Солка (*против детского паралича, полиомиелита*)

или если вторая часть слова является сложным словом:

Goethe-Geburtshaus	дом-музей Гёте

Примечание:

Также в двойных фамилиях: Gast-Otto Гаст-Отто

Написание же сложных слов с именем собственным в названиях школ, высших учебных заведений, предприятий, фирм, учреждений и т. д., а также двойных фамилий и имён не всегда поддаётся правилам, а пишется так, как это установлено официально:

Eva-Maria, также Eva Maria и Evamaria; Karl-Heinz, также KarlHeinz и Karlheinz.

2) если первая часть состоит из нескольких имен собственных:

die Albrecht-Dürer-Alee	Альбрехт-Дюрер-Алее
die Karl-Marx-Straße	Карл-Маркс-Штрассе
die Albert-Einstein-Gedenkstätte	дом-музей Альберта Эйнштейна
Fidel-Castro-freundlich	дружественный Фиделю Кастро

3) сложные однотипные прилагательные (для отделения части):

französisch-russisches Wörterbuch	французско-русский словарь
rheinisch-westfälisch	рейнско-вестфальский
der wissenschaftlich-technischer Fortschritt	научно-технический прогресс
psysikalisch-chemisch-biologische Prozesse	физико-химико-биологические процессы

Но дефис не ставится, если первое прилагательное конкретизирует значение второго:

dunkelrot	тёмно-красный
tiefblau	тёмно-синий
lauwarm	тепловатый

Дефис не ставится в словах, обозначающих оттенки цветов: *blaurot* *иссиня-красный*.

Дефис ставится, чтобы показать наличие двух или нескольких отдельных цветов:

das blau-rote Kleid	платье голубого и красного цвета *(то есть два цвета)*
eine gelb-grün gestreifte Bluse	блузка в жёлтую и красную полоску
die blau-weiß-rote Fahne	сине-бело-красный флаг

Дефис не ставится (<u>по новым правилам</u>) между прилагательными, принадлежащими к одному разряду и обозначающими, например, вкусовые характеристики:

eine süßsaure Soße кисло-сладкий соус

4) в сложных словах <u>для выделения</u> их составных частей:

die Ich-Sucht	*или* die Ichsucht	эгоизм, себялюбие
die Soll-Stärke	*или* die Sollstärke	штатный состав, штат

5) в сложных словах с тремя одинаковыми буквами:

der Eisschnell-Lauf	скоростной бег на коньках
die Schiff-Fahrt	поездка на корабле

6) в сложных словах, чтобы хорошо были видны части слова:

Haushalts-Mehrzweckküchenmaschine	домашний многоцелевой кухонный комбайн

7) после чисел:

по-старому	по-новому	
der 3achser	der 3-Achser	трёхосный вагон; трёхосный автомобиль
8geschoßig	8-geschossig	восьмиэтажный
8jähriges Mädchen	8-jähriges Mädchen	восьмилетняя девочка
der/die 8jährige	der/die 8-Jährige	восьмилетний/…яя
2karäter …	2-Karäter…	драгоценный камень в 2 карата
2karätig …	2-karätig …	весом в 2 карата
8mal	8-mal	восемь раз, восьмикратно; в восемь раз
8malig	8-malig	восьмикратный
5minütig	5-minütig	пятиминутный
3monatig	3-monatig	трёхмесячный *(о сроке, возрасте)*
3monatlich	3-monatlich	повторяющийся (через) каждые 3 месяца, каждые 3 месяца, раз в 3 месяца
10pfünder	10-Pfünder	весом в десять фунтов
10pfündig	10-pfündig	десятифунтовый
10prozentig	10-prozentig	10-процентный
4stellig	4-stellig	четырёхзначный *(о числе, мат.)*
2tägig	2-tägig	двухдневный
der 8tonner	der 8-Tonner	восьмитонный грузовой автомобиль
5zehig	5-zehig	пятипалый *(о ноге)*
der 2zeiler	der 2-Zeiler	двустишие
2zeilig …	2-zeilig …	(двух)строчный; в (два) ряда
2ziff(e)rig	2-ziff(e)rig	двузначный; состоящий из 2 цифр
2zimm(e)rig	2-zimm(e)rig	двухкомнатный
3zinkig	3-zinkig	трезубый; трёхзубчатый
4zollig; 4zöllig	4-zollig; 4-zöllig	четырёхдюймовый
der 5zylinder	der 5-Zylinder	5-цилиндровый *(двигатель)*
10pfündig	10-pfündig	десятифунтовый

Два варианта имеют:

по-старому	**по-новому**	
8fach	*или* <u>8-fach</u>	восьмикратный; (в) восемь раз
das 8fache	*или* das <u>8-Fache</u>	восьмикратное количество

Примечание.

Дефис не ставится в производных словах, оканчивающихся на *-er, -stel, -%ig*:

der 54er	54-летний	eine 100stel Sekunde	сотая доля секунды
20er Jahre	20-е годы	7%ig	7-процентный
26stel	26-я часть		

Но: 5%-Anleihe   ссуда под 5%

В словах *цифра + -fach* дефис может ставиться: 5fach / 5-fach 5 раз,
буква + -fach дефис ставится: n-fach несколько раз

8) в сочетании с буквами и знаками:

das A-Dur	ля мажор	die O-Beine	ноги колесом
der i-Punkt	пункт i	das T-Shirt	футболка
das n-Eck	угол n	x-beliebig	любой (разг.)

9) если определяющее слово является сокращением:

der Abt.-Leiter (= *Abteilungsleiter*)	начальник отдела
der D-Zug (= *Durchgangszug*)	скорый поезд
der ca.-Preis (= *circa/zirka-Preis*)	приблизительная цена
die Kfz-Papiere (= *Kraftfahrzeugpapiere*)	документы на автомашину
die km-Zahl (= *Kilometerzahl*)	число километров
röm.-kath. (= *römisch-katholisch*)	римско-католический
die Rechng.-Nr. (= *Rechnungsnummer*)	номер счёта
der TÜV-Ingenieur	инженер Объединения технадзора
(= *Technischer Überwachungsverein*)	
der UNO-Sicherheitsrat	Совет безопасности ООН
(= *United Nations Organisation*)	

10) в географических названиях, когда последующее слово уточняет первое:
Hamburg Hauptbahnhof / Hamburg-Hauptbahnhof, Hannover Ost / Hannover-Ost

11) в субстантивациях:

das Auf-die-lange-Bank-Schieben	откладывание в долгий ящик
das Von-der-Hand-in-den-Mund-Leben	жизнь от зарплаты до зарплаты

II. Двоякое написание могут иметь слова из английского языка, которые ранее писались:

1) слитно:

по-старому	**по-новому**	
das/der <u>Blackout</u>	*или* das/der Black-out	провал в памяти
das <u>Comeback</u>	*или* das Come-back	возвращение *(на сцену и т. д.)*
der <u>Countdown</u>	*или* der Count-down	обратный отсчёт времени
das <u>Glamourgirl</u>	*или* das Glamour-Girl	гламурные девушки
der/das <u>Kickdown</u>	*или* der/das <u>Kick-down</u>	резкое нажатие на педаль газа
der <u>Knockout</u>	*или* der <u>Knock-out</u>	нокаут *(бокс)*
Knockoutschlag	*или* <u>Knock-out-Schlag</u>	нокаут *(удар в боксе)*
das Playback	*или* das <u>Play-back</u>	фонограмма
der <u>Fallout</u>	*или* der Fall-out	вредные выпадения *(из атмосферы)*

по-старому	по-новому	
das <u>Feedback</u>	*или* das Feed-back	обратная связь
<u>Molotowcocktail</u>	*или* der Molotow-Cocktail	бутылка с зажигательной смесью
das <u>Layout</u>	*или* das Lay-out	компоновка текста и графики
das Playback	*или* das <u>Play-back</u>	воспроизведение записи
Playbackverfahren	*или* <u>Play-back-Verfahren</u>	съёмка под фонограмму
der <u>Showdown</u>	*или* der Show-down	выяснение отношений

2) через дефис:

по-старому	по-новому	
das <u>Blow-up</u>	*или* das Blowup	фотографическое увеличение
der Davis-Cup	*или* der <u>Daviscup</u>	Кубок Дэвиса
der Davis-Pokal	*или* der <u>Davispokal</u>	Кубок Дэвиса
die <u>High-Society</u>	*или* die Highsociety	высшее общество
das <u>Know-how</u>	*или* das Knowhow	ноу-хау
das Lawn-Tennis	*или* das <u>Lawntennis</u>	лаун-теннис
der Live-Act	*или* der <u>Liveact</u>	прямая запись, трансляция
der Live-Mitschnitt	*или* der <u>Livemitschnitt</u>	прямая запись, трансляция
die Live-Musik	*или* der <u>Livemusik</u>	„живая" музыка (*разг.*)
die Live-Sendung/	*или* die <u>Livesendung</u>/	прямая (*нестудийная*)
Live-Übertragung	die <u>Liveübertragung</u>	трансляция
das <u>Play-off</u>	*или* das Playoff	система отборочных игр
die <u>Play-off-Runde</u>	*или* das Playoffrunde	круг отборочных игр
die <u>Science-Fiction</u>	*или* die Sciencefiction	научно-популярный фильм
Sightseeing-Tour	*или* die <u>Sightseeingtour</u>	туристская поездка
das <u>Sit-in</u>	*или* das Sitin	сидячая забастовка
das <u>Stand-by</u>	*или* das Standby	дежурный режим работы (*электр.*)
das/der <u>Take-off</u>	*или* das/der Takeoff	старт самолёта и т. п.; начало
das <u>Teach-in</u>	*или* das Teachin	„тич-ин"; диспут-семинар
der/das Tie-Break	*или* der/das <u>Tiebreak</u>	уменьшение партии/сета (*теннис*)

3) через дефис, а по новым правилам его место несколько изменилось:

по-старому	по-новому	
die After-shave-Lotion	die Aftershavelotion/ <u>Aftershave-Lotion</u>	лосьон после бритья
der Full-time-Job	<u>Fulltime-Job</u>/Fulltimejob	работа на полную ставку
das Stock-Car-Rennen	das <u>Stockcar-Rennen</u>/ Stockcarrennen	гонки на автомобилях, переделанных из серийных

Примечание.

Некоторые слова из английского языка по-прежнему можно писать через дефис (только существительное после него стало писаться с прописной буквы):

das Action-painting	das Actionpainting/ <u>Action-Painting</u>	ташизм, „активная живопись"
die Midlife-crisis	Midlifecrisis/<u>Midlife-Crisis</u>	кризис среднего возраста
der Toe-loop	der <u>Toeloop</u>/Toe-Loop	тулуп (*прыжок в фигурном катании*)
die Traide-union	<u>Traide-Union</u>/Traideunion	тред-юнион (*английский профсоюз*)

Некоторые слова из английского языка по новым правилам не пишутся через дефис:

по-старому	по-новому	
das Happy-End	<u>Happy End</u>/Happyend	хэппи-энд
das Joint-venture	das Joint Venture	совместное предприятие

6.10. Дефис (висячий) (der Ergänzungsstrich)

Дефис ставится в том случае, чтобы показать, что экономится одинаковая составная часть сложного или производного слова. Это касается:

1) последней составной части:

die Natur- und synthetischen Gewebe	натуральные и синтетические ткани
(= die Naturgewebe und synthetischen Gewebe)	
der Ein- und Ausgang *(=Eingang und Ausgang)*	вход и выход
der Ein-/Ausgang *(= Eingang/Ausgang)*	вход/выход
der Eisenbahn-, Straßen-, Luft- und Schiffsverkehr	железнодорожное, автомобильное, воздушное и судоходное сообщение
(= der Eisenbahnverkehr, Straßenverkehr, Luftverkehr und Schiffsverkehr)	
saft- und kraftlos *(= saftlos und kraftlos)*	безвкусный; вялый, неэнергичный
ein- bis zweimal *(= einmal bis zweimal)*	от одного до двух раз, один-два раза

2) первой составной части:

bergauf- und ab *(= bergauf und bergab)*	под гору и с горы
Mozart-Symphonien und -Sonaten	симфонии и сонаты Моцарта
(= Mozart-Symphonien und Mozart-Sonaten)	

3) последней и первой составной части:

Textilgroß- und -einzelhandel (= Textilgroßhandel und -einzelhandel)	оптовая и розничная торговля текстильными товарами
Eisenbahnunter- und -überführungen *(=Eisenbahnunterführungen und Eisenbahnüberführungen)*	путепровод под железнодорожным путём и над железнодорожным путём

6.11. Наклонная черта (der Schrägstrich)

1) обозначает соотношение величин или чисел в значении „*je*“ „*pro*“:

Ich fuhr durchschnittlich 80 km/h.	Я ехал в среднем 80 км/час.
1000 Einwohner/km^2	1000 жителей на квадратный километр

2) показывает, что слова (названия, сокращения), цифры и т. д. взаимосвязаны. Это касается, прежде всего, указания на:

а) многие возможности:

Ich/Sie mache(n) es nicht.	Я/вы это не сделаю/те.
Es ist wichtig für Männer und/oder Frauen.	Это важно для мужчин и/или женщин.
die Schüler/Schülerinnen der Realschule	ученики/ученицы реальной школы

б) взаимосвязь лиц, учреждений, мест и т. д.:

Helbig/Buscha	Хельбиг/Буша
„Deutsche Grammatik“	„Немецкая грамматика“
die Koalition CDU/FDP	коалиция ХДС/СвДП
der Flughafen Köln/Bonn	аэропорт Кёльн/Бонн

в) годы или другие календарные данные:

das Wintersemester 2007/08	зимний семестр 2007/08
am 9./10. Dezember 2007	9/10 декабря 2007 года
die Rundfunkgebühren für Februar/März	оплата за радио за февраль/март

6.12. Восклицательный знак (das Ausrufezeichen)

Восклицательный знак придаёт высказыванию эмоциональность. Он служит для выделения слов и предложений.

В немецком языке **восклицательный знак ставится** в конце:
  1) междометий, произнесенных с ударением:

Oh!	O!/Ax!
Oh, das tut weh!/ Oh! Das tut weh!	О, это больно!/О! Это больно

  2) побудительных и восклицательных предложений:

Mach, bitte, das Fenster auf!	Открой, пожалуйста, окно!

  в том числе, в конце восклицательного предложения, имеющего форму вопросительного:

Wie lange soll ich dich noch warten!	Сколько мне ещё тебя ждать!

  3) обращения:

Guten Tag!	Добрый день!
Liebe Freunde!	Дорогие друзья!

Примечание.
Восклицательный знак в скобках может стоять в середине предложения после выделяемого слова:

Nach Zeugenaussagen hatte der Angeklagte 24 (!) Schnäpse getrunken, bevor er sich ans Steuer setzte.	По свидетельским показаниям обвиняемый выпил 24 (!) рюмки водки, прежде чем сел за руль.

В некоторых случаях могут стоять вопросительный и восклицательный знаки, чтобы вопросительное предложение одновременно сделать восклицательным:

Was fällt dir denn ein?!	Как вы смеете?!/
	Что вы себе позволяете (*разг.*)?!

Если сложное предложение состоит из нескольких побудительных или восклицательных предложений или слов, то они могут разделяться запятыми:

„Nein, nein!“ rief er.	„Нет, нет!“ – крикнул он.
(*oder:* Nein! Nein!“ rief er.)	(*или:* „Нет! Нет!“ – крикнул он.)
Das ist ja hervorragend, herzlichen Glückwunsch!	Это же великолепно, от души поздравляю!
(*oder:* Das ist ja hervorragend! Herzlichen Glückwunsch!)	(*или:* Это же великолепно! От души поздравляю!)

Восклицательный знак не ставится в конце:
  1) междометий, если на него не падает ударение. В таком случае восклицательный знак ставится в конце предложения:

Ach, das ist schade!	Ой/эх/о, жаль/досадно!

  2) побудительного предложения, когда оно не выделяется эмоционально:

Geben Sie bitte das Buch.	Дайте, пожалуйста, книгу.

6.13. Вопросительный знак (das Fragezeichen)

1) Вопросительный знак характеризует предложение как вопрос:

Wo wohnst du?	Где ты проживаешь?

2) Вопросительный знак может стоять в надписях:

Chance für einen Sieg?	Шанс победить?

Примечание.

Если вопросительное предложение входит в состав сложноподчинённого предложения, то знаки препинания ставятся по его правилам:

Er fragte, was ich morgen mache.	Он спросил, что я буду делать завтра.
Sag mir sofort, was du vorhast!	Скажи мне сейчас же, что ты затеял!

Вопросительный знак в кавычках указывает на оспаривание того, что стоит перед знаком:

Erika behauptet, das Geld (?) gefunden zu haben.	Эрика утверждает, что она деньги (?) нашла.

Вместе с вопросительным знаком может стоять и восклицательный знак, чтобы вопросительное предложение одновременно сделать восклицательным:

Was fällt dir denn ein?!	Как вы смеете (*разг.*)?!

Если в сложном предложении несколько вопросительных предложений или слов, то они могут разделяться запятыми. Вопросительный знак стоит только в конце предложения:

Was sehe ich, wie viele Freunde sind da?	Что я вижу, сколько друзей здесь?
Was sehe ich? Wie viele Freunde sind da?	Что я вижу? Сколько друзей пришло?

6.14. Апостроф (der Apostroph)

Апостроф указывает на то, что в слове опущены одна или несколько букв, и ставится:
1) если слова без опусканий плохо произносимы или двусмысленны:

's (= es) ist schon spät.	Уже поздно.
Ein einz'ger (= einziger) Augenblick kann alles umgestalten.	Один миг может изменить всё.

2) если слова с опусканиями в устной речи передаются и в письменной речи и их трудно понять:

So 'n (= einen) Blödsinn!	Какая глупость/чушь!
Nimm 'ne (= eine) andere Farbe!	Возьми другую краску!
Kommen S' (= Sie)'nauf (= hinauf)!	Поднимайтесь наверх!
Sie saß auf'm (= dem) Tisch.	Она сидела на столе.

При принятом слиянии предлога и артикля, как правило, апостроф не ставится:
ans, aufs, durchs и т. д.

Апостроф может стоять внутри слов с опусканием:

Ku'damm (= Kurfürstendamm)	Курфюрстендам
D'dorf (= Düsseldorf)	Дюссельдорф
Lu'hafen (= Ludwigshafen)	Людвигсхафен

3) для обозначения генитива имён собственных, оканчивающихся на *s, ss, ß, tz, z, x* и не имеющих артикля или слова, его заменяющего:

Klaus' Heft	тетрадь Клауса

4) не вместо опусканий, а для выделения фамилии или имени (<u>по новым правилам</u>):

die Grimm'schen/<u>grimmschen</u> Märchen	сказки братьев Гримм

7. Правила написания количественных числительных (Rechtschreibregeln der Kardinalzahlen)

Количественные числительные можно писать цифрами или прописью.
Цифрами пишутся числа от 1 до 12:

* (для наглядности) в статистике, технических и научных текстах и т. д.: *2 Bücher;*

* числа перед сокращениями единиц измерений: 3 km; 5,3 kg; 7 €.

Если единицы измерения стоят в полной форме, то числа от 1 до 12 можно писать или цифрами или прописью: 3/drei Kilometer, 4/vier Euro.

Числа, начиная с 13, в литературе, письмах и т. д. для их выделения можно писать прописью:

Zu deinem fünfzigsten Geburtstag gratuliere ich dir herzlich.	Сердечно поздравляю тебя по случаю твоего пятидесятилетия.
Siebzehn Schüler nahmen an der Olympiade teil.	Семнадцать учащихся приняли участие в олимпиаде.

Целые числа, состоящие более чем из трёх цифр, можно писать по три цифры с интервалом:

2 945 568 EUR	2 945 568 евро
252 117 Einwohner	252 117 жителей

Так же и числа, имеющие десятичные дроби:

7 495 685,53 EUR	2 945 568 евро

При этом четырёзначные числа можно писать без интервала:

3 456 или 3456 Zuschauer	3 456 зрителей

Чтобы избежать неправильного чтения (только!) денежных сумм, вместо интервала может ставиться точка:

2.945.568 EUR	2 945 568 евро

Интервалами не разделяются числа, обозначающие годы, страницы, параграфы:

im Jahre 2008	в 2008 году

Почтовые индексы (Postleitzahlen) не разделяются:

91154 Roth	91154 Рот

Числа, которые обозначают **номер**, чаще всего не разделяются: 78945.

Однако номера телефонов (Telefonnummern), факсов (Telefaxnummern), абонементных почтовых ящиков (Postfachnummern) пишутся по две цифры. Отсчёт начинается справа налево:

1 54 17; 44 96; 23 61 24

Код города (Ortsnetzkennzahl) пишется в скобках: (0 79 61) 44 96.

Номера расчётного счёта (Kontonummern) тоже пишут по три цифры:

7 453 524 или 7453524

Числа, обозначающие номер, могут иметь не только разбивку на группы по три числа справа налево:

1. Коды банка (BLZ = Bankleitzahlen) читаются, наоборот, слева направо по 3 цифры: 550 234 23.

2. Международная стандартная нумерация книг (ISBN): ISBN 2-516-08319-3

Десятичные дроби (Dezimalstellen) разделяются запятой и, начиная от неё, пишутся по три цифры: 3, 234 45.

Время пишется: 6.30 Uhr или 6^{30} Uhr.

Денежные суммы

5,20 €/€ 5, 20	fünf Euro zwanzig	Europäische Union
0,20 €/€ 0, 20	zwanzig (Euro)Cent	Europäische Union
40,70 $	vierzig Dollar siebzig	USA
-, 80 $	achtzig Cent	
11,30 SF	elf Franken dreißig	Schweiz
-, 50 SF	fünfzig Rappen	
10,30 Rubel	zehn Rubel dreißig	Russland
0,30 Rubel	dreißig Kopeken	

Масса и вес

5,3 g	fünf Komma drei Gramm	5,1 mm	fünf Komma eins Millimeter
2,5 Pfd	zweieinhalb Pfund	1,2 cm	eins Komma zwei Zentimeter
1,4 kg	eins Komma vier Kilo	1,77 dm	ein Dezimeter siebenundsiebzig
4,2 dt	vier Komma zwei Dezitonnen	2,98 m	zwei Meter achtundneunzig
1,7 l	eins Komma sieben Liter	1,7 m^3	eins Komma sieben Kubikmeter
1,5 l	ein(und)einhalb/anderthalb Liter	5,2 km	fünf Komma zwei Kilometer
1,7 km^2	eins Komma sieben Quadrat-kilometer	50 km/h	fünfzig Kilometer pro Stunde/ fünfzig Stundenkilometer

Числа перед знаками и сокращениями пишутся цифрами:

11,5 kg; 6 €; 14 ½ cm; 2 kg; 5 Mio. €   11,5 кг; 6 €; 14 ½ см; 2 кг; 5 млн €

Если единица измерения пишется без сокращения, то можно число писать цифрой или прописью:

3 Euro или drei Euro   3 евро

Но не: drei €

Без интервала пишутся производные слова, в состав которых входит число:

10%ig; ein 32stel,   десятипроцентный; одна тридцать вторая,
eine 70er-Bildröhre   кинескоп с размером экрана по диагонали 70 см

Числа до миллиона пишутся прописью слитно:

neuzehnhundertachtundsiebzig; tausendzweiunddreißig; zwei Millionen

Десятичные дроби пишутся группой слов: sieben Komma zwei

Сложные слова, состоящие из числа + другое слово, прописью пишутся слитно:
der Achtpfünder весом в восемь фунтов; das Zweierabkommen двустороннее соглашение

8. Правописание имён собственных (Rechtschreibregeln der Eigennamen)

Имена и фамилии

Фамилии и имена пишутся в соответствии с правописанием на основании положений, установленных для отделов ЗАГС, то есть так, как они записаны в соответствующих документах.
Новые правила орфографии не коснулись написания фамилий и имён.

В отношении имён, кроме этого, действует ряд общепринятых вариантов написания:
Klaus и Claus; Maike и Meike и т. д.

Два имени обычно пишутся раздельно: Johann Wolfgang; Johanna Katharina.

Некоторые из них рассматриваются как двойное имя и пишутся через дефис или слитно:
Karl-Heinz, Karlheinz, Karl Heinz

Фамилии и имена, состоящие из нескольких слов, заимствованные из религии, мифологии, прозвища, клички, кроме артиклей, предлогов и союзов пишутся с заглавной буквы:

Johann Wolfgang von Goethe	Йоганн Вольфанг фон Гёте
Gertrud von Le Fort	Гертруд фон Ле Форт
Charles de Coster	Чарльз де Костер
Ludwig van Beethoven	Людвиг ван Бетховен
der Apokalyptische Reiter	апокалиптический всадник (*символизирующий чуму, войну, голод*)
Walther von der Vogelweide	Вальтер фон дер Фогельвейде
Holbein der Jüngere	Гольбейн Младший
der Alte Fritz	Старый Фриц (*прозвище прусского короля Фридриха II*)
Katharina die Große	Екатерина Великая
Heinrich der Achte	Генрих Восьмой
Elisabeth die Zweite	Елизавета Вторая
Klein Erna	Маленькая Эрна (*главный персонаж типичных гамбургских анекдотов*)

Прилагательные, образованные от фамилий или имён, пишутся, как правило, со строчной буквы:

eine heinesche Ironie	ирония Гейне

Хотя вторым вариантом возможно написание с заглавной буквы (рекомендация Дудена – со строчной буквы):

die <u>darwinsche</u>/Darwin'sche Evolutionstheorie	теория эволюции Дарвина

Сложные слова с простой фамилией или именем, как правило, пишутся без дефиса:

der Dieselmotor	дизельный двигатель
die Röntgenstrahlen	рентгеновские лучи

В качестве второго варианта возможно написание с дефисом:

Goethe-freundlich/goethefreundlich	являющийся почитателем Гёте

С дефисом пишутся фамилии и имена, состоящие из нескольких частей:

Goethe- und Schiller-Denkmal	памятник Гёте и Шиллеру
Richard-Wagner-Festspiele	фестиваль, посвященный Рихарду Вагнеру

Географические названия

1. Пишутся в соответствии с официальными установками (в принципе, в соответствии с общими правилами).

2. В некоторых случаях сохранилось старое написание:

Frankenthal	Франкенталь
Freyburg/Unstrut	Фрайбург/Унструт
Celle	Целле

3. Иностранные названия обычно пишутся так, как и в своей стране:

Toulouse	Тулуза
Philadelphia	Филадельфия

Некоторые географические названия получили немецкое правописание:

Brüssel *(für: Bruxeelles)*	Брюссель
Kopenhafen *(für: København)*	Копенгаген

С прописной буквы пишутся:

1) прилагательные, входящие в состав географического названия:

das Schwarze Meer	Чёрное море
der Ferne Osten	Дальний Восток
die Neue Welt *(Amerika)*	Новый Свет *(Америка)*

2) Слова, оканчивающиеся на *-er*:

der Hamburger Hafen	Гамбургский порт
die Schweizer Banken	Швейцарские банки

Со строчной буквы пишутся прилагательные, оканчивающиеся на *-isch*, если они не являются частью имени собственного:

indischer Tee	индийский чай
italienischer Salat	итальянский салат
russisches Roulette	русская рулетка
Но: die Holsteinische Schweiz	Гольштейнская Швейцария
die Spanische Reitschule *(in Wien)*	Испанская школа верховой езды *(в Вене)*

Через дефис пишутся сложные слова:

1) состоящие из двух географических названий:

Berlin-Schönefeld	Берлин-Шёнефельд
Hamburg-Altona	Гамбург-Альтона

2) для выделения географического названия или удобства при чтении:

Mosel-Winzergenossenschaft	винодельческое общество
Jalta-Abkommen	ялтинские соглашения *(1945 год)*

3) образованные от слов, которые пишутся через дефис:

Schleswig-Holsteiner	шлезвиг-гольштейнский
schleswig-holsteinisch	шлезвиг-гольштейнский

4) состоящие из нескольких географических названий и иного слова:

der Dortmund-Ems-Kanal	Дортмунд-Эмский канал

Без дефиса пишутся, как правило, сложные слова, в состав которых входит географическое название:

Nildelta дельта Нила; Rheinfall Рейнский водопад; Ostindien Восточная Индия

Раздельно пишутся слова „*Sankt*" и „*Bad*" перед простыми географическими названиями:

Sankt Petersburg Санкт-Петербург;   Bad Elster Бад Эльстер

Через дефис или раздельно могут писаться:

1) слова, образованные от выше указанных слов при помощи *-er* и с дефисом:

Sankt Petersburger/Sankt-Petersburger	санкт-петербургский
Bad Kreuznacher/Bad-Kreuznacher	бад-кройценахский

2) равнозначные (сочинительные) прилагательные:

deutschamerikanische/ deutsch-amerikanische Beziehungen	германо-американские отношения

Примечание.

Пишутся только слитно, если первая часть не употребляется самостоятельно:

afroamerikanische Beziehungen	афро-американские отношения
galloromanisch	галло-романский

9. Написание даты (Rechtschreibregeln des Datums)

В письме: Berlin, (den) 28.07.2007

Нижеуказанные данные можно рассматривать как перечисления или как сочетания, поэтому запятая после последнего слова может отсутствовать:

Er kommt Mittwoch, den 2. Mai (,) an.	Он прибывает в среду, 2 мая.
Er kommt Mittwoch, den 2. Mai (,) (um) 12 Uhr(,) an.	Он прибывает в среду, 2 мая, 12.00.
Er kommt am Mittwoch, dem 2. Mai (,) an.	Он прибывает в среду, 2 мая.
Er kommt am Mittwoch, dem 2. Mai (,) an.	Он прибывает в среду, 2 мая.
Der Brief ist vom Mittwoch, dem 2. Mai (,) datiert.	Письмо датировано средой, 2 мая.

При указании даты „*am*" или „*vom*" день месяца стоит в аккузативе:

Wir haben heute Samstag, den 12. Mai.	Сегодня суббота, 12 мая.
Die Spiele beginnen nächsten Freitag, den 21. Mai.	Игры начинаются в следующую пятницу, 21 мая.
Freitag, den 21. Mai (um) 12 Uhr(,) findet eine Sitzung statt.	В пятницу, 21 мая, 12.00 состоится заседание.

10. Написание адреса (Rechtschreibregeln der Adresse)

Нижеуказанные данные можно рассматривать как перечисления или как сочетания, поэтому запятая после последнего слова может отсутствовать:

Er wohnt in Köln, Goethestraße 3.	Он проживает в Кёльне, на Гётештрассе, 3.
Herr Groß aus Leipzig, Manetstraße 1(,) hat 2 000 Euro gewonnen.	Господин Гросс из Лейпцига, Манетштрассе, 1, выиграл 2 000 евро.
Frau Löschmann ist von Leipzig, Tierbacherstraße 1(,) nach Bonn Fritz-Schäfer-Straße 20(,) umgezogen.	Госпожа Лёшманн переехала из Лейпцига, Тирбахерштрассе, 1, в Бонн, Фриц-Шефер-Штрассе, 20.
Но: Herr Heyer wohnt in Leipzig in der Gohlisstraße 30.	Господин Хайер проживает в Лейпциге, на Голисштрассе, 30.

Часть III. Алфавитный список слов со старым и новым написанием
(Teil III. Alphabetische Liste mit alten und neuen Schreibungen)

В данный список включены практически все слова, у которых по новым правилам изменилось написание. Для сравнения приводится также прежнее написание.

Однако в список вошли не все сложные слова, у которых в одной из частей изменилось написание. В таком случае необходимо найти эту часть в списке.

Наиболее сложные случаи, чаще всего, связанные с переносным значением слова, иллюстрируются примерами, что даёт возможность лучше усвоить новые правила. Этой задаче служит и перевод, как отдельных слов, так и примеров к ним.

При анализе написания слов можно увидеть, что новые правила позволили значительно сократить количество исключений, хотя некоторые из исключений остались. Это связано с тем, что при выработке новых правил учитывались многие факторы, в том числе и традиции в орфографии. Некоторые слова получили второй вариант написания в силу того, что подобные им слова писались по-другому. Теперь второй вариант уравнял написание подобных слов, но остался и прежний вариант. Это говорит о доброжелательном отношении к пишущему. Новые правила не навязывают один вариант прежде всего там, где слово употребляется в переносном значении.

При наличии двух вариантов написания редакция Дудена, чаще всего, даёт рекомендации по употреблению одного из них, благодаря чему создаётся система в написании, облегчается усвоение новых правил. К этим рекомендациям редакция Дудена прибегла впервые в истории орфографии, ведь до этой реформы были относительно твёрдые правила написания, чаще всего, один вариант, хотя небольшое число слов имело два варианта написания (см. с. 242–254). Теперь учитываются не только общие традиции, но и привычки самого пишущего.

Однако два варианта не означают, что их можно употреблять произвольно. Не рекомендуется в одном тексте использовать два варианта написания одного и то же слова. Каждый пишущий должен придерживаться одной системы написания в рамках правил и соблюдать единообразие в употреблении вариантов.

Не следует испытывать неуверенности в усвоении новых правил. В результате реформы упрощено правописание. Оно стало систематизированным. Реформа внесла изменения в правописание большой группы слов, которые употребляются в переносном значении. Эти слова в повседневной практике встречаются не так уж часто. В сомнительных случаях всегда можно прибегнуть к услугам различных словарей, а также электронного корректора. Особенностью последнего является то, что в качестве правильного варианта написания (из двух возможных) дается вариант, рекомендованный редакцией Дудена.

Список вместе с новыми правилами, упражнениями, помещёнными в данной книге, даёт полное представление об изменениях в орфографии немецкого языка.

В список вошло большое количество слов. Их перевод зачастую отсутствовал в традиционных словарях и был взят из электронных словарей. Активно в этих целях использовались Интернет, всевозможные энциклопедические словари. Таким образом, список можно использовать в качестве словаря при переводе сложнопереводимых слов.

Примечание.
Слова, у которых изменилось написание, в списке расположены в алфавитном порядке, даже если слово входит в какое-либо выражение.

по-старому	по-новому	
j-m auf Wiedersehen sagen	j-m <u>Auf</u> Wiedersehen sagen	попрощаться *(с кем-л.)*

A

по-старому (до 1996 г.) **по-новому** (с 2006 г.)

по-старому (до 1996 г.)	по-новому (с 2006 г.)	
der A-Laut	der a-Laut	звук *a*
(gestern, heute, morgen) abend	(gestern, heute, morgen) Abend	(вчера, сегодня, завтра) вечером
aberhundert Sterne	*или* <u>Aberhundert</u> Sterne	много сотен звёзд
<u>Aberhunderte</u> kleiner Vögeln	*или* aberhunderte kleiner Vögeln	много сотен маленьких птиц
abertausend Vögel	*или* <u>Abertausend</u>	много тысяч птиц
<u>Abertausende</u> von kleinen Vögeln	*или* abertausende von kleinen Vögeln	много тысяч маленьких птиц
der Abfluß	Abfluss	сток, отток; слив
das Abflußrohr	das Abflussrohr	сточная труба; канализационная труба
abgeblaßt	abgeblasst	выцветший, поблекший (*о цвете*)
der Abguß	der Abguss	отливка, литьё, обливание (*процедура*)
abhanden kommen	abhandenkommen (*j-m*)	пропадать (*у кого-л., книжн.*)
Das Buch ist uns abhanden gekommen.	Das Buch ist uns abhandengekommen.	У нас пропала книга.
Er wußte nicht, dass ihm das Buch abhanden kam.	Er wusste nicht, dass ihm das Buch abhandenkam.	Он не знал, что у него пропала книга.
der Ablaß	der Ablass	спуск; скидка; отпущение грехов
der Abriß	der Abriss	снос (*здания*); обрыв; обвал
die Abrißbirne	die Abrissbirne	стальная груша (*для сноса зданий*)
<u>abscheuerregend</u>	*или* Abscheu erregend	вызывающий отвращение
der Abschluß	der Abschluss	окончание; заключение; подписание
die Abschlußprüfung/ das Abschlußexamen	die Abschlussprüfung/ das Abschlussexamen	выпускной экзамен
das Abschlußzeugnis	das Abschlusszeugnis	свидетельство об окончании школы; аттестат об окончании среднего учебного заведения
der Abschuß	der Abschuss	выстрел; выстреливание (*снаряда*); запуск (*ракеты*); поражение (*возд. цели*)
absein	ab sein	быть далеко
abseits stehen	abseitsstehen	стоять/оставаться в стороне (*также перен.*)
die abseits stehenden Kinder	die abseitsstehenden Kinder	дети, стоящие в стороне; остающиеся в стороне, без участия
der abseits stehende Stürmer	der abseitsstehende Stürmer	нападающий, находящийся вне игры
der Abszeß	der Abszess	абсцесс (*мед.*); нарыв; чирей
abwärts gehen	abwärtsgehen	сходить вниз, спускаться
abwärts fahren	abwärtsfahren	ехать вниз
abwärts fallen	abwärtsfallen	падать вниз
abwärts fließen	abwärtsfließen	течь вниз
abwärts rutschen	abwärtsrutschen	скользить, съезжать вниз
ach und weh	*или* <u>Ach und Weh</u>	жалобы, причитания, ахи и охи
<u>achtgeben</u>	*или* Acht geben	наблюдать (*за чем-л.*); присматривать (*за кем-л.*); обращать внимание

Но: sehr achtgeben — быть очень внимательным/осторожным
allergrößte Acht geben — обращать наибольшее внимание

<u>achthaben</u>	*или* Acht haben	обращать внимание; присматривать
in acht nehmen	in Acht nehmen	заботиться (*о чём-л.*), беречь (*что-л.*)

по-старому	по-новому	
außer acht lassen	außer Acht lassen	*(совсем)* упускать *(что-л.)* из виду, оставлять без *(всякого)* внимания
der 8achser	der 8-Achser	восьмиосный автомобиль/вагон
Er ist Mitte Achtzig.	Er ist Mitte achtzig.	Ему около семидесяти пяти лет.
der achte, den ich sehe	der Achte, den ich sehe	восьмой, которого я вижу
die achte, die ich sehe	die Achte, die ich sehe	восьмая, кого я вижу
jeder achte bleibt hier	jeder Achte bleibt hier	каждый восьмой останется здесь
jede achte bleibt hier	jede Achte bleibt hier	каждая восьмая останется здесь
8fach	*или* 8-fach	восьмикратный; (в) восемь раз
das 8fache	*или* das 8-Fache	восьмикратное количество
8geschossig	8-geschossig	восьмиэтажный
ein 8jähriges Mädchen	ein 8-jähriges Mädchen	восьмилетняя девочка
der/die 8jährige	der/die 8-Jährige	восьмилетний,…яя
8mal	8-mal	восемь раз, восьмикратно; в восемь раз
8malig	8-malig	восьмикратный
achtmillionenmal	acht Millionen Mal	восем миллионов раз
der 8tonner	der 8-Tonner	восьмитонный грузовой автомобиль
achtunggebietend	*или* Achtung gebietend	внушающий уважение; авторитетный
Er ist über Achtzig.	Er ist über achtzig.	Ему пошёл девятый десяток.
Er ist Mitte (der) Achtzig.	Er ist Mitte (der) achtzig.	Ему около семидесяти пяти лет.
in die Achtzig kommen	in die achtzig kommen	перевалить за восемьдесят *(о возрасте)*
die achtziger Jahre	*или* die Achtzigerjahre	восьмидесятые годы
ackerbautreibende Völker	*или* Ackerbau treibende Völker	народы, занимающиеся земледелием
das Action-painting	das Actionpainting/ das Action-Painting	ташизм, „активная живопись" *(форма американской абстрактной живописи)*
ade sagen	*или* Ade sagen	проститься *(с кем-л.)*
adieu sagen	*или* Adieu sagen	проститься *(с кем-л.)*
der Aderlaß	der Aderlass	кровопускание; *(перен.)* большой расход
das Adreßbuch	das Adressbuch	адресная книга
afro-amerikanisch	afroamerikanisch	афро-американский *(касается Африки и Америки, см. с. 9, с. 60)*
afro-asiatisch	afroasiatisch	афро-азиатский *(касается Африки и Азии)*
der Afro-Look	der Afrolook	афрокосички *(причёска из очень кучерявых и плотных локонов)*
das After-shave	das Aftershave	крем/лосьон после бритья
die After-shave-Lotion	die Aftershavelotion/ Aftershave-Lotion	лосьон после бритья
der Agent provocateur	*или* der Agent Provocateur	провокатор *(фр.)*
ähnlich sehen *(перен.)*	ähnlichsehen	походить, быть похожим *(на кого-л.)*
Ich habe ähnliches erlebt.	Ich habe Ähnliches erlebt.	Я пережил подобное.
und/oder ähnliches (u. ä./o. ä.)	und/oder Ähnliches (u. Ä./o. Ä.)	и/или тому подобное (и/или т. п.)
die aktuelle Stunde	die Aktuelle Stunde	актуальный час *(в парламенте)*
der Alkoholmißbrauch	der Alkoholmissbrauch	злоупотребление алкоголем, алкоголизм
ein für allemal	ein für alle Mal	раз (и) навсегда
alleinerziehend	*или* allein erziehend	являющийся отцом-одиночкой/ являющаяся матерью-одиночкой
der/die Alleinerziehende	*или* der/die allein Erziehende	отец-одиночка, мать-одиночка
das allein gültige Zahlungsmittel	*или* das alleingültige Zahlungsmittel	единственное действительное/ законное платёжное средство

по-старому	по-новому	
alleinseligmachend	allein seligmachend/ <u>allein selig machend</u>	единоспасающий (*о кат. церкви*); единственно истинный; допустимый
j-n allein lassen	j-n alleinlassen	бросить (*кого-л. на произвол судьбы*)
allein stehen	alleinstehen	не иметь семьи; быть холостяком; быть незамужней
es ist das allerbeste, daß	es ist das Allerbeste, dass …	лучше всего, что …
auf das/aufs allerbeste	*или* auf das/aufs <u>Allerbeste</u>	наилучшим образом
auf das/aufs allerhöchste	*или* <u>Allerhöchste</u>	крайне
Ich war auf das/aufs allerhöchste erstaunt.	*или* Ich war auf das/aufs <u>Allerhöchste</u> erstaunt.	Я был крайне удивлён.
die <u>allermeisten</u> glauben	*или* die Allermeisten	(подавляющее) большинство верит
das <u>allermindeste</u>	*или* das Allermindeste	по меньшей мере
das <u>allerwenigste</u>	*или* das Allerwenigste	менее всего
im allgemeinen	im Allgemeinen	в общем
<u>allgemeingültig</u>	*или* allgemein gültig	общепринятый, общеупотребительный
die <u>allgemeinbildenden</u> Schulen	*или* die allgemein bildenden Schulen	общеобразовательные школы
allgemeinverbindlich	*или* <u>allgemein verbindlich</u>	обязательный для всех
ein <u>allgemeinverständ-licher</u> Text	*или* ein allgemein verständlicher Text	общепонятный/общедоступный текст
alliebend	allliebend	всеми любимый/любимый всеми
etwas ist jemandes ein und (jemandes) alles	etwas ist jemandes Ein und (jemandes) Alles	(*что-л. – чья-л.*) единственная отрада
Sie ist mein ein und (mein) alles.	Sie ist mein Ein und (mein) Alles.	Она моя единственная отрада/для меня всё.
allesein	alle sein	заканчиваться (*о вещественном*)
allzubald	allzu bald	слишком скоро
allzufrüh	allzu früh	слишком рано
allzugern	allzu gern	очень охотно
allzulange	allzu lange	слишком долго
allzulang	allzu lang	слишком длинный
allzuoft	allzu oft	слишком часто
allzusehr	allzu sehr	слишком, чересчур; сверх меры
allzuviel	allzu viel	слишком много; чересчур много
allzuweit	allzu weit	слишком далеко
die Alma mater	die Alma Mater	(родной) университет (*лат. студ., букв. кормящая мать*)
der Alpdruck	*или* der <u>Albdruck</u>	удушье (*во сне*); кошмар (*также перен.*)
der Alptraum	*или* der <u>Albtraum</u>	кошмар, кошмарный сон
als daß	als dass	чтобы
aus alt neu machen	aus Alt Neu machen	обновлять старые вещи; (*перен.*) перелицовывать старое
für alt und jung	für Alt und Jung	для всех возрастов
Er ist immer der alte geblieben.	Er ist immer der Alte geblieben.	Он такой же, как прежде/остался таким, каким был.
Es bleibt alles beim alten.	Es bleibt alles beim Alten.	Всё остаётся по-старому/без изменений.
alles beim alten lassen	alles beim Alten lassen	оставить всё по-старому/как было
am alten hängen	am Alten hängen	придерживаться старых взглядов
das Alter ego (*лат.*)	das Alter Ego	второе я
<u>alt machen</u>	*или* altmachen	старить

по-старому	по-новому	
das altwienerisch Theater	das alt-wienerische Theater	старовенский театр
der Amboß	der Amboss	наковальня
zu allem ja und amen sagen *(разг.)*	zu allem ja und amen/ Ja und Amen sagen	во всём соглашаться, во всём поддакивать
der Anbiß	der Anbiss	надкус, откусывание, прикусывание
andersdenkend	*или* anders denkend	инакомыслящий
der/die Andersdenkende	*или* der/die anders Denkende	инакомыслящий, …ая
die Andersdenkenden	*или* die anders Denkenden	инакомыслящие
andersgeartet	*или* anders geartet	другого/иного рода; другого характера
anderslautend	*или* anders lautend	иначе звучащий; с иным текстом; *(перен.)* имеющий иной смысл
das Anderslautende	*или* das anders Lautende	имеющее иной смысл
der, die, das and(e)re	*или* der, die, das And(e)re	другой/иной; другая/иная; другое/иное
ein, kein, etwas, allerlei, nichts and(e)res	*или* ein, kein, etwas, allerlei, nichts And(e)res	другое/иное; что-л. иное; всякое, ничто другое/иное
eine, keine, jeder, alles, das and(e)re	*или* eine, keine, jeder, alles, das And(e)re	другая/иная; никакая иная; любой другой/иной, другое/иное
die einen kamen, die anderen gingen	*или* die Einen kamen, die Anderen gingen	одни (эти) приходили, другие (те) уходили
auf das/aufs angelegentlichste	*или* auf das/aufs Angelegentlichste	самым настойчивым образом
angepaßt	angepasst	подогнанный; согласованный
die Angepaßtheit	die Angepasstheit	подогнанность; согласованность
der Anglo-Amerikaner	der Angloamerikaner	англо-американец, американец английского происхождения
j-m angst machen	j-m Angst machen	внушать страх, напугать
der Anlaß	der Anlass	причина, повод; запуск *(двиг., маш.)*
anläßlich	anlässlich	по случаю, по поводу
der Anmeldeschluß	der Anmeldeschluss	истечение срока подачи *(заявок и т.д.)*
anpaßbar	anpassbar	согласуемый, приспосабливаемый
anrauhen	anrauen	делать грубым, шероховатым
der Anriß	der Anriss	трещина, царапина; *(спорт.)* рывок,
der Anschiß	der Anschiss	окрик; нагоняй, обман, надувательство
der Anschluß	der Anschluss	присоединение; пересадка
ansein	an sein	быть включённым *(мотор, свет)*, работать *(маш., приб.)*, гореть *(о газе)*
arbeitsuchende Menschen	*или* Arbeit suchende Menschen	ищущие работу люди
der/die Arbeitsuchende	*или* der/die Arbeit Suchende	ищущие работу
im argen liegen	im Argen liegen	находиться в беспорядке, запустении
arm machen	*или* armmachen	разорить *(кого-л.)*
arm und reich	Arm und Reich *(=jedermann)*	каждый, всякий

Но по-прежнему: Arm und Reich бедные и богатые; все без разбора

Konflikt zwischen Arm und Reich		конфликт между бедными и богатыми
Arme und Reiche		бедные и богатые
der Arme und der Reiche		бедный и богатый
bei Armen und Reichen		у бедных и богатых
wir Armen		мы бедные
die Armee-Einheit	*или* Armeeeinheit	войсковая часть, подразделение
ein Armvoll Reisig	*или* ein Arm voll Reisig	охапка хвороста
die Aschantinuß	die Aschantinuss	арахис подземный, земляной орех

по-старому	по-новому	
das As	das Ass	туз; единица *(игр. кости, домино)*; мастер своего дела, ас
die atlantische Allianz	die Atlantische Allianz	Атлантический альянс/союз
aufeinanderfolgen	*или* aufeinander folgen	следовать друг за другом
die aufeinanderfolgenden Tage	*или* die aufeinander folgenden Tage	день за днём, череда, вереница дней
j-m auf Wiedersehen sagen	*или* j-m Auf Wiedersehen sagen	попрощаться *(с кем-л.)*
Aufgepaßt!	Aufgepasst!	Внимание!
der Aufguß	der Aufguss	заварка; настой
der Aufgußbeutel	der Aufgussbeutel	чайный пакетик, пакетик с фильтром
der Auflösungsprozeß	der Auflösungsprozess	процесс распада; *(перен.)* деградация
auf'm	aufm *(= auf dem, auf einem)*	
auf'n	aufn *(= auf den, auf einen)*	
aufrauhen	aufrauen	придавать шероховатость; ворсовать *(текст.)*
der Aufriß	der Aufriss	чертеж, план; эскиз, набросок; очерк
der Aufschluß	der Aufschluss	открывание; отмыкание; объяснение
aufschlußreich	aufschlussreich	показательный; интересный
ein aufsehenerregendes Ereignis	*или* ein Aufsehen erregendes Ereignis	сенсационное, привлекающее *(всеобщее)* внимание событие
aufsein	auf sein	не спать, бодрствовать; быть открытым *(о дверях, окнах)*
auf seiten	aufseiten/auf Seiten	на стороне *(кого-л.)*
aufsichtführend	*или* Aufsicht führend	контролирующий, наблюдающий
der/die Aufsichtführende	*или* der/die Aufsicht führende	контролирующий, наблюдающий
der aufsichtführende Lehrer	*или* der Aufsicht führende Lehrer	дежурный преподаватель
aufwärts gehen	aufwärtsgehen	идти вверх
aufwärts fahren	aufwärtsfahren	ехать вверх
aufwärts schieben	aufwärtsschieben	толкать вверх
aufwärts steigen	aufwärtssteigen	подниматься вверх
aufwendig	*или* aufwändig	расточительный; дорогостоящий
der Ausfluß	der Ausfluss	истечение, вытекание; *(тех.)* слив
der Ausguß	der Ausguss	излияние *(чувств)*; *(тех.)* слив, сток
die Auspufflamme	die Auspuffflamme/ Auspuff-Flamme	пламя из выхлопной трубы
der Ausschluß	der Ausschluss	исключение *(из состава)*; увольнение; дисквалификация *(спорт.)*
der Ausschuß	der Ausschuss	комитет, комиссия; коллегия; брак
die Ausschußsitzung	die Ausschusssitzung / Ausschuss-Sitzung	заседание комитета, комиссии; коллегии
die Ausschußware	die Ausschussware	бракованный; некондиционный товар
aussein	aus sein *(разг.)*	окончиться; погаснуть *(об эл., свече)*; быть выключенным *(о приборе)*
auf etwas aussein	auf etwas aus sein *(разг.)*	быть падким, жадным
aufs äußerste gespannt	*или* aufs Äußerste gespannt	крайне натянутый, напряжённый
auf das/aufs äußerste erschrocken sein	*или* auf das/aufs Äußerste erschrocken sein	страшно перепугаться
aufgerauht	aufgeraut	шероховатый

по-старому	по-новому	
außenliegende Kabine	*или* außen liegende Kabine	кабина, находящаяся снаружи, вне …
außengelegene Treppe	*или* außen gelegene Treppe	наружная лестница
außeracht lassen	außer Acht lassen	оставить без внимания
außerstand(e)	*или* außer Stand(e)	не в силах
der Außenstehende	*или* der außen Stehende	находящийся снаружи, посторонний
die Außenstehende	*или* die außen Stehende	находящаяся снаружи, посторонняя
der Autobahnanschluß	der Autobahnanschluss	развязка автомагистралей
die Autobiographie	*или* die Autobiografie	автобиография
autobiographisch	*или* autobiografisch	автобиографический
das Autograph	*или* das Autobiograf	автограф, подлинная рукопись
das Auto-Cross	*или* das Autocross	автокросс

B

по-старому	по-новому	
der Bajonettverschluß	der Bajonettverschluss	штыковой, байонетный затвор
die Ballettänzerin	die Balletttänzerin/ Ballett-Tänzerin	артистка балета, танцовщица, балерина
das Balletttheater	das Balletttheater/ Ballett-Theater	театр балета, балет
die Ballettruppe	die Balletttruppe/ Ballett-Truppe	труппа артистов балета, балетная труппа
das Ballokal	das Balllokal/Ball-Lokal	помещение для проведения балов
der Bänderriß	der Bänderriss	разрыв связок *(мед.)*
j-m (angst und) bange machen	j-m (Angst und) Bange machen	пугать *(кого-л.)*, нагонять страх *(на кого-л.)*
Bangemachen gilt nicht!	*или* Bange machen gilt nicht!	(Меня) не запугаешь!
bankrott gehen	bankrottgehen	обанкротиться
der Barograph	*или* der Barograf	барограф
die Baroneß	die Baroness *(чаще* die Baronesse)	баронесса *(дочь барона, обращение)*
die Basedow-Krankheit	*или* die Basedowkrankheit	диффузный токсический зоб
baselstädtisch	basel-städtisch	базельский *(= города Базель)*
baß erstaunt sein	baß *(шутл.)* erstaunt sein	быть крайне удивлённым
der Baß	der Bass	бас *(голос, певец)*
Baß singen	bass singen	петь басом
die Baßgeige	die Bassgeige	контрабас
der Baßsänger	Basssänger/Bass-Sänger	бас *(певец)*
die Baßstimme	die Bassstimme/Baß-Stimme	бас *(голос)*
die Baßschlüssel	Bassschlüssel/Bass-Schlüsse	басовый ключ, ключ фа *(муз.)*
der Baukostenzuschuß	der Baukostenzuschuss	безвозвратная ссуда на строительство
die Baumnuß *(швейц.)*	die Baumnuss	*(грецкий)* орех *(плод)*
um ein bedeutendes zunehmen	um ein Bedeutendes zunehmen	значительно прибавлять в весе, поправляться, полнеть
gut beieinandersein	gut beieinander sein	быть здоровым
beeinflußt werden	beeinflusst werden	находиться/быть под влиянием
beeinflußbar	beeinflussbar	подверженный чужому влиянию
du beeinflußt	du beeinflusst	ты оказываешь влияние; влияешь
die Beeinflußbarkeit	die Beeinflussbarkeit	подверженность чужому влиянию
befaßt sein *mit D*	befasst sein	заниматься *(чем-л.)*
Ich befliß mich, …	Ich befliss mich, …	Я старался … *(от befleißen)*

по-старому	по-новому	
der Begrüßungskuß	der Begrüßungskuss	приветственный поцелуй
behende	behände	проворный, ловкий; расторопный
die Behendigkeit	die Behändigkeit	проворство, быстрота, юркость
die Behennuß, Bennuß	die Behennuss, Bennuss	бехен (*сорт ореха*)
beidemal	beide Mal	оба раза
beifallheischend	*или* Beifall heischend	требуя одобрения; стремясь к успеху
beisammensein	beisammen sein	быть здоровым (*в хорошей физической форме и здравом рассудке, уме*)
beiseite lassen	beiseitelassen	пропускать (*при чтении и т. п.*); не принимать во внимание, забывать
beiseite legen	beiseitelegen	откладывать (*что-л. для кого-л.*)
beiseite schaffen	beiseiteschaffen	убирать, прятать
beiseite schieben	beiseiteschieben	оттеснять, отодвигать (*на задний план*); отбрасывать (*напр., сомнения*)
beiseite setzen	beiseitesetzen	пренебрегать, оставлять без внимания
beiseite treten	beiseitetreten	отойти в сторону
bekanntgeben	*или* bekannt geben	объявлять, сообщать; опубликовывать
Die Verfügung wurde bekanntgegeben.	*или* Die Verfügung wurde bekannt gegeben	Определение (*суда*) было объявлено/сообщено/доведено.
Er wurde amtlich bekanntgegeben.	*или* Er wurde amtlich bekannt gegeben.	Он официально был уведомлён.
bekannt machen	*или* bekanntmachen	знакомить (*кого-л. с кем-л.*)
Du sollst mich mit ihr bekannt machen.	*или* Du sollst mich mit ihr bekanntmachen.	Ты должен познакомить меня с ней.
sich bekannt machen	*или* sich bekanntmachen	ознакомиться
Er hat sich mit einer Sache bekannt gemacht.	*или* Er hat sich mit einer Sache bekanntgemacht.	Он ознакомился с делом.
bekanntmachen	*или* bekannt machen	обнародовать/опубликовать
Das Gesetz wurde bekanntgemacht.	Das Gesetz wurde bekannt gemacht/ bekanntgemacht.	Закон был опубликован.
alle uns damals bekannt gewesenen Umstände	*или* alle uns damals bekanntgewesenen Umstände	все нам тогда известные обстоятельства
bekannt werden	*или* bekanntwerden	познакомиться (*с кем-л., с чем-л.*)
Ich bin bald mit ihm bekannt geworden.	*или* Ich bin bald mit ihm bekanntgeworden	Я вскоре познакомился с ним.
bekanntwerden	*или* bekannt werden	стать известным/гласным; быть опубликованным/оглашённым
Der Wortlaut ist bekanntgeworden.	*или* Der Wortlaut ist bekannt geworden.	Текст был обнародован.
belemmern	belämmern	обманывать
belemmert	belämmert (*разг.*)	плохой; обманутый, бестолковый
das Bendel	das Bändel	лента
jeder beliebige	jeder Beliebige	любой, первый встречный
die Beneluxstaaten	*или* Benelux-Staaten	страны Бенилюкса
sich bereit erklären	*или* sich bereiterklären	заявить о своей готовности
sich bereit halten	sich bereithalten	быть готовым, приготовиться
Du mußt dich immer bereit halten.	Du musst dich immer bereithalten.	Ты всегда должен быть наготове.
etwas bereit haben	etwas bereithaben	приготовить (*что-л.*)
Wir werden alles rechtzeitig bereit haben.	Wir werden alles rechtzeitig bereithaben.	Мы всё вовремя приготовим.

по-старому	по-новому	
sich bereit finden	sich bereitfinden zu D	соглашаться *(на что-л.)*, выражать свою готовность *(сделать что-л.)*
sich zu etwas bereitmachen	*или* sich zu etwas bereit machen	приготовляться *(к чему-л.)*
der Beschiß	der Beschiss	обман, надувательство *(груб.)*
der Beschluß	der Beschluss	решение, постановление; завершение
beschlußfähig	beschlussfähig	правомочный, имеющий кворум
die Beschlußfassung	die Beschlussfassung	принятие решения/постановления
der Beschuß	der Beschuss	обстрел
im besonderen	im Besonderen	в частности, в особенности, особенно
ich will im besonderen erwähnen ...	ich will im Besonderen erwähnen ...	Я хочу особенно упомянуть ...
besorgniserregend	*или* Besorgnis erregend	внушающий опасения, тревожный
ich bessere mich	*или* ich bessre mich	я исправляюсь
die Besserung	*или* die Bessrung	улучшение, выздоровление, поправка
bessergehen	*или* besser gehen	поправляться *(о здоровье)*
Dem Kranken wird es bald bessergehen.	Dem Kranken wird es bald besser gehen.	Больной скоро пойдёт на поправку.
besserverdienende Angestellte	*или* besser verdienende Angestellte	служащие, зарабатывающие больше
die Besserverdienenden	*или* die besser Verdienenden	зарабатывающие больше
bestehenbleiben	bestehen bleiben	сохраняться, оставаться
Die Verbindung soll bestehenbleiben.	Die Verbindung soll bestehen bleiben.	Связь должна быть сохранена.
bestehenlassen	bestehen lassen	сохранять, оставлять
Wir wollen die Regierung bestehenlassen.	Wir wollen die Regierung bestehen lassen.	Мы хотим сохранить правительство.
Es ist das beste, wenn er nicht kommt.	Es ist das Beste, wenn er nicht kommt.	Лучше, если он не придёт.
Ich halte für das beste, wenn er nicht kommt.	Ich halte für das Beste, wenn er nicht kommt.	Я считаю, что лучше *(всего)*, если он не придёт.
aufs beste geregelt sein	*или* aufs Beste geregelt	быть улаженным как нельзя лучше
etwas zum besten geben	etwas zum Besten geben	угощать, выставлять *(пиво и т. п.)*; потчевать, исполнить; щеголять
j-n zum besten haben/halten	j-n zum Besten haben/halten	подсмеиваться, подшучивать *(над кем-л.)*, дурачить, разыгрывать *(кого-л.)*
mit j-m nicht zum besten stehen	mit j-m nicht zum Besten stehen	относится *(к кому-л.)* неприязненно
	Mit ihrer Gesundheit steht es nicht zum Besten.	У неё со здоровьем неважно.
das erste beste nehmen	das erste Beste nehmen	брать что попало
die Bestelliste	die Bestellliste/Bestell-Liste	список заказов; заявка; бланк заказов
bestgehaßt	bestgehasst	наиболее/самый ненавистный
bestußt	bestusst	глупый; сумасшедший *(разг.)*
die Betelnuß	die Betelnuss	бетель *(сорт ореха)*
um ein beträchtliches h.	um ein Beträchtliches höher	намного, гораздо выше
in betreff (G)	in Betreff	относительно, касательно
betreßt	betresst	обшитый галунами
der Betriebsschuß	der Betriebsausschuss	заводской комитет
der Betriebsschluß	der Betriebsschluss	окончание работы, конец рабочего дня
das Bettuch	das Betttuch/Bett-Tuch	простыня

по-старому	по-новому	
die Betttruhe	*или* die Bett-Truhe	сундук, служащий кроватью
bevorschußt	bevorschusst	авансированный, выданный авансом
du bevorschußt	du bevorschusst	ты авансируешь *(от bevorschussen)*
er bevorschußte	er bevorschusste	он авансировал
er hat bevorschußt	er hat bevorschusst	он авансировал
die Bewässerung	*или* die Bewässrung	орошение, ирригация, обводнение
bewußt	bewusst	сознательный; осознанный, осознанно
die Bewußtheit	die Bewusstheit	осознание *(чего-л.)*; сознательность
bewußtmachen	*или* bewusst machen	доводить *(что-л. до чьего-л. сознания)*
bewußtgemacht	*или* bewusst gemacht	доведённый *(до чьего-л. сознания)*
bewußtlos	bewusstlos	бессознательный; без памяти
die Bewußtlosigkeit	die Bewusstlosigkeit	бессознательное состояние
das Bewußtsein	das Bewusstsein	сознание, память; осознание
sich *G* bewußt werden	sich *G* bewusst werden/ bewusstwerden	отдавать себе отчёт; сознавать, чувствовать *(за собой)*
sich *G* eines Versäumnisses bewußt werden	sich *G* eines Versäumnisses bewusst werden/ bewusstwerden	отдавать себе отчёт в упущении; сознавать упущение; чувствовать *(за собой)* упущение
in bezug auf	in Bezug auf	относительно, насчёт, в отношении; по отношению *(к кому-л., к чему-л.)*
Bezug nehmend auf	*или* bezugnehmend	ссылаясь на *(что-л.)*
du bezuschußt	du bezuschusst (bezuschussen)	ты оказывал материальную помощь
er bezuschußte	er bezuschusste	он оказывал материальную помощь
er hat bevorschußt	er hat bevorschusst	он оказал материальную помощь
bezuschußt werden	bezuschusst werden	оказывать материальную помощь, выдавать субсидию, *(ден.)* пособие
der Bibliograph	*или* der Bibliograf	библиограф
die Bibliographie	*или* die Bibliografie	библиография
der Biograph	*или* der Biograf	биограф
die Biographie	*или* die Biografie	биография
biographisch	*или* biografisch	биографический
der Bierbaß	der Bierbass	пропитый *(глухой, сиплый)* бас
das Bierfaß	das Bierfass	пивная бочка; *(перен.)* толстяк
sich etwas bieten lassen	*или* sich etwas bietenlassen	терпеть *(что-л.)*
Ich weiß, dass er sich alles bieten läßt.	*или* Ich weiß, dass er sich alles bietenlässt.	Я знаю, что он всё терпит./Я знаю, что у него нет чувства личного достоинства
Ich weiß, dass er sich das nicht bieten läßt.	*или* Ich weiß, dass er sich das nicht bietenlässt.	Я знаю, что он этого не потерпит.
die Big Band	*или* die Bigband	большой джазовый или танцевальный оркестр
billig machen	*или* billigmachen	удешевлять *(например, продукт)*
der Bilwiß	der Bilwiss *(ю.-нем.)*	кобольд, гном, домовой *(герм. миф.)*
die Bismarckschen Sozialgesetze	die bismarck(i)schen/ Bismarck'schen S.	социальные законы Бисмарка
Er biß in einen Apfel.	Er biss in einen Apfel.	Он кусал яблоко.
der Biß	der Biss	укус; прикус *(мед.)*
die Bißspur	der Bisssspur/ Biss-Spur	след укуса
die Bißverletzung	die Bissverletzung	рана, повреждение от укуса
ein bißchen	ein bisschen	немного
im bisherigen	im Bisherigen	*(как)* указано выше
Du mußt bitte sagen.	*или* Du musst Bitte sagen.	Ты должен сказать „пожалуйста".

по-старому	по-новому	
Es ist bitter kalt.	Es ist bitterkalt.	Страшно холодно.
Но по-прежнему:	ein bitterkalter Wintertag	холодный зимний день
der Bittag	der Bitttag / Bitt-Tag	День прощения *(катол. церковь)*
das/der Blackout	*или* das/der Black-out	временное отсутствие/отключ. электр. освещения; затемнение; провал в памяти
der blanke Hans	der Blanke Hans *(сев.-нем.)*	белопенный Ганс; *(разг.)* Северное море *(во время шторма)*
blank legen	*или* blanklegen	класть, положить, укладывать *(что-л.)* неприкрытым
die Drähte	*или* die Drähte	осуществлять поверхностную
blank legen	blanklegen	прокладку проводов
blank liegen	*или* blankliegen	лежать неприкрытым, оголённым
blank liegend	*или* blankliegend	непокрытый; неприкрытый *(также пер.)*
blank liegende Drähte	*или* blankliegende Drähte	открытые провода
Но по-прежнему: Das Kabel soll nicht blank liegen.		Кабель не должен лежать открытым.
blaugestreift	*или* blau gestreift	в голубую полоску
Die Nerven haben blank gelegen.	*или* Die Nerven haben blankgelegen.	Нервы сдали/не выдержали/подвели *(разг.)*.
blank polieren	*или* blankpolieren	(от)шлифовать до блеска
blankpoliert	*или* blank poliert	отполированный до зеркального блеска
blank putzen	*или* blankputzen	начистить до блеска; чисто убрать
blank reiben	*или* blankreiben	натирать/начищать до блеска
braungebrannt	*или* braun gebrannt	загорелый
blaß	blass	бледный, блеклый; бесцветный
der Bläßhuhn/Bleßhuhn	der Blässhuhn/Blesshuhn	лысуха *(зоол.)*
bläßlich	blässlich	бледноватый; *(перен.)* слабый, бледный
blaßblau	blassblau	бледно-голубой
blaßgelb	blassgelb	бледно-жёлтый
blaßgrün	blassgrün	бледно-зелёный
blaßrosa	blassrosa	светло-розовый; бледно-розовый
blasenziehend	*или* Blasen ziehend	пузырящийся *(о тесте)*; покрываться пузырями/волдырями
der Blattschuß	der Blattschuss	выстрел/попадание в лопатку дичи
der Blatttrieb	*или* der Blatt-Trieb	побег; росток листьев
der blaue Planet	der Blaue Planet *(Erde)*	голубая планета *(Земля)*
blau färben	*или* blaufärben	окрашивать в синий цвет
blaugefärbt	*или* blau gefärbt	окрашенный в синий цвет
По-прежнему: ein blaugefärbtes/blau gefärbtes Kleid		платье голубого цвета
blaugefleckt	*или* blau gefleckt	в синих пятнах
blaugestreift	*или* blau gestreift	в синюю/голубую полоску
ein blaugestreifter Stoff	*или* ein blau gestreifter Stoff	ткань в синюю/голубую полоску
bleibenlassen	*или* bleiben lassen	не делать, не предпринимать *(чего-л.)*
ein blendendweißes Kleid	ein blendend weißes Kleid	ослепительно белое платье
bleuen	bläuen	колотить, бить *(до синяков) (разг.)*
sich blicken lassen	*или* sich blickenlassen	показываться на глаза *(разг.)*
Schön, daß du dich mal wieder blicken läßt.	*или* Schön, dass du dich mal wieder blicken lässt.	Хорошо, что ты снова показываешься/заходишь.
blindgeboren	*или* blind geboren	слепорождённый
ein blindgeborenes Kind	*или* ein blind geborenes Kind	слепорождённый ребёнок

по-старому	по-новому	
der/die Blindgeborene	*или* der/die blind Geborene	слепорождённый, …ая; слепой, …ая от рождения
blondgefärbt	*или* blond gefärbt	окрашенный в светло-русый цвет; обесцвеченный (*о волосах*)
blondgelockt	*или* blond gelockt	светлокудрый
die Mauerreste bloßlegen	*или* die Mauerreste bloß legen	раскапывать, обнаруживать остатки сцены
die Leitungen bloßlegen	*или* die Leitungen bloß legen	раскапывать трубопроводы; обнажать проводку
bloßliegen	*или* bloß liegen	быть непокрытым
Wenn die Nerven bloßliegen …	*или* Wenn die Nerven bloß liegen …	Если нервы сдают/подводят (*разг.*) …
sich bloßstrampeln	sich bloß strampeln	стягивать с себя одеяло, раскрываться (*о ребёнке*)
das Blow-up (*англ.*)	*или* das Blowup	фотографическое увеличение
der Bluterguß	der Bluterguss	кровоизлияние; гематома (*мед.*)
ein blutbildendes Medikament	*или* ein Blut bildendes Medikament	кроветворный препарат
ein blutreinigender Tee	*или* ein Blut reinigender Tee	кровоочищающий чай
blutsaugend	*или* Blut saugend	кровососущий (*о насекомых*)
ein blutsaugender Vampir	*или* ein Blut saugender Vampir	вампир, сосущий кровь
blutstillend	*или* Blut stillend	кровоостанавливающий
die Bonbonniere	*или* die Bonboniere	бонбоньерка; фасон дамского чепца
der Börsentip	der Börsentipp	биржевое предсказание
die Boschsche Zündkerze	die boschsche/Bosch'sche Zündkerze	свеча зажигания фирмы Bosch
im bösen auseinandergehen	im Bösen auseinandergehen	расстаться врагами
im bösen wie im guten	im Bösen wie im Guten	по-плохому и по-хорошему; подобру-поздорову
der Boß	der Boss	босс (*разг.*)
das Bouclé	*или* das Buklee	плательная ткань из пряжи букле
der Bouclé	*или* der Buklee	ткань и ковер из букле
der Braß (Brasses, Brast)	der Brass (*разг.*)	гнев, ярость
du braßt (brassen)	du brasst	ты брасопьешь (*морск.*)
braungebrannt	*или* braun gebrannt	загорелый
die Bravour	*или* die Bravur	отвага, смелость; высокое мастерство, блестящее исполнение
mit Bravour tun	*или* (*etw.*) mit Bravur tun	выполнить (*что-л.*) с блеском
bravourös	*или* bravurös	энергично, ловко; мастерски
des langen und breiten darlegen	des Langen und Breiten darlegen	обстоятельно, подробно изложить
des breiter(e)n darlegen	des Breiter(e)n darlegen	излагать (*что-л.*) со всеми подробностями, входить в детали
ein langes und breites (viel) sagen	ein Langes und Breites (viel) sagen	обстоятельно, подробно говорить
breitgefächert	*или* breit gefächert	широкий
ein breitgefächertes Angebot	*или* ein breit gefächertes Angebot	широкий ассортимент

по-старому	по-новому	
einen Nagel <u>breit schlagen</u>	*или* einen Nagel breitschlagen	расклепать гвоздь
die Schuhe <u>breit treten</u>	*или* Schuhe breittreten	разнашивать обувь
die Brennessel	<u>Brennnessel</u>/Brenn-Nessel	крапива
der Bruderkuß	der Bruderkuss	братский поцелуй
der Brummbaß	der Brummbass	низкий бас; контрабас; бас *(органа)*
<u>brustschwimmen</u>	*или* Brust schwimmen	плавать стилем „брасс"

Но только: Er schwimmt Brust.

ein brütendheißer Tag	ein brütend heißer Tag	знойный день
buchführend	*или* <u>Buch führend</u>	ведущий бухгалтерский учёт
der Büchsenschuß	der Büchsenschuss	ружейный выстрел
4buchstabig	4-buchstabig	состоящий из 4 букв
<u>bunt färben</u>	*или* buntfärben	раскрашивать
ein Kleid <u>bunt färben</u>	*или* ein Kleid buntfärben	раскрашивать платье
ein buntgefiederter Vogel	*или* ein <u>bunt gefiederter</u> Vogel	птица с пёстрым оперением
ein buntgemischtes Programm	*или* <u>bunt gemischtes</u> Programm	пёстрая программа
buntgemustert	*или* bunt gemustert	с пёстрым узором; пёстрый *(о тканях)*
ein buntgestreifter Pullover	*или* ein <u>bunt gestreifter</u> Pullover	пуловер, свитер в разноцветную полоску
buntschillernd	*или* <u>bunt schillernd</u>	переливающийся разными цветами
buntschillernde Fische	*или* <u>bunt schillernde</u> Fische	рыбы, переливающиеся разными цветами
der Büroschluß	der Büroschluss	конец работы *(в учреждении)*
die Buschschen Gedichte	die <u>buschschenen</u>/ Busch'sche Gedichte	стихотворения Буша *(немецкий художник и поэт)*
das Busineß	das Business	бизнес, дело, коммерция
die <u>Busineßclass</u>/ Busineß-Class/ Busineßklasse	die <u>Businessclass</u>/ Business-Class/ Businessklasse	бизнес-класс
die <u>Buttercreme</u>	*или* die Butterkreme	сливочный крем
das Butterfaß	das Butterfass	маслобойка; кадка *(для масла)*

C

по-старому	по-новому	
die Cashewnuß	die Cashewnuss	орех кешью *(тропический сорт орехов)*
cash-flow *(англ.)*	der Cashflow	превышение наличных суммарных расходов фирмы над наличными расходами; „поток наличности"
das <u>Château</u> *(фр.)*	*или* das <u>Chateau</u>	замок, дворец
der Centre Court	Centre-Court/Centrecourt	центральный корт *(обычно Уимблдонский)*
der <u>Chansonnier</u>	*или* der Chansonier	шансонье
die <u>Chansonnière</u>	*или* die Chansoniere	эстрадная певица – исп. жанр. песен
der Cherry Brandy	<u>Cherry-Brandy</u>/Cherrybrandy	вишнёвый ликёр
die <u>Chicorée</u>	*или* die Schikoree	салатный сорт цикория
der Choreograph	*или* der <u>Choreograf</u>	хореограф
die Choreographie	*или* die <u>Choreografie</u>	хореография
choreographisch	*или* <u>choreografisch</u>	хореографический

по-старому	по-новому	
die Cleverneß	die Cleverness	ум, смекалка, сообразительность
das Comeback	*или* das Come-back	успешное возвращение после длит. перерыва *(на сцену, экран, в спорт)*
die Cold Cream	*или* die Coldcream	кольдкрем
die Compact Disc	*или* die Compact Disk	компакт-диск
Computertomographie	*или* Computertomografie	компьютерная томография
der Csárdás	der Csardas	чардаш
die Creme	*или* die Kreme	крем
die Cremetorte/ die Kremtorte	*или* die Kremetorte/ die Kremtorte	торт с кремом, кремовый торт
das Corned beef	Cornedbeef/Corned Beef	солёное говяжье мясо
das Corpus delicti	das Corpus Delicti	состав преступления; улика, вещественное доказательство *(юр.)*
der/das Countdown	*или* der/das Count-down	обратный отсчёт времени; отсчёт времени готовности
die Country-music	die Countrymusik	музыка кантри
das Cross-country	*или* das Crosscountry	кросс, бег по пересечённой местности

D

по-старому	по-новому	
noch nie dagewesene Ereignisse	*или* noch nie da gewesene Ereignisse	небывалые события
etwas noch nie Dagewesenes	*или* etwas noch nie da Gewesenes	что-то ещё небывалое
dabeisein	dabei sein	быть, присутствовать *(при этом)*, принимать участие
alle Dabeigewesenen	*или* alle dabei Gewesenen	все присутствующие
das Dachgeschoß	das Dachgeschoss *(в Ав. ß)*	мансардный этаж
dagegen halten	dagegenhalten	придерживать *(что-л.)*, упираться *(во что-л. рукой)*
Wenn du die Leiter dagegen hälts, falle ich nicht.	Wenn du die Leiter dagegenhälts, falle ich nicht.	Если ты будешь придерживать стремянку, я не упаду.
dagegen stellen	dagegenstellen	приставить, прислонить *(стойма)*
Die Tür bleibt zu, wenn du einen Stuhl dagegen stellst.	Die Tür bleibt zu, wenn du einen Stuhl dagegenstellst.	Дверь останется закрытой, если ты приставишь стул.
dafür sprechen	*или* dafürsprechen	*(что-л.)* говорит в пользу *(чего-л./за...)*
weil viel dafür spricht	*или* weil viel dafürspricht	так как многое говорит в пользу этого
daheim bleiben	daheimbleiben	быть дома/на родине
daheim sitzen	daheimsitzen	сидеть дома
dahin gehend	*или* dahingehend	в этом (в том) отношении
Er äußerte sich dahin gehend.	*или* Er äußerte sich dahingehend.	Он высказался в этом отношении.
ein dahin gehender Antrag	*или* ein dahingehender Antrag	заявление по этому поводу/в этой связи *(зависит от контекста)*
Er ging zu seinem Schreibtisch, um sich danihter zu setzen.	Er ging zu seinem Schreibtisch, um sich danihterzusetzen.	Он пошёл к столу, чтобы взяться за работу.
Du kannst einen Zettel dahinter stecken.	Du kannst einen Zettel dahinterstecken.	Ты можешь вставить записку вот туда/сюда.

по-старому	по-новому	
das Dämmaterial	das Dämmmaterial/ Dämm-Material	изоляционный материал
der Dampfroß	der Dampfross	паровой конь *(шутл. о паровозе)*
die Dampfschiffahrt	die Dampfschifffahrt	пароходство; поездка на пароходе
das Danaidenfaß	das Danaidenfass	бочка данаид *(бесконечный и бесплодный труд)*; бездонная бочка
daneben gehen	danebengehen	не попадать в цель; *(разг.)* не удаться
daneben greifen	danebengreifen	попасть *(рукой)* не туда; не ухватить(ся); *(разг.)* промахнуться, попасть пальцем в небо
daneben hauen	danebenhauen	промахнуться *(при ударе)*; *(разг.)* ошибиться; попасть пальцем в небо
daneben legen	danebenlegen *(перен., разг.)*	ошибиться; попасть пальцем в небо
daneben liegen	danebenliegen	*(разг.)* ошибаться, заблуждаться
daneben schießen	danebenschießen	промахнуться, не попасть в цель, бить мимо ворот; *(перен. разг.)* промахнуться, ошибиться
danke sagen	*или* Danke sagen	благодарить
danke schön sagen	*или* Danke schön sagen	благодарить
dänische Dogge	Dänische Dogge	датский дог
darauffolgend	*или* darauf folgend	следующий
am darauffolgenden Tag	*или* am darauf folgenden	на следующий день
der darauffolgende Briefwechsel	*или* der darauf folgende Briefwechsel	последующая переписка
darauf los	darauflos	вперёд
ein Tuch darauf legen	ein Tuch darauflegen	положить скатерть *(на стол)*
sich vorsichtig darauf setzen	sich vorsichtig daraufsetzen	осторожно сесть *(на что-л.)*
darauf stellen	daraufstellen	поставить *(на что-л.)*
Du kannst dich ruhig darauf stellen.	Du kannst dich ruhig daraufstellen.	Ты спокойно можешь становиться на это *(стремянку, стул и т. д)*.
der Darmverschluß	der Darmverschluss	кишечная непроходимость, илеус
Darwin(i)sche Lehre	*или* darwinsche/darwinische /Darwin'sche Lehre	учение Дарвина, дарвинизм
dasein	da sein	иметься, быть налицо, присутствовать
Es ist alles noch dagewesen.	Es ist alles schon da gewesen.	Это всё уже было.
So (et)was ist noch nicht dagewesen.	So (et)was ist noch nicht da gewesen.	Ничего подобного ещё никогда не было.
daß	dass	что
der daß-Satz	der dass-Satz /Dasssatz	придаточное предложение с *dass*
datenverarbeitende Maschine	*или* Daten verarbeitende Maschine	обрабатывающая данные машина
der Dauerstreß	der Dauerstress	длительный стресс
der Davis-Cup/ der Davis-Pokal	*или* der Daviscup/ *или* der Davispokal	Кубок Дэвиса
Dein *(in Briefen)*	*или* dein	твой *(в письмах)*
mein und dein verwechseln	Mein und Dein verwechseln	быть нечистым на руку/ *(ирон.)* не разбирать, где своё, где чужое
die Dein(ig)en *(= deine Angehörigen)*	*или* die dein(ig)en	твои; твои близкие *(родные)* *(= члены семьи)*

по-старому	по-новому	
das <u>Dein(ig)e</u>	*или* das dein(ig)e	твой долг
Du mußt das <u>Dein(ig)e</u> tun.	*или* Du musst das dein(ig)e tun.	Ты должен выполнить твой долг.
das <u>Dekolleté</u>	*или* das Dekolletee	декольте
der Delphin	*или* der <u>Delfin</u>	дельфин
dementiell	*или* <u>demenziell</u>	слабоумный
der Dengelamboß	der Dengelamboss	бабка/наковальня для отбивки кос
der Denkprozeß	der Denkprozess	процесс мышления
delphinschwimmen	*или* <u>delfinschwimmen</u>/ <u>Delfin</u>/Delphin schwimmen	плавание дельфином
Но только:	Er schwimmt <u>Delfin</u>/Delphin.	Он плавает стилем „дельфин".
die Delikateßgewürzgurke	die Delikatessgewürzgurke	деликатесный консервированный огурец с пряностями
der Delikateßsenf	der <u>Delikatesssenf</u>/ Delikatess-Senf	деликатесная горчица
die Demographie	*или* die <u>Demografie</u>	демография
der Demograph	*или* der <u>Demograf</u>	демограф
demographisch	*или* <u>demografisch</u>	демографический
deplaciert *(уст.)*/deplaziert	deplatziert	неуместный
dessenungeachtet/ desungeachtet	dessen ungeachtet/ des ungeachtet	несмотря на это, тем не менее
differentiell	*или* <u>differenziell</u>	дифференциальный
Wir haben derartiges nicht bemerkt.	Wir haben Derartiges nicht bemerkt.	Мы подобного не заметили.
auf das/aufs deutlichste	*или* auf das/aufs Deutlichste	ясно, отчётливо, чётко; внятно
auf deutsch sagen	auf Deutsch sagen	сказать по-немецки/на немецком языке
<u>deutsch-schweizerisches</u> Abkommen	*или*deutschschweizerisches Abkommen	немецко-швейцарское соглашение
der <u>deutsch-amerikanische</u> Schiffverkehr	*или* der deutschamerika- nische Schiffverkehr	немецко-американское судоходство
die deutsche Dogge	die Deutsche Dogge	немецкий дог
der deutsche Schäferhund	der Deutsche Schäferhund	немецкая овчарка
diät leben	Diät leben	соблюдать диету
<u>Dich</u> *(in Briefen)*	*или* dich	тебя *(в письмах)*
dichtbehaart	*или* <u>dicht behaart</u>	густо покрытый волосами; волосатый
dichtbevölkert	*или* <u>dicht bevölkert</u>	густонаселённый
dichtbebaut	*или* <u>dicht bebaut</u>	густозастроенный
dichtbewölkt	*или* <u>dicht bewölkt</u>	покрытый густыми тучами
dichtbelaubt	*или* <u>dicht belaubt</u>	густолиственный, покрытый густой листвой
dichtgedrängt	*или* <u>dicht gedrängt</u>	тесный, плотный *(о толпе)*
dicht machen	*или* dichtmachen	сгустить; делать непроницаемым
Das Faß wurde dicht gemacht.	*или* Das Fass wurde dichtgemacht.	Бочку сделали герметичной.
<u>dick machen</u>	*или* dickmachen	толстеть *(от чего-л.)*
weil die Torte <u>dick macht</u>	*или* weil die Torte dickmacht	так как от торта толстеют
das Differential	*или* das <u>Differenzial</u>	дифференциал
differential	*или* <u>differenzial</u>	дифференциальный
differentiell	*или* <u>differenziell</u>	различный, разный
das Diktaphon	*или* das <u>Diktafon</u>	диктофон

по-старому	по-новому	
der diensthabende Beamte	*или* der Dienst habende Beamte	дежурный чиновник
diensttuend	*или* Dienst tuend	исполняющий обязанности; дежурный
der diensttuende Arzt	*или* der Dienst tuende …	дежурный врач
dienstleistende Tätigkeiten	*или* Dienst leistende Tätigkeiten	виды деятельности, связанные с оказанием услуг
dienstags abends	*или* dienstagabends	вечерами по вторникам
der Dienstschluß	der Dienstschluss	часы/время окончания работы
der Diplomatenpaß	der Diplomatenpass	дипломатический паспорт
Dir (in Briefen)	*или* dir	тебе (*в письмах*)
der Disstreß	der Disstress/ Dysrtess	дисстресс (= *продолжительный сильный стресс*)
das/die Dolce vita	das/die Dolce Vita (= „süßes Leben")	„сладкая жизнь" (*богатых бездельников; также перен., ирон.*)
der Doppelpaß	der Doppelpass	игра в стенку (*футбол*)
doppeltwirkendes Mittel	*или* doppelt wirkendes Mittel	лекарство двойного действия
doppelt gemoppelt	*или* doppeltgemoppelt	масло масленое (*делать, сказать одно и то же дважды*)
die Dorfschenke	*или* die Dorfschänke	деревенский трактир, кабак, корчма
dortzulande	*или* dort zu Lande	в тех краях
der Drapé	*или* der Drapee	драп (*ткань*)
draufsein	drauf sein	быть в (*хорошем*) настроении
der Drehschuß	der Drehschuss	удар с поворотом (*футбол*)
der Dreß	der Dress	спортивный костюм; форма; вечерний костюм
der 3achser	der 3-Achser	трёхосный вагон; автомобиль
der Dreipaß	der Dreipass	трёхлистная пальметта (*стр.*)
auf das/aufs dringendste fordern	*или* auf das/aufs Dringendste fordern	очень/настоятельно требовать
drinsein	drin sein	быть возможным (*разг.*)
drin bleiben	drinbleiben (*разг.*)	остаться (*внутри, в коллективе и т.д.*)
jeder dritte	jeder Dritte	каждый третий
zum dritten	zum Dritten	в-третьих
die dritte Welt	die Dritte Welt	страны третьего мира (*развив. страны*)
der Drogenmißbrauch	der Drogenmissbrauch	наркомания; злоупотребление наркотиками
drüben bleiben	drübenbleiben	остаться по ту сторону, на той стороне
drückendheißes Wetter	drückendheißes Wetter	душная, жаркая погода
Du (in Briefen)	*или* du	ты (*в письмах*)
j-n mit du anreden	j-n mit Du anreden	обратиться (*к кому-л.*) на ты
mit j-m per du sein	*или* mit j-m per Du sein	быть (*с кем-л.*) на ты
mit j-m auf du und du stehen	mit j-m auf Du und Du stehen	быть (*с кем-л.*) на ты; хорошо знать (*что-л.*)
mit j-m per du sein	mit j-m per Du sein	быть (*с кем-л.*) на ты
zu einander du sagen	*или* zu einander Du sagen	обращаться друг к другу на ты
dumm kommen	*или* dummkommen	говорить глупости; шутить (*с кем-л.*); валять дурака; огрызаться, грубить
dunkel färben	*или* dunkelfärben	красить в тёмный цвет (*ресницы и т.п.*)
dunkel lackieren	*или* dunkellackieren	лакировать в тёмный цвет

по-старому	по-новому	
im dunkeln bleiben	im Dunkeln bleiben	оставаться в неизвестности
im dunkeln lassen	im Dunkeln lassen	оставить в неизвестности (неведении)
im dunkeln tappen	im Dunkeln tappen	идти на ощупь, блуждать в потёмках
Seine Spuren veloren sich im dunkeln.	Seine Spuren veloren sich im Dunkeln.	Его следы затерялись неизвестно где.
dünnbesiedelt	или dünn besiedelt	малонаселённый
dünnbevölkert	или dünn bevölkert	малонаселённый
dünn gesät	или dünngesät	(чего-л.) не густо, мало; (что-л.) встречается редко
der Dünnschiß	der Dünnschiss	понос (грубо)
der Durchfluß	der Durchfluss	протекание; проток
der Durchlaß	der Durchlass	проход; пропускная способность
durchbleuen	durchbläuen	отколотить, вздуть, отлупить (разг.)
durchnumerieren	durchnummerieren	пронумеровать
der Durchschuß	der Durchschuss	ранение навылет; пробоина
durchsein	durch sein	пройти (о поезде, автобусе и т. п.); выдержать (испытание); преодолеть
dußlig	dusslig	сонливый; под легким хмельком
die Dußligkeit	die Dussligkeit	сонливость; лёгкий хмель
Dutzende Reklamationen	или dutzende Reklamationen	десятки рекламаций
Dutzende von Reklamationen	или dutzende von Reklamationen	десятки рекламаций
Wir bekamen Dutzende von Briefen.	или Wir bekamen dutzende von Briefen.	Мы получили десятки писем.
Einige, mehrere, viele Dutzend(e) Mal(e)	или einige, mehrere, viele dutzend(e) Mal(e)	несколько, много сотен раз

E

по-старому	по-новому	
das Eau de parfum	das Eau de Parfum	парфюмированная вода
das Eau de toilette	das Eau de Toilette	туалетная вода
ebensogut	ebenso gut	так же хорошо; с таким же успехом
ebensolange	ebenso lange	так же долго, столько же (времени)
ebensooft	ebenso oft	так же часто
ebensosehr	ebenso sehr	настолько же, столь же, так же
ebensoviel	ebenso viel	столько же
ebensovielmal	ebenso viel Mal	столько же раз
ebensowenig	ebenso wenig	так же мало, так же не...
ehrfurchtgebietend	или Ehrfurcht gebietend	внушающий (глубокое) уважение
ehrpußlig	ehrpusslig (разг.)	обывательский; имеющий ложное представление о чести
das Alter ego	das Alter Ego	второе я
an Eides Statt	an Eides statt	равносильный присяге; вместо присяги
sein eigen nennen	sein Eigen nennen	владеть чем-л.
einbleuen	einbläuen	вдалбливать (в голову) (неодобр.)
Die einen sagen dies, die anderen das.	или Die Einen sagen dies, die Anderen das.	Кто в лес, кто по дрова (посл.)./ Кто во что горазд.
aufs eindringlichste warnen	или aufs Eindringlichste warnen	убедительнейшим образом/очень убедительно предостерегать
Das Kind näßt ein.	Das Kind nässt ein.	У ребёнка ночное недержание мочи.

по-старому	по-новому	
das einfachste ist, wenn	das Einfachste ist, wenn …	самое простое, если …
der Einfluß	der Einfluss	влияние, впадение; приток (реки)
einflußreich	einflussreich	влиятельный
einflußlos	einflusslos	не имеющий влияния
die Einflußnahme	die Einflussnahme	влияние, воздействие
aufs eingehendste untersuchen	или aufs Eingehendste untersuchen	обследовать самым обстоятельным образом
der Einguß	der Einguss	впускное отверстие, впуск; заливка
einigemal	einige Mal	несколько раз
der Einlaß	der Einlass	впуск, доступ; допуск; (тех.) впуск
die Einlaßkarte	die Einlasskarte	входной билет
einläßlich	einläßlich (шв. gründlich)	основательный
1- bis 2mal	1- bis 2-mal (цифрами)	один-два раза
der Einriß	der Einriss	разрыв, надрыв, надлом; трещина
der Einschluß	der Einschluss	приложение; включение
der Einschuß	der Einschuss	место попадания (пули); взнос
die Einschußstelle	die Einschussstelle/ Einschuss-Stelle	входное отверстие (пули, снаряда)
der Einsendeschluß	der Einsendeschluss	последняя дата для отправления
die Eiscreme	die Eiskreme	(сливочное) мороженое
das Eishockeyländerspiel	или Eishockey-Länderspiel	международная встреча по хоккею
das Einsparpotential	или das Einsparpotenzial	потенциал экономии
Einsteinsche Gleichung	или einsteinsche/ Einstein'sche Gleichung	уравнение Эйнштейна
der/die einzelne kann …	der/die Einzelne kann …	одиночка может …
jeder einzelne	jeder Einzelne	каждый в отдельности
jeder einzelne von uns	jeder Einzelne von uns	каждый из нас в отдельности
bis ins einzelne geregelt	bis ins Einzelne geregelt	регламентировать до мельчайших подробностей
einzelne werden sich fragen, ob …	einzelne werden sich fragen, ob …	отдельные зададут себе вопрос, …
einzelnes blieb ungeklärt	Einzelnes blieb ungeklärt …	одно осталось невыясненным …
bis ins einzelne	bis ins Einzelne	до мельчайших подробностей
ins einzelne gehend	ins Einzelne gehend	вдаваться в подробности (детали)
im einzelnen	im Einzelnen	в частности
einzelnstehendes Haus	или einzeln stehendes Haus	особняк
der einzige	der Einzige	один-единственный
die einzige	die Einzige	одна-единственная
das einzige wäre …	das Einzige wäre …	единственным было бы …
Kein einziger war gekommen.	Kein Einziger war gekommen.	Ни один не пришёл.
Er als einziger hatte einen großen Erfolg.	Er als Einziger hatte einen großen Erfolg.	Он, будучи одним-единственным, имел большой успех.
Sie als einzige hat den Auftrag für.	Sie als Einzige hat den Auftrag für.	Она, будучи одной-единственной, выполнила поручение.
Das einzigartige dabei ist, dass	das Einzigartige dabei ist, dass	особенное в этом случае то, что …
der Eisschnellauf	der Eisschnelllauf/ Eisschnell-Lauf	скоростной бег на коньках
der Eisschnelläufer	der Eisschnellläufer/ Eisschnell-Läufer	конькобежец

по-старому	по-новому	
der Eissproß	der Eisspross	ледовый отросток (*рогов оленя, охот.*)
der Eisenguß	der Eisenguss	чугунное литьё; чугунная отливка
die eisenverarbeitende Industrie	*или* die Eisen verarbeitende Industrie	металлообрабатывающая промышленность
ein ekelerregende Brühe	*или* ein Ekel erregende Brühe	отвратительная, тошнотворная (*разг.*) похлёбка
Elektroenzephalograph	*или* Elektroenzephalograf	электроэнцефалограф
die Elektrographie	*или* die Elektrografie	электроэнцефалограф
das Elsaß	das Elsass	Эльзас
das Elsaß-Lothringen	das Elsass-Lothringen	Эльзас-Лотарингия
energiebewußt	energiebewusst	бережно относящийся к энергетическим ресурсам
aufs engste miteinander verflochten sein	*или* aufs Engste miteinander verflochten sein	быть очень тесно связанным между собой
ein enganliegendes Kleid	*или* ein eng anliegendes Klei	обтягивающее, в обтяжку платье
engbefreundet sein	*или* eng befreundet sein	очень дружить, быть близкими друзьями
ein engbedrucktes Blatt	*или* ein eng bedrucktes Blatt	лист убористого шрифта
engumgrenzt	*или* eng umgrenzt	тесно окружённый
engverwandt sein	*или* eng verwandt sein	быть близким родственником
der Engpaß	der Engpass	узкий горный перевал; узкое место (*перен.*), дефицит, нехватка
in englisch abfassen	in Englisch abfassen	составить на английском языке
einen Durchgang eng machen	*или* einen Durchgang engmachen	сузить проход
der English-Waltz	der Englishwaltz/ der English Waltz	английский/медленный вальс
nicht im entferntesten	nicht im Entferntesten	нисколько, ничуть
die Entfesselung	*или* (реже) Entfesslung	развязывание (*новой войны*)
Ich beabsichtige nicht im entferntesten, das zu tun.	Ich beabsichtige nicht im Entferntesten, das zu tun.	Я и не намереваюсь (с)делать это.
der Entlaß	der Entlass (ю.-нем.)	увольнение; выпуск (*учащихся*)
die Entlaßfeier	die Entlassfeier (ю.-нем.)	выпускной вечер (*в школе*)
auf das entschiedenste zurückweisen	*или* auf das Entschiedenste zurückweisen	отвергать самым решительным образом
der Entschluß	der Entschluss	решение; намерение
entschlußfähig	entschlussfähig	готовый принимать решение
die Entschlüsselung	*или* die Entschlüsslung	расшифровка, дешифровка
entsetzenerregend	*или* Entsetzen erregend	ужасающий, приводящий в ужас
die Entwässerung	*или* Entwässrung	обезвоживание, дренаж, осушение
Ein Entweder-Oder gibt es hier nicht.	Ein Entweder-oder gibt es hier nicht.	Выбора/альтернативы/дилеммы здесь не имеется.
der Entwicklungsprozeß	der Entwicklungsprozess	процесс развития
der Epigraph	*или* der Epigraf	эпиграф
epochemachend	*или* Epoche machend	выдающийся, эпохальный
eine epochemachende Erfindung	*или* eine Epoche machende Erfindung	выдающееся открытие
ein epochemachender Sieg	*или* ein Epoche machender Sieg	историческая/выдающаяся победа

по-старому	по-новому	
erblaßt	erblasst	побледневший
das Erdgeschoß	das Erdgeschoss *(в Авст. ß)*	первый этаж *(на уровне земли)*
die Erdschluß	die Erdschluss	заземление
die Erdnuß	die Erdnuss	земляной орех, арахис
die Erdnußbutter	die Erdnussbutter	арахисовое масло
die erdölfördernden Länder	*или* die Erdöl fördernden Länder	нефтедобывающие страны
die erdölexportierenden Länder	*или* die Erdöl exportierenden Länder	страны экспортёры нефти/, экспортирующие нефть
erfaßbar	erfassbar	понятный; поддающийся учету
erfaßt	erfasst	охваченный, учтённый
erfolgversprechend	*или* Erfolg versprechend	многообещающий, обещающий успех
der Ergograph	*или* der Ergograf	эргограф
der Erguß	der Erguss	течение; излияние *(также мед.)*
das Ergußgestein	das Ergussgestein	вулканическая *(горная)* порода
erholungsuchend	*или* Erholung suchend	нуждающийся в отдыхе, желающий отдохнуть
der Erlaß	der Erlass	указ, постановление
ermeßbar	ermessbar	измеримый, определимый
ernstgemeint	*или* ernst gemeint	серьёзный
Es war nicht ernstgemeint.	*или* Es war nicht ernst gemeint.	Это была только шутка.
ein ernstzunehmender Rat	*или* ein ernst zu nehmender Rat	совет, который надо воспринимать серьёзно
erpreßbar	erpressbar	вымогаемый, шантажируемый
der erstbeste	der Erstbeste	любой; первый попавшийся
die erstbeste	die Erstbeste	любая; первая попавшаяся
das erstbeste	das Erstbeste	любое; первое попавшееся
nicht gleich den erstbesten/ ersten besten nehmen	nicht gleich den Erstbesten/ den ersten Besten nehmen	не брать/покупать сразу первое попавшееся *(например, пальто)*
der erste, der gekommen ist	der Erste, der gekommen ist	первый, который/кто пришёл
Jeder will der erste sein.	Jeder will der Erste sein.	Каждый хочет быть первым.
Als erstes im Kühlschrank nachsehen	als Erstes im Kühlschrank nachsehen	сначала посмотреть в холодильнике
Mein erstes war, ein Heft zu kaufen.	Mein Erstes war, ein Heft zu kaufen.	Сначала/первым делом я собирался купить тетрадь.
Als erster (erste) durchs Ziel gehen	als Erster (Erste) durchs Ziel gehen	первым (первой) финишировать, порвать ленточку
fürs erste	fürs Erste	для начала, на первых порах
Das reicht fürs erste.	Das reicht fürs Erste.	Для начала/пока этого достаточно.
zum ersten, zum zweiten	zum Ersten, zum Zweiten …	во-первых, во-вторых …
das erstemal	das erste Mal	(в) первый раз
zum erstenmal	zum ersten Mal	впервые, в первый раз
Mein erstes war, den Freund zu besuchen.	Mein Erstes war, den Freund zu besuchen.	Первым делом для меня было навестить друга.
Der erste Geiger	der Erste Geiger	первая скрипка *(скрипач)*
но: die erste Geige spielen	die erste Geige spielen	играть первую скрипку *(также перен.)*
die erste Bundesliga	die Erste Bundesliga	первая бундеслига

по-старому	по-новому	
die Erste Hilfe	*или* die erste Hilfe	первая помощь *(мед.)*
Man kann lesen oder fernsehen. Ich ziehe die erstere vor.	Man kann lesen oder fernsehen. Ich ziehe die Erstere vor.	Можно читать или смотреть телевизор. Я предпочитаю первое *(т. е. занятие – die Beschäftigung).*
Am ersten jeden Monats	am Ersten jeden Monats	первого числа каждого месяца
der Erstkläßler	der Erstklässler	первоклассник
der/die Erstplazierte	der/die Erstplatzierte *(спорт)*	занявший, …ая одно из первых мест
die Erwerbsbiographie	die Erwerbsbiographie	профессиональный рост *(биография)*
eßbar	essbar	съедобный
das Eßbesteck	das Essbesteck	столовый прибор
die Eßecke	die Essecke	уголок в комнате, где питаются
die Eßgier	die Essgier	прожорливость, обжорство
die Eßgegewohnheit	die Essgewohnheit	привычки в еде
essentiell	*или* essenziell	существенный; незаменимый *(о продуктах питания, белках)*
der Eßlöffel	der Esslöffel	столовая ложка
eßlöffelweise	esslöffelweise	ложками
der Eßtisch	der Esstisch	обеденный стол
du ißt	du isst	ты питаешься, ешь
das Eßzimmer	das Esszimmer	столовая *(комната)*
etlichemal	etliche Mal	неоднократно
der Ethnograph	*или* der Ethnograf	этнограф
Euch *(in Briefen)*	*или* euch	вам *(в письмах)*
Euer	*или* euer	ваш
die Euren	*или* die euren	ваши
die Eurigen	*или* die eurigen	ваши
der Existentialismus	*или* der Existenzialismus	экзистенциализм
existentialistisch	*или* existenzialistisch	экзистенциалистский
existentiell	*или* existenziell	жизненно важный; имеющий отношение к действительности
der Exportüberschuß	der Exportüberschuss	активное сальдо торгового баланса
das Exposé	*или* das Exposee	меморандум; доклад; письменное изложение *(просьбы и т. п.)*
expreß	express	срочный; ясный; срочно
die Expreßreinigung	die Expressreinigung	срочная химчистка
die Expreßreparatur	die Expressreparatur	срочный ремонт
der Expreßzug	der Expresszug	экспресс *(поезд)*
der Exzeß	der Exzess	эксцесс

F

по-старому	по-новому	
der Fabrikationsprozeß	der Fabrikationsprozess	производственный процесс
die Facette	die Fassette	фасет, грань *(кристалла и т.д.)*; фаска *(тех.)*; фацет *(полигр.)*
4fach	4-fach	четырёхкратный; в 4 раза, вчетверо
die Fairneß	die Fairness	безупречное поведение; благородство
das Fair play	das Fair Play/das Fairplay	честная/корректная игра
fahrenlassen *(перен.)*	*или* fahren lassen	оставлять, отказываться; упустить
fallenlassen *(перен.)*	*или* fallen lassen	отказаться *(от чего-л., от кого-л.)*; отказать в поддержке *(кому-л.)*

по-старому	по-новому	
ein fällig gewordener Wechsel	или ein fälliggewordener Wechsel	вексель, срок платежа по которому наступил
die Fallinie	die Falllinie/ Fall-Linie	линия падения
der Fallout	или der Fall-out	выпадение (вредных веществ из атм.); радиоактивные выпадения
falsch und richtig nicht unterscheiden können	Falsch und Richtig nicht unterscheiden können	не уметь отличать правильное и неправильное
Familienanschluß haben bei D	der Familienanschluß haben	жить на правах члена семьи (например, о домработнице)
der Fangschuß	der Fangschuss	выстрел, которым добивают зверя
das Faß	das Fass	бочка; бочонок
der Faßspund	der Fassspund/Fass-Spund	бочечная пробка; бочечный шпунт
der Faßreifen	der Fassreifen	обруч (бочки)
faßbar	fassbar	понятный, ясный, доходчивый
das Faßbier	das Fassbier	бочечное пиво
das Fäßchen	das Fässchen	бочонок
faßlich	fasslich	доходчивый, понятный, доступный
die Faßlichkeit	die Fasslichkeit	доходчивость, доступность
du faßt	du fasst	ты хватаешь
er faßte	er fasste	он хватал
er hat gefaßt	er er hat fasst	он схватил
Wer viel faßt, läßt viel fallen.	Wer viel fasst, lässt viel fallen.	Кто много хватает, тот много теряет.
Faradysche Gesetze	faradysche Gesetze/ Farady'sche Gesetze	законы Фарадея
das Fast food	das Fastfood/das Fast Food	закуски, блюда быстрого приготовления (гамбургеры и т.д.); закусочная быстрого обслуживания
der Faxanschluß	der Faxanschluss	подключение факса
das Feedback	или das Feed-back	обратная связь
das Feenschloß	или das Feenschloss	замок фей/волшебниц
der Fehlpaß	der Fehlpass	неточная передача, неточный пас
der Fehlschuß	der Fehlschuss	промах, непопадание (при стрельбе)
ein feingeäderter Marmor	или ein fein geäderter Marmor	красиво разрисованный под мрамор
feinmahlen	или fein mahlen	мелко молоть; измельчать
feingemahlen	или fein gemahlen	мелкого помола; измельчённый
feingemahlenes Mehl	или fein gemahlenes Mehl	мука мелкого помола
feinvermahlenes Korn	или fein vermahlenes Korn	тонкоизмельчённое зерно (хлеб)
feingesponnenes Garn	или fein gesponnenes Garn	тонкая пряжа
sich feinmachen	или sich fein machen	наряжаться; прихорашиваться
j-n feinmachen	или j-n fein machen	наряжать; прихорашивать
feinschleifen	или j-n fein schleifen	окончательно отшлифовывать
feingeschnitten	или fein geschnitten	мелко нарезанный
ein feingeschwungener Bogen	или ein fein geschwungener Bogen	изящно/красиво выполненный/ нарисованный полукруг (в букве)
feingestreifte Wäsche	или fein gestreifte Wäsche	бельё в тонкую полоску
feingezähnt	или fein gezähnt	мелконарезанный
feingezähnte Blätter	или fein gezähnte Blätter	листья с мелкими зубцами
feinvermahlen	или fein vermahlen	измельчать, мелко дробить
der Fertigungsprozeß	der Fertigungsprozess	процесс изготовления (производства)

по-старому	по-новому	
eine Arbeit	*или* eine Arbeit	справиться с работой;
fertigbekommen	fertig bekommen	закончить работу
eine Arbeit	*или* eine Arbeit	доводить до конца/закончить
fertigbringen	fertig bringen	работу
eine Suppe	*или* eine Suppe	сварить суп
fertigkochen	fertig kochen	
eine Arbeit	*или* eine Arbeit	сделать/закончить работу
fertigmachen	fertig machen	
sich für A fertigmachen	*или* sich fertig machen	(под)готовиться
eine Arbeit (einen neuen Roman) fertigstellen	*или* eine Arbeit (einen neuen Roman) fertig stellen	закончить/завершить работу (новый роман)
mit der Arbeit fertig werden	*или* mit der Arbeit fertigwerden	справиться с работой
ich fessele	*или* ich fessle *(чаще)*	я связываю
Ich fessele/feßle ihn an Händen und Füßen.	Ich fessele/fessle *(чаще)* ihn an Händen und Füßen.	Я связываю его по рукам и ногам.
die Fesselung/Feßlung	die Fesselung/die Fesslung	связывание, сковывание; связка *(шахм.)*
festangestellt	*или* fest angestellt	штатный *(о работниках)*
der Festangestellte	*или* der fest Angestellte	штатный служащий
die Festangestellte	*или* die fest Angestellte	штатная служащая
festbesoldet	*или* fest besoldet	состоящий в штате *(армии)*
festgefügt	*или* fest gefügt	прочный; сплочённый
festgeschnürt	*или* fest geschnürt	туго зашнурованный, завязанный
die festgeschnürte Schlinge	*или* die fest geschnürte Schlinge	туго затянутая петля
festverwurzelt	*или* fest verwurzelt	пустивший корни
die Fettcreme	*или* die Fettkreme	жирный крем для кожи
fettgedruckt	*или* fett gedruckt	напечатанный жирным шрифтом
fettfüttern	fett füttern	откармливать *(животных)*
der Fetttropfen	*или* der Fett-Tropfen	капля жира/масла
die Fettusche	*или* die Fett-Tusche	жирная тушь
ein feuerspeiender Vulkan	*или* ein Feuer speiender Vulkan	действующий вулкан
feuerspeiende Drachen	*или* Feuer speiende Drachen	огнедышащие драконы
das Fideikommiß	das Fideikommiss	фидеикомисс *(юр.)* *(дворянское имение, переходящее по наследству целиком одному члену семьи)*
der Finalabschluß	der Finalabschluss	окончательный расчёт *(эк.)*
der Fingerbreit	*или* der Finger breit	пядь
keinen Fingerbreit nachgeben	*или* keinen Finger breit nachgeben	ни пяди не отдать, не уступить
die fischverarbeitende Industrie	*или* die Fisch verarbeitende Industrie	рыбоперерабатывающая промышленность
die Fitneß	die Fitness	прекрасная спортивная форма, хорошее физическое состояние
das Fitneß-Center	das Fitness-Center	тренажёрный зал
einen Hut flach drücken	*или* einen Hut flachdrücken	расплющивать шляпу
ein Schitzel flach klopfen	*или* ein Schitzel flachklopfen	отбивать шницель
der Flachschuß	der Flachschuss	плоский бросок *(хоккей)*

по-старому	по-новому	
der Flanellappen	der Flanelllappen/ Flanell-Lappen	фланелевая тряпка
fleischfressende Pflanzen	*или* Fleisch fressende Pflanzen	плотоядные растения
fliegende Fische	Fliegende Fische	летучие рыбы; долгопёры
der Flohbiß	der Flohbiss	укус блохи
Das Bier floß in Strömen.	Das Bier floss in Strömen.	Пиво лилось рекой.
flötengehen	flöten gehen	пропасть, пойти прахом
flottgehendes Geschäft	*или* flott gehendes Geschäft	преуспевающий бизнес
der Fluß	der Fluss	река
der Flußarm	der Flussarm	рукав реки; протока
flußabwärts	flussabwärts	вниз по реке; ниже по течению
flußaufwärts	flussaufwärts	вверх по реке, выше по течению реки
das Flußbett	das Flussbett	речное русло, ложе реки
das Flüßchen	das Flüsschen	речушка
das Flußdiagramm	das Flussdiagramm	блок-схема; логическая схема
der Flußsand	der Flusssand/ Fluss-Sand	речной песок
die Flußschiffahrt	die Flussschifffahrt/ Fluss-Schifffahrt	плавание по внутренним водным путям; речное судоходство
der Flußspat	der Flussspat/ Fluss-Spat	плавиковый шпат, флюорит
die Haare fönen	die Haare föhnen	сушить волосы феном
der Fön	der Föhn	фен (*как и der Föhn фён – тёплый сухой ветер*)
das folgende	das Folgende	следующее
Es ist folgendes zu beachten.	Es ist Folgendes zu beachten.	Следует обратить внимание на следующее/учесть следующее.
das folgende	das Folgende	следующее
in folgendem	in Folgendem	в дальнейшем, далее, ниже
aus folgendem	aus Folgendem	из следующего
Mit folgendem/hiermit teilen wir Ihnen mit …	Mit Folgendem/hiermit teilen wir Ihnen mit …	Настоящим сообщаем Вам …
Jeder folgende/Weitere erhält einen Preis.	Jeder Aolgende/Weitere erhält einen Preis.	Каждый следующий получит приз.
in Frage stellen	*или* infrage stellen	ставить под сомнение
in Frage kommen	*или* infrage kommen	приниматься в соображение, в расчет
Frankfurt-Nord	*или* Frankfurt Nord	Франкфурт Норд
der Frappé (*фр.*)	*или* der Frappee	материал с тисненым узором (*текст.*)
das Frappé	*или* das Frappee (*австр.*)	лимонад со льда, прохладительный напиток
der Frauenüberschuß	der Frauenüberschuss	преобладание женского населения (*над мужским*)
die Fraunhofersche Linie	die fraunhofersche Linie/ Fraunhofer'sche Linie	линия (*поглощения в спектре Солнца*) Фраунгофера
das Free climbing	das Freeclimbing/ Free Climbing	восхождение на горы; альпинизм без вспомогательных средств
der Fremdenpaß	der Fremdenpass	паспорт иностранца
freibekommen	*или* frei bekommen	получить освобождение
Ich habe ein paar Tage freibekommen.	*или* Ich habe ein paar Tage frei bekommen.	Меня освободили/отпустили на несколько часов.
freihaben	*или* frei haben	быть свободным (*от работы, занятий*)

по-старому	по-новому	
ein paar Tage <u>freihaben</u>	*или* ein paar Tage frei haben	иметь несколько свободных дней
Ausfahrt freihalten	Ausfahrt frei halten	Не загораживайте проезд!
sich *D* den Rücken <u>freihalten</u>	sich *D* den Rücken frei halten	обеспечить возможность отступления (*также перен.*)
j-m eine Stunde (den Nachmittag) <u>freigeben</u>	*или* j-m eine Stunde (den Nachmittag) frei geben	освободить (*кого-л.*) на час (на время во второй половине дня)
sich einen Tag <u>freigeben</u> lassen	*или* sich einen Tag frei geben lassen	освободиться, отпроситься на день
freilassen	*или* frei lassen	выпускать (*на свободу*); освобождать
freilegen	*или* frei legen	откапывать; очищать (*напр., улицу*); вызволять; обнажать (*пласт, жилу*)
ein <u>frei stehendes</u> Haus	*или* ein freistehendes Haus	незанятый дом
<u>frei laufende</u> Hühner	*или* freilaufende Hühner	куры, содержащиеся в вольерах
<u>freilebende</u> Tiere	*или* frei lebende Tiere	живущие на воле, находящиеся в условиях естественного обитания животные
den Oberkörper <u>frei machen</u>	*или* den Oberkörper freimachen	раздеться до пояса
sich von Vorurteilen <u>frei machen</u>	*или* sich von Vorurteilen freimachen	освободиться, избавиться от предрассудков
den Weg <u>frei machen</u>	*или* den Weg freimachen	освободить, дать дорогу
<u>freikratzen</u>	*или* frei kratzen	очистить, соскоблить (*что-л.*)
die Freßgier	die Fressgier	обжорство
das Freßpaket	das Fresspaket (*фам.*)	посылка/свёрток с продуктами
der Freßsack (*фам.*)	der <u>Fresssack</u>/Fress-Sack	обжора
eine Freudsche Fehlleistung	eine <u>freudsche</u>/Freud'sche Fehlleistung	промах; плохой результат Фрейда
der Friedensschluß	der Friedensschluss	заключение мира/мирного договора
sich <u>frisch machen</u>	*или* sich frischmachen	освежиться, принять душ
eine <u>frisch gestrichene</u> Tür	*или* eine frisch gestrichene Tür	свежеокрашенная дверь
du frißt	du frisst	ты жрёшь/лопаешь (*груб.*)
er frißt	er frisst	он жрёт/лопает (*груб.*)
Friß!	Friß!	Жри (*груб.*)!
die Friteuse	die Fritteuse	холодильник (*швейц.*)
die Fritüre	die Frittüre	фритюр; фри (*блюдо приготовленное во фритюре*)
fritieren	frittieren	обжаривать во фритюре
frohgelaunt	*или* <u>froh gelaunt</u>	весёлый, радостный; весёлого нрава
eine <u>fruchtbringende</u> Tätigkeit	*или* eine Frucht bringende Tätigkeit	плодотворная деятельность
<u>fruchttragende</u> Bäume	*или* Frucht tragende Bäume	плодоносные деревья
der/das <u>Fruchtjoghurt</u>	*или* der/das Fruchtjogurt	йогурт с фруктовым наполнителем
morgen <u>früh</u>	*или* morgen Früh	рано утром
von frühauf	von früh auf	с раннего детства; с раннего утра
frühgeboren	*или* <u>früh geboren</u>	недоношенный (*мед., ребёнок*)
frühgestorben/ frühverstorben	*или* <u>früh gestorben</u>/ *или* <u>früh verstorben</u>	безвременно умерший

по-старому	по-новому	
frühvollendet	*или* früh vollendet	безвременно скончавшийся
der Full-time-Job	der Fulltimejob/ Fulltime-Job	полная занятость (*весь рабочий день*)
der Fünfpaß	der Fünfpass	пятилистный орнамент
fünfundsiebzigmal	*или* fünfundsiebzig Mal	семьдесят пять раз
Er kommt in die Fünfzig.	Er kommt in die fünfzig.	Скоро ему исполнится 50.
funkensprühend	*или* Funken sprühend	искристый
die Funkmeßtechnik	die Funkmesstechnik	радиоизмерительная техника
furchteinflößend	*или* Furcht einflößend	внушающий/вселяющий страх
furchterregend	*или* Furcht erregend	вызывающий страх
das Fußballländerspiel	das Fußballländerspiel/ Fußball-Länderspiel	международная встреча по футболу
der Fußbreit	*или* der Fuß breit	шаг, пядь, фут
fußlig	fusslig	растрепавшийся; размочаленный; кропотливый (*о работе*)
keinen Fußbreit weichen	*или* keinen Fuß breit weichen	не отходить/не отступать ни на шаг, не уступить ни пяди (*земли*)

G

по-старому	по-новому	
die Gabelsbergersche Stenografie	die gabelsbergersche/ Gabelsberger'sche Stenografie	стенография по началам Габельсбергера
der Gamsbart	*или* der Gämsbart	кисть из волос серны (*на тирольских шляпах*)
der Gamsbock	*или* der Gämsbock	горный козёл, серна (*самец*)
der Gangsterboß	der Gangsterboss	главарь банды гангстеров
im ganzen	im Ganzen	в общем, в целом; в итоге
im ganzen gesehen	im Ganzen gesehen	рассматривая в целом/в общем
im großen und ganzen	im Großen und Ganzen	в общем и целом
im großen ganzen	im großen Ganzen	в общем и целом
etwas wieder ganz machen	*или* etwas wieder ganzmachen	починить (исправить, склеить, зашить)
gar kochen	*или* garkochen	доварить (*до готовности*)
der Gärungsprozeß	der Gärungsprozess	процесс брожения
das Gäßchen/ das Gäßlein	das Gässchen/das Gässlein (*die Gasse переулок, улочка; улица (ю.-нем.)*)	переулочек; (*австр.*) улочка
der Gebiß	der Gebiss	челюсть, зубы; удила, мундштук
der Geburtenüberschuß	der Geburtenüberschuss	превышение рождаемости над смертностью
gefahrbringend	*или* Gefahr bringend	грозящий опасностью, угрожающий
gefangenhalten	gefangen halten	держать под стражей /арестом/ в плену
Er wurde gefangengehalten.	Er wurde gefangen gehalten.	Он содержался под стражей.
die gefangengehaltenen Geiseln	*или* die gefangen haltenen Geiseln	содержащиеся под стражей заложники
gefangennehmen	gefangen nehmen	брать в плен; арестовать, задержать
der gefangen- genommene Spion	*или* der gefangen genommene Spion	арестованный, задержанный шпион

по-старому	по-новому	
gefangensetzen	gefangen setzen	заключать под стражу, сажать в тюрьму, заключать в тюрьму
die gefangengesetzten Rebellen	*или* die <u>gefangen gesetzten</u> Rebellen	заключённые под стражу мятежники
gefaßt	gefasst	обрамленный; спокойный
Er hat sie am Arm gefaßt.	Er hat sie am Arm gefasst.	Он схватил её за руку.
gefirnißt	gefirnisst	лакированный, покрытый лаком *(тех.)*
Es ist das gegebene, schnell zu handeln.	Es ist das Gegebene, schnell zu handeln.	Это самое правильное – быстро действовать.
Er war von allen gehaßt.	Er war von allen gehaßt.	Его ненавидели все.
etwas geheimhalten	geheim halten	хранить в тайне, скрывать *(что-л.)*
im geheimen	im Geheimen	тайком, украдкой, втихомолку; негласно
gehenlassen	*или* <u>gehen lassen</u>	оставлять *(кого-л.)* в покое
sich gehenlassen	*или* sich <u>gehen lassen</u>	распускаться, давать себе волю
das Gelaß	das Gelass	помещение, комната; покой *(уст.)*
das gelbe Trikot	*или* das <u>Gelbe</u> Trikot	жёлтая майка *(лидера велогонки Мира)*
die gelbe Karte	*или* die <u>Gelbe</u> Karte	жёлтая карточка *(футбол)*
die gelbe Rübe	*или* die <u>Gelbe</u> Rübe	морковь *(ю.-нем.)*
<u>gelb färben</u>	*или* gelbfärben	красить в жёлтый цвет
die Gemse	die Gämse	серна
sich mit j-m gemein machen	sich mit j-m gemeinmachen	общаться, знаться, водиться *(с кем-л.)*, быть *(с кем-л.)* запанибрата
gemeinfaßlich/ gemeingefährlich	gemeinfasslich/ gemeingefährlich	опасный для общества, социально опасен
Wir haben gemußt.	Wir haben gemusst.	Мы должны были.
Scheu wie eine Gemse	scheu wie eine Gämse	пугливый как лань
Die Wunde hat genäßt.	Die Wunde hat genässt.	Рана сочилась.
aufs genau(e)ste	*или* aufs <u>Genau(e)ste</u>	точь-в-точь, точнейшим образом, со всеми подробностями
etwas des genaueren erläutern (устаревает)	etwas des Genaueren erläutern	подробно разъяснять
genaugenommen	genau genommen	собственно/точнее говоря
genausogut	genauso gut	с таким же успехом; так же хорошо
genausolange	genauso lange	так же долго
genausowenig	genauso wenig	так же мало
<u>genau unterrichtete</u> Kreise	*или* genauunterrichtete Kreise	подробно информированные круги
der Generalbaß	der Generalbass	генерал-бас *(муз.)*
der Genesungsprozeß	der Genesungsprozess	процесс выздоровления
der Genickschuß	der Genickschuss	выстрел в затылок
Er genoß die frische Luft.	Er genoss die frische Luft.	Он наслаждался свежим воздухом.
Ich (er, sie) genoß den Sonnenschein.	Ich (er, sie) genoss den Sonnenschein.	Я (он) наслаждался, она наслаждалась солнечным светом/солнцем.
genußreich	genussreich	дающий наслаждение, доставляющий удовольствие
das Genus verbi	das Genus Verbi	залог *(грам.)*
der Genuß	der Genuss	наслаждение, отрада; удовлетворение
genüßlich	genüsslich	смакующий; наслаждающийся

по-старому	по-новому	
das Genußmittel	das Genussmittel	деликатесы
die Genußsucht	Genusssucht/Genuss-Sucht	жажда наслаждений; сладострастие
genußsüchtig	genusssüchtig	жадный до наслаждений, падкий на развлечения; сладострастный
der Geograph	*или* der Geograf	географ
die Geographie	*или* die Geografie	география
geographisch	*или* geografisch	географический
geradebiegen	*или* gerade biegen	расправить, распрямить
geradehalten	gerade halten	держать прямо/отвесно
sich geradehalten	sich gerade halten	держаться прямо
gerademachen	*или* gerade machen	приводить в прямое положение
geradelegen	gerade legen	класть прямо; поправлять
geraderichten	*или* gerade richten	выпрямлять
geradesitzen	*или* gerade sitzen	сидеть прямо
geradestellen	*или* gerade stellen	поставить прямо
eine geradegewachsene Tanne	*или* eine gerade gewachsene Tanne	прямая ель (пихта)
der Gerichtsbeschluß	der Gerichtsbeschluss	постановление суда
ein geringes tun	ein Geringes tun	делать малость, немногое
um ein geringes weniger	um ein Geringes weniger	немного меньше
geringachten	*или* gering achten	считать неважным, не придавать значения, пренебрегать
geringschätzen	*или* gering schätzen	пренебрегать *(кем-л., чем-л.)*; презирать, не уважать *(кого-л., что-л.)*
Ihm entgeht nicht das geringste.	Ihm entgeht nicht das Geringste.	От него ничего не ускользает./ Он ничего не упустит.
ein gerngesehener Gast	*или* ein gern gesehener Gast	желанный гость
Es geht ihn nicht das geringste an.	Es geht ihn nicht das Geringste an.	Это его ровно никак не касается.
nicht im geringsten stören	nicht im Geringsten stören	не мешать ничуть/нисколько
gern haben (mögen)	gernhaben	любить *(кого-л., что-л.)*, быть расположенным *(к кому-л., к чему-л.)*
der Geruchsverschluß	der Geruchsverschluss	сифон *(санитарных устройств)*
im gesamten	im Gesamten (устаревает)	в совокупности, в целом, всё (вместе); всего, итого
der Geschäftsabschluß	der Geschäftsabschluss	заключение *(торговой)* сделки
der Geschäftsschluß	der Geschäftsschluss	закрытие магазинов, конец торговли
Er wurde geschaßt.	Er wurde geschasst.	Его исключили *(из уч. заведения)*, прогнали; сняли *(с работы)*.
geschichtsbewußt	geschichtsbewusst	сознающий исторический характер развития общества
das Geschichtsbewußtsein	das Geschichtsbewusstsein	сознание/понимание исторической обусловленности/историч. характера развития человеческого общества
der Geschirreiniger	der Geschirrreiniger/ Geschirr-Reiniger	средство для мытья посуды
das Geschoß	das Geschoss *(в Австрии с ß)*	этаж, ярус; снаряд
3geschoßig	3-geschossig	трёхэтажный

по-старому	по-новому	
etwas in Geschiß machen	etwas in Geschiss machen	раздражённо встать, чтобы что-л. сделать
gestern abend/ morgen/ nacht/früh	gestern Abend/ Morgen/ Nacht/ Früh	вчера вечером/утром/ ночью/рано
Alle waren gestreßt.	Alle waren gestresst.	Все были в стрессовом состоянии.
gestreßte Eltern	gestresste Eltern	получившие стресс родители
gesund machen	*или* gesundmachen	вылечить, исцелить (*кого-л.*)
gesund pflegen	*или* gesundpflegen	выходить (*кого-л.*)
gesund schreiben	gesundschreiben	выписать на работу (*после болезни*)
gesundheitsbewußt	gesundheitsbewusst	заботящийся о своём здоровье; ведущий здоровый образ жизни
ein getrenntlebendes Paar	*или* ein getrennt lebendes Paar	раздельно проживающая пара
ein getrennt geschriebenes Wort	*или* ein getrenntgeschriebenes Wort	раздельно пишущееся слово
die Gesichtscreme	die Gesichtskreme	крем для лица
der Gewaltschuß	der Gewaltschuss	силовой приём (*спорт*)
die Gewinnummer	die Gewinnnummer/ Gewinn-Nummer	выигрышный номер
eine gewinnbringende Investition	*или* eine Gewinn bringende Investition	прибыльная/рентабельная/ выгодная инвестиция
gewiß	gewiss	верный; непременный; некий; верно; наверно(е), конечно
der Gewissensbiß	der Gewissensbiss	угрызения совести
die Gewißheit	die Gewissheit	уверенность; достоверность
gewißlich	gewisslich	верно, точно; наверное, несомненно
Ich habe es gewußt.	Ich habe es gewusst.	Я знал это.
das Gewußt-wie	das Gewusst-wie	
der Ginkgo	*или* der Ginko	гинкго (*бот.*)
das Glacé	*или* das Glacee	лайка (*кожа*); гласе (*ткань*)
der Glacéhandschuh	*или* der Glaceehandschuh	лайковая перчатка
das Glamourgirl	*или* das Glamour-Girl	гламурные девушки
glänzendschwarze Haare	glänzend schwarze Haare	чёрные блестящие волосы
glattbügeln	*или* glatt bügeln	разглаживать утюгом
glatthobeln	*или* glatt hobeln	выстругать
glattkämmen	*или* glatt kämmen	гладко причесать
glattmachen	*или* glatt machen	разглаживать, расправлять
glattrasieren	*или* glatt rasieren	гладко выбрить
den Teig glattrühren	*или* den Teig glatt rühren	ровно перемешивать тесто
glattstreichen	*или* glatt streichen	разгладить, пригладить; расправить
glattziehen	*или* glatt ziehen	расправлять, разглаживать
Gleich und gleich gesellt sich gern.	Gleich und Gleich gesellt sich gern.	Два сапога – пара./ Свой своему поневоле брат.
das gleiche tun	das Gleiche tun	делать то же самое
Es kommt aufs gleiche hinaus.	Es kommt aufs Gleiche hinaus.	Это (*в конце концов*) одно и то же./ Это сводится к одному и тому же.
Gleichbeschaffene Verhältnisse	*или* gleich beschaffene Verhältnisse	одинаковые условия
gleichbleibend	*или* gleich bleibend	остающийся неизменным/прежним
gleichdenkend/ gleichgesinnt	*или* gleich denkend/ gleich gesinnt	одинакового образа мыслей, одинаковых убеждений

по-старому	по-новому	
der/die Gleichgesinnte	*или* der/die gleich Gesinnte	единомышленник, …ца
gleichgestimmt	*или* gleich gestimmt	одинаково настроенный, настроенный в унисон; единодушный *(высок.)*
Es ist ein nicht nur ähnlich, sondern gleichgelagerter Fall.	*или* Es ist ein nicht nur ähnlich, sondern gleich gelagerter Fall.	Это не только похожий, но и аналогичный случай.
gleichlautend	*или* gleich lautend	созвучный, одинаковый по звучанию
gleichgeartete Verhältnisse	*или* gleich geartete Verhältnisse	одинаково построенные отношения
der Gleisanschluß	der Gleisanschluss	примыкание пути, ветка
der Glimmstengel	der Glimmstängel	сигара *(шутл.)*, сигарета, папироса
ein glückbringendes Amulet	*или* ein Glück bringendes Amulet	приносящий счастье амулет
ein glückverheißendes Vorzeichen	*или* ein Glück verheißendes Vorzeichen	сулящий счастье знак
der Gnadenerlaß	der Gnadenerlass	амнистия
die Goetheschen/ Goetischen Dramen	die goetheschen Dramen/ die Goethe'schen Dramen	драмы Гёте
der goldene Schnitt	*или* der Goldene Schnitt	золотое сечение *(мат.)*
das Goldene Zeitalter	*или* das goldene Zeitalter	золотой век
Er goß die Blumen.	Er goß die Blumen.	Он поливал цветы.
Es goß.	Es goss.	Шёл сильный дождь.
das Gramaphon	*или* das Gramafon	грамофон
das Grammol/ das Grammolekül	das Grammmol/Gramm-Mol/ das Grammmolekül/ Gramm-Molekül	грамм-молекула, моль *(хим.)*
der Graph	*или* der Graf	граф *(мат.= графическое изображение)*
das Graph	*или* das Graf	граф *(языкозн.= знак)*
das Graphem	*или* das Grafem	графема *(лингв.)*
die Graphie	*или* die Grafie	графия
der Graphologe	*или* der Grafologe	графолог
der Graphit	*или* der Grafit	графит
die Graphologie	*или* die Grafologie	графология
gräßlich	grässlich	ужасный, страшный, отвратительный
die Gräßlichkeit	die Grässlichkeit	ужас; зверство; чудовищность
eine graue Eminenz	*или* eine Graue Eminenz	серый кардинал
graugestreift	*или* grau gestreift	в серую полоску
grauenerregend	*или* Grauen erregend	ужасный, страшный; вызывающий страх
grellbeleuchtet	*или* grell beleuchtet	ярко освещённый
graumelierte Haare	*или* grau melierte Haare	волосы с проседью
die Greencard	*или* die Green Card	грин-карта *(для въезжающих в США по трудовому контракту)*
der Gregorianische Kalender	der gregorianische Kalender	григорианский календарь *(новый стиль)*
der Grenzfluß	der Grenzfluss	пограничная река
der Greuel	der Gräuel	ужас; отвращение, мерзость
greulich	gräulich	отвратительный, мерзкий, ужасный
griffest	grifffest	крепкий, цепкий; прочный
die Grimmschen Märchen	die grimmschen/ Grimm'schen Märchen	сказки братьев Гримм

по-старому	по-новому	
j-m aufs gröbste beleidigen	*или* j-m aufs <u>Gröbste</u> beleidigen	оскорбить очень грубо/грубейшим образом
grobgemahlen	*или* <u>grob gemahlen</u>	грубо измельчённый; грубого помола
grobgestrickt	*или* <u>grob gestrickt</u>	грубой вязки
ein Programm für groß und klein	ein Programm für Groß und Klein	программа для всех без исключения
die große Anfrage	*или* die <u>Große</u> Anfrage	большой запрос (*запрос бундестага правительству*)
die große Koalition	*или* die <u>Große</u> Koalition	большая коалиция
die große Kreisstadt	*или* die <u>Große</u> Kreisstadt	крупный районный центр
das große Lauschangriff	*или* der <u>Große</u> Lauschangriff	тотальное противозаконное подслушивание
das Große Los	das große Los	главный выигрыш
der große Teich	der Große Teich	Атлантический океан
im großen und ganzen	im Großen und Ganzen	в общем (и целом), в основном
im großen einkaufen	im Großen einkaufen	закупать оптом
im großen und im kleinen einkaufen	im Großen und im Kleinen einkaufen	закупать оптом и в розницу
groß und klein	Groß und Klein	и стар и млад; все, от мала до велика; без исключения
Das Größte wäre, wenn er käme.	Das Größte wäre, wenn er käme.	Было бы очень хорошо, если бы он пришёл.
Der Großschiffahrtsweg	der <u>Großschifffahrtsweg</u>/ der Groß-Schifffahrtsweg	магистральный водный путь
groß schreiben	großschreiben	писать с прописной буквы
großangelegt	*или* <u>groß angelegt</u>	широко задуманный
ein großangelegter Plan	*или* ein <u>groß angelegter</u> Plan	грандиозный план
eine großangelegte Wirtschaft	*или* eine <u>groß angelegte</u> Wirtschaft	крупное хозяйство
ein großgewachsener Junge	*или* ein <u>groß gewachsener</u> Junge	парень высокого роста
ein großgemusterter Stoff	*или* ein <u>groß gemusterter</u> Stoff	ткань с крупным рисунком
ein großkarierter Mantel	*или* ein <u>groß karierter</u> Mantel	пальто в крупную клетку
über die <u>grüne</u> Grenze gehen	*или* über die Grüne Grenze gehen (*разг.*)	(нелегально) перейти границу
die <u>grüne</u> Lunge	*или* die Grüne Lunge	зелёные насаждения в городе
das grüne Trikot	*или* die <u>Grüne</u> Trikot	зелёная майка (*велоспорт*)
<u>grün</u> färben	*или* grünfärben	красить в зелёный цвет
grünlichgelb	grünlich gelb	зеленовато-желтый, иззелена-жёлтый
der Guß	der Guss	литьё; отливка; ливень (*разг.*)
das Gußeisen	das Gusseisen	чугун
der Gußstahl	der <u>Gussstahl</u>/Guss-Stahl	литая сталь
gußeisern	gusseisern	чугунный
guten Morgen sagen	*или* <u>Guten</u> Morgen sagen	поздороваться; пожелать доброго утра
guten Tag sagen	*или* <u>Guten</u> Tag sagen	поздороваться; пожелать доброго дня
j-m etwas im guten sagen	j-m etwas im Guten sagen	сказать (*кому-л.*) по-хорошему, без злого умысла
es im guten versuchen	es im Guten versuchen	пытаться сделать это по-хорошему

по-старому	по-новому	
im guten wie in bösen	im Guten wie in Bösen	всегда, в любое время
gutaussehend	*или* gut aussehend	хорошо выглядящий
gutbezahlt	*или* gut bezahlt	хорошо оплачиваемый
gutdotiert	*или* gut dotiert	хорошо дотированный
gutgehen	*или* gut gehen	находить сбыт (*о товаре*)
gutgehen	*или* gut gehen	идти хорошо (*о делах*)
ein gutgehendes Geschäft	*или* ein gut gehendes Geschäft	процветающее предприятие
ein gutgehender Laden	*или* ein gut gehender Laden	магазин, ведущий бойкую торговлю
ein gutgebauter Sportler	*или* ein gut gebauter Sportler	хорошо сложенный спортсмен
gutgekleidet	*или* gut gekleidet	хорошо одетый
gutgelaunt	*или* gut gelaunt	веселый, в хорошем настроении
ein gutgemeinter Vorschlag	*или* ein gut gemeinter Vorschlag	доброжелательное предложение
eine gutgeordnete Bibliothek	*или* eine gut geordnete Bibliothek	хорошо систематизированная библиотека
gutgeschrieben	*или* gut geschrieben	хорошо написанный
gutsituiert	*или* gut situiert	состоятельный
gutsitzend	*или* gut sitzend	хорошо сшитый/сидящий
Die Chancen werden gut stehen.	*или* Die Chancen werden gutstehen.	Шансы будут хорошие.
gutverdienend	*или* gut verdienend	хорошо зарабатывающий
der/die Gutverdienende	*или* der/die gut Verdienende	хорошо зарабатывающий,...ая
die Gutverdienenden	*или* die gut Verdienenden	хорошо зарабатывающие
gutunterrichtet	*или* gut unterrichtet	хорошо осведомлённый

H

по-старому	по-новому	
nicht (um) ein Haarbreit	*или* nicht (um) ein Haar breit	ни на йоту
der Haarriß	der Haarriß	волосная трещина, волосовина (*тех.*)
haftenbleiben	*или* haften bleiben	оставаться в памяти, запоминаться
haftenbleibend	*или* haften bleibend	прилипающий; запоминающийся
halbautomatisch	*или* halb automatisch	полуавтоматический
halbbekleidet	*или* halb bekleidet	полуодетый
halbblind	*или* halb blind	полуслепой
halberfroren	*или* halb erfroren	полузамёрзший
halberwachsen	*или* halb erwachsen	полувзрослый
halbfertig	*или* halb fertig	полуготовый
halbgar	*или* halb gar	недоваренный; полуготовый
halbnackt	*или* halb nackt	полуобнаженный, полуголый
halbleer	*или* halb leer	полупустой
halblinks	*или* halb links	впереди слева (*наискось*)
halbrechts	*или* halb rechts	впереди справа (*наискось*)
halbreif	*или* halb reif	недоспелый, полузрелый
halbvoll	*или* halb voll	наполненный до половины
halbverwelkt	*или* halb verwelkt	полузавявший
halbtot	*или* halb tot	еле живой, полумёртвый

по-старому	по-новому	
halboffen	*или* halb offen	полуоткрытый
halbwach	*или* halb wach	дремотный
halbverhungert	*или* halb verhungert	умирающий с голоду
halbverdaut	*или* halb verdaut	не совсем/полностью перевариемый
haltmachen	*или* Halt machen	останавливаться/делать привал
Er hat haltgemacht.	*или* Er hat Halt gemacht.	Он сделал привал.
Hallo rufen	*или* Hallo rufen	крикнуть: алло, эй; ау, привет
Halt rufen	*или* halt rufen	крикнуть стой, ни с места; постой(те); стоп; суши весла *(мор.)*
haltmachen	*или* Halt machen	остановиться; устроить привал
die Hämorrhoide	*или* die Hämorride	геморрой
händchenhaltend	*или* Händchen haltend	держась за руки
ein händchenhaltendes Paar	*или* ein Händchen haltendes Paar	пара, держащаяся за ручки
handeltreibend	*или* Handel treibend	торгующий, занимающийся торговлей
etwas unterderhand	etwas unter der Hand	тайком, украдкой *(делать что-л.)*
der Handkuß	der Handkuss	целование руки; воздушный поцелуй
die Handbreit	*или* die Hand breit	ширина ладони *(мера)*
zwei Handbreit	*или* zwei Hand breit	шириной в две ладони
nicht um eine Handbreit vorwärtskommmen	*или* nicht um eine Hand breit vorwärtskommmen	не продвинуться ни на шаг
die Handcreme	*или* die Handkreme	крем для рук
das Handout	*или* das Hand-out	
die Handvoll	*или* die Hand voll	горсть, горсточка
eine Handvoll Beeren	*или* eine Hand voll Beeren	горсть ягод
an einem Nagel hängenbleiben	*или* an einem Nagel hängen bleiben	повиснуть на гвозде, зацепиться за гвоздь
Von dem Gelernten ist wenig hängengeblieben.	*или* Von dem Gelernten ist wenig hängen geblieben.	Из выученного мало что запомнилось.
j-n hängenlassen	*или* j-n hängen lassen	бросить *(кого-л. на произвол судьбы)*; изменить *(кому-л.)*, подвести *(кого-л.)*;
Du brauchst dich nicht hängenzulassen.	*или* Du brauchst dich nicht hängen zu lassen.	Тебе не надо сдаваться/ вешать нос/ бросать дело, отступать от дела.
das Happy-End	das Happyend/Happy End	счастливый конец, хеппи-энд
der Haraß	der Harass	упаковочный ящик, упаковочная корзина *(для стеклянных изделий)*
das Hard cover	das Hardcover	твёрдый переплёт; твёрдая обложка
der Hard-cover-Einband	der Hardcovereinband/ Hardcover-Einband	твёрдый книжный переплёт
die Hard disk	die Harddisk/Harddisc/ Hard Disk/Hard Disc	жёсткий диск
der Hard Rock	*или* der Hardrock	тяжёлый рок
hartkochen	*или* hart kochen	сварить вкрутую
hartgekocht	*или* hart gekocht	сваренный вкрутую
ein hartgekochtes Ei	*или* ein hart gekochtes Ei	сваренное вкрутую яйцо
hart machen	*или* hartmachen	делать крепким
hartgebrannt	*или* hart gebrannt	сильно обожжённый
ein hartgebrannter Stein	*или* ein hart gebrannter Stein	клинкер
hartgefrorener Boden	*или* hart gefrorener Boden	мёрзлая земля
die Haselnuß	die Haselnuss	лесной орех, орех лещины

по-старому	по-новому	
der Haselnußstrauch	der Haselnussstrauch/ Haselnuss-Strauch	орешник, заросль лещины
der Haß	der Hass	ненависть
haßerfüllt	hasserfüllt	полный ненависти; с большой ненавистью
häßlich	hässlich	некрасивый, уродливый
die Häßlichkeit	die Hässlichkeit	безобразие, уродство, мерзость
die Haßliebe	die Hassliebe	любовь-ненависть, чувство, колеблющееся между ненавистью и любовью
du haßt	du hasst	ты ненавидишь
er haßt	er hasst	он ненавидит
sie haßte	sie hasste	она ненавидела
er hat das gehaßt	er hat das gehasst	он возненавидел это
ein haßverzerrtes Gesicht	ein hassverzerrtes Gesicht	перекошенное от ненависти лицо
der Hauptschulabschluß	der Hauptschulabschluss	окончание базовой школы (8 классов)
nach Haus(e)	или nachhause	домой
zu Hause	или zuhause	находиться, быть дома
von zu Hause Briefe bekommen	или von zuhause Briefe bekommen	получать письма из дома
haushalten	или Haus halten	хозяйничать, вести хозяйство
Er hat gehaushaltet.	или Er hat Haus gehalten.	Он вёл хозяйство.
der Haushaltsausschuß	der Haushaltsausschuss	бюджетная комиссия (в парламенте)
die Hautcreme	или die Hautkreme	крем для кожи
die Hawaii-Inseln	или die Hawaiiinseln	Гавайские острова
das Heavy metal	das Heavy Metal	тяжелый металл; металлический рок (музыкальный стиль)
die Hegelsche Philosophie	die hegelsche Philosophie/ die Hegel'sche Philosophie	философия Гегеля
die Heinischen Reisebilder	die heineschen/Heine'schen Reisebilder	„Путевые картины" Гейне
der Heilungsprozeß	der Heilungsprozess	процесс лечения; выздоровления
der Heilige Krieg	или der heilige Krieg	священная война
die heilbringende Botschaft	или die Heil bringende Botschaft	спасительное известие
heißbegehrt	или heiß begehrt	вожделенный, желанный
eine heißbegehrte Frau	или eine heiß begehrte Frau	желанная женщина
heißersehnt	или heiß ersehnt	заветный, желанный
ihr heißersehnter Besuch	или ihr heiß ersehnter Besuch	её желанный визит
heißgeliebt	или heiß geliebt	горячо любимый
sich heißlaufen	sich heiß laufen	перегреваться (тех.)
ein heißgelaufener Motor	или ein heiß gelaufener Motor	перегревшийся двигатель
Der Motor hatte sich heißgelaufen.	Der Motor hatte sich heiß gelaufen.	Двигатель перегрелся.
heiß machen	или heißmachen	подогреть
das Wasser heiß machen	или das Wasser heißmachen	подогреть воду
j-m die Hölle heiß machen	j-m die Hölle heißmachen	задавать жару/перцу (кому-л.), брать в оборот (кого-л.)

по-старому	по-новому	
heißumkämpft	*или* heiß umkämpft	являющийся предметом ожесточённой борьбы
ein heißumkämpfter Sieg	*или* ein heiß umkämpfter Sieg	победа, за которую шли/идут ожесточённые бои
heißumstritten	*или* heiß umstritten	вызывающий горячие споры
eine heißumstrittene Frage	*или* eine heiß umstrittene Frage	(*весьма*) спорный вопрос
helleuchtend	hellleuchtend/ hell leuchtend	сияющий; яркий
ein helleuchtender Stern	*или* ein hell leuchtender Stern	яркая, сияющая звезда
hellodernd	helllodernd/ hell lodernd	ярко пылающий
eine hellodernde Flamme	eine helllodernde/ hell lodernde Flamme	ярко пылающее пламя/ ярко пылающий огонь
das Zimmer hell machen	*или* das Zimmer hellmachen	осветить комнату
hellicht	helllicht	(*очень*) ясный, светлый
hellila	helllila	светло-лиловый, сиреневый
hell strahlend	*или* hellstrahlend	ярко-лучистые
hell strahlende Lampen	hellstrahlende Lampen	лампы, горящие ярким светом
heransein	heran sein	быть тут как тут
heraussein	heraus sein	появиться; стать известным, открыться, выйти наряжу (*разг.*); найти выход (*из затруднений*)
hersein	her sein	пройти, миновать (*о времени*)
herbstlichgelb	herbstlich gelb	по-осеннему золотой/жёлтый
die Herbst-Tagundnachtgleiche	die Herbst-Tag-und-Nacht-Gleiche	осеннее равноденствие (*астр.*)
herbsüß	*или* herb-süß	кисло-сладкий
die Herdersche Philosophie	die herdersche/Herder'sche Philosophie	философия Гердера
das Heringsfaß	das Heringsfass	бочка для сельди
obwohl drei Jahre hergewesen ist	obwohl drei Jahre her gewesen ist	хотя прошло три года
Herschelsches Teleskop	herschelsches Teleskop/ Herschel'sches Teleskop	телескоп Гершеля
herumsein	herum sein	быть в плохом состоянии (*физически и морально*)
heruntersein	herunter sein	быть утомлённым, быть в плохом состоянии (*физически, морально*)
das Herzas	das Herzass/das Herz-Ass	туз червей (*карт.*)
j-m auf das herzlichste begrüßen	*или* j-m auf das Herzlichste begrüßen	сердечно, искренне
heute abend/ mittag/ nacht	heute Abend/ Mittag/ Nacht	сегодня вечером/ в полдень/ ночью
der Hexenschuß	der Hexenschuss	прострел (*мед.*), люмбаго
hierhergehörend	*или* hierher gehörend	относящийся сюда
hiersein	hier sein	присутствовать, пребывать
hierzulande	*или* hier zu Lande	здесь
mit Hilfe	*или* mithilfe	с помощью
die High-Society	die High Society	высшее общество
hilfesuchend	*или* Hilfe suchend	ищущий помощи

по-старому	по-новому	
sich hilfesuchend umsehen	*или* sich <u>Hilfe suchend</u> umsehen	искать (*глазами*) помощь
über ein bestimmtes Alter hinaussein	über ein bestimmtes Alter hinaus sein	быть уже не того возраста
Du hast etwas hineingeheimnißt.	Du hast etwas hineingeheimnisst.	Ты что-то домыслил/приписал.
hinsein	hin sein (*=völlig kaputt sein; tot sein*)	(*разг.*) пропасть, погибнуть; умереть; испортиться; потеряться, исчезнуть
Das Fahrrad wird hinsein.	Das Fahrrad wird hin sein.	Велосипед сломается.
hinterhersein	hinterher sein	задним числом
Er ist am klügsten hinterher.	Er ist am klügsten hinterher.	Он задним умом крепок.
hinübersein	hinüber sein (*разг.*)	быть непригодным
Er hißt die Flagge.	Er hisst die Flagge.	Он поднимает флаг.
hitzeabweisend	*или* <u>Hitze abweisend</u>	теплоотражающий
hoch und nieder	Hoch und Nieder	каждый, все без исключения
hochachten	*или* <u>hoch achten</u>	глубоко уважать, ценить; относиться с большим уважением
hochangesehen	*или* <u>hoch angesehen</u>	глубокоуважаемый
<u>hoch aufgeschossen</u>	*или* hochaufgeschossen	высоко взметнувшийся
<u>hochbegabt</u>	*или* hoch begabt	высокоодарённый
<u>hochbeglückt</u>	*или* hoch beglückt	очень счастливый
hochbesteuert	*или* <u>hoch besteuert</u>	облагаемый большим налогом
hochbezahlt	*или* <u>hoch bezahlt</u>	высокооплачиваемый
hochdosiert	*или* <u>hoch dosiert</u>	высокой дозировки
hochdotiert	*или* <u>hoch dotiert</u>	высокодотируемый
hochentwickelt	*или* <u>hoch entwickelt</u>	высокоразвитый
<u>hochgeehrt</u>	*или* hoch geehrt	высокоуважаемый, глубокоуважаемый
<u>hochgelobt</u>	*или* hoch gelobt	весьма похвальный
<u>hochgespannte</u> Erwartungen	*или* hoch gespannte Erwartungen	(*неоправданно*) большие надежды/ ожидания
hochindustriealisiert	*или* <u>hoch industriealisiert</u>	высокоиндустриальный
hochkompliziert	*или* <u>hoch kompliziert</u>	очень сложный
ein hochkompliziertes Verfahren	*или* ein <u>hoch kompliziertes</u> Verfahren	очень сложный метод/процесс
hochkonzentrierte Säure	*или* <u>hoch konzentrierte</u> Säure	кислота высокой концентрации
hochmotiviert	*или* <u>hoch motiviert</u>	высокомотивированный
hochschätzen	*или* <u>hoch schätzen</u>	высоко ценить (*кого-л.*)
der Hochgenuß	der Hochgenuss	величайшее наслаждение, огромное удовольствие
der Hochschulabschluß	der Hochschulabschluss	окончание вуза
Hochschulabschluß haben	Hochschulabschluss haben	иметь законченное высшее образование
auf das/aufs höchste	*или* auf das/aufs <u>Höchste</u>	весьма, чрезвычайно
aufs höchste erfreut sein	*или* aufs <u>Höchste</u> erfreut sein	весьма, чрезвычайно радоваться
hochqualifiziert	*или* <u>hoch qualifiziert</u>	высококвалифицированный
hochspezialisiert	*или* <u>hoch spezialisiert</u>	высокоспециализированный
hochtechnisiert	*или* <u>hoch technisiert</u>	высокомеханизированный
hochverschuldet	*или* <u>hoch verschuldet</u>	имеющий большие долги

по-старому	по-новому	
hofhalten	Hof halten	иметь резиденцию, пребывать со своим двором
die Hohe Schule	*или* die hohe Schule	высшая школа верховой езды
das Hohelied	*или* das Hohe Lied	Песнь песней (*библ.*)
der Hohepriester	*или* der Hohe Priester	первосвященник (*у древних евреев*)
hohnlachen	*или* Hohn lachen	язвительно смеяться, насмехаться, издеваться (*над кем-л.*)
hohnsprechen	*или* Hohn sprechen	издеваться, насмехаться
das holzverarbeitende Gewerbe	*или* das Holz verarbeitende Gewerbe	деревообрабатывающий, лесообрабатывающий промысел
die Hosteß, die Hostess	die Hostess	хостесса, гид-переводчик, сопровождающая гостя и т. п.
das/der Hot dog	das/der Hotdog/Hot Dog	хотдог
das Humboldtsche Erziehungsideal	das humboldtsche/ Humboldt'sche Erziehungsideal	идеал воспитания Гумбольдта
ein paar hundert Bäume	*или* ein paar Hundert Bäume	несколько сот деревьев
einige, mehrere, viele hunderte Büroklammern	*или* einige, mehrere, viele Hundert Büroklammern	несколько, много сотен скрепок
einige, mehrere, viele hunderte von Menschen	einige, mehrere, viele Hunderte von Menschen	несколько, много сотен людей
Hunderte von Zuschauern	*или* hunderte von Zuschauern	сотни зрителей
hundert und aberhundert Sterne	Hundert und Aberhundert Sterne	сотни и сотни звёзд
Hunderte und Aberhunderte bunter Laternen	Hunderte und Aberhunderte bunter Laternen	сотни и сотни пёстрых фонариков
hundertprozentig	100-prozentig	стопроцентный
Hungers sterben	hungers sterben	умереть с голоду
hurra schreien	*или* Hurra schreien	кричать „ура"

I

по-старому	по-новому	
der Ich-Erzähler	*или* die Icherzähler	лицо, ведущее рассказ от первого лица
der Ich-Roman	die Ichroman	роман, в котором повествование ведётся от первого лица
Auch Ihr seid herzlich eingeladen (in Briefen).	*или* Auch ihr seid herzlich eingeladen.	Сердечно приглашаем и Вас.
der Imbiß	der Imbiss	закуска
der Imbißstand	der Imbissstand/Imbiss-Stand	закусочная (*со стойками*)
die Imbißstube	die Imbissstube/Imbiss-Stube	закусочная
der Impfpaß	der Impfpass	справка о прививках
Internationaler Impfpaß	Internationaler Impfpass	справка о прививках, действительная во всех странах – членах ВОЗ
ein immerwährender Frühling	*или* ein immer währender Frühling	вечная весна
ein immerwährender Kalender	ein immer währender Kalender	вечный календарь (*для определения дня недели на любую дату*)
imstande sein	*или* im Stande sein	быть в состоянии
die Indizes	*или* die Indices	индексы

по-старому	по-новому	
der Indizienprozeß	der Indizienprozess	процесс получения косвенных улик
inessentiell	*или* inessenziell	несущественный
der Informationsfluß	der Informationsfluss	поток информации
der Ingreß	der Ingress	вступление, приём (*большей частью в монастырь*); одобрение; (*швейц.*) преамбула (*закона*)
aufs innigste mitein-ander verbunden sein	*или* aufs Innigste mitein-ander verbunden sein	быть теснейшим образом/очень тесно связанным между собой
innesein	inne sein *G*	понимать, сознавать
Er ist dieses Erlebnisses innegewesen.	Er ist dieses Erlebnisses inne gewesen.	Он осознал это событие (*в жизни*).
innewerden	innewerden *G*	замечать, узнавать; сознавать, понимать (*что-л.*); убеждаться
но: ehe sie dessen inne wurde	ehe sie dessen innewurde	прежде чем она это осознала
der Innovationsprozeß	der Innovationsprozess	инновационный процесс
insonderheit	in Sonderheit	в частности, в особенности (*канц.*)
insektenfressende Pflanzen	*или* Insekten fressende Pflanzen	насекомоядные растения
instand halten	*или* in Stand halten	содержать в исправности
instand setzen	*или* in Stand setzen	ремонтировать
ein instand gesetztes Haus	*или* ein in Stand gesetztes Haus	отремонтированный дом
Internationale Einheit	*или* internationale Einheit	международная единица (*измерения*)
Internationales Einheitensystem	*или* internationales Einheitensystem	международная система единиц
der I-Punkt	der i-Punkt	точка над i
irgend etwas	irgendetwas	что-нибудь, что-либо, что-то
irgend jemand	irgendjemand	кто-нибудь, кто-либо, кто-то
der Irish coffee	der Irish Coffee	ирландский кофе (*алкогольный напиток из смеси ирландских виски и кофе с сахаром и сливками*)
irre werden	irr(e)werden	помешаться
irre reden	irr(e)reden	говорить (*что-л.*) бессвязное; нести вздор/околесицу (*разг.*)
du ißt	du isst	ты ешь
er ißt	er isst	он ест
Iß!	Iss!	Ешь!
ist's	*или* ists	
das Ist-Aufkommen	*или* das Istaufkommen	фактический доход от сбора налогов
der Ist-Bestand	*или* der Istbestand	фактическое наличие
die Ist-Stärke	*или* die Iststärke	наличный состав, в строю (*количество человек, воен.*)
der Ist-Zustand	*или* der Istzustand	фактическое состояние, фактическое положение; текущее состояние
das I-Tüpfelchen	das i-Tüpfelchen	точка над i
bis aufs I-Tüpfelchen genau	bis aufs i-Tüpfelchen genau	до последней мелочи, с большой точностью

J

по-старому	по-новому	
ja sagen	*или* Ja sagen	соглашаться
zu allem ja und amen sagen	*или* Ja und Amen sagen (*разг.*)	во всём соглашаться, во всём поддакивать
die Jackettasche	Jacketttasche/Jackett-Tasche	карман пиджака; кителя
das Jagdschloß	das Jagdschloss	охотничий замок
die Jäheit	die Jähheit	внезапность; стремительность; порывистость; крутизна; яр, круча
der Jahresabschluß	der Jahresabschluss	конец хозяйственного года; годовой баланс (*бухг.*)
der Jahresüberschuß	der Jahresüberschuss	чистая прибыль за год
2jährig	2-jährig	2-летний
Ein 2jähriger kann das noch nicht verstehen.	Ein 2-Jähriger kann das noch nicht verstehen.	2-летний не может ведь этого понять.
der Jaß	der Jass (*ю.-нем.*)	игра в ясс (*карты*)
du jaßt; er jaßt	du jasst; er jasst	ты играешь в ясс; он играет в ясс
das Jauchefaß	das Jauchefass	бочка для навозной жижи
jedesmal	jedes Mal	каждый раз
das Job-sharing	das Jobsharing	разделение работы (*напр., две женщины могут работать на одной должности на условиях неполной занятости, чтобы иметь возможность заботиться о детях*)
das Job-hopping (*разг.*)	das Jobhopping/Job-Hopping	частая смена места работы
der/das Joghurt	*или* der/das Jogurt	йогурт
das Joint-venture	das Joint Venture	совместное предприятие
der Judaskuß	der Judaskuss	поцелуй Иуды, лицемерное проявление дружбы (*маскирующее предательство*)
der Julierpaß	der Julierpass	перевал Юлиер/Джулиер (*в шв. Альпах*)
der Jumbo-Jet	*или* der Jumbojet	широкофюзеляжный реактивный транспортный самолёт
jung und alt	Jung und Alt	стар и млад
die jungen Wilden	*или* die Jungen Wilden	„молодые дикари"
Jung gefreit, hat nie(mand) gereut.	*или* Junggefreit, hat nie(mand) gereut.	Женись рано, жалеть не будешь (*посл.*).

K

по-старому	по-новому	
der Kabelanschluß	der Kabelanschluss	подключение кабеля
der Kabinettsbeschluß	der Kabinettsbeschluss	постановление кабинета (*мин.*)
die Kaffee-Ernte	*или* die Kaffeeernte	урожай кофе
der Kaffee-Ersatz	*или* der Kaffeeersatz	суррогат кофе
der Kaffee-Export	*или* der Kaffeeexport	экспорт кофе
der Kaffee-Extrakt	*или* der Kaffeeextrakt	экстракт кофе
kahlfressen	*или* kahl fressen	съедать, обгладывать (*о вредителях*)
Die Raupen haben den Baum kahlgefressen.	*или* Die Raupen haben den Baum kahl gefressen.	Гусеницы съели все листья на дереве.
kahlscheren	*или* kahl scheren	остричь наголо

по-старому	по-новому	
Er ließ sich kahlscheren.	*или* Er ließ sich <u>kahl scheren</u>.	Он подстригся наголо.
einen Wald kahlschlagen	*или* einen Wald <u>kahl schlagen</u>	вырубать лес
der Kalligraph	*или* der <u>Kalligraf</u>	каллиграф
die Kalligraphie	*или* die <u>Kalligrafie</u>	каллиграфия
kalligraphiesch	*или* <u>kalligrafiesch</u>	каллиграфический
kalorienbewußt	kalorienbewusst	(низко)калорийный
die <u>kalte</u> Ente	*или* die Kalte Ente *(разг.)*	холодный крюшон *(из смеси белого и шипучего вина с добавлением лимонного сока и сахара)*
der kalte Krieg	der Kalte Krieg	холодная война
kaltgeschleuderter Honig	*или* <u>kalt geschleuderter</u> Honig	мёд, очищенный холодным способом
kaltgepreßtes Öl	<u>kalt gepresstes/</u> kaltgepresstes Öl	растительное масло, отпрессованное холодным способом
kaltlächelnd	*или* <u>kalt lächelnd</u>	с холодной усмешкой
den Pudding über Nacht <u>kalt stellen</u>	*или* den Pudding über Nacht kaltstellen	поставить пудинг на ночь на холод/лёд
der Kameraverschluß	der Kameraverschluss	затвор фотоаппарата
der Kammacher	der <u>Kammmacher/</u> Kamm-Macher	гребенщик
die Kämmaschine	die <u>Kämmmaschine/</u> Kämm-Maschine	гребнечесальная машина
die Kammuschel	die <u>Kammmuschel/</u> Kamm-Muschel	гребенчатая раковина *(зоол.)*, гребешок
der Kammolch	der <u>Kammmolch/</u> Kamm-Molch	гребенчатая саламандра; тритон *(зоол.)*
das Känguruh	das Känguru	кенгуру
die Känguruhtasche	die Kängurutasche	сумка кенгуру
die Kann-Bestimmung	*или* die <u>Kannbestimmung</u>	предписание, предоставляющее свободу выбора
die Kann-Vorschrift	*или* die <u>Kannvorschrift</u>	предписание, предоставляющее свободу выбора
der Kanonenschuß	der Kanonenschuss	пушечный выстрел
der Kapselriß	der Kapselriss	капсулярный разрыв *(мед.)*
kaputtdrücken	*или* <u>kaputt drücken</u>	раздавить, сломать
kaputtmachen	*или* <u>kaputt machen</u>	испортить, сломать
kaputtschlagen	*или* <u>kaputt schlagen</u>	разбить *(что-л.)*
kaputttreten	*или* <u>kaputt treten</u>	вытоптать *(траву)*
der/das Karamel	der/*(шв. также)* das Karamell	жжёный сахар; ячменный сахар
das Karamelbier	das Karamellbier	солодовое пиво
der Karamelbonbon	der Karamellbonbon	конфета, карамель, леденец
der Karamelzucker	der Karamellzuckerbonbon	жжёный сахар; ячменный сахар
karamelisieren	karamellisieren	жечь *(сахар)*; подслащивать *(пиво)*, добавлять солод *(в пиво)*
2karäter	2-Karäter	*(бриллиант)* в 2 карата
2karätig	2-karätig	*(бриллиант)* в 2 карата
das Karoas	das <u>Karoass/</u> Karo-Ass	туз бубновый
der Kardiograph	*или* der <u>Kardiograf</u>	кардиограф
der Kartograph	*или* der <u>Kartograf</u>	картограф
die Kartographie	*или* die <u>Kartografie</u>	картография

по-старому	по-новому	
der Kargo	der Cargo (исп.)	карго, морской и воздушный груз
der Kaßler	der Kassler	житель города Кассель
das Kaßler	das Kassler	копчёная корейка
der Katarrh	или der Katarr	катар
kegelscheiben	Kegel scheiben	играть в кегли (бав., австр.)
kegelschieben	Kegel schieben	играть в кегли
das Kellergeschoß	Kellergeschoß (в Австрии с ß)	подвальный этаж, подвал
kennenlernen	или kennen lernen	(по)знакомиться (с кем-л., с чем-л.); узнавать (что-л.)
die Kennummer	Kennnummer/Kenn-Nummer	код; числовая характеристика
keß	kess	шикарный; дерзкий, наглый
die Keßheit	die Kessheit	дерзость, наглость
der/das Ketchup	или der/das Ketschup	кетчуп
der/das Kickdown (англ.)	или der/das Kick-down	резкое нажатие на педаль газа
der Kick-off (англ.)	или der Kickoff	первый удар по мячу (футбол)
der Kindesmißbrauch	der Kindesmissbrauch	изнасилование несовершеннолетних
die Kindesmißhandlung	die Kindesmisshandlung	истязание ребёнка
der Kinematograph	или der Kinematograf	кинематограф
der Kipppflug	или der Kipp-Pflug	балансирный плуг (с.-х.)
kirre machen	или kirre machen	приручить (кого-л.); обуздать, укротить, прибрать к рукам (кого-л.)
das Kißchen	das Kisschen	подушечка
sich über etwas im klaren sein	sich über etwas im Klaren sein	ясно понимать; иметь ясное представление; отдавать себе отчёт
klardenkend	или klar denkend	ясномыслящий
klarwerden	или klar werden	становиться ясным, понятным
das Klassenbewußtsein	das Klassenbewusstsein	классовое (само)сознание
der Klassenhaß	der Klassenhass	классовая ненависть
klatschnaß	klatschnass	промокший до костей/нитки (разг.)
der Klausenpaß	der Klausenpass/Klausen-Pass	перевал Клаузен (Альпы)
die Klee-Einsaat	или die Kleeeinsaat	сев; семена, посевное зерно клевера
die Klee-Ernte	или die Kleeernte	урожай клевера
bis ins kleinste geregelt	bis ins Kleinste geregelt	отрегулированный до мелочей; до мельчайших подробностей
ein Staat im kleinen	ein Staat im Kleinen	
groß und klein	Groß und Klein	млад и стар; все без исключения
ein Programm für groß und klein	ein Programm für Groß und Klein	программа для всех без исключения
um ein kleines	um ein Kleines	немного
über ein kleines (уст.)	über ein Kleines	скоро
die kleine Anfrage	или die Kleine Anfrage	малый запрос (запрос бундестага правительству)
die kleine Koalition	или die Kleine Koalition	малая коалиция
klebenbleiben	или kleben bleiben	остаться на второй год (в классе)
Er ist in der dritten Klasse klebengeblieben.	или Er ist in der dritten Klasse kleben geblieben.	Он остался на второй год в 3-м классе/не был переведён в 4-й класс.
kleingedruckt	или klein gedruckt	напечатанный мелким шрифтом
ein kleingedruckter Text	или ein klein gedruckter Text	текст, напечатанный мелким шрифтом

по-старому	по-новому	
das <u>Kleingedruckte</u> lesen	*или* das klein Gedruckte lesen	читать напечатанное мелким шрифтом
kleinhacken	*или* <u>klein hacken</u>	насечь, мелко нарубить *(дрова и т. д.)*
kleinmahlen	*или* <u>klein mahlen</u>	мелко молоть
kleinschneiden	*или* <u>klein schneiden</u>	мелко нарезать
ein kleingeschnittenes Papier	*или* ein <u>klein geschnittenes</u> Papier	мелконарезанная бумага
kleingemustert	*или* <u>klein gemustert</u>	мелкоузорчатый
klein schreiben	kleinschreiben	писать со строчной буквы
die Klemmappe	<u>Klemmmappe</u>/Klemm-Mappe	папка с зажимом
der Klettverschluß	der Klettverschluss	застёжка-липучка/застёжка на липучке
klitsch(e)naß	klitsch(e)nass	промокший до костей/нитки *(разг.)*
Es wäre das klügste(,) nachzugeben.	Es wäre das Klügste(,) nachzugeben.	Очень хорошо/умно было бы уступить.
ein <u>knapp sitzender</u> Anzug	*или* ein knappsitzender Anzug	тесный костюм
eine <u>knapp gehaltene</u> Beschreibung	*или* eine knappgehaltene Beschreibung	краткое описание
der Knockout	*или* der <u>Knock-out</u>	нокаут *(бокс)*
der Knockoutschlag	*или* der <u>Knock-out-Schlag</u>	нокаут *(удар в боксе)*
das <u>Know-how</u>	*или* das Knowhow	ноу-хау
kochendheißes Wasser	kochend heißes Wasser	кипяток
das Kofferschloß	das Kofferschloss	чемоданный замок
kohleführende Flöze	*или* <u>Kohle führende</u> Flöze	угленосные пласты
die Kokosnuß	die Kokosnuss	кокосовый орех
die Kolanuß	die Kolanuss	орех колы
das Kollektivbewußtsein	das Kollektivbewusstsein	коллективное сознание
das Kolophonium	*или* das <u>Kolofonium</u>	канифоль
der Koloß	der Koloss	колосс
das Kombinationsschloß	das Kombinationsschloss	кодовый замок
der Kommiß den Gegner <u>kommen lassen</u>	der Kommiss *или* den Gegner kommenlassen	военная служба, солдатчина подпустить противника
der Kommiß	der Kommiss	армия, солдатчина *(разг. пренебр.)*
beim Kommiß sein	beim Kommiss sein	служить в армии
das Kommißbrot	das Kommissbrot	продовольственный паёк, довольствие; солдатский хлеб *(перен.)*
die Kommißstiefel	<u>Kommissstiefel</u>/Kommiss-S.	солдатский сапог
das <u>Kommuniqué</u>	*или* das Kommunikee	коммюнике
der Kompaß	der Kompass	компас
die Kompaßnadel	die Kompassnadel	магнитная стрелка компаса
die Kompaßrose	die Kompassrose	картушка *(компаса)*; роза ветров
kompreß	kompress	компрессионный, сжатый
der Kompotteller	<u>Kompottteller</u>/Kompott-Teller	тарелка для компота
der Kompromiß	der Kompromiss	компромисс
kompromißbereit	kompromissbereit	готовый пойти на компромисс
kompromißfähig	kompromissfähig	способный пойти на компромисс
der Kompromißler	der Kompromissler	соглашатель
kompromißlos	kompromisslos	бескомпромиссный
die Kompromißlösung	die Kompromisslösung	компромиссное решение

по-старому	по-новому	
die Komteß	die Komtess	графиня (*незамужняя*)
der Konferenzbeschluß	der Konferenzbeschluss	решение конференции
konform gehen	*или* konformgehen	совпадать (*с чьим-л. мнением*),
(= *übereinstimmen*)		соответствовать, согласовываться
der Kongreß	der Kongress	конгресс
die Kongreßhalle	die Kongresshalle	помещения для съездов/конгрессов
der Kongreßsaal	Kongresssaal/Kongress-Saal	зал для съездов/конгрессов
die Kongreßstadt	Kongressstadt/Kongress-Stadt	город, где происходит конгресс
das Königsschloß	das Königsschloss	королевский замок
der Kontrabaß	der Kontrabass	контрабас (*муз.*)
der Kontraktabschluß	der Kontraktabschluss	заключение контракта
die Kontrollampe	Kontrolllampe/Kontroll-Lampe	контрольная лампочка
die Kontrolliste	Kontrollliste/Kontroll-Liste	контрольный/проверочный список
die Kopfnuß	die Kopfnuss	подзатыльник, щелчок (*разг.*)
der Kopfschuß	der Kopfschuss	выстрел в голову
das Koppelschloß	das Koppelschloss	застёжка пояса/ремня
kostendeckend	*или* Kosten deckend	покрывающий издержки, расходы
kostensenkende	*или* Kosten senkende	меры по снижению расходов;
Maßnahmen	Maßnahmen	снижению стоимости
kostensparend	*или* Kosten sparend	экономичный
krachen lassen	*или* krachenlassen	шаловливо, резво, необузданно;
(= *ausgelassen feiern*)		распущенно праздновать
kräfteschonend	*или* Kräfte schonend	экономящий силы; щадящий
eine kraftsparende	*или* eine Kraft sparende	энергосберегающая техника
Technik	Technik	
kräftesparend	*или* Kräfte sparend	экономящий силы
eine kraftraubende	*или* eine Kraft raubende	трудоёмкая работа
Arbeit	Arbeit	
krank schreiben	krankschreiben	выдать больничный лист/бюллетень
Er wurde (für) eine Wo-	Er wurde (für) eine Woche	Ему выдали больничный лист/
che krank geschrieben.	krankgeschrieben.	бюллетень на неделю.
sich krank melden	sich krankmelden	подать заявление, сообщить о
		болезни
krank machen	*или* krankmachen	заболеть (*от чего-л.*)
Das hat ihn	*или* Das hat ihn	Он от этого заболел.
krank gemacht.	krankgemacht.	
Er hat sich	*или* Er hat sich krankgemacht.	Он довёл себя до болезни.
krank gemacht.		
kraß	krass	резкий, бросающийся в глаза
die Kraßheit	die Krassheit	резкость, грубость
krebserregende	*или* Krebs erregende	канцерогенные субстанции
Substanzen	Substanzen	
der Kreiselkompaß	der Kreiselkompass	гироскопический компас
kreditsuchende	*или* Kredit suchende	лица, желающие получить
Personen	Personen	кредит/ соискатели кредита
das Kredo	*или* das Credo	кредо
das Kreppapier	das Krepppapier/Krepp-Papier	креповая/гофрированная бумага
das Kreuzas	das Kreuzass/ Kreuz-Ass	крестовый туз
kriegführend	*или* Krieg führend	воюющий, ведущий войну
der Kriminalprozeß	der Kriminalprozess	уголовный процесс
die Kristallüster	Kristalllüster/Kristall-Lüster	хрустальная люстра

по-старому	по-новому	
der Kristalleuchter	der Kristallleuchter/ Kristall-Leuchter	хрустальная люстра
krißlig	krisslig	зернистый, гранулированный, хлопьями
kroß	kross	хрустящий, поджаристый
das Fleisch kroß braten	das Fleisch kross braten/ krossbraten	поджарить мясо до хрустящей корочки
der Kris	der Kriss	малайский кинжал
krumm biegen	или krummbiegen	сгибать, искривлять что-л.
das Knie krumm machen	или das Knie krummmachen	преклонить колено
keinen Finger krumm machen	или keinen Finger krummmachen	не пошевелить и пальцем
die KSZE-Schlußakte	die KSZE-Schlussakte	заключительный акт Совещания по безопасности и сотрудничеству в Европе, СБСЕ
kühl stellen	или kühlstellen	поставить (что-л.) на холод, охлаждать
der Kumys	или der Kumyss	кумыс
die Kunststoffolie	die Kunststofffolie/ Kunststoff-Folie	синтетическая/полимерная (упаковочная) плёнка
die Kunststofflasche	die Kunststoffflasche / Kunststoff-Flasche	пластмассовая бутылка
der Küraß	der Kürass	кираса, панцирь (воен. ист.)
kürlaufen	Kür laufen	произвольно кататься (коньки)
binnen kurzem	или binnen Kurzem	в скором времени (книжн.)
vor kurzem	или vor Kurzem	недавно
seit kurzem	или seit Kurzem	с недавнего времени, с недавних пор, недавно
den kürzer(e)n ziehen	den Kürzer(e)n ziehen	остаться в проигрыше
etwas des kürzeren darlegen	etwas des Kürzeren darlegen	изложить кратко/в немногих словах
sich kurz fassen	sich kurzfassen	говорить кратко/сжато, изложить в немногих словах
kurzgefaßt	kurzgefasst/kurz gefasst	сжатый, краткий (стиль); быстрый
ein kurzgefaßter Entschluß	ein kurzgefasster/ kurz gefasster Entschluss	быстрое решение
kurzgebraten	или kurz gebraten	немножко/слегка поджаренный
kurzgeschnitten	или kurz geschnitten	коротко подстриженный
es mit D kurz machen	или es mit D kurzmachen	быстро расправиться, разделаться (с кем-л., чем-л., разг.)
den Rasen kurz mähen	или den Rasen kurzmähen	коротко подстричь/покосить траву на газоне
sich die Haare kurz schneiden lassen	или sich die Haare kurzschneiden lassen	коротко подстричь волосы
Urlaub für Kurzentschlossene	или Urlaub für kurz Entschlossene	„горящие путевки"
der Kurzpaß	der Kurzpass	короткая передача (футбол)
der Kurzschluß	der Kurzschluss	короткое замыкание (электр.)
der Kuß	der Kuss	поцелуй
du/er küßt	du/er küsst	ты целуешь/он целует

по-старому	по-новому	
sie küßten sich	sie küssten sich	они целовались
Er hat sie geküßt.	Er hat sie geküsst.	Он поцеловал её.
das Küßchen	das Küsschen	поцелуйчик
kußecht	kussecht	трудносмывающаяся губная помада
die Kußhand	die Kusshand	воздушный поцелуй
die Kußszene	die Kussszene/ Kuss-Szene	сцена с поцелуем
die Küstenschiffahrt	die Küstenschifffahrt	каботажное, прибрежное плавание
der Kwaß	der Kwass	квас

L

по-старому	по-новому	
der Ladenschluß	der Ladenschluss	закрытие магазина
das Ladenschlußgesetz	das Ladenschlussgesetz	закон о рабочем времени торговых предприятий
die Ladenschlußzeit	die Ladenschlusszeit	время работы (закрытия) магазина
die La-Fontaineschen Fabeln	die la-fontaineschen/ La-Fontaine'schen Fabeln	басни (Жана де) Лафонтена (французский писатель)
der Lamé	или der Lamee	ламе (ткань)
der Lamellenverschluß	der Lamellenverschluss	ламельный/лепестковый затвор
etwas des langen und breiten erklären	etwas des Langen und Breiten erklären	что-либо подробно объяснять
lang anhaltender Beifall	или langanhaltender Beifall	продолжительные аплодисменты
seit langem	или seit Langem	(уже) давно
seit längerem	или seit Längerem	(уже) давно
sich des langen und breiten, des längeren und breiteren äußern	sich des Langen und Breiten, des Längeren und Breiteren über etwas äußern	распространяться (о чём-л.), подробно высказываться (о чём-л.)
ein Gummiband langziehen	или ein Gummiband lang ziehen	растягивать резиновую ленту
j-m die Hammelbeine langziehen	или j-m die Hammelbeine lang ziehen	(разг.) браться, взяться (за кого-л.), брать, взять (кого-л.) в оборот, согнуть в дугу/в три погибели, согнуть/скрутить в бараний рог
j-m die Ohren langziehen	или j-m die Ohren lang ziehen	(разг.) надрать уши (кому-л.)
ein langgehegter Wunsch	или ein lang gehegter Wunsch	давнишнее желание
langgestreckt	или lang gestreckt	вытянутый, растянутый, длинный
ein langgestrecktes Gebäude	или ein lang gestrecktes Gebäude	вытянутое здание
ein langgestreckter Raum	или ein lang gestreckter Raum	большая территория
ein längsgestreifter Stoff	или ein längs gestreifter Stoff	материал с продольными полосами
langsteng(e)lig	langstäng(e)lig	длинночеренковый, с длинным стеблем
langziehen	или lang ziehen	растягивать, вытягивать (в длину)
langgezogen	или lang gezogen	продолжительный, длительный
eine langgezogene Kurve	или eine lang gezogene Kurve	длинный/затяжной поворот

по-старому	по-новому	
lang ersehnte Hilfe	*или* langersehnte Hilfe	желанная помощь
das Ende der (Langen-weile) Langeweile	das Ende der langen Weile	конец скуки
aus Langeweile (Langerweile)	aus langer Weile	со скуки
länglichrund	länglich rund	овальный, эллиптический
der Lapsus calami *(лат.)*	der Lapsus Calami	описка
der Lapsus linguae	der Lapsus Linguae	оговорка, обмолвка
der Lapsus memoriae	der Lapsus Memoriae	ошибка по забывчивости
die Laplacesche Theorie	die laplacesche/Laplace'sche Theorie	теорема Лапласа
laß *(лат.)*	lass	усталый, слабый, вялый; дряблый
läßlich	lässlich	простительный; допустимый
die Läßigkeit	die Lässigkeit	медлительность, вялость; небреж-ность, халатность, неряшливость
eine läßliche Sünde	eine lässliche Sünde	небольшой/простительный грех
du läßt	du lässt	ты оставляешь
er läßt	er lässt	он оставляет
läßtig fallen	*или* läßtigfallen	надоедать, быть в тягость
zu Lasten	*или* zulasten	за счёт
der Lattenschuß	der Lattenschuss	удар в перекладину *(футбол)*
laubtragende Bäume	*или* Laub tragende Bäume	лиственные деревья
laufenlassen	*или* laufen lassen	отпустить кого-л. на свободу
Ich habe ihn laufenlassen.	*или* Ich habe ihn laufen lassen.	Я отпустил его.
laufen lassen	*или* laufenlassen	не вмешиваться; не принимать участия
Er hat die Dinge einfach laufen lassen.	*или* Er hat die Dinge einfach laufenlassen.	Он пустил дела на самотёк.
auf dem laufenden sein	auf dem Laufenden sein	быть в курсе событий
der Laufpaß	der Laufpass	„бегунок" (при увольнении) *(разг.)*
j-m den Laufpaß geben *(разг.)*	j-m den Laufpass geben	уволить со службы; распрощаться, дать отставку, выгнать кого-л.
Sie hat ihm den Laufpaß gegeben.	Sie hat ihm den Laufpass gegeben.	Она дала ему отставку *(шутл.)*./ Она ему отказала.
laut redende Nachbarn	*или* lautredende Nachbarn	громко разговаривающие соседи
das Lawn-Tennis *(англ.)*	*или* das Lawntennis	лаун-теннис
das Layout	*или* das Lay-out	компоновка текста и графики
der Lebensgenuß	der Lebensgenuss	наслаждение жизнью, радость жизни
die lebenspendende Kraft der Sonne	*или* die Leben spendende Kraft der Sonne	животворная сила солнца
die lebenzerstörende Strahlung	*или* die Leben zerstörende Strahlung	губительная для жизни радиация
lebendgebärende Tiere	*или* lebend gebärende Tiere	живородящие животные
der Leberabszeß	der Leberabszess	абсцесс печени *(мед.)*
leckschlagen	*или* leck schlagen	получить пробоину
Der Tanker ist leckgeschlagen.	*или* Der Tanker ist leck geschlagen.	Танкер получил пробоину/ дал течь.
ein leckgeschlagener Tanker	*или* ein leck geschlagener Tanker	получивший пробоину танкер

по-старому	по-новому	
die lederverarbeitende Industrie	*или* die <u>Leder verarbeitende</u> Industrie	кожевенная промышленность
<u>leer essen</u>	*или* leeressen	съесть (*напр., всю порцию*)
den Motor leer laufen lassen	den Motor leerlaufen lassen	дать двигателю поработать на холостом ходу
leerfegen	*или* <u>leer fegen</u>	очистить
ein leergefegtes Zimmer	*или* ein <u>leer gefegtes</u> Zimmer	очищенная, выметеная комната
leergefegte Straßen	*или* <u>leer gefegte</u> Straßen	опустевшие/безлюдные улицы
<u>leer machen</u>	*или* leermachen	опорожнять
<u>leer räumen</u>	*или* leerräumen	всё убрать, очистить, освободить (*например, помещение*)
leerstehend	*или* <u>leer stehend</u>	пустующий (*о помещении*)
<u>leer trinken</u>	*или* leertrinken	выпить (*например, весь стакан*)
die Leibizsche Philosophie	die <u>leibizsche</u>/Leibiz'sche Philosophie	философия Лейбница
leichenblaß	leichenblass	мертвенно-бледный, бледный как смерть
Es ist mir ein leichtes, das zu tun.	Es ist mir ein Leichtes, das zu tun.	Мне не трудно это сделать.
leichtmachen	*или* <u>leicht machen</u>	облегчить
leichtbewaffnet	*или* <u>leicht bewaffnet</u>	легковооружённый
leichtbehindert	*или* <u>leicht behindert</u>	получивший лёгкое телесное повреждение; имеющий лёгкую степень инвалидности
leichtbeschwingt	*или* <u>leicht beschwingt</u>	легкокрылый
leichtentzündlich	*или* <u>leicht entzündlich</u>	легковоспламеняющийся
leichtbekömmlich	*или* <u>leicht bekömmlich</u>	легкоусвояемый
leichtverderblich	*или* <u>leicht verderblich</u>	скоропортящийся (*о товаре*)
leichtverdaulich	*или* <u>leicht verdaulich</u>	легко перевариваемый, усваиваемый
leichtverletzt	*или* <u>leicht verletzt</u>	легкораненый
leichtverständlich	*или* <u>leicht verständlich</u>	понятный, ясный, вразумительный
leichtverwundet	*или* <u>leicht verwundet</u>	легкораненый
leid tun	leidtun	сожалеть
Es wird ihm noch leid tun.	Es wird ihm noch leidtun.	Он будет ещё сожалеть.
das Lenkradschloß	das Lenkradschloss	замок рулевого колеса
der Lernprozeß	der Lernprozess	процесс обучения
Lessingsche Dramen	<u>lessingsche</u>/Lessing'sche Dramen	драмы Лессинга
der (die, das) letzte	der (die, das) Letzte	последний (последняя, последнее)
der letzte, der gekommen ist	der Letzte, der gekommen ist	последний, кто пришёл
Den letzten beißen die Hunde.	Den Letzten beißen die Hunde.	Последнего собаки рвут (*посл.*).
als letzter fertig sein	als Letzter fertig sein	быть готовым последним, последним справиться (*с чем-л.*)
Das letzte, was ich tun würde …	Das Letzte, was ich tun würde …	Последнее/крайнее, что я бы сделал …
bis ins letzte	bis ins Letzte	самым тщательным образом; до крайности

по-старому	по-новому	
zum letzten	zum Letzten	напоследок, под конец, в последнюю очередь; в конце концов
im letzten getroffen sein	im Letzten getroffen sein	глубоко; в высшей степени, весьма поразить
der Letzte Wille	*или* der letzte Wille	последняя воля (*умирающего*), завещание
die Letzten Dinge	*или* die letzten Dinge	последние дела, обстоятельства
letzteres trifft zu	Letzteres trifft zu	последнее (*напр., из 2 высказываний*) соответствует действительности
Der letztere//letzterer kommt nicht in Betracht.	Der Letzterer//Letzterer kommt nicht in Betracht.	Последнее (*напр., из 2 предложений*) во внимание не принимается.
fürs letzte	fürs Letzte	напоследок
zum letztenmal	zum letzten Mal	(в) последний раз
der Lexikograph	*или* der Lexikograf	лексикограф, составитель словаря
die Lichtmeß	die Lichtmess	сретенье (*церковный праздник*)
es wärc uns das liebste, wenn	es wäre uns das Liebste, wenn …	лучше всего было бы, если
liebbehalten	*или* lieb behalten	любить по-прежнему
liebenlernen	lieben lernen	полюбить
liebgewinnen	*или* lieb gewinnen	завоевать любовь
eine liebgewordene Gewohnheit	*или* eine lieb gewordene Gewohnheit	полюбившаяся привычка
liebhaben	*или* lieb haben	любить
liegenbleiben	*или* liegen bleiben	оставаться неоконченным
Die Arbeit ist liegengeblieben.	Die Arbeit ist liegen geblieben.	Работа осталась неоконченной/невыполненной.
liegenlassen	*или* liegen lassen	оставлять, забывать (*взять*)
Ich habe meine Tasche im Büro liegenlassen.	*или* Ich habe meine Tasche im Büro liegen lassen.	Я забыл свою сумку в офисе.
sich die Haare lila färben	*или* sich die Haare lilafärben	покрасить волосы в лиловый цвет
linksaußen spielen	links außen spielen	играть левым крайним нападающим
linksstehende Abgeordnete	*или* links stehende Abgeordnete	депутаты, занимающие левую позицию/депутаты левых убеждений
ein links abbiegendes Fahrzeug	*или* ein linksabbiegendes Fahrzeug	автомобиль, поворачивающий налево
die links sitzenden Zuschauer	*или* die linkssitzenden Zuschauer	зрители, сидящие слева
die Lithographie	*или* die Lithografie	литография
der Live-Mitschnitt	*или* der Livemitschnitt	прямая запись, трансляция
die Live-Musik	*или* der Livemusik	„живая" музыка (*разг.*)
die Live-Sendung/ die Live-Übertragung	*или* der Livesendung/ die Liveübertragung	прямая/нестудийная трансляция; прямая трансляция
das Lizentiat	*или* das Lizenziat	лиценциат (*обладатель учён. степени*)
der Lorbaß	der Lorbass	бездельник, шалопай; олух (*диал.*)
der Löß	*или* der Löss (*короткое ö*)	лёсс (*геология*)
der Lößboden	*или* der Lössboden (*кор. ö*)	лёссовый грунт
lößig	*или* lössig (*короткое ö*)	лёссовый
die Lößlandschaft	*или* Lösslandschaft (*кор. ö*)	лёссовый ландшафт
die Lößschicht	Lössschicht/Löss-Schicht	лёссовый слой
los werden	loswerden	избавиться, освободиться; сбыть

по-старому	по-новому	
damit du alle Sorgen los wirst …	damit du alle Sorgen loswirst	чтобы ты избавился от всех забот …
Ich muß sehen, wie er die Ware los wird.	Ich muss sehen, wie er die Ware loswird.	Я должен видеть, как она сбудет этот товар.
Lutherfeindlich	или Luther-feindlich	враждебно/неприязненно относящиеся к Лютеру
die Luthersche Bibelübersetzung	или die luthersche/ Luther'sche Bibelübersetzung	перевод библии, выполненный Лютером
die Love-Story	die Lovestory	история любви, любовная история
die Luftschiffahrt	Luftschifffahrt/Luftschiff-Fahrt	воздухоплавание
das Luftschloß	das Luftschloss	воздушный замок
das Lustschloß	das Lustschloss	загородный замок

M

по-старому	по-новому	
die Mache-Einheit	die Macheeinheit	махе (уст. единица концентрации радиоактивных веществ)
der Machtmißbrauch	der Machtmissbrauch	злоупотребление властью
die Mach-Zahl	die Machzahl	Маха число (М-число, характеристика течения сжимаемого газа)
j-n madig machen	j-n madigmachen	чернить/поносить (кого-л.)
j-m etw. madig machen	j-m etw. madigmachen (разг.)	внушить отвращение, отбить охоту; испортить (настр., вечер)
der Magistratsbeschluß	der Magistratsbeschluss	решение магистрата
das Magnetophon	или das Magnetofon	магнитофон
2mal, 3mal, 4mal …	2-mal, 3-mal, 4-mal …	2 раза, 3 раза, 4 раза
2malig, 3malig …	2-malig, 3-malig …	двукратный, троекратный …
das Malaise (австр., швейц.)	или das Maläse	тошнота; недомогание; неловкость, неприятное чувство; дурное настр.
Malthusisches Bevölkerungsgesetz	malthusisches Bevölkerungsgesetz	закон народонаселения Мальтуса
die Mammographie	или die Mammografie	маммография
Marathon laufen	или marathonlaufen	заниматься марафонским бегом
das Marschkompaß	das Marschkompass	карманная буссоль
Mariottesches Gesetz	mariottesches/Mariotte'sches Gesetz	закон Мариотта
markenbewußt	markenbewusst	запоминаемый потребителем товарный знак
das Markenbewußtsein	das Markenbewusstsein	память потребителя о товарном знаке (степень его запоминаемости)
das Markpotential	das Markpotenzial	потенциал рынка
die Marxsche Philosophie	die marxsche / Marx'sche Philosophie	философия Маркса
maschineschreiben	Maschine schreiben	печатать на (пишущей) машинке
weil sie maschineschreibt	weil sie Maschine schreibt	так как она печатает на машинке
maßhalten	или Maß halten	соблюдать меру, знать меру
die Maß	или die Mass (ю.-нем.)	мера (жидкости); литровая кружка (пива)
massiv werden	или massivwerden	грубить, проявлять агрессивность

по-старому	по-новому	
j-n <u>matt setzen</u>	*или* j-n mattsetzen	дать мат, *(перен.)* вывести из игры, нейтрализовать, обезвредить
die <u>Matrizes</u> *(мн. ч.)*	*или* die Matrices	матрицы; штампы; формы
der Maulkorberlaß	der Maulkorberlass	предписание о ношении собаками намордника
sich mausig machen	mausigmachen	корчить из себя важную персону, вести себя развязно
maxi tragen	Maxi tragen	носить макси
das Megaphon	*или* das <u>Megafon</u>	мегафон
das Megnetophon	*или* das <u>Megnetofon</u>	мегнетофон
der Mehrheitsbeschluß	der Mehrheitsbeschluss	решение большинства; принятие большинством голосов
Ich tue das Meine.	Ich tue das <u>Meine</u>/meine.	Я выполняю свой долг.
Die <u>meisten</u> glauben …	*или* die Meisten glauben …	большинство людей думает …
Das <u>meiste</u> davon ist bekannnt.	*или* Das Meiste davon ist bekannnt.	Большая часть этого известна.
der Meisterschuß	der Meisterschuss	удачный (превосходный) выстрел
der Meldeschluß	der Meldeschluss	срок подачи заявки; последний срок заявки
Mendelsche Regeln	<u>mendelsche</u>/Mendel'sche Regeln	Менделя законы (или правила)
der Meniskusriß	der Meniskusriss	разрыв мениска
Wir haben das men-schenmögliche getan	Wir haben das Menschenmögliche getan.	Мы сделали всё, что в человеческих силах.
eine <u>menschenverach-tende</u> Ideologie	*или* eine Menschen verachtende Ideologie	человеконенавистническая идеология
der <u>Mesner</u>	*или* der Messner	пономарь *(церк.)*
der <u>Mesmer</u> *(бав., шв.)*	*или* der Messmer	пономарь *(церк.)*
das Meßband	das Messband	рулетка
meßbar	messbar	измеримый
der Meßbecher	der Messbecher	мерный стакан, мерка *(для продук.)*
der Meßbrief	der Messbrief	судовой паспорт *(мор.)*
das Meßbuch	das Messbuch	требник *(рел.)*
die Meßdaten	die Messdaten	данные, результаты измерений
der Meßdiener	der Messdiener	дьячок; служка; приказчик *(ком.)*
der Meßfehler	der Messfehler	ошибка/погрешность измерения
der Meßfühler	der Messfühler	измерительный щуп; датчик
das Meßgewand	das Messgewand	облачение, риза *(церк.)*
das Meßglas	das Messglas	мензурка; термометр
das Meßinstrument	das Messinstrument	измерительный инструмент
das Meßopfer	das Messopfer	святые дары, причастие *(церк.)*
der Meßsatz	der <u>Messsatz</u>/ Mess-Satz	комплект измерительных приборов
der Meßstab	der <u>Messstab</u>/ Mess-Stab	измерительный стержень; мерная рейка
der Meßschnur	der <u>Messschnur</u>/Mess-Schnur	мерный шнур
das Meßtischblatt	das Messtischblatt	топографическая карта *(1:25000)*
der Metallguß	der Metallguss	металлическое литье; отливка
die Metallegierung	die <u>Metalllegierung</u>/ Metall-Legierung	металлический сплав
die metallverarbeitende Industrie	*или* die <u>Metall verarbeitende</u> Industrie	металлообрабатывающая промышленность

по-старому	по-новому	
die Midlife-crisis	Midlifecrisis/Midlife-Crisis	кризис среднего возраста
eine milchgebende Kuh	*или* eine Milch gebende Kuh	дающая молоко корова
der Milchgebiß	der Milchgebiss	молочные зубы
millionenmal	Millionen Mal	миллионы раз
der Milzriß	der Milzriss	разрыв селезёнки (*мед.*)
das Mikrophon	*или* das Mikrofon	микрофон
Das ist das mindeste, was man von ihm verlangen kann.	*или* Das ist das Mindeste, was man von ihm verlange kann.	Это минимум того, что от него можно потребовать.
nicht im mindesten	*или* nicht im Mindesten	нисколько, ничуть
zum mindesten	*или* zum Mindesten	самое меньшее, по меньшей мере
mini tragen	Mini tragen	носить мини
die Minimal art	die Minimal Art	минимализм (*направление в скульптуре*)
5minütig	5-minütig	пятиминутный
die Miß	die Miss	мисс
mißachten	missachten	не уважать, презирать (*кого-л.*)
die Mißachtung	die Missachtung	неуважение, презрение, пренебрежение
die Mißbildung	die Missbildung	уродство; порок развития
mißbehagen	missbehagen	не нравиться, быть не по нутру
Es mißbehagt mir hier.	Es missbehagt mir hier.	Мне здесь не нравится/не по себе.
mißbehaglich	missbehaglich	неприятный, досадный
mißbeschaffen	missbeschaffen	имеющий неправильную форму, уродливый, безобразный
die Mißbeschaffenheit	die Missbeschaffenheit	уродливость, безобразие
mißbilligen	missbilligen	не одобрять, порицать, хулить
der Mißbrauch	der Missbrauch	злоупотребление (*чем-л.*)
mißbrauchen	missbrauchen	злоупотреблять (*чем-л.*)
mißbräuchlich	missbräuchlich	основанный на злоупотреблении; незаконный, произвольный
mißbräuchlicherweise	missbräuchlicherweise	в порядке злоупотребления, непра-вильно, незаконно, произвольно
mißdeuten	missdeuten	ложно/превратно истолковывать
die Mißdeutung	die Missdeutung	ложное толкование; кривотолки
mißdeutbar	missdeutbar	двусмысленный
mißdeutig	mißdeutig	двусмысленный
die Mißempfindung	die Missempfindung	нездоровье
der Mißerfolg	der Misserfolg	неудача
die Mißernte	die Missernte	неурожай, недород
mißfallen	missfallen	не нравиться, быть неприятным
das Mißfallen	das Missfallen	неудовольствие, недовольство
Mißfallenskundgebung	die Missfallenskundgebung	демонстрация, митинг протеста
mißfällig	missfällig	неодобрительный; неприятный, противный
die Mißfarbe	die Missfarbe	некрасивый/неприятный цвет
mißfarben/mißfarbig	missfarben/missfarbig	имеющий некрасивый цвет, некрасивого цвета
die Mißgeburt	die Missgeburt	урод, уродец, ублюдок; аборт
mißgelaunt	missgelaunt	недовольный, расстроенный, не в духе
mißlaunig, mißlaunisch	misslaunig, misslaunisch	не в духе, не в настроении, мрачный
die Mißgelauntheit	die Missgelauntheit	дурное настроение

по-старому	по-новому	
das Mißgeschick	das Missgeschick	несчастье, неудача, невзгода, напасть
die Mißgestalt	die Missgestalt	уродство, уродливость
mißgestaltet	missgestaltet	уродливый, безобразный; увечный, убогий (*от рождения*)
mißgestalten	missgestalten	уродовать, обезображивать
mißgestimmt	missgestimmt	недовольный, расстроенный, не в духе
mißgewachsen	missgewachsen	искалеченный, убогий (*от рождения*)
mißgewachsene Bäume	missgewachsene Bäume	уродливые деревья
ein mißgewachsener Mensch	ein missgewachsener Mensch	калека
mißgönnen	missgönnen	завидовать, жалеть (*что-л.*)
mißglücken	missglücken	не удаваться
der Mißgriff	der Missgriff	ошибка, промах; неправильный приём
die Mißgunst	die Missgunst	недоброжелательство, немилость
mißgünstig	missgünstig	завистливый; неблагоприятный
mißhandeln	misshandeln	жестоко обращаться, истязать, издеваться, надругаться
die Mißhandlung	die Misshandlung	жестокое обращение, истязание; причинение телесных повреждений
die Mißheirat	die Missheirat	неудачный брак; неравный брак
mißhellig	misshellig	несогласный, нестройный (*о звуках*)
die Mißhelligkeit	die Misshelligkeit	неблагозвучие; (*перен.*) неполадки, недоразумения; несогласие; раздор
der Mißklang	der Missklang	диссонанс, неблагозвучие
der Mißkredit	der Misskredit	недоверие; дурная репутация
mißleiten	missleiten	вводить в заблуждение; совращать; сбивать с пути истинного
die Mißleitung	die Missleitung	введение в заблуждение; совращение
mißlich	misslich	щекотливый, деликатный; тяжелый
mißliebig	missliebig	нелюбимый, неугодный; ненавистный
mißlingen	misslingen	не удаваться
das Mißmanagement	das Mißmanagement	плохой менеджмент
der Mißmut	der Missmut	досада, недовольство; угрюмость; уныние, мрачность
mißmutig	missmutig	недовольный; угрюмый; печальный, невесёлый; унылый
mißraten	missraten	не удаваться
der Mißstand	der <u>Missstand</u>/Miss-Stand	плохое состояние, неисправность; недостаток; неполадки; нарушения
die Mistreß	die Mistress	миссис, госпожа (*перед фамилией замужней ж.*), хозяйка, учительница
mißtrauen	misstrauen	не доверять, остерегаться
das Mißtrauen	das Misstrauen	недоверие; подозрение
mißtrauisch	misstrauisch	недоверчивый, подозрительный
die Mißstimmung	die <u>Missstimmung</u>/ Miss-Stimmung	плохое настроение; расстройство; несогласованность; разлад
du, er, sie mißt (messen)	du, er, sie misst	ты измеряешь; он, она измеряет
du, er, sie mißt (missen)	du, er, sie misst	ты, он лишён, она лишена (*чего-л.*)
die Mistreß	die Mistress	миссис, госпожа
mißwachsen	misswachsen	расти искалеченным, быть убогим
mißgewachsen	missgewachsen	искалеченный, убогий (*от рождения*)

по-старому	по-новому	
mißgewachsene Bäume	missgewachsener Bäume	уродливые деревья
der Mißpickel	der Misspickel	арсенопирит, мышьяковый колчедан
ein mißgewachsener Mensch	ein missgewachsener Mensch	калека
das Mißvergnügen	das Missvergnügen	недовольство, досада
das Mißverhältnis	das Missverhältnis	диспропорция, несоответствие
das Mißverständnis	das Missverständnis	недоразумение, разногласие
mißverstehen	missverstehen	ложно/неправильно понимать
der Mißwachs	der Misswachs	плохой/медленный рост
die Mißweisung	die Missweisung	неверное указание; *(физ.)* магнитное склонение
die Mißwirtschaft	die Misswirtschaft	бесхозяйственность; безалаберность
mißzufrieden	misszufrieden *(уст.)*	недовольный
mit Hilfe	*или* mithilfe	с помощью
millionenmal	Millionen Mal	миллион раз
Er war in einem mitleid-erregenden Zustand.	*или* Er war in einem Mitleid erregenden Zustand.	Его состояние вызывало жалость/сострадание.
(gestern, heute, morgen) mittag	(gestern, heute, morgen) Mittag	(вчера, сегодня, завтра) в полдень
(am) Mittwoch abend	(am) Mittwochabend	в среду вечером
mit unterzeichnen	*или* mitunterzeichnen	подписывать совместно/вместе
mittwochs abends	*или* mittwochabends	в среду вечером/по вечерам
modebewußt	modebewusst	чувствующий моду, следующий моде, следящий за модой
Wir sprachen über alles mögliche.	Wir sprachen über alles Mögliche.	Мы говорили обо всём, что можно/обо всём возможном.
Wir sprachen über alles mögliche.	Wir sprachen über alles Mögliche.	Мы говорили обо всём возможном.
Er hat sein möglichstes getan.	Er hat sein Möglichstes getan.	Он сделал всё, что только мог/что было в его силах.
der Molotowcocktail	der Molotow-Cocktail	бутылка с зажигательной смесью
die Moltkeschen Briefe	die moltkeschen / Moltke'schen Briefe	письма Мольтке
3monatig	3-monatig	трёхмесячный *(о сроке, возрасте)*
3monatlich	3-monatlich	повторяющийся (через) каждые 3 месяца, каждые 3 месяца, раз в 3 месяца
die Monographie	*или* die Monografie	монография
der Mop	der Mopp	мягкая верёвочная щётка *(для пометания пола);* бахромчатая метелка *(для смахивания пыли)*
der Mordprozeß	der Mordprozess	судебный процесс по делу об убийстве
morgen abend, mittag, nacht	morgen Abend, Mittag, Nacht	завтра вчером, в обед/полдень, ночью
(gestern, heute) morgen	(gestern, heute) Morgen	(вчера, сегодня) утром
das Morsealphabet	*или* das Morse-Alphabet	азбука Морзе
der Morseapparat	*или* der Morse-Apparat	телеграфный аппарат Морзе
das Moto-Cross	*или* das Motocross	мотокросс
2motorig	2-motorig	двухмоторный
Mozartische Kompositionen	mozartische Kompositionen	композиции Моцарта

по-старому	по-новому	
Mozart-Konzertabend	der Mozartkonzertabend	концертный вечер, посвящённый Моцарту
muh machen (schreien)	*или* Muh machen (schreien)	мычать (*о корове*)
das Mulläppchen	Mullläppchen/Mull-Läppchen	долька, лоскут из марли (*мед.*)
die Münchhausischen Schriften	die münchhausischen Schriften	сочинения Мюнхаузена
mündigsprechen (= *für mündig erklären*)	*или* mündig sprechen	объявлять совершеннолетним
der Mundvoll	*или* der Mund voll	кусок; глоток
einen Mundvoll Fleisch nehmen	*или* einen Mund voll Fleisch nehmen	откусить кусок мяса
Komm, iss doch auf – es sind nur noch ein Paar Mundvoll.	*или* Komm, iss doch auf – es sind nur noch ein Paar Mund voll.	Иди, съешь же – здесь только осталась небольшая закуска.
j-n munter machen	*или* j-n muntermachen	подбодрить; разбудить (*кого-л.*)
mürbe machen	*или* mürbemachen (*разг.*)	сломить сопротивление, уломать
den Teig mürbe machen	*или* den Teig mürbemachen	сделать рыхлым тесто
ein musikliebender Mensch	*или* ein Musik liebender Mensch	человек, любящий музыку
die Muskatnuß	die Muskatnuss	мускатный орех
der Muskelriß	der Muskelriss	разрыв мышц (*мед.*)
das Muß	das Muss	необходимость
die Mußbestimmung	die Mussbestimmung	норма, обязательная к исполнению
ich, er, sie muß	ich, er, sie muss	я, он должен, она должна
du mußt	du musst	ты должен
sie mußten	sie mussten	они должны были
du mußtest	du musstest	ты должен был
die Mußheirat/ die Mußehe	die Mussheirat/ die Mussehe	брак из чувства долга
der Musterprozeß	der Musterprozess	показательный процесс (*юр.*)
die Myrrhe	*или* die Myrre	мирра (*ароматическая смола*)

N

по-старому	по-новому	
die Nachbesserung	*или* die Nachbessrung	доделка, дополнительное исправление
ich bessere nach	*или* ich bessre nach	я устраняю дефекты
nachfolgendes gilt auch	Nachfolgendes gilt auch …	следующее касается и …
im nachfolgenden	im Nachfolgenden	ниже, далее (*в тексте*)
Im nachfolgenden ist zu lesen …	Im Nachfolgenden ist zu lesen …	Далее следует читать …/Далее – …
nach Hause	*или* nachhause	домой; на дом
im nachhinein	im Nachhinein	(*австр.*) впоследствии, потом, позже дополнительно, задним числом
der Nachlaß	der Nachlass	скидка, наследство
das Nachlaßgericht	das Nachlassgericht	суд по наследственным делам
die Nachlaßsache	die Nachlasssache/ Nachlass-Sache	дело о наследстве
der Nachlaßverwalter	der Nachlassverwalter	попечитель над наследственным имуществом
(gestern, heute, morgen) nachmittag	(gestern, heute, morgen) Nachmittag	(вчера, сегодня, завтра) после обеда/во второй половине дня

по-старому	по-новому	
der Nachschuß	der Nachschuss	выстрел вслед; доплата
die Nachschußpflicht	die Nachschusspflicht	обязанность оплаты дополнительных взносов *(страх.)*
Der nächste, bitte!	Der Nächste, bitte!	Следующий, пожалуйста!
Als nächstes wollen wir Schach spielen.	Als Nächstes wollen wir Schach spielen.	Следующим/А теперь/сейчас мы хотим поиграть в шахматы.
Das ist das nächste, was zu tun ist.	Das ist das Nächste, was zu tun ist.	Это следующее, что надо сделать.
fürs nächste	fürs Nächste	прежде всего, в первую очередь; пока, для начала
im nachstehenden	im Nachstehenden *(канц.)*	далее, ниже
Ich möchte Ihnen nachstehendes zur Kenntnis bringen.	Ich möchte Ihnen Nachstehendes zur Kenntnis bringen.	Я хотел бы довести до Вашего сведения следующее.
das nächtsbeste	das Nächtsbeste	первое; что попадётся; что придёт на ум
(gestern, heute, morgen) nacht	(gestern, heute, morgen) Nacht	(вчера, сегодня, завтра) ночью
von nahem	*или* von Nahem	сблизи
des näheren erläutern	etwas des Näheren erläutern	разъяснить *(что-л.)* подробно
die nähergelegenen Ortschaften	*или* die näher gelegenen Ortschaften	населённые пункты, расположенные ближе
die näherstehenden Bäume	*или* die näher stehenden Bäume	деревья, стоящие ближе
ein nahe stehendes Haus	*или* ein nahestehendes Haus	близстоящий дом
nahverwandt	*или* nah verwandt	близкородственный
nahverwandte Personen	*или* nah verwandte Personen	лица, состоящие в близком родстве
ein nahe liegendes Gehöft	*или* ein naheliegendes Gehöft	близлежащий хутор
ein nahe stehendes Haus	*или* ein nahestehendes Haus	близстоящий дом
Er ist noch der nämliche.	Er ist noch der Nämliche *(уст.)*	Он такой же, как был./Он прежний.
Er sagt immer das nämliche.	Er sagt immer Nämliche *(уст.)*.	Он всегда говорит одно и то же.
der Nansenpaß	der Nansenpass	нансеновский паспорт *(ист.)*
die Napoleonischen Kriege/Feldzüge	die napoleonischen Kriege/Feldzüge	войны/походы Наполеона
Narziß	Narziss	Нарцисс, Наркисс *(миф.)*
der Narziß	der Narziss	нарцисс, самовлюбленный человек
der Narzißt	der Narzisst	нарцисст
der Narzißmus	der Narzissmus	нарциссизм *(мед.)*
narzißtisch	narzisstisch	страдающий нарциссизмом *(мед.)*
du näßt; näßtest	du nässt; nässtest	
näß/nässe!	näss/nässe!	

nässen мокнуть; сочиться (например, о ране); мочиться (в постель)

naß	nass	сырой, мокрый
naß machen	nass machen/ nassmachen	намочить, смочить; увлажнять
naß schwitzen	nass schwitzen/nassschwitzen	*(что-л.)* становится мокрым от пота
sich naß schwitzen	sich nass schwitzen/ nassschwitzen	становиться мокрым от пота
Er hat das Hemd naß geschwitzt.	Er hat das Hemd nass geschwitzt/nassgeschwitzt.	Его рубашка промокла от пота.

по-старому	по-новому	
naß spritzen	nass spritzen	*(что-л.)* в результате опрыскивания; разбрызгивания становится мокрым
naßforsch	nassforsch	подчёркнуто молодцеватый; вызывающий *(разг.)*
naßgeschwitzt	nass geschwitzt/ nassgeschwitzt	мокрый от пота
ein naßgeschwitztes Hemd	ein nass geschwitztes Hemd/ ein nassgeschwitztes Hemd	рубашка, мокрая от пота
naßkalt	nasskalt	сырой и холодный; промозглый
die Naßrasur	die Nassrasur	бритьё обычной бритвой *(в отличие от электробритвы)*
die Naßwäsche	die Nasswäsche	влажное/невысушенное бельё
der Naßschnee	der Nassschnee/Nass-Schnee	мокрый снег
nationalbewußt	nationalbewusst	с/обладающий национальным самосознанием
der Nationaldreß	der Nationaldress *(австр.)*	национальная спортивная форма
die Nebelschlußleuchte	die Nebelschlussleuchte	задняя противотуманная фара
der Nebenanschluß	der Nebenanschluss	параллельный телефон, параллельное присоединение
das Nebengelaß *(уст.)*	das Nebengelass	соседнее помещение
der Nebenfluß	der Nebenfluss	приток *(реки)*
Im nebenstehenden wird gezeigt, was es bedeutet.	Im Nebenstehenden wird gezeigt, was es bedeutet.	Рядом (или на полях) поясняется, что это означает.
das Necessaire	*или* das Nessessär	несессер
das Negligé	*или* das Negligee	неглиже
der Negerkuß	der Negerkuss *(= Schokokuss)*	„поцелуй негра" *(лёгкая сбивная масса, глазированная шоколадом)*
nein sagen	*или* Nein sagen	отказать
Neronische Christenverfolgung	neronische Christenverfolgung	нероновское преследование христиан
der Nervus rerum *(лат.)*	der Nervus Rerum	главное, решающее; основной мотив; *(перен.)* деньги
der Netzanschluß	der Netzanschluss	подключение к сети; питание от сети
es aufs neue versuchen	es aufs Neue versuchen	снова, ещё раз пытаться
von neuem	*или* von Neuem	снова
die neuen Medien	*или* die Neuen Medien	новые средства массовой информации
seit neuestem	*или* seit Neuestem	недавно, с недавних пор
Auf ein neues!	Auf ein Neues!	С Новым Годом! С почином!
zweite neubearbeitete Auflage	*или* zweite neu bearbeitete Auflage	второе переработанное издание
neueröffnet	*или* neu eröffnet	вновь открытый, вновь открывшийся
ein neueröffnetes Geschäft	*или* ein neu eröffnetes Geschäft	вновь открывшийся магазин
neugeschaffenen	*или* neu geschaffenen	вновь созданный
die neugeschaffenen Anlagen	*или* die neu geschaffenen Anlagen	вновь созданные сооружения, установки, агрегаты; строения
neuvermählt	neu vermählt	снова вступивший, ...ая в брак

по-прежнему: neuvermählt вступивший в брак только что

| der/die Neuvermählte | *или* der/die neu Vermählte | новобрачный, ...ая |
| die Neuvermählten | *или* die neu Vermählten | новобрачные, молодожёны |

по-старому	по-новому	
New Yorker	*или* New-Yorker	нью-йоркский
nichtleitend	*или* nicht leitend	непроводящий, диэлектрический
nichtrostend	*или* nicht rostend	нержавеющий, некорродирующий
nichtorganisiert	*или* nicht organisiert	не являющийся членом организации, неорганизованный; беспартийный
nichtssagend	*или* nichts sagend	ничего не говорящий, не значащий, бессодержательный; незначительный; ни к чему не обязывающий
nichtsahnend	*или* nichts ahnend	ничего не подозревающий
nicht selbständig/ nichtselbständig	*или* nicht selbstständig/ nichtselbstständig	несамостоятельный, зависимый неавтономный
der/die Nichtberufstätige	*или* der/die nicht Berufstätige	неработающий, …ая
der/die Nichtgeschäftsfähige	*или* der/die nicht Geschäftsfähige	недееспособный,…ая *(юр.)*
das Nichtgewünschte	*или* das nicht Gewünschte	нетребуемое, ненужное
das Nichtzutreffende	*или* das nicht Zutreffende	неподходящее, ненужное
das Nichtzutreffende streichen	*или* das nicht Zutreffende bitte streichen	ненужное зачеркнуть *(на бланке)*
der/die Nichtseßhafte	der/die Nichtsesshafte	кочевник, … ца
Die Sitzung war nicht öffentlich.	*или* Die Sitzung war nichtöffentlich.	Заседание было закрытым.
Das Schreiben ist nicht amtlich.	*или* Das Schreiben ist nichtamtlich.	Письмо неофициальное.
das Nicht-zustande-Kommen	das Nicht-zu-Stande-Kommen	неосуществление, невозникновение, невыполнение
nichtkriegführend	*или* nicht Krieg führend	невоюющий, не участвующий в войне; нейтральный
die nichtkriegführenden Parteien	*или* die nicht Krieg führenden Parteien	невоюющие, не участвующие в войне; нейтральные стороны/партии
hoch und nieder	Hoch und Nieder	каждый, всякий, все без исключения
etwas niedrig hängen	etwas niedrighängen	считать *(что-л.)* менее важным
etwas niedriger hängen	etwas niedrigerhängen	считать *(что-л.)* ещё менее важным
die niedriggesinnten Gegner	*или* die niedrig gesinnten Gegner	низменные противники
die niedrigstehende Sonne	*или* die niedrig stehende Sonne	стоящее низко солнце
die Niß *(устар.)*	die Niss *(чаще die Nisse)*	гнида *(вши)*
noch mal	*или* nochmal	ещё раз *(разг.)*
die No-future-Generation	die No-Future-Generation	потерянное поколение; поколение без будущего
der No-name-Produkt	der No-Name-Produkt/ Nonamenprodukt	товар без марки и указания производителя
das No-profit-Unternehmen	das No-Profit-Unternehmen/ Noprofitunternehmen	предприятие, работающее без прибыли
notleidend	*или* Not leidend	бедствующий
die notleidende Bevölkerung	*или* die Not leidende Bevölkerung	бедствующее население
not tun	nottun	нужно, необходимо, требуется
der Normenausschuß	der Normenausschuss	комитет по нормам и стандартам
not sein, not werden	Not sein, Not werden *(уст.)*	требоваться, быть нужным
Not tun	nottun	требоваться, быть нужным

по-старому	по-новому	
eine Verordnung, die not tut	eine Verordnung, die nottut	распоряжение, которое требуется
Null Komma nichts	null Komma nichts	ноль целых шиш десятых
in Null Komma nichts	in null Komma nichts	мгновенно, в один момент, в мгновение ока
Nummer Null	Nummer null	уборная, клозет *(уст.)*
Stunde Null	Stunde null	час „Ч" *(воен.)*; *(перен.)* начало *(какого-л. периода, состояния)*
Er fing wieder bei Null an.	Er fing wieder bei null an.	Он снова начал с нуля.
Das Thermometer steht auf Null	Das Thermometer steht auf null.	Термометр стоит на нуле.
Die Temperatur sinkt unter Null.	Die Temperatur sinkt unter null.	Температура падает ниже нуля.
Seine Stimmung sank unter Null.	Seine Stimmung sank unter null.	Его настроение очень упало.
Der Zeiger steht auf Null.	Der Zeiger steht auf null.	Стрелка стоит на нуле.
die Nullage	die Nulllage/ Null-Lage	нулевое, нейтральное положение
der Nulleiter	der Nullleiter/ Null-Leiter	нулевой провод *(электр.)*
die Nullösung	die Nulllösung/ Null-Lösung	нулевое решение
numerieren	nummerieren	(про)нумеровать
die Numerierung	die Nummerierung	нумерация
die Nuß	die Nuss	орех
der Nußbaum	der Nussbaum	ореховое дерево
das Nußbaumholz	das Nussbaumholz	ореховое дерево *(материал)*
nußbraun	nussbraun	ореховый *(о цвете)*
das Nüßchen	das Nüsschen	орешек
die Nußfüllung	die Nussfüllung	ореховая начинка
der Nußknacker	der Nussknacker	щипцы для орехов; щелкунчик; Щелкунчик *(в сказке)*
der Nußkuchen	der Nusskuchen	пирог с орехами
das Nußöl	das Nussöl	ореховое масло
wie einen Nußsack prügeln	wie einen Nusssack/ Nuss-Sack prügeln	лупить *(кого-л. как сидорову козу, разг.)*
die Nußschale	die Nussschale/Nuss-Schale	ореховая скорлупа
der Nußschinken	der Nussschinken/ Nuss-Schinken	солёный и копченый свиной рулет
die Nußschokolade	die Nussschokolade/ Nuss-Schokolade	шоколад с ореховой начинкой
der Nußstrudel *(ю.-нем.)*	der Nussstrudel/Nuss-Strudel	штрудель с орехами
die Nußtorte	die Nusstorte	ореховый торт

O

по-старому	по-новому	
O-beinig	*или* o-beinig	кривоногий, с ногами колесом
obenaufschwingen/ obenausschwingen	obenauf schwingen/ obenaus schwingen *(швейц.)*	взять верх *(над кем-л.)*
der/die Obenerwähnte	*или* der/die oben Erwähnte	вышеупомянутый, …ая
der/die Obengenannte	*или* der/die oben Genannte	вышеназванный, …ая
er/die Obenstehende	*или* der/die oben Stehende	вышестоящий, …ая

по-старому	по-новому	
das Obergeschoß	das Obergeschoss *(в Авст. с ß)*	верхний этаж
obriges gilt auch …	Obriges gilt auch …	вышеупомянутое касается также …
offenbleiben	offen bleiben	оставаться открытым *(об окне …)*
offenstehen	offen stehen	быть открытым *(об окне и т.д.)*
offenlassen (das Fenster)	offen lassen (das Fenster)	оставлять открытым *(окно)*
O-förmig	*или* o-förmig	овальный
des öfter(e)n	des Öfter(e)n	часто, неоднократно, нередко
der Ölmeßstab	der Ölmessstab	щуп для определения уровня масла
das Ohmsche Gesetzt	das ohmsche/Ohm'sche Gesetz	закон Ома
der ohmsche Widerstand	*или* der Ohm'sche Widerstand	омическое сопротивление
der Onestep	der Onestepp	уанстеп *(танец)*
das Open-air-Festival	das Open-Air-Festival	фестиваль на открытом воздухе
die Ordonnanz	*или* die Ordonanz	ординарец; *(уст.)* распоряжение
die Orthographie	*или* die Orthografie	орфография
der Oszillograph	*или* der Oszillograf	осциллограф

Р

по-старому	по-новому	
ein paarmal	*или* ein paar Mal	несколько раз
der Panther	*или* der Panter	пантера, барс
der Pantherfell	*или* der Panterfell	мех, шкура пантеры, барса
die papierverarbeitende Industrie	*или* die Papier verarbeitende Industrie	бумагоперерабатывающая промышленность
das Pappmaché	*или* das Pappmaschee	папье-маше
das Pappplakat	*или* das Papp-Plakat	плакат, афиша из картона
der Paragraph	*или* der Paragraf	параграф
paragraphenweise	*или* paragrafenweise	по параграфам, по статьям; по пунктам, постатейно
parallellaufend	*или* parallel laufend	параллельный, идущий параллельно
parallelschalten	parallel schalten	соединять/включать параллельно *(электр.)*
parallelgeschaltet	*или* parallel geschaltet	соединенные параллельно
die Parkinson-Krankheit	*или* die Parkinsonkrankheit	болезнь Паркинсона
die Parkinsonsche Krankheit	die parkinsonsche/ Parkinson'sche Krankheit	
die Paranuß	die Paranuss	южный орех *(от названия штата Пара в Бразилии)*
der Parlamentsausschuß	der Parlamentsausschuss	парламентская комиссия
der Parlamentsbeschluß	der Parlamentsbeschluss	решение, постановление парламента
der Parnaß	der Parnass	Парнас *(гора в Греции – мифическая обитель бога Аполлона и муз); (перен.)* парнас *(собирательно о поэтах)*
den Parnaß besteigen	den Parnaß besteigen	взойти на Парнас *(стать поэтом)*
der Parteikongreß	der Parteikongress	партийный съезд
der Parteitagsbeschluß	der Parteitagsbeschluss	партийное постановление
der Paß	der Pass	паспорт; перевал; передача *(спорт.)*
das Paßbild/das Paßfoto	das Passbild/das Paßfoto	фотография для паспорта/ на паспорт
die Paßform	die Passform	хороший покрой *(платья)*
der Paßgang	der Passgang	иноходь
der Paßgänger	der Passgänger	иноходец *(лошадь)*

по-старому	по-новому	
paßgenau	passgenau	соответствующий/подходящий по размеру
paßgerecht	passgerecht	подходящий, пригнанный
die Paßkontrolle	die Passkontrolle	паспортный контроль
das Paßamt	das Passamt	паспортное бюро
die Paßstelle	die Passstelle/ Pass-Stelle	паспортный стол; паспортный отдел
die Paßstraße	die Passstraße/ Pass-Straße	перевал, горная дорога
die Paßhöhe	die Passhöhe	наивысшая точка (горного) перевала
paßwärts	passwärts	в направлении перевала
das Paßwort	das Passwort	пароль; шифр, код (замков сейфов)
paßwortgeschützt	passwortgeschützt	защищено паролем
der Paßzwang	der Passzwang	обязательная паспортизация
Das paßt wie die Faust aufs Auge.	Das passte wie die Faust aufs Auge.	Это подходит как корове седло.
Der Anzug paßte ihm wie angegossen.	Der Anzug passte ihm wie angegossen.	Костюм сидел на нём как влитой.
Alle Koffer haben ins Auto gepaßt.	Alle Koffer haben ins Auto gepasst.	Все чемоданы поместились в машине.
Der Ring hat an den Finger gepaßt.	Der Ring hat an den Finger gepasst.	Кольцо на палец подошло.
Das Hemd hat gut gepaßt.	Das Hemd gut gepasst.	Рубашка хорошо подошла.
Er hat gut gepaßt.	Er hat gut gepasst.	Он дал хороший пас (футбол).
Das ist passé.	или Das ist passee.	Это уже не актуально.
Patsch(e)naß	patsch(e)nass	промокший до нитки/насквозь
den Gegner patt setzen	или den Gegner pattsetzen	поставить пат; попасть в патовое положение (о короле и т.д.)
der Paukenschlegel	der Paukenschlägel	колотушка литавр
der Paying guest	der Paying Guest	кто живет в семье как гость, но платит за питание и проживание
die Pawlowschen Hunde	die pawlowschen/ Pawlow'schen Hunde	собаки Павлова
der Perlitguß	der Perlitguss	литейный, перлитный чугун
Periklische Verwaltung	periklische Verwaltung	правление Перикла
die Personenschiffahrt	die Personenschifffahrt	перевозка пассажиров водным транспортом
der Personalcomputer	der Personal Computer	персональный компьютер
persöhlichkeitsbewußt	persöhlichkeitsbewusst	обладающий чувством собственного достоинства
der Petitionsausschuß	der Petitionsausschuss	комитет по рассмотрению жалоб
die Pfeffernuß	die Pfeffernuss	маленький круглый пряник
das Pferdegebiß	das Pferdegebiss	удила
pflichtbewußt	pflichtbewusst	сознающий свой долг
das Pflichtbewußtsein	das Pflichtbewusstsein	сознание своего долга
der Pfostenschuß	der Pfostenschuss	удар в боковую штангу (футбол)
pfui rufen	или Pfui rufen	возмущаться, выражать презрение
10pfünder	10-Pfünder (Zehnpfünder)	весом в 10 фунтов
10pfündig	10-pfündig	десятифунтовый
das Phon	или das Fon	фон (единица уровня громкости звука)
das Phonem	или das Fonem	фонема (лингв.)
die Phonetik	или die Fonetik	фонетика

по-старому	по-новому	
der Phonetiker	или der Fonetiker	фонетист
phonetisch	или fonetisch	фонетический
phonisch	или fonisch	фонический; звуковой
das Phonogramm	или das Fonogramm	фонограмма
das Phonometer	или das Fonometer	фонометр
die Phonotechnik	или die Fonotechnik	фонотехника
die Phonothek	или die Fonothek	фонотека
die Phonzahl	или die Fonzahl	громкость звука (в фонах)
der Photoeffekt	или der Fotoeffekt	фотоэффект
das Photoelement	или das Fotoelement	фотоэлемент
die Photogravüre	или die Fotogravüre	фотогравюра
das Photometer	или das Fotometer	фонометр
das Photon	или das Foton	фотон
die Photosynthese	или die Fotosynthese	фотосинтез (бот.)
die Phototherapie	или die Fototherapie	фототерапия, лечение светом
die Photozelle	или die Fotozelle	фотоэлемент
Er konnte nicht mehr pieps sagen.	или Er konnte nicht mehr Pieps sagen.	Он не мог больше вымолвить ни слова; у него язык не ворочался (о пьяном)
Ehe du pieps sagst …	или Ehe du Pieps sagst …	И глазом не успеешь моргнуть.
das Pikas	das Pikass/ Pik-Ass	пиковый туз (карт.)
die Pinnadel	die Pinnnadel/ Pinn-Nadel	кнопка
der Piß	der Piss	моча (разг.)
die Pimpernuß	die Pimpernuss	клекачка (бот.)
der Personalcomputer	der Personal Computer	персональный компьютер
er pißt	er pisst	он мочится (разг.)
der Pistolenschuß	der Pistolenschuss	выстрел из пистолета
pitschnaß/ pitsch(e)patsch(e)naß	pitschnass/ pitsch(e)patsch(e)nass	промокший до нитки (разг.)
die Platitüde	die Plattitüde / Platitude	пошлость; плоская шутка
platt machen	plattmachen	разрушить, сравнять с землёй (разг.)
eine Konferenz platzen lassen	или eine Konferenz platzenlassen	сорвать конференцию
das Playback (англ.)	или das Play-back	воспроизведение (записи)
das Playbackverfahren	или das Play-back-Verfahren	съёмка/исполнение под фонограмму
das Play-off	или das Playoff	система отборочных игр
die Play-off-Runde	или das Playoffrunde	круг отборочных игр
platzsparend	или Platz sparend	компактный; занимающий/ требующий мало места
plazieren	platzieren	поместить; занять место (спорт.)
die Plazierung	die Platzierung	размещение, помещение
pleite gehen	pleitegehen	разориться; обанкротиться
das Pökelfaß	das Pökelfass	чан, бочка, кадка для посола
die Polesje	или die Polessje	Полесье
polyphon	или polyfon	полифонический; многоголосый (муз.)
die Poliphonie	или die Polifonie	полифония
die Pornographie	или die Pornografie	порнография
das Portemonnaie	или das Portmonee	портмоне
Potemkinsche Dörfer	или potemkinsche Dörfer/ Potemkin'sche Dörfer	„потемкинские деревни" (инсценировка благополучия)
das Potential	или das Potenzial	потенциал

по-старому	по-новому	
potentiell	*или* potenziell	потенциальный
potthäßlich *(разг.)*	potthässlich	очень некрасивый, уродливый; скверный, мерзкий, гнусный
präferentiell	*или* präferenziell	преимущественный, преферентный
так как die Präferenz предпочтение, преимущество; льгота; преференция; приоритет		
einen Sack prall füllen	*или* einen Sack prallfüllen	*(туго)* набить мешок
der Praß *(уст.)*	der Prass	*(старый)* хлам
du/er, sie praßt	du/er, sie prasst	ты кутишь/он, она кутит
er praßte	er prasste	он кутил
Er hat gepraßt.	Er hat geprasst.	Он кутил.
preisbewußt einkaufen	preisbewusst einkaufen	разумно делать покупки
der Preisnachlaß	der Preisnachlass	скидка *(с цены)*
der Prellschuß	der Prellschuss	рикошет
preß decken	press decken *(англ., спорт.)*	вплотную прикрывать игрока
der Preßball	der Pressball *(футбол)*	одновременный труднопредсказуемый удар двух игроков по мячу
die Preßform	die Pressform	пресс-форма *(тех.)*
das Preßglas	das Pressglas	прессованное стекло
das Preßguß	das Pressguß	литьё под давлением *(тех.)*
das Preßgut	das Pressgut	прессуемый материал
der Preßharz	der Pressharz	прессовочная смола
die Preßhefe	die Presshefe	прессованные дрожжи
das Preßholz	das Pressholz	прессованная древесина
der Preßling	der Pressling	брикет; прессованное изделие
die Preßluft	die Pressluft	сжатый воздух *(тех.)*
die Preßkohle	die Presskohle	угольный брикет
der Preßkopf	der Presskopf	белый зельц *(вид колбасы)*; *(тех.)* нагнетательная головка *(насадка)*
der Preßluftbohrer	der Pressluftbohrer	пневматический бур
die Preßluftflasche	die Pressluftflasche	баллон для сжатого воздуха
der Preßlufthammer	der Presslufthammer	пневматический молоток
der Preßsack	der Presssack/Press-Sack	зельц *(кул.)*
der Preßschlag	der Pressschlag/ Press-Schlag	одновременный удар двух игроков по мячу *(футбол)*
der Preßspan	der Pressspan/Press-Span	прессшпан *(тех.)*
die Preßspanplatte	die Pressspanplatte/ Press-Spanplatte	древесно-стружечная плита *(ДСП)*
der Preßstoff	der Pressstoff/Press-Stoff	прессовочный, прессованный материал; пластмасса *(тех.)*
das Preßstroh	das Pressstroh/Press-Stroh	прессованная солома
du preßt	du presst	ты выжимаешь
Er preßt Äpfel.	er presst	Он выжимает яблочный сок.
Er preßte eine Zitrone.	Er presste eine Zitrone.	Он выжимал сок лимона.
Er hat Trauben gepreßt.	Er hat Trauben gepresst.	Он выжал виноградный сок.
die Preßluftflasche	die Pressluftflasche	баллон для сжатого воздуха
die Preßwehen	die Presswehen	схватки, потуги *(при родах)*
die Preßwurst	die Presswurst	зельц *(кул.)*
die Pressure-group	die Pressure-Group	влиятельная группа, оказывающая давление на парламент, правительство
frisch gepreßter Saft	frisch gepresster Saft	свежевыжатый сок
preziös	*или* pretiös *(фр.)*	напыщенный, манерный

по-старому	по-новому	
	die Prime time/Prime Time	прайм-тайм *(время, когда теле-аудитория достигает максимума); время наиболее эффективной рекламы (19.00–23.00)*
die Prinzeß *(уст.)*	die Prinzess	принцесса
die Prinzeßbohne	die Prinzessbohne	овощная фасоль; бобы спаржевые
das Prinzeßkleid	das Prinzesskleid	платье принцессы
privatversichert	*или* privat versichert	индивидуально застрахованный
der Verkauf an Privat	der Verkauf an privat	продажа *(чего-л.)* частным лицам
der Kauf von Privat	der Kauf von privat	покупка *(чего-л.)* частными лицами
probefahren	Probe fahren	делать пробную поездку
probelaufen	Probe laufen	пробежать на пробу; проводить контрольный забег
die Maschine probelaufen lassen	die Maschine Probe laufen lassen	сделать пробный запуск; запустить машину для проверки работы
probeschreiben	Probe schreiben	писать пробную письменную работу; дать образец почерка
probesingen	Probe singen	петь на пробу
probeturnen	Probe turnen	делать пробное гимнастическое упражнение
das Problembewußtsein	das Problembewusstsein	способность понимать проблемы; восприятие стоящих проблем
der Produktionsprozeß	der Produktionsprozess	производственный процесс
der Profeß	der Profess	постриженик, постриженец *(постриженный в монахи)*
die Profeß	die Profess	монашеский обет
ein profitbringendes Geschäft	*или* ein Profit bringendes Geschäft	дело, занятие, бизнес, приносящий прибыль
die Programmusik	die Programmmusik/ Programm-Musik	программная музыка *(инструментальная музыка, используемая в немузыкальных программах, а именно из области кино, искусства, истории и т.д.)*
programmäßig	programmäßig	соответствующий программе, плану; по программе, по плану
der Progreß	der Progress	прогресс
10prozentig *(10%ig)*	10-prozentig *(10%ig)*	десятипроцентный
der Prozeß	der Prozess	процесс
die Prozeßakte	der Prozessakte	делопроизводство по судебному процессу, дело суда
die Prozeßkosten	die Prozesskosten	судебные издержки
der/die Prozeßbevollmächtigte	der/die Prozessbevollmächtigte	уполномоченный, …ая по ведению судебного процесса
die Prozeßfähigkeit	die Prozessfähigkeit	гражданско-процессуальная правоспособность *(юр.)*
die prozeßführenden Parteien	die prozessführenden Parteien	участники судебного процесса
der/die Prozeßbeteiligte	der/die Prozessbeteiligte	участник, …ца судебного процесса
der Prozeßgegner	der Prozessgegner	противная сторона *(в суд. процессе)*

по-старому	по-новому	
die Prozeßordnung	die Prozessordnung	устав судопроизводства
die Prozeßpartei	die Prozesspartei	сторона в гражданском процессе
der Prozeßrechner	der Prozessrechner	управляющее вычислительное устройство, процессор в системе управления
das Prozeßrecht	das Prozessrecht	процессуальное право
die Prozeßvollmacht	die Prozessvollmacht	судебная доверенность
publik machen	*или* publikmachen	обнародовать, опубликовать *(что-л.)*
pudelnaß	pudelnass	промокший до костей; мокрый как мышь *(здесь: пудель)*
das Pulverfaß	das Pulverfass	пороховая бочка
pußlig	pusslig	милый; нежный, мягкий *(на ощупь)*
pusselig	*или* pusslig	милый; нежный, мягкий *(на ощупь)*
ich pussele	*или* ich pussle *(чаще)*	я мастерю, корплю, копаюсь, вожусь
die Pythagoreische Philosophie	die pythagoreische Philosophie	философия Пифагора

Q

die Quadrophonie	*или* die Quadrofonie	квадрофония *(радио)*
qualitätsbewußt	qualitätsbewusst	с сознательным отношением к качеству *(выполняемой работы)*
der Quartal(s)abschluß	der Quartal(s)abschluss	конец квартала, подведение итогов за квартал, квартальный отчёт
der Quartalschluß	der Quartalschluss	конец квартала
der Quellfluß	der Quellfluss	река, образуемая/питаемая источниками/родниками *(гидр.)*
ein quergestreifter Pullover	*или* ein quer gestreifter Pullover	пуловер, свитер в косую полоску; поперечно-полосатый пуловер
das Quentchen	das Quäntchen	крупица, немного
der Querpaß	der Querpass	поперечная передача *(футбол и др.)*
der Querschuß	der Querschuss	поперечный удар *(футбол и др.)*; срыв *(чьего-л. плана, намерения)*
der Quickstep	der Quickstepp	квикстеп *(танец)*

R

по-старому	по-новому	
radfahren	Rad fahren	ездить, кататься на велосипеде
die radfahrenden Kinder	*или* die Rad fahrenden Kinder	дети, катающиеся на велосипеде
der Radikalenerlaß	der Radikalenerlass	постановление о радикальных элементах *(ограничивающее деятельность экстремистских организаций ФРГ)*
radschlagen	Rad schlagen	кувыркаться, ходить колесом

die Raffaelische Madonne	die raffaelische Madonne	(*Сикстинская*) мадонна Рафаэля
die Rammaschine	die <u>Rammmaschine</u>/ Ramm-Maschine	джин (*машина для обработки хлопка*)
zu Rande kommen	*или* <u>zurande</u> kommen *mit D*	(*с кем-л.*) поладить (*разг.*)
Raketenabschußrampe	die Raketenabschussrampe	пусковая (*ракетная*) установка
der Rassenhaß	der Rassenhass	расовая ненависть
Ich raßle durch die Prüfung.	Ich rassle durch die Prüfung.	Я (*с треском*) проваливаюсь на экзамене.
sich rar machen	sich rarmachen	редко появляться, не показываться на глаза
die <u>Rasiercreme</u>	*или* die Rasierkreme	крем для бритья
der Raßler	der Rassler	кулик-воробей
zu Rate ziehen	*или* <u>zurate</u> ziehen	посоветоваться с кем-л.
Räterußland (*ист.*)	Räterussland	Советская Россия (*название в первые годы существования РСФСР*)
der Ratsbeschluß	der Ratsbeschluss	постановление совета
der Ratschluß	der Ratschluss (*чаще перен.*)	решение, постановление, приговор
nach Gottes Ratschluß	nach Gottes Ratschluss	по воле божьей (*высок.*)
ratsuchend	*или* <u>Rat suchend</u>	ищущий совета, обращающийся за советом
der/die <u>Ratsuchende</u>	*или* der/die Rat Suchende	ищущий совета, посетитель, клиент (*например, в юридической консультации*)
sich ratsuchend an j-n wenden	*или* sich <u>Rat suchend</u> an j-n wenden	обратиться (*к кому-л.*) за советом
das Rauchfaß	das Rauchfass	кадило
rauh	rau	шершавый
rauhen	rauen	делать шероховатым (*что-л.*), ворсовать (*текст.*)
die Rauherei	die Rauerei	ворсование; ворсовальный цех
die Rauhbank	die Raubank	фуганок
der Rauhbauz	der Raubauz	грубиян (*разг.*)
der Rauhhaardackel	der Rauhaardackel	жесткошерстная такса
rauhhaarig	rauhaarig	жесткошерстный
rauhbauzig	raubauzig	грубый (*человек*)
das Rauhbein	das Raubein	грубиян (*разг., внешне грубый, но, в сущности, душевный человек*)
rauhbeinig	raubeinig	неотёсанный, грубый (*разг.*)
rauhborstig	rauborstig	щетинистый; неотёсанный, грубый
das Rauhfutter	das Raufutter	объёмный фураж, грубый корм
die Rauhigkeit	die Rauigkeit	шероховатость, неровность; жёсткость, грубость
der Rauhreif	der Raureif	изморозь
die Rauhnächte	die Raunächte	святочные ночи (*между Рождеством и Днём трёх волхвов*)
die Rauhfaser	die Raufaser	грубое волокно
die Rauhfasertapete	die Raufasertapete	грубоволокнистые обои для внутренней отделки
der Rauhfrost	der Raufrost (*ю.-нем.*)	изморозь
der Rauhputz	der Rauputz	наброска, первый штукатурный намёт

по-старому	по-новому	
die Rauhwacke	die Rauwacke	пещеристый доломит
die Raumschiffahrt	die Raumschifffahrt/ Raumschiff-Fahrt	космонавтика
raumsparend	*или* Raum sparend	экономящий место; компактный, малогабаритный
raumsparende Bauweise	*или* Raum sparende Bauweise	компактная конструкция (*тех.*); экономный способ застройки (*стр.*)
der Rausschmiß	der Rausschmiss (*разг.*)	выставление (*кого-л. за дверь*)
recht haben	*или* Recht haben	быть правым
recht behalten	*или* Recht behalten	оказаться правым (*в споре*)
recht bekommen	*или* Recht bekommen	оказаться правым; выиграть дело
j-m recht geben	*или* j-m Recht geben	признать правоту
recht daran tun	*или* Recht daran tun	поступать правильно
rechtsaußen spielen	rechts außen spielen	играть правым крайним (*нападающим, спорт.*)
der Rechtsausschuß	der Rechtsausschuss	юридический комитет
ein rechts abbiegendes Fahrzeug	*или* ein rechtsabbiegendes Fahrzeug	автомобиль, поворачивающий направо
rechtsstehende Parteien	*или* rechts stehende Parteien	правые, реакционные партии
Rechtens sein	rechtens sein	быть справедливым/законным
Das ist Rechtens.	Das ist rechtens.	Это справедливо/законно.
Die Kündigung war Rechtens.	Die Kündigung war rechtens.	Увольнение было справедливым/ законным.
das Rechtsbewußtsein	das Rechtsbewusstsein	правосознание
der Redaktionsschluß	der Redaktionsschluss	подписание (*номера, книги*) в печать
das Regenfaß	das Regenfass	бочка для дождевой воды
der Regenguß	der Regenguss	ливень
regennaß	regennass	мокрый от дождя
der Regionalexpreß	der Regionalexpress	региональный экспресс
der Regreß	der Regress	регресс
der Regreßanspruch	der Regressanspruch	регрессная претензия (*страх.*)
die Regreßpflicht	die Regresspflicht	обязанность возмещения убытков (*по регрессному иску*)
regreßpflichtig	regresspflichtig	обязанный возместить убытки (*по регрессному иску*)
arm und reich	Arm und Reich	бедные и богатые; все без разбора
j-n reich machen	j-n reichmachen	сделать богатым, обогатить (*кого-л.*)
reichgeschmückt	*или* reich geschmückt	богато украшенный
ein reichgeschmückter Altar	*или* ein reich geschmückter Altar	богато украшенный алтарь
reichverziert	*или* reich verziert	богато украшенный, отделанный
reichverzierte Fassaden	*или* reich verzierte Fassaden	богато отделанные фассады
der Reifungsprozeß	der Reifungsprozess	процесс созревания, спелости
im reinen sein mit etwas	im Reinen sein mit etwas	ясно представлять себе (*что-л.*)
ins reine bringen	ins Reine bringen	выяснить, урегулировать (*что-л.*)
ins reine kommen	ins Reine kommen	разобраться в себе; обрести душевый покой
ins reine schreiben	ins Reine schreiben	писать начисто/набело (*что-л.*)

по-старому	по-новому	
das Zimmer rein machen	*или* das Zimmer reinmachen	убирать комнату
die Wäsche rein waschen	*или* die Wäsche reinwaschen	постирать бельё
der Reisepaß	der Reisepass	заграничный паспорт
der Reißverschluß	der Reißverschluss	молния (*застежка*)
das Reißverschlußsystem	das Reißverschlusssystem/ Reißverschluss-System	система застёжек-молний
der Renkverschluß	der Renkverschluss	байонетный запор
der Reschenpaß	der Reschenpass	Решен (*горный перевал в Тирольских Альпах*)
respekteinflößend	*или* Respekt einflößend	внушающий уважение
respekteinflößende Persönlichkeit	*или* Respekt einflößende Persönlichkeit	личность, внушающая уважение
der Rettungsschuß	der Rettungsschuss	спасательный выстрел (*смертельный выстрел в преступника с целью спасения жертвы*)
der Rezeß	der Rezess	соглашение, полюбовная сделка, мировая; отказ (*от требований*)
der Rhein-Main-Donau-Großschiffahrtsweg	der Rhein-Main-Donau-Großschifffahrtsweg	магистральный водный путь „Рейн–Майн–Дунай"
die Rheinschiffahrt	die Rheinschiffahrt/ Rheinschiff-Fahrt	судоходство на Рейне; поездка на судне по Рейну
die Reinigungscreme	die Reinigungskreme	очищающий крем
die Richter-Skala	*или* die Richterskala	шкала Рихтера
Das ist genau das richtige für mich.	Das ist genau das Richtige für mich.	Это – именно то, что мне нужно.
eine richtig gehende Uhr	*или* eine richtiggehende Uhr	правильно идущие часы
das richtigste sein	das Richtigste sein	быть правильным (*о действиях*)
Es wäre das richtigste, wenn ich hier bleibe.	Es wäre das Richtigste, wenn ich hier bleibe.	Правильным было бы, если останусь здесь.
Die Uhrzeiger richtig stellen	*или* die Uhrzeiger richtigstellen	установить правильно стрелки часов
Er riß den Brief.	Er riss den Brief.	Он порвал письмо.
Der Riß	der Riss	трещина, царапина
rißfest	rissfest	стойкий к образованию трещин
aus dem rohen arbeiten	aus dem Rohen arbeiten	начерно сделать (*что-л.*)
im rohen fertig sein	im Rohen fertig sein	быть готовым/законченным вчерне
die Roheit	die Rohheit	грубость
das Rommé	*или* das Rommee	роме (*карточная игра*)
der Rolladen	der Rollladen/ Roll-Laden	жалюзи
das Rollback	*или* das Roll-Back	отбрасывание; вынужденный отход, отступление (*воен.*)
das Rooming-in	*или* das Roomingin	принцип ведения послеродового периода, когда мать и ребёнок постоянно находятся в одной палате

по-старому	по-новому	
das Roß	das Ross	конь
der Roßapfel	der Roßapfel	экскременты лошади,
(чаще мн.ч.)	*(ю.-нем., шутл.)*	конский навоз
die Roßbreiten	die Rossbreiten	„конские" широты *(широты субтропического максимума атмосферного давления, зона антипассатов)*
das Roßhaar	das Rosshaar	конский волос; конская грива
die Roßhaarmatratze	die Rosshaarmatratze	волосяной матрац
die Roßkastanie	die Rosskastanie	конский каштан *(бот.)*
der Roßkamm	der Rosskamm	скребница; барышник *(конский)*
die Roßkur	die Rosskur	грубый/варварский метод лечения
eine Roßkur überstehen	eine Rosskur überstehen	выдержать усиленную обработку; подвергнуться тяжелой операции
das Rößchen	das Rösshen	конёк; трещина; разрыв *(тест.)*
das Rößlein	das Rösslein	конёк
das Rößl	das Rössl	конёк
der Roßschlachter	der Rossschlachter	забойщик коней
der Roßschlächter	der Rossschlächter *(н.-нем.)*	забойщик коней
die Roßschlächterei	die Rossschlächterei	конская бойня
der Roßtäuscher	der roßtäuscher *(уст. Pferdehändler торговец лошадьми)*	*(уст.)* барышник *(конский)*, торговец лошадьми; *(перен.)* шарлатан, жулик
die Roßtäuscherei	die Rosstäuscherei	шарлатанство; жульничество
der Roßtäuschertrick	der Rosstäuschertrick	шарлатанство; шарлатанский трюк
die Roßtrappe	die Rosstrappe	Росстраппе *(скала в горах Гарц)*
Die Stute roßt.	Die Stute rosst.	У кобылы течка.
eine rösigweiße Blüte	eine rösig weiße Blüte	розово-белый цветок
rote Be(e)te	Rote Be(e)te	свёкла
rote Johannisbeeren	Rote Johannisbeeren	красная смородина
die rote Liste	die Rote Liste	Красная книга
die rote Karte	*или* die <u>Rote</u> Karte	красная карточка
der rote Planet *(Mars)*	der Rote Planet	красная планета *(Марс)*
rotgestreift	*или* <u>rot gestreift</u>	в красную полоску
ein rotgestreiftes Hemd	*или* ein <u>rot gestreiftes</u> Hemd	рубашка в красную полоску
sich die Augen <u>rot weinen</u>	*или* sich die Augen rotweinen	иметь заплаканные глаза
rotgeweinte Augen	*или* <u>rot geweinte</u> Augen	заплаканные глаза
sich die Haut <u>rot scheuern</u>	*или* sich die Haut rotscheuern	натереть кожу докрасна *(мочалкой, щёткой)*
rotglühend	*или* <u>rot glühend</u>	раскалённый докрасна; нагретый до красного каления
die rotglühende Sonne	*или* die <u>rot glühende</u> Sonne	раскалённое солнце
der Rotguß	der Rotguss	красное литьё; литейная бронза
der Roteturmpaß	der Roteturmpass	перевал Турну Рошу *(Красная Башня в Карпатах)*
rötlichbraun	rötlich braun	красновато-коричневый; красновато-бурый
der <u>Roulettetisch</u>	*или* Rouletttisch/Roulett-Tisch	рулеточный стол

по-старому	по-новому	
der Round table	der Round Table	круглый стол
das Round-table-Gespräch	das Round-Table-Gespräch (= ein G. am runden Tisch)	беседа/переговоры за круглым столом
rückenschwimmen	или Rücken schwimmen	плавать на спине
die Rubensschen Gemälde	die rubensschen/Rubens'schen Gemälde	картины Рубенса
der Rückfluß	der Rückfluss	обратное течение, отток
der Rückfluß des Kapitals	der Rückfluss des Kapitals	обратный приток капитала (эк.)
der Rückpaß	der Rückpass	передача назад (спорт.)
der Rückschluß	der Rückschluss	заключение (от следствия к причине), вывод (о причине на основании следствия)

(aus etw. Rückschlüsse auf etw. ziehen судить на основании чего-л. о чем-л.)

rückwärts fahren	rückwärtsfahren	двигаться задним ходом
rückwärts gehen	rückwärtsgehen	пятиться задом, ухудшаться
der Ruhegenuß	der Ruhegenuss	пенсия (австр.)
ruhenlassen	или ruhen lassen	временно прекращать
ein Verfahren ruhenlassen	или ein Verfahren ruhen lassen	временно прекращать производство (дела, юр.)
Die Angelegenheit wird ihn nicht ruhen lassen.	или Die Angelegenheit wird ihn nicht ruhenlassen.	Это дело не оставит его в покое/ не даст ему покоя.
einen gebrochenen Arm ruhig stellen	или einen gebrochenen Arm ruhigstellen	иммобилизовать, обеспечить неподвижность сломанной руки
der Runderlaß	der Runderlass	циркуляр
einen Stein rund machen	или einen Stein rundmachen	округлять камень
Rußland	Russland	Россия
die Rush-hour (англ.)	die Rushhour (= die Hauptverkehrszeit)	часы пик, время наибольшей нагрузки (связи, транспорта)
das Russisch Brot	das Russischbrot	„русский хлебец" (сладкое печенье в виде букв или цифр)
auf gut russisch gesagt	auf gut Russisch gesagt	говоря на хорошем русском языке
der Rußki	der Russki	русский (дискриминированно для русского и русского солдата)
rußlanddeutsch	russlanddeutsch	немецкий русского происхождения
der/die Rußlanddeutsche	der/die Russlanddeutsche	немец/немка русского происхождения

S

по-старому	по-новому	
der Säbelraßler	der Säbelrassler	бряцающий оружием, ястреб (пер.)
der Saisonnier	или der Saisonier (авст., шв.)	сезонный рабочий
der Saisonschluß	der Saisonschluss	окончание сезона
der Sales-manager	der Salesmanager	начальник отдела сбыта; менеджер по сбыту
der Sales-promoter	der Salespromoter	специалист по сбыту
die Sales-promotion	die Salespromotion	продвижение товара
die Salk-Vakzine	или die Salkvakzine	вакцина Солка (против детского паралича, полиомиелита)
der Salutschuß	der Salutschuss	салют (выстрелами)
das Salzfaß	das Salzfass	солонка
der Samenerguß	der Samenerguss	извержение семени, эякуляция

по-старому	по-новому	
der Sammelanschluß	der Sammelanschluss	серийная линия (группа линий под одним и тем же номером)
die Sankt Gallener Einwohner	или die Sankt-Gallener Einwohner	жители Санкт-Галлена (кантон и город в Швейцарии)
sanktgallisch	sankt-gallisch	санкт-галленский
der Sanmarinese	der San-Marinese	житель Сан-Марино
sanmarinesisch	san-marinesisch	сан-маринский
der Sarraß	der Sarrass	сабля с тяжелым клинком
der Saß	der Sass	заячья нора, лёжка; (уст.) владелец земли, помещик; местный
satt bekommen	sattbekommen (разг.)	надоесть
satt haben	satthaben	надоесть
sich satt hören	sich satthören	наслушаться (вдоволь)
satt machen	или sattmachen	насыщать
sich an etwas satt sehen	sich an etwas sattsehen	наглядеться (вдоволь)
sauberhalten	sauber halten	держать в чистоте, быть честным
saubermachen	или sauber machen	чистить, убирать
das Zimmer saubermachen	или das Zimmer sauber machen	убирать комнату
der Saudiaraber	der Saudi-Araber	саудовец, гражданин Саудовской Аравии
saudiarabisch	saudi-arabisch	саудовский
die Sauerstoffflasche	или die Sauerstoff-Flasche	кислородный баллон
der Säulenabschluß	der Säulenabschluss	капитель (архит.)
die Sauregurkenzeit	или die Saure-Gurken-Zeit	мёртвый сезон, летнее затишье (в политической деятельности)
der Säureüberschuß	der Säureüberschuss	избыток, излишек кислоты
sausenlassen	или sausen lassen	бросить какое-либо дело
der Saxophon	или der Saxofon	саксофон
sein Schäfchen ins trockene bringen	sein Schäfchen ins Trockene bringen	обеспечивать себя, устраивать свои делишки (разг.)
der Schah-in-schah	der Schah-in-Schah	шахиншах (монарх Ирана)
der Schalenguß	der Schalenguss	литьё в изложницах; кокильная отливка, кокильное чугунное литьё
die Schallehre	die Schalllehre/Schall-Lehre	акустика, учение о звуке
der Schalleiter	der Schallleiter/Schall-Leiter	проводник звука (физ.)
die Schalleitung	Schallleitung/Schall-Leitung	проведение звука (физ.)
das Schalloch	das Schallloch/Schall-Loch	резонансное отверстие (музыкального инструмента)
der Schalterschluß	der Schalterschluss	конец работы (билетных) касс, окошечек (на почте, вокзале и т.д.)
etwas auf das schärfste verurteilen	или etwas auf das Schärfste verurteilen	осудить (что-л.) строго, строжайшим образом
Man schaßte ihn. (schassen)	Man schasste ihn.	Его исключили (из уч. заведения), прогнали; сняли (с работы).
ein schattenspendender Baum	или ein Schatten spendender Baum	тенистое дерево
schätzenlernen	schätzen lernen	оценить (кого-л.), проникнуться уважением (к кому-л.)
Sie haben sich schätzengelernt.	Sie haben sich schätzen gelernt.	Они прониклись уважением друг к другу.

по-старому	по-новому	
schaudererregend	*или* Schauder erregend	внушающий ужас, пугающий
ein schaudererregend Vorfall	*или* ein Schauder erregender Vorfall	случай, инцидент; происшествие, внушающее ужас/отвращение
der Schauprozeß	der Schauprozess	показательный *(судебный)* процесс
Das Pferd ist scheckigbraun.	Das Pferd ist scheckig braun.	Лошадь пего-бурая *(с бурыми пятнами).*
Wir haben uns über ihn scheckig gelacht.	Wir haben uns über ihn scheckiggelacht.	Мы смеялись над ним до упаду *(разг.).*
ein scheelblickender Mensch	*или* ein scheel blickender Mensch	косоглазый; завистливый; недружелюбный человек
der Scheidungsprozeß	der Scheidungsprozess	бракоразводный процесс
scheinselbständig	*или* scheinselbstständig	мнимосамостоятельный
Scheinselbständigkeit	*или* Scheinselbstständigkeit	мнимая самостоятельность
das Schellenas	das Schellenass/ Schellen-Ass	бубновый туз *(карт.)*
die Pferde scheu machen	*или* die Pferde scheumachen	отпугивать, пугать лошадей
	Mach mir nicht die Pferde scheu!	Не наводи панику!
die Absätze schieftreten	*или* die Absätze schief treten	стаптывать каблуки
den Mund schief ziehen	*или* den Mund schiefziehen	скривить рот
er schoß	er schoss	он выстрелил
j-m die Zügel schießenlassen	*или* j-m die Zügel schießen lassen	дать полную волю *(кому-л.)*
Sie hat ihrem Sohn die Zügel schießenlassen. Jetzt hat er Schwierig-keiten mit der Polizei.	*или* Sie hat ihrem Sohn die Zügel schießen lassen. Jetzt hat er Schwierigkeiten mit der Polizei.	Она дала полную волю сыну. Сейчас у него проблемы с полицией.
Er hat seiner Fantasie am Kaminfeuer die Zügel schießenlassen.	*или* Er hat seiner Fantasie am Kaminfeuer die Zügel schießen lassen.	Он у камина предался своей фантазии.
seinen Begierden die Zügel schießen lassen	*или* seinen Begierden die Zügel schießen lassen	предаваться своим страстям
Er hat sich die Zügel schießenlassen.	*или* Er hat sich die Zügel schießen lassen.	Он вёл себя необузданно/ не знал удержу.
ein Projekt schießenlassen	*или* ein Projekt schießen lassen	отказаться от проекта
schlapp machen	*или* schlappmachen	разморить
Die Hitze hat uns schlapp gemacht.	*или* Die Hitze hat uns schlappgemacht.	Жара нас разморила.
die Schenke	*или* die Schänke	кабак, трактир
der Schenktisch/ der Schanktisch	*или* der Schänktisch/ der Schanktisch	буфет, стойка, бар, прилавок *(в пивной, закусочной)*
der Schenkwirt/ der Schankwirt	*или* der Schänkwirt/ der Schankwirt	хозяин пивной, трактирщик; кабатчик, шинкарь
die Schankstube	die Schänkstube	пивная, трактир, кабак, шинок
die Schenkwirtschaft	*или* die Schänkwirtschaft	пивная, трактир, кабак, шинок
schieftreten	*или* schief treten	стаптывать *(обувь)*

по-старому	по-новому	
den Mund schief ziehen	*или* den Mund schiefziehen	скривить рот
j-m, etwas die Zügel schießenlassen	*или* j-m, etwas die Zügel schießen lassen	дать полную волю *(кому-л.)*, предаться *(чему-л.)*
Er hat seiner Fantasie am Kaminfeuer die Zügel schießenlassen	*или* Er hat seiner Fantasie am Kaminfeuer die Zügel schießen lassen.	Он у камина предался своей фантазии.
seinen Begierden schießenlassen	*или* seinen Begierden schießen lassen	предаваться страстям
Er hat sich die Zügel schießenlassen.	*или* Er hat sich die Zügel schießen lassen.	Он вёл себя необузданно/не знал удержу.
ein Projekt schießenlassen	*или* ein Projekt schießen lassen	отказаться от проекта
die Schiffahrt	die Schifffahrt/Schiff-Fahrt	судоходство; рейс судна; поездка/путешествие на корабле
die Schiffahrtsgesellschaft	die Schifffahrtsgesellschaft	пароходство; судоходное общество, компания судовладельцев
das Schiffahrtsgericht	das Schifffahrtsgericht	судебная палата по делам судоходства; суд по делам судоходства
die Schiffahrtskunde	die Schifffahrtskunde	навигация, штурманское дело; искусство судовождения;
die Schiffahrtspolizei	die Schifffahrtspolizei	полиция, следящая за соблюдением правил судоходства
der Schiffahrtsrecht	der Schifffahrtsrecht	морское право
die Schiffahrtsstraße	die Schifffahrtsstraße	судоходный путь сообщения
der Schiffahrtsweg	der Schifffahrtsweg	морской путь; маршрут плавания
die Schiffläche	die Schifffläche/Schiff-Fläche	поверхность судна
die Schiller(i)schen Balladen	die schillerschen/ schillerischen/ Schiller'schen Balladen	баллады Шиллера
das Schippenas	das Schippenass/Schippen-Ass	пиковый туз, туз пик *(карт.)*
der Schiß	der Schiss	дерьмо *(груб.)*; страх
das Schlachtroß	das Schlachtross	боевой конь; *(уст.)* ратный конь
der Schlagfluß *(уст.)*	der Schlagfluss	апоплексия, апоплексический удар
die Schlammasse	die Schlammmasse/ Schlamm-Masse	месиво; вязкая грязь; грязь
schlank machen	*или* schlankmachen	стройнить, делать стройным
Du siehst, dass dieses Kleid schlank macht.	*или* Du siehst, dass dieses Kleid schlankmacht.	Ты видишь, что это платье худит/ стройнит.
sich schlau machen	sich schlaumachen *(разг.)*	получать информацию; осведомляться
alles schleifen lassen	*или* alles schleifenlassen *(разг.)*	больше ни о чём не заботиться, печалиться, огорчаться
schlechtgelaunt	*или* schlecht gelaunt	не в духе/в плохом настроении
schlechtgehen	*или* schlecht gehen	дела плохи
Es wird ihr sicher schlechtgehen.	*или* Es wird ihr sicher schlecht gehen.	У неё наверняка дела плохи/идут неудачно/ей наверняка приходится туго.
schlechtstehen	*или* schlecht stehen	дела обстоят плохо

по-старому	по-новому	
als es um das Studium <u>schlecht stand</u>	*или* als es um das Studium schlechtstand	когда дела с учёбой были плохи/ обстояли плохо
ein schlechtsitzender Anzug	*или* ein <u>schlecht sitzender</u> Anzug	плохо сшитый/сидящий костюм
schleimabgesonderte Zellen	*или* <u>Schleim abgesonderte</u> Zellen	отделённые от слизи/мокрот клетки
der Schleppinsel	der Schlepppinsel/ Schlepp-Pinsel	кисть, используемая в литографии (*способ печатания*)
die Schleppschiffahrt	die Schleppschifffahrt	буксирное судоходство
der Schlichtungs- ausschuß	der Schlichtungsausschuss	третейский суд; арбитражная (*согласительная*) комиссия
das schlimmste ist, daß du weggehst.	das Schlimmste ist, dass du weggehst.	Плохо, что ты уходишь.
Sie haben ihn auf das schlimmste getäuscht.	*или* Sie haben ihn auf das <u>Schlimmste</u> getäuscht.	Они очень сильно обманули/ завели его в заблуждение.
Sie schliß Federn.	Sie schliss Federn. (*schleißen*)	Она ощипывала перья.
der Schlitzverschluß	der Schlitzverschluss	щелевой затвор (*тех.*)
Er schloß die Tür.	Er schloss die Tür.	Он закрыл дверь.
das Schloß	das Schloss	замок, замок
der Schloßgarten	der Schlossgarten	дворцовый сад
der Schloßhof	der Schlosshof	замковый двор
wie ein Schloßhund heulen	wie ein Schlosshund heulen	выть, как собака, завывать; скулить; (*разг.*) ревмя реветь
die Schloßkirche	die Schlosskirche	дворцовая церковь
die Schloßruinen	die Schlossruinen	развалины замка
das Schlößchen	das Schlösschen	маленький замок; замочек
der Schloßherr	der Schlossherr	владелец замка
der Schloßpark	der Schlosspark	дворцовый парк
der Schluß	der Schluss	конец, окончание, вывод
die Schlußabstimmung	die Schlussabstimmung	окончательное согласование
der Schlußakkord	der Schlußakkord	последний аккорд (*муз.*)
der Schlußakt	der Schlussakt	последнее действие (*театр.*)
der Schlußball	der Schlussball	последний мяч
die Schlußbearbeitung	die Schlussbearbeitung	заключительная отделка поверхности
die Schlußbemerkung	die Schlussbemerkung	заключительное замечание
die Schlußbesprechung	die Schlussbesprechung	итоговое обсуждение, совещание
die Schlußbestimmungen	die Schlussbestimmungen	заключительная часть (*договора*); заключительные положения
die Schlußbilanz	die Schlussbilanz	заключительный баланс
das Schlußbild	das Schlussbild	заключительный кадр (*фильма*)
der Schlußbrief	der Schlussbrief	документ, подтверждающий основные условия сделки (*напр., купли-продажи*)
das Schlußdrittel	das Schlussdrittel	последний период игры (*хоккей*)
schlußendlich	schlussendlich	наконец, в конце концов (*рег.*)
die Schlußfeier	die Schlussfeier	заключительный праздник
schlußfolgern	schlussfolgern	делать вывод; подытоживать
die Schlußfolgerung	die Schlussfolgerung	вывод, заключение
die Schlußfolge	die Schlussfolge	вывод, заключение

по-старому	по-новому	
die Schlußfoformel	die Schlussformel	заключительная формула *(дипл. ноты; делового письма)*
das Schlußkapitel	das Schlusskapitel	последняя глава *(в книге)*
der Schlußkurs	der Schlusskurs	заключительный курс *(бирж.)*
das Schlußlicht	das Schlusslicht	задний свет; стоп-сигнал
die Schlußleuchte	die Schlussleuchte	задний свет; стоп-сигнал
der Schlußmann	der Schlussmann	бегущий на последнем этапе эстафеты; плывущий на последнем этапе
die Schlußnote	die Schlussnote	биржевая записка о заключении сделки
die Schlußnotierung	die Schlussnotierung	заключительная биржевая котировка
der Schlußpfiff	der Schlusspfiff	финальный свисток *(судьи)*
die Schlußphase	die Schlussphase	заключительная фаза
einen Schlußpunkt setzer	einen Schlusspunkt setzen	ставить точку, покончить
unter das Gewesene einen Schlußpunkt setzen	unter das Gewesene einen Schlusspunkt setzen	окончательно покончить с тем, что было/со старой ссорой
der Schlußsatz	der Schlusssatz/Schluss-Satz	последнее предложение *(текста)*; логический вывод; финал *(муз.)*
der Schlußsprung	Schlusssprung/Schluss-Sprung	соскок *(спорт.)*
der Schlußspurt	Schlussspurt/Schluss-Spurt	рывок перед финишем
die Schlußrechnung	die Schlussrechnung	тройное правило *(мат.)*; окончательный расчёт/счёт *(ком.)*
der Schlußredakteur	der Schlussredakteur	редактор, имеющий право подписи в печать; выпускающий редактор
das Schlußsignal	Schlusssignal/Schluss-Signal	сигнал окончания *(напр., радиопередачи)*
die Schlußsirene	Schlusssirene/Schluss-Sirene	
der Schlußstrein	der Schlussstrein/ Schluss-Stein	замковый кирпич/камень *(свода)*; завершение, завершающий этап
der Schlußstrich	Schlussstrich/Schluss-Strich	черта в конце рукописи, документа
einen Schlußstrich unter eine Rechnung ziehen	einen Schlussstrich unter eine Rechnung ziehen	подвести черту под *(каким-л.)* счётом, подвести итог
die Schlußverteilung	die Schlussverteilung	окончательное распределение конкурсной массы среди кредиторов
einen Schlußstrich (unter eine Sache) ziehen	einen Schlußstrich (unter eine Sache) ziehen	покончить с *(каким-л.)* делом
die Schlußszene	Schlussszene/Schluss-Szene	заключительная сцена *(спектакля)*
der Schlußverkauf	der Schlussverkauf	распродажа *(в конце сезона)*
das Schlußwort	das Schlusswort	заключительное слово
das Schlußzeichen	das Schlusszeichen	сигнал окончания *(напр., радиопередачи)*
der Schmerfluß	der Schmerfluss	текучесть смазки
Er schmiß mit Steinen.	Er schmiss mit Steinen.	Он бросает/швыряет камни.
der Schmiß	der Schmiss	рубец, шрам
jemanden schmoren lassen	*или* jemanden schmorenlassen	оставить *(кого-л.)* в неведении/ неизвестности
Schmuckblattelegramm	das Schmuckblatttelegramm/ Schmuckblatt-Telegramm	телеграмма на художественном бланке
ein schmutzabweisender Stoff	*или* ein Schmutz abweisender Stoff	грязеотталкивающий материал
das Schnappschloß	das Schnappschloss	замок с защёлкой
der Schnappschuß	der Schnappschuss	моментальный снимок; *(охот.)* выстрел по убегающей дичи

по-старому	по-новому	
die Schnee-Eifel	или die Schneeeifel	снежные горы Эйфель (сев.-зап. часть Рейнских Сланцевых гор)
die Schnee-Eule	или die Schneeeule	сова белая
die Schneewächte	die Schneewechte	большой снежный сугроб
der Schnellimbiß	der Schnellimbiss	(лёгкая) еда, еда на скорую руку; закусочная(-автомат); буфет
der Schnelläufer	der Schnellläufer/ Schnell-Läufer	скороход; гонец; скороход (конькобежец)
schnellebig	schnelllebig (= kurzlebig)	недолговечный; короткоживущий (напр., об изотопе)
Die Zeit ist schnellebig.	Die Zeit ist schnelllebig.	Время недолговечно.
die Schnellebigkeit	die Schnelllebigkeit	недолговечность
schneller Brüter	или Schneller Brüter	реактор-размножитель на быстрых нейтронах (яд. физ.)
ein Fahrzeug schnell machen	или ein Fahrzeug schnell machen	организовать автомобиль (разг.)
der Schnellschuß	der Schnellschuss	весьма срочный заказ (полигр.); быстрая мера, быстрая реакция
der Schnellastwagen	der Schnelllastwagen/ der Schnell-Lastwagen	быстроходный грузовик/грузовой автомобиль
der Schnelleser	der Schnellleser/ Schnell-Leser	быстродействующее читающее устройство; владеющий скорочтением
sich schneuzen	sich schnäuzen	сморкаться
der Schokolade(n)guß	der Schokolade(n)guss	шоколадная глазурь
der Schokokuß	der Schokokuss	лёгкая сбивная масса, глазированная шоколадом
sich schönmachen für A	или sich schön machen für A	(разг.) мазаться, подкрашиваться; наряжаться; прихорашиваться; наводить красоту
auf das/aufs schönste übereinstimmen	или auf das/aufs Schönste übereinstimmen	наилучшим образом/как можно лучше соответствовать (чему-л.)
ein Schopenhauer(i)-sches Werk	ein schopenhauersches/ Schopenhauer'sches Werk	произведение Шопенгауэра
er schoß	er schoss	он стрелял
der Schoß	das Schoss	побег (бот.)
Die Pflanze schoß (schoßte, hat geschoßt).	Die Pflanze schoss (schosste, hat geschoßt). (от schießen)	Растение дало побеги.
der Schößling	der Schössling	отпрыск, побег, росток
schräglaufend	или schräg laufend	косой (о направлении), наклонный (о плоскости и т. п.)
schräglaufende Linien	или schräg laufende Linien	наклонные линии
den Schrank schräg stellen	или den Schrank schrägstellen	поставить шкаф наискось
der Schraubverschluß	der Schraubverschluss	навинчивающаяся крышка
schreckensblaß	schreckensblass	бледный от ужаса (страха)
der Schreckschuß	der Schreckschuss	(предупредительный) выстрел, сигнал предупреждения
die Schreckschußpistole	die Schreckschusspistole	пугач
eine schreckenerregende Verlautbarung	или eine Schrecken erregende Verlautbarung	ужасное, вызывающее/наводящее ужас сообщение (канц.)
der Schrittanz	der Schritttanz/ Schritt-Tanz	медленный танец; хоровод

по-старому	по-новому	
das Schrittempo	Schritttempo/ Schritt-Tempo	относительно медленный темп
der Schrotschuß	der Schrotschuss	выстрел дробью; ранение дробью
der Schrotttransport	или der Schrott-Transport	перевозка металлолома
der Schrubbesen (*рег.*)	Schrubbbesen/Schrubb-Besen	швабра; веник, метла
die Schuhcreme	или die Schuhkreme	крем для обуви, гуталин
der Schulabschluß	der Schulabschluss	окончание школы
schuld/die Schuld geben	Schuld/die Schuld geben	обвинить
an etwas schuld/ die Schuld haben	an etwas Schuld/die Schuld haben	быть виновным
sich etwas zuschulden kommen lassen	или sich etwas zu Schulden kommen lassen	провиниться; допустить (*ошибку*); позволить себе вольность
schuldbewußt	schuldbewusst	сознающий свою вину
der Schuldenerlaß	der Schuldenerlass	списание задолжности
schuldig sprechen	или schuldigsprechen	признать кого-л. виновным, выносить обвинительный вердикт
der Schulschluß	der Schulschluss	окончание школы; конец школьных занятий/уроков в школе
der Schulstreß	der Schulstress	стрессовая нагрузка от школьных занятий
der Schulterschluß	der Schulterschluss	тесная связь групп людей (*связанных общими интересами*)
der Schuß	der Schuss	выстрел
die Schußabgabe	die Schussabgabe	производство выстрела (*воен.*); резкая передача/подача (*спорт.*)
das Schußbein	das Schussbein (*футбол*)	ударная нога
schußbereit/ schußfertig	schussbereit/ schussfertig	готовый к стрельбе, открытию огня
das Schußfeld	das Schussfeld	сектор обстрела (*воен.*)
schußfest	schussfest	пулестойкий (*воен.*)
Schußgeschwindigkeit	die Schußgeschwindigkeit	скорострельность
schußlig	schusslig (*разг.*)	рассеянный, неловкий; вертлявый
die Schußlinie	die Schusslinie	направление стрельбы
schußschwach sein	schussschwach sein	быть плохим бомбардиром (*футбол*); слабо атаковать ворота
die Schußschwäche	die Schussschwäche/ die Schuss-Schwäche	плохой бомбардир; слабая атака ворот (*футбол, гандбол и т.д.*)
schußstark sein	schussstark sein	быть хорошим бомбардиром; сильно атаковать ворота
die Schußverletzung	die Schussverletzung	огнестрельное ранение
die Schußwaffe	die Schusswaffe	огнестрельное оружие
der Schußwechsel	der Schusswechsel	перестрелка
die Schußweite	die Schussweite	дальность стрельбы
die Schußwunde	die Schusswunde	огнестрельная рана
die Schußzahl	die Schusszahl	количество выстрелов
ich schussele	или ich schussle (*чаще*)	я бестолково суечусь; делаю (*что-л.*) небрежно; портачу (*разг.*)
schwachbegabt	или schwach begabt	неспособный; бездарный; малоразвитый
schwachbetont	или schwach betont	несущий слабое ударение (*фонетика*)
schwachbevölkert	или schwach bevölkert	малонаселённый
schwachbewegt	или schwach bewegt	малоподвижный

по-старому	по-новому	
was den Körper schwach macht	*или* was den Körper schwachmacht	что ослабляет организм
schwach machen	schwachmachen	нервировать
Wie der mich schwach macht!	Wie der mich schwachmacht!	Как он меня нервирует!
schwach werden	*или* schwachwerden	поддаться, не выдержать напора; ослабевать; уступать, соглашаться
Die Gefahr besteht, dass ich schwach werde.	*или* Die Gefahr besteht, dass ic schwachwerde.	Существует опасность, что я соглашусь/пойду на уступки.
sich schwarz ärgern	sich schwarzärgern	*(разг.)* почернеть от злости; доходить до белого каления
Schnaps schwarz brennen	Schnaps schwarzbrennen	заниматься самогоноварением
CDs schwarz brennen	CDs schwarzbrennen	нелегально переписывать компакт-диски
das Schwarze Brett	*или* das schwarze Brett	доска *(для)* объявлений
das schwarze Gold	*или* das Schwarze Gold	чёрное золото
der schwarze Mann	*или* der Schwarze Mann	трубочист
schwarzes Loch	*или* Schwarzes Loch	чёрная дыра
die Schwarze Kunst	*или* die schwarze Kunst	колдовство, чёрная магия
Schwarzer Peter	*или* schwarzer Peter	Чёрный Петер *(детская карточная игра типа „Акулины")*
der Schwarze Tod	*или* der schwarze Tod	чёрная смерть, чума *(ист.)*
aus schwarz weiß machen	aus Schwarz Weiß machen	называть чёрное белым
sich mit Rus das Gesicht schwarz malen	*или* sich mit Rus das Gesicht schwarzfärben	разукрасить лицо сажей
sich die Haare schwarz färben	*или* sich die Haare schwarzfärben	покрасить волосы в чёрный цвет
schwarzgefärbt	*или* schwarz gefärbt	выкрашенный в чёрный цвет
die schwarzgefärbten Haare	*или* die schwarz gefärbten Haare	выкрашенный в чёрный цвет волосы
ein schwarzgerändertes Papier	*или* ein schwarzgerändertes Papier	бумага с чёрными полями
schwarz kopieren	schwarzkopieren	незаконно копировать/размножать
schwarzrotgolden	*или* schwarz-rot-golden	чёрно-красно-золотой *(флаг ФРГ)*
eine schwarzrotgoldene Fahne	eine schwarz-rot-gold(e)ne Fahne	чёрно-красно-золотой флаг
die Fahne Schwarz-Rot-Gold	*или* die Fahne Schwarzrotgold	флаг чёрно-красно-золотого цвета
schwarz werden	*или* schwarzwerden	почернеть от злости; дойти до белого каления; не получить ни одной взятки *(карт.)*
Er kann hier warten, bis er schwarz wird.	*Или* Er kann hier warten, bis er schwarzwird *(разг.)*.	Он может здесь ждать до бесконечности.
schwärzlichbraun	schwärzlich braun	тёмно-коричневый
schwarzweiß	*или* schwarz-weiß	чёрно-белый
eine Fotografie in Schwarzweiß	*или* eine Fotografie in Schwarz-Weiß	чёрно-белая фотография
schwarzweißmalen	*или* schwarz-weiß malen/ schwarzweiß malen	изображать явления/героев положительно или отрицательно

по-старому	по-новому	
die Schwarzweiß-aufnahme	*или* die Schwarz-Weiß-Aufnahme	чёрно-белый снимок
der Schwarzweißfilm	*или* der Schwarz-Weiß-Film	чёрно-белый фильм; чёрно-белая плёнка
das Schwarzweiß-fernsehen	*или* das Schwarz-Weiß-Fernsehen	чёрно-белое телевидение
die Schwarzweiß-fotografie	*или* die Schwarz-Weiß-Fotografie	чёрно-белая фотография
die Schwarzweißmalerei	*или* die Schwarz-Weiß-Malerei	положительное или отрицательное изображение явлений/героев
schwerbehindert/schwerbeschädigt	*или* schwer behindert/schwer beschädigt	получивший тяжкое телесное повреждение
schwerbeladen	*или* schwer beladen	тяжелонагруженный; угнетённый, озабоченный
schwerbewaffnet	*или* schwer bewaffnet	вооружённый до зубов; имеющий тяжёлое оружие
schwererziehbar	*или* schwer erziehbar	трудновоспитуемый
schwerkrank	*или* schwer krank	тяжелобольной
schwerlöslich	*или* schwer löslich	труднорастворимый
schwermachen	*или* schwer machen	осложнять *(нужды)*
Sie hat ihm das Leben schwergemacht.	*или* Sie hat ihm das Leben schwer gemacht.	Она отравила ему жизнь.
schwerverdaulich	*или* schwer verdaulich	трудноперевариваемый; неудобоваримый
schwerverletzt	*или* schwer verletzt	тяжелораненый
schwerverwundet	*или* schwer verwundet	тяжелораненый
schwerverständlich	*или* schwer verständlich	труднопонимаемый
schwerverträglich	*или* schwer verträglich	неуживчивый; несговорчивый
schwerwiegend	*или* schwer wiegend	веский, серьёзный, мотивированный
Er ist schwer reich.	Er ist schwerreich *(разг.)*.	Он очень/баснословно богатый.
der Schwimmkompaß	der Schwimmkompass	поплавковый компас
der Schwimmeister	der Schwimmmeister/Schwimm-Meister	инструктор по плаванию
in schwindelerregender Höhe	*или* in Schwindel erregender Höhe	на вызывающей головокружение высоте
die Science-fiction	Sciencefiction/Science-Fiction	научная фантастика
der Science-fiction-Roman	der Science-Fiction-Roman/Sciencefiction-Roman/Sciencefictionroman	научно-фантастический роман
der Sechspaß	der Sechspass	ажурное украшение, состоящее из шести дуг в одном круге *(строит.)*
6achser	6-Achser	шестиосный автомобиль
Sie ist über Sechzig.	Sie ist über sechzig.	Ей за шестьдесят.
der See-Elefant	*или* der Seeelefant	морской слон южный *(зоол.)*
die See-Erfahrung	*или* die Seeerfahrung	морской опыт
segenbringend/segenspendend	*или* Segen bringend/Segen spendend	благодатный; благословенный; полезный, успешный
die segenbringende Weihnachtszeit	*или* die Segen bringende Weihnachtszeit	благодатные рождественские дни

по-старому	по-новому	
sich <u>sehen lassen</u>	*или* sich sehenlassen	стать заметным, значительным
Seine Erfolge können sich <u>sehen lassen</u>.	*или* Seine Erfolge können sich sehenlassen	Его успехи заметны/значительны.
der Sehnenriß	der Sehnenriss	разрыв сухожилия *(мед.)*
der Seigerriß	der Seigerriss	вертикальный разрез, профиль *(геол.)*
jedem das <u>Seine</u>	*или* jedem das seine	каждому своё
jedem das <u>Seine</u> lassen	*или* jedem das seine lassen	воздавать каждому по заслугам
die <u>Seinen</u>	*или* die seinen	его близкие/родные; свои
die <u>Seinigen</u> (книжн.)	*или* die <u>seinigen</u>	его, свой *(принадлежащий, свойственный лицу, выраженному подлежащим)*
Er hat das <u>Seinige</u> getan.	*или* Er hat das seinige getan.	Он своё сделал.
Er sorgt für die <u>Seinen</u>.	*или* Er sorgt für die seinen.	Он заботится о своих близких/родных.
das <u>Seine</u> beitragen	*или* das seine beitragen	внести своё/свой вклад
seinlassen	*или* <u>sein lassen</u>	оставить намерение
der Seismograph	*или* der <u>Seismograf</u>	сейсмограф
auf seiten	aufseiten/auf Seiten	на стороне *(кого-л.)*
von seiten	vonseiten/von Seiten	на стороне *(кого-л.)*
zu seiten	<u>zuseiten</u> / zu Seiten	по обеим сторонам торжественной процессии;
des Festzuges	des Festzuges	на флангах праздничной колонны
selbständig	*или* <u>selbstständig</u>	самостоятельный; независимый
die Selbständigkeit	*или* die <u>Selbstständigkeit</u>	самостоятельность; независимость
selbstbewußt	selbstbewusst	уверенный в себе; самоуверенный
das Selbstbewußtsein	das Selbstbewusstsein	чувство собственного достоинства; самоуверенность
ein selbsternannter Experte	*или* ein <u>selbst ernannter</u> Experte	самопровозглашенный эксперт, возомнивший себя экспертом
selbstgebackenes Brot	*или* <u>selbst gebackenes</u> Brot	домашний хлеб
selbstgebrautes	*или* <u>selbst gebrautes</u> Bier	самодельное пиво
eine selbstgedrehte Zigarette	*или* eine <u>selbst gedrehte</u> Zigarette	цигарка, самокрутка
selbstgemachte Marmelade	*или* <u>selbst gemachte</u> Marmelade	самодельный *(разг.)* джем
eine selbstgenutzte Eigentumswohnung	*или* eine <u>selbst genutzte</u> Eigentumswohnung	квартира, принадлежащая на правах частной собственности, которая используется самим хозяином
selbstgeschneidert	*или* <u>selbst geschneidert</u>	сшитый своими руками
selbstgeschneiderter Anzug	*или* <u>selbst geschneiderter</u> Anzug	костюм, сшитый своими руками
eine selbstgestrickte Mütze	*или* <u>selbst gestrickte</u> Mütze	шапка собственной вязки
selbstverdient	*или* <u>selbst verdient</u>	самостоятельно заработанный
selbstverdientes Geld	<u>selbst verdientes</u> Geld	самостоятельно заработанные деньги
der Selbstschuß	der Selbstschuss	самострел
<u>selig machen</u>	*или* seligmachen	осчастливить, облагодетельствовать
der Senatsbeschluß	der Senatsbeschluss	постановление сената
der Sendeschluß	der Sendeschluss	конец радиопередач

по-старому	по-новому	
das Sendungsbewußtsein	das Sendungsbewusstsein	
der Senkungsabszeß	der Senkungsabszess	натёчный абсцесс *(мед.)*
der Sensationsprozeß	der Sensationsprozess	сенсационный судебный процесс
das Séparée	*или* das Separee	отдельный кабинет *(в рестор. и т. п.)*
sequentiell	*или* sequenziell	последовательный
seßhaft	sesshaft	оседлый
die Seßhaftigkeit	die Sesshaftigkeit	оседлость
S-förmig	*или* s-förmig	в виде буквы „s"
die Shakespeareschen Dramen	die shakespearesche/ Shakespeare'schen Dramen	драмы Шекспира
die Short story	die Shortstory/Short Story	новелла; короткий рассказ
das Showbusineß	das Showbusiness	шоу-бизнес
der Showdown	*или* der Show-down	выяснение отношений; решительный бой *(также перен.)*
der Shrimp	*или* der Schrimp	креветка *(мелкая)*
setzen lassen	*или* setzenlassen	осмыслить, переварить, обработать
Er muß das Gesagte erst einmal setzen lassen.	*или* Er muss das Gesagte erst einmal setzenlassen.	Ему надо сначала осмыслить сказанное.
auf Nummer Sicher bringen	auf Nummer sicher bringen	посадить *(кого-л., в тюрьму, разг. ирон.)*
auf Nummer Sicher sein	auf Nummer sicher sein	быть в кутузке, сидеть *(в тюрьме, разг. ирон.)*
auf Nummer Sicher gehen	auf Nummer sicher gehen	действовать (или бить) наверняка *(разг.)*
Er fühlt sich im sicheren.	Ich fühle mich im Sicheren.	Я чувствую себя в безопасности.
Sicher machen	*или* sichermachen	взять под охрану
Die Polizei hat den Platz wieder sicher gemacht.	*или* Die Polizei hat den Platz sichergemacht.	Полиция снова взяла площадь под охрану.
Sicherwirkend	*или* sicher wirkend	верный, действующий наверняка
ein sicherwirkendes Mittel	*или* ein sicher wirkendes Mittel	верное/надёжное средство
das sicherste ist, wenn …	das Sicherste ist, wenn …	надежно/верно будет, если …
das Sicherheitsschloß	das Sicherheitsschloss	автоматический замок *(с секретом)*
der Sicherheitsverschluß	der Sicherheitsverschluss	предохранительная заслонка
die Sieben Freien Künste	die sieben freien Künste	семь свободных искусств
die Sieben Weltwunder	die sieben Weltwunder	семь чудес света
die Siedlungsgeographie	*или* die Siedlungsgeografie	география населённых пунктов
siegesbewußt	siegesbewusst	уверенный в победе
siegesgewiß	siegesgewiss	уверенный в победе
die Siegesgewißheit	die Siegesgewissheit	уверенность в победе
der Sierraleoner	der Sierra Leoner/ Sierra-Leoner	гражданин Сьерра-Леоне *(государство в Африке)*
sierraleonisch	sierra-leonisch	сьерра-леонский
die Sightseeing-Tour	*или* die Sightseeingtour	экскурсионный тур с осмотром достопримечательностей
der Simplonpaß	Simplonpass/Simplon-Pass	Симплон *(горный проход в Альпах)*
die Singende Säge	*или* die singende Säge	поющая пила *(муз. инструмент)*
sinnstiftend	*или* Sinn stiftend	имеющий, придающий смысл
der Siphonverschluß	der Siphonverschluss	сифон *(санитарных устройств)*
sitzenbleiben *(перен.)*	*или* sitzen bleiben	*(разг.)* оставаться на второй год *(в классе)*; не выйти замуж

по-старому	по-новому	
auf den Blumen sitzenbleiben	*или* auf den Blumen sitzen bleiben	не продать цветы
das Sit-in (= *Sitzstreik*)	*или* das Sitin	сидячая забастовка
sitzenlassen (*перен.*)	*или* sitzen lassen (*разг.*)	оставлять на второй год (*в классе*)
Er hat sie sitzenlassen, als sie seine Hilfe brauchte (*разг.*).	*или* Er hat sie sitzen lassen, als sie seine Hilfe brauchte.	Он бросил её (*на произвол судьбы*)/ покинул её, когда она нуждалась в его помощи.
der Skipaß	der Skipass/Schipass	горнолыжный отдых
der Skipaß Club	der Skipass Club	спортклуб (*горные лыжи и сноуборд на горнолыжных тренажёрах*)
das Slow food	das Slow Food/Slowfood (*англ. = медленное питание*)	движение: медленно принимать приготовленную из натуральных продуктов пищу
die Slow motion	die Slow Motion	замедленное движение на экране
der Small talk	der Small Talk/Smalltalk	лёгкая светская беседа
der Small cap	der Small Cap/Smallcap	ценная бумага малого предприятия
so daß	sodass/so dass	так что
so genannt	*или* sogenannt	так называемый
der Soft Drink	*или* der Softdrink	безалкогольный напиток
das Soft-Eis	das Softeis	мягкое (*незакалённое*) мороженое
der Soft Rock	*или* der Softrock	тихая мелодичная форма рок-музыки
die Sokratische Lehre	die sokratische Lehre	учение Сократа
die Soll-Arbeitszeit	*или* die Sollarbeitszeit	заданное рабочее время
der Soll-Bestand	*или* der Sollbestand	штатный состав, состав по штатному расписанию
der Soll-Betrag	*или* der Sollbetrag	сумма сметы (*по плану*)
die Soll-Einnahme	*или* die Solleinnahme	запланированный приход
der Soll-Kaufmann	*или* der Sollkaufmann	торговец, для которого запись в торговый реестр обязательна; кандидат (*на предпринимательскую деятельн.*)
die Soll-Seite	*или* die Sollseite	дебетовая (*левая*) сторона счёта
die Soll-Stärke	*или* die Sollstärke	штатный состав
die Soll-Zahl	*или* die Sollzahl	плановая цифра; плановое количество
die Soll-Zeit	*или* die Sollzeit	запланированное/заданное время
die Sollzinsen	*или* die Soll-Zinsen	проценты, получаемые кредитором
der Soll-Zustand	*или* der Sollzustand	заданное состояние
Sommerschlußverkauf	der Sommerschlussverkauf	осенняя распродажа
insonderheit	in Sonderheit	в частности, в особенности (*высок.*)
Sonnen(schutz)creme	*или* die Sonnen(schutz)kreme	солнцезащитный крем
Alles sonstige besprechen wir morgen.	Alles Sonstige besprechen wir morgen.	Всё прочее мы обсудим завтра.
sonstwas	sonst was	всё, что угодно (*разг.*)
sonstwer	sonst wer	любой другой, кто угодно (*разг.*)
sonstwie	sonst wie	как угодно, (*как-нибудь*) иначе (*разг.*)
sonstwo	sonst wo	(*где-нибудь*) в другом месте
sonstjemand	sonst jemand	любой другой, кто угодно (*разг.*)
das Soufflé	*или* das Soufflee	суфле (*пирожное*)
soviel wie möglich	so viel wie möglich	столько, сколько возможно
Du kannst haben, soviel wie du willst.	Du kannst haben, so viel wie du willst.	Ты можешь иметь, сколько ты хочешь.

по-старому	по-новому	
Du kannst soviel haben, wie du willst.	Du kannst so viel haben, wie du willst.	Ты можешь иметь столько, сколько ты хочешь.
Rede nicht soviel!	Rede nicht so viel!	Не говори так много!
soviel für heute	so viel für heute	так много на сегодня
noch einmal soviel	noch einmal so viel	ещё раз столько же
Ich habe doppelt soviel Geld wie (*реже als*) er.	Ich habe doppelt so viel Geld wie er.	У меня денег вдвое больше, чем у него.
sovielmal	sovielmal, so viel Mal	сколько бы раз
soviel wie	so viel wie	столько… сколько
noch einmal soviel	noch einmal so viel	
Es ist soweit.	Es ist so weit.	Пора./Пришло время.
Er ist (noch nicht) soweit.	Er ist (noch nicht) so weit.	Я (ещё не) готов.
Soweit wie/als möglich will ich nachgeben.	So weit wie/als möglich will ich nachgeben.	Насколько это возможно, я уступлю.
Es geht ihm soweit gut, nur …	Es geht ihm so weit gut, nur …	Ему живётся, в общем, хорошо, только …
Ich kann das sowenig wie du.	Ich kann das so wenig wie du.	Я так же не в силах это сделать, как и ты.
Sowjetrußland	Sowjetrussland	Советская Россия
Hier gilt kein Sowohl-Als-auch.	Hier gilt kein Sowohl-als-auch.	Здесь не может быть уравниловки.
das Soufflé	*или* das Soufflee	суфле
die Spaghetti	*или* die Spagetti	спагетти
der Spaltbreit	*или* der Spalt breit	*букв.* шириной в щель
die Tür Spaltbreit öffnen	*или* die Tür Spalt breit öffnen	(*немного*) приоткрыть дверь
spanische Fliege	Spanische Fliege	шпанка ясеневая/шпанская муха
das Spannbettuch	das Spannbetttuch	простыня (*на резинке*)
der Spantenriß	der Spantenriss	корпус (*на теорет. чертеже судна*)
der Spaß	der Spass	шутка; забава, потеха; развлечение
die Spätgebärende	*или* die spät Gebärende	роженица, у которой запоздалые роды
eine spätvollendete Oper	*или* eine spät vollendete Oper	опера, над которой композитор работал долгое время и завершил ее написание в зрелом возрасте
spazierenfahren	spazieren fahren	кататься, ехать на прогулку
spazierengehen	spazieren gehen	гулять, прогуливаться
spazierenführen	spazieren führen	водить гулять, выводить на прогулку
spazierenreiten	spazieren reiten	совершать верховую прогулку
das Speedwayrennen	das Speed-way-Rennen	мотогонки на льду
der Speichelfluß	der Speichelfluss	слюнотечение
das Sperrad	das Sperrrad/Sperr-Rad	храповик, храповое колесо (*тех.*)
der Sperriegel	Sperrriegel/Sperr-Riegel	задвижка, засов, запор
im speziellen	im Speziellen (= *Einzelnen*)	в частности; в отдельности
Spinozaische Schriften	spinozaische Schriften	сочинения Спинозы
die Muskeln spielen lassen	*или* die Muskeln spielenlassen	демонстрировать мускулы (*перен.*); пустить в ход силу
der Spliß	der Spliss	заноза, заусенец (*тех.*); стык
du splißt (*рег. splissen*)	du splisst	ты колешь, щепаешь (*лучину*)
er spliß (*om spleißen*)	er spliss	он колол, щепал (*лучину*)

по-старому	по-новому	
der Splügenpaß	der Splügenpass	Шплюген *(перевал в Альпах)*
ein Werkzeug spitz schleifen	*или* ein Werkzeug spitzschleifen	остро заточить инструмент
eine sporenbildende Pflanze	*или* eine Sporen bildende Pflanze	спорообразующее растение
eine sporentragende Pflanze	*или* eine Sporen tragende Pflanze	споронесущее растение
der Sportdreß	der Sportdress	спортивный костюм
sporttreibend	*или* Sport treibend	занимающийся спортом
die Sprachgeographie	*или* die Sprachgeografie	лингвистическая география
die Fakten für sich sprechen lassen	*или* die Fakten etwas für sich sprechenlassen	оперировать фактами, умело использовать факты
Blumen, die Waffen sprechen lassen	*или* Blumen sprechenlassen	выражать положительные чувства; дарить цветы *(в знак чего-л.)*
die Waffen sprechen lassen	*или* die Waffen sprechenlassen	пустить в ход оружие *(часто после неудавшихся переговоров)*
das Sprenggeschoß	das Sprenggeschoss *(в Ав. с ß)*	фугасный снаряд *(воен.)*
90 Euro springen lassen	*или* 90 Euro springenlassen	*(разг.)* раскошелиться на 90 евро
der Spritzguß	der Spritzguss	литьё под давлением *(тех.)*
Es sproß neues Grün.	Es spross neues Grün.	Взошла/появилась молодая зелень.
der Sproß	der Spross	побег, отросток; отпрыск, потомок
sproß *(от sprießen)*	spross	взошло *(от всходить, появляться)*
die Sproßachse	die Sprossachse	ось побега; побег
das Sprößchen	das Sprösschen	маленький отросток/отросточек
der Sprößling	der Sprössling	отпрыск ((*разг., о ребёнке)*
der Srilanker	der Sri-Lanker	гражданин Шри-Ланки
staatenbildende Insekten	*или* Staaten bildende Insekten.	насекомые, образующие сообщества
der Stadtexpreß	der Stadtexpress	пригородный поезд
das Stahlroß	das Stahlross	стальной конь *(шутл. о велосипеде)*
die Stallaterne	die Stalllaterne/Stall-Laterne	*(переносный)* фонарь
das Stammesbewußtsein	das Stammesbewusstsein	племенное сознание/племенная культура, мораль и т.д.
die Stammanschaft	die Stammmanschaft/ Stamm-Manschaft	основной состав команды *(спорт)*
die Stammutter	Stammmutter/Stamm-Mutter	родоначальница, прародительница
die Stammiete	Stammmiete/Stamm-Miete	*(театральный)* абонемент
der Stammieter	Stammmieter/Stamm-Mieter	постоянный съёмщик квартиры
das Stand-by	*или* das Standby	полёт на самолёте без бронирования места; дежурный режим работы *(эл.)*
das Stand-by-Betrieb	*или* das Standbybetrieb	дежурный режим работы *(электр.)*
standesbewußt	standesbewusst	заботящийся о своем общественном положении и престиже
das Standesbewußtsein	das Standesbewusstsein	осознание значения своего общественного положения и престижа
Taktische Fehler hatten den Gegner stark gemacht.	*или* Taktische Fehler hatten den Gegner starkgemacht.	Тактические ошибки придали силы противнику.
Er hat sich für den Plan stark gemacht.	*или* Er hat sich für den Plan starkgemacht *(разг.)*.	Он изо всех сил работал над планом.
Der Trainer hat die Mannschaft stark geredet.	Der Trainer hat die Mannschaft starkgeredet.	Тренер настроил команду на победу.

по-старому	по-новому	
eine stark behaarte Brust	*или* eine starkbehaarte Brust	очень волосатая грудь
stark bewachte Gefangene	*или* starkbewachte Gefangene	усиленно охраняемые пленные, заключённые
der Startschuß	der Startschuss	стартовый выстрел (*спорт.*)
an Eides Statt	an Eides statt	вместо присяги
an meiner Statt	an meiner statt	вместо меня
an Zahlungs Statt	an Zahlungs statt	вместо уплаты, в счёт уплаты
an Kindes Statt annehmen	an Kindes statt annehmen	усыновлять, удочерять (*кого-л.*)
statt dessen	stattdessen	вместо (э)того
Er konnte nicht kommen, statt dessen schickte er mich.	Er konnte nicht kommen, stattdessen schickt er mich.	Он не смог прийти, вместо себя он прислал меня.
ein staubabweisendes Gewebe	*или* ein Staub abweisendes Gewebe	пылеотталкивающая ткань
ein staunenerregender Vorfall	*или* ein Staunen erregender Vorfall	случай, вызывающий удивление, изумление
steckenbleiben	*или* stecken bleiben	запинаться
Er ist während der Rede steckengeblieben.	*или* Er ist während der Rede stecken geblieben .	Он запнулся во время речи.
steckenbleiben	stecken bleiben	застревать, останавливаться
Das Auto ist im Schlamm steckengeblieben.	Das Auto ist im Schlamm stecken geblieben.	Автомобиль застрял в грязи.
Der Nagel ist steckengeblieben.	Der Nagel ist stecken geblieben.	Гвоздь остался торчать.
steckenlassen	stecken lassen	оставить, не вытаскивать, не вынимать
Er hat den Schlüssel steckenlassen.	Er hat den Schlüssel stecken lassen.	Он оставил ключ в замке.
Du kannst dein Geld steckenlassen, ich bezahle.	*или* Du kannst dein Geld stecken lassen, ich bezahle.	Оставь/не вытаскивай свои деньги, я заплачу (*разг.*).
das Steckschloß	das Steckschloss	потайной замок
der Steckschuß	der Steckschuss	пуля, застрявшая в теле
stehenbleiben	*или* stehen bleiben	остановиться (*перен.*)
Die Uhr ist stehengeblieben.	Die Uhr ist stehen geblieben.	Часы остановились.
Er ist als Fachmann stehengeblieben.	*или* Er ist als Fachmann stehen geblieben.	Как специалист он стоит на месте (= *не растёт, остановился в развитии*).
stehenlassen (*перен.*)	*или* stehen lassen	пройти/уйти, не обращая внимания
Sie hat ihn einfach am Bahnhof stehenlassen.	*или* Sie hat ihn einfach am Bahnhof stehen lassen.	На вокзале она ушла от него, не сказав ни слова.
Er hat die Suppe stehenlassen.	*или* Er hat die Suppe stehen lassen.	Он дал супу остыть./ Он не притронулся к супу.
der Stehimbiß	der Stehimbiss	закусочная (*со стойками*)
Sahne steif schlagen	*или* Sahne steifschlagen	хорошо взбить сливки
eine Party steigen lassen	*или* eine Party steigenlassen (*разг.*)	закатить крутую вечеринку (*разг.*)
der Steilpaß	der Steilpass	высокий пас (*футбол*)
der Stemmeißel	der Stemmeißel/ Stemm-Meißel	стамеска; резец (*для работ по дереву*)

по-старому	по-новому	
der Stendel	der Ständel	любка двулистная *(бот.)*
die Stendelwurz	die Ständelwurz	любка двулистная *(бот.)*
der Stengel	der Stängel	стебель
der Step	der Stepp	степ, чечётка
der Stepschritt	der Steppschritt	па танца степ
der Steptanz	der Stepptanz	степ, чечётка *(танец)*
der Steptänzer	der Stepptänzer	чечёточник
der Sterbeablaß	der Sterbeablass	отпущение грехов перед смертью
ein Projekt	*или* ein Projekt	обречь проект на провал,
sterben lassen	sterbenlassen	похоронить проект *(разг.)*
die Stereophonie	*или* die Stereofonie	стереофония, стереозвучание
der Steuerausschuß	der Steuerausschuss	налоговый комитет, налоговая комиссия
der Steuererlaß	der Steuererlass	освобождение от уплаты налогов
der Steuermeßbetrag	der Steuermessbetrag	сумма для исчисления поземельного и промыслового налогов
die Stewardeß	die Stewardess	стюардесса, бортпроводница
stiftengehen	stiften gehen	*(разг.)* удирать, уходить; тайком улизнуть; спрятаться в кусты
etwas im stillen vorbereiten	etwas im Stillen vorbereiten	готовить *(что-л.)* тайком, втихомолку, исподтишка; не сказав ни слова
das Stilleben	das Stillleben/Still-Leben	натюрморт
stillegen	stilllegen	свёртывать, *(временно)* останавливать работу *(предприятия)*; ставить на прикол
die Stillegung	die Stilllegung/Still-Legung	свёртывание, консервация, закрытие *(предприятия)*, вывод из эксплуатации
stilliegen	stillliegen	не работать *(о предприятии и т. п.)*
stillsitzen	*или* still sitzen	концентрироваться, сосредоточиваться *(на чём-л.)*
Die Kinder sollten lernen, stillzusitzen.	*или* Die Kinder sollten lernen, still zu sitzen	Дети должны были научиться концентрировать своё внимание.
der Stock-Car	der Stockcar	гоночный автомобиль, переделанный из серийного
das Stock-Car-Rennen	das Stockcar-Rennen/ das Stockcarrennen	гонки на автомобилях, переделанных из серийных
6stöckig	6-stöckig	шестиэтажный
die Stoffarbe	die Stofffarbe/Stoff-Farbe	цвет материи
die Stoffetzen	die Stofffetzen/Stoff-Fetzen	лоскуты материи; лохмотья
die Stoffülle	die Stofffülle/Stoff-Fülle	изобилие/богатство материала
der Stop	der Stopp	остановка *(мяча)*
der Stopppreis	*или* der Stopp-Preis	наивысшая/максимальная/ предельная цена
der Straferlaß	der Straferlass	помилование, амнистия *(юр.)*
ein bedingter Straferlaß	ein bedingter Straferlass	условное осуждение *(юр.)*
der Strafnachlaß	der Strafnachlass	снижение наказания *(австр., юр.)*
der Strafprozeß	der Strafprozess	уголовный процесс *(юр.)*
die Strafprozeßordnung	die Strafprozessordnung	уголовно-процессуальный кодекс

по-старому	по-новому	
ein Seil strammziehen	*или* ein Seil <u>stramm ziehen</u>	туго натягивать канат, трос, верёвку
den Hosenboden strammziehen	*или* den Hosenboden <u>stramm ziehen</u>	разглаживать зад брюк
der Straß	der Strass	страз (*стекло, используемое для имитации драгоценных камней*)
der Streifschuß	der Streifschuss	лёгкое ранение, царапина
Er hat einen Streifschuß bekommen.	Er hat einen Streifschuss bekommen.	Он легко ранен, его только задело пулей.
das Streitroß	das Streitross (*уст.*)	боевой конь
strengnehmen	streng nehmen	принимать всерьёз
auf das/aufs strengste	*или* auf das/aufs <u>Strengste</u>	строжайшим образом
der Streß	der Stress	стресс
der Streßabbau	der Stressabbau	уменьшение стресса
streßauslösende Faktoren	stressauslösende/ <u>Stress auslösende</u> Faktoren	факторы, вызывающие стрессовое состояние
Der Lärm streßt.	Der Lärm streßt.	Шум раздражает. (*от stressen*)
Ich bin gestreßt.	Ich bin gestresst.	Я нахожусь в состоянии стресса.
die Streßsituation	die <u>Stresssituation</u>/ Stress-Situation	стрессовая ситуация
stromführend	*или* <u>Strom führend</u>	токопроводящий; находящийся под током
der Stukkateur	der Stuckateur	штукатур; лепщик
der Stukkator	der Stuckator	лепщик
die Stukkatur	der Stuckatur	штукатурная, лепная работа
6stündig	6-stündig	шестичасовой (*о сроке, возрасте*)
6stündlich	6-stündlich	повторяющийся (через) каждые шесть часов, раз в шесть часов
der Stuß	der Stuss	чушь, чепуха, вздор, ерунда
substantiell	*или* substanziell	субстанциальный, материальный
der Sustenpaß	der Sustenpass	Зустен (*перевал в Альпах*)
süß-sauer	süßsauer	кисло-сладкий

T

по-старому	по-новому	
der Tablettenmißbrauch	der Tablettenmissbrauch	злоупотребление/чрезмерное употребление таблеток
tabula rasa machen	Tabula rasa machen	начисто смести всё старое; покончить (*с чем-л.*)
der Tachograph	der Tachograf	тахограф, самопишущий тахометр
die <u>Tagescreme</u>	*или* die Tageskreme	дневной крем
die <u>Tagundnachtgleiche</u>	die Tag-und-Nacht-Gleiche	равноденствие
<u>zutage</u> bringen	*или* zu Tage bringen	обнаружить, доказать, раскрыть
<u>zutage</u> kommen/treten	*или* zu Tage kommen/treten	обнаружиться, выявиться, проявиться
2tägig, 3tägig	2-tägig, 3-tägig	двухдневный
2täglich	2-täglich	повторяющийся (через) каждые два дня (раз в два дня); (через) каждые два дня, раз в два дня
die Talk-Show	die Talkshow	ток-шоу, телепередача, во время которой ведущий и гости ведут беседу по (*какой-л.*) теме

по-старому	по-новому	
das Tankschloß	das Tankschloss	замок на крышке бака
der Tankverschluß	der Tankverschluss	замок, запорное устройство бака
das/der Take-off	*или* das/der Takeoff	старт самолёта и т. п.; начало
der Tarifabschluß	der Tarifabschluss	тарифное соглашение
das Täßchen	das Tässchen	чашечка
sich taubstellen	sich taub stellen	притвориться глухим
der Tauernexpreß	der Tauernexpress	экспресс *(поезд)* в Тауэрнах *(горы в Австрии)*
taunaß	taunass	мокрый, сырой, влажный от росы
ein paar tausend Bäume	*или* ein paar Tausend Bäume	несколько сот деревьев
Tausende von Zuschauern	*или* tausende von Zuschauern	тысячи зрителей
einige, mehrere, viele Tausend Büroklammern	*или* einige, mehrere, viele tausend Büroklammern	несколько, много тысяч скрепок
einige, mehrere, viele Tausende von Schhülern	*или* einige, mehrere, viele tausende von Schhülern	несколько, много тысяч учеников
Der Betrag geht in die Tausende.	*или* Der Betrag geht in die tausende.	Сумма исчисляется тысячами.
Sie strömten zu Tausenden herein.	*или* Sie strömten zu tausenden herein.	Они тысячами устремились внутрь.
Tausende und Abertausende bunter Luftballons	*или* tausende und abertausende bunter Luftballons	много тысяч разноцветных воздушных шариков
tausend und abertausend Sterne	*или* Tausende und Abertausende Sterne	много тысяч звёзд
tausendmal	*или* tausend Mal	тысячу раз
das T-bone-Steak	das T-Bone-Steak	стейк на косточке, бифштекс из говядины
das Teach-in	*или* das Teachin	„тич-ин“; диспут-семинар
das Tee-Ei	*или* das Teeei	мерная ложка для заварки чая
die Tee-Ernte	*или* die Teeernte	урожай; сбор чайного листа
das Teerfaß	das Teerfass	бочка из-под смолы, дёгтя
das Telephon	das Telefon	телефон
der Telephonanschluß	der Telefonanschluss	подключение телефона; абонентский ввод
der/das Tea-Room	der/*(шв.)* das Tearoom	чайная; *(шв.)* кафе(-кондитерская)
der Temperguß	der Temperguss	неотожжённый ковкий чугун
der Terminstreß	der Terminstress	стрессовое состояние, вызываемое необходимостью соблюдения срока
der Termograph	*или* der Termograf	термограф
tête-à- tête	Tête-à- Tête/Tete-a-Tete	тет-а-тет, встреча, беседа с глазу на глаз
der Thunfisch	*или* der Tunfisch	тунец
der/das Tie-Break	*или* der/das Tiebreak	уменьшение партии/сета *(в теннисе, при счёте 6:6)*
auf das/aufs tiefste gekränkt	*или* auf das/aufs Tiefste gekränkt	глубоко/сильно обиженный, оскорблённый

по-старому	по-новому	
tiefbewegt	*или* tief bewegt	глубоко взволнованный, тронутый
mit tiefbewegter Stimme	*или* mit tief bewegter Stimme	глубоко взволнованным голосом
tiefempfunden	*или* tief empfunden	глубоко прочувствованный; искренний
tiefempfundenes Mitleid	*или* tief empfundenes Mitleid	искреннее соболезнование
tieferschüttert	*или* tief erschüttert	потрясённый до глубины души
eine tieferschütterte Frau	*или* eine tief erschütterte Frau	потрясённая до глубины души женщина
tiefgefühlt	*или* tief gefühlt	удручённый; скорбящий
tiefgehend	*или* tief gehend	глубоко сидящий (*мор.*); глубокий (*перен.*)
tiefgehende Untersuchungen	*или* tief gehende Untersuchungen	глубокие исследования
tiefgreifend	*или* tief greifend	глубокий; основательный
tiefgreifende Veränderungen	*или* tief greifende Veränderungen	глубокие, основательные, радикальные изменения
tiefliegend	*или* tief liegend	низкий; низменный (*геогр.*)
tiefliegende Augen	*или* tief liegende Augen	глубоко сидящие глаза
tiefstehend	*или* tief stehend	глубоко сидящий (*о корабле*); с низким уровнем (*о воде*)
tiefverschneit	*или* tief verschneit	сильно заснеженный
eine tiefverschneite Landschaft	*или* eine tief verschneite Landschaft	сильно заснеженная местность
das Tintenfaß	das Tintenfass	чернильница
der Tip	der Tipp	подсказка, совет
der Tiraß (*франц.*)	der Tirass	силок; сеть для ловли птиц
Tizianische Malweise	tizianische Malweise	живописная манера; кисть/манера художника Тициана
todblaß/totenblaß	todblass/totenblass	смертельно бледный, бледный как смерть
der Todesschuß	der Todesschuss	смертельный выстрел
der Toe-loop	der Toeloop/Toe-Loop	тулуп (*прыжок в фигурном катании*)
der Tolpatsch (венгр.)	der Tollpatsch	недотёпа
tölpelhaft/tolpatschig	töllpelhaft/tollpatschig	неуклюжий, неповоротливый; нерасторопный; бестолковый
die Tolpatschigkeit	der Tollpatschigkeit	неуклюжесть; бестолковость
der/das Tomatenketchup	*или* der/das Tomatenketschup	томатный кетчуп
der Topograph	*или* der Topograf	топограф
die Topographie	*или* die Topografie	топография
top-secret	topsecret	совершенно секретный
Torricellische Leere	torricellische Leere	торичеллиева пустота (*физ.*)
der Torschluß	der Torschluss	закрытие (*городских ворот, ист.*)
eben vor/kurz vor Torschluß	eben vor/kurz vor Torschluss	в последнюю минуту; к шапочному разбору
die Torschlußpanik	die Torschlusspanik (*разг.*)	возможный кризис у женщин и мужчин, вызванный опасением, что из-за возраста не успеют достичь задуманных целей в браке и т.д.
der Torschuß	der Torschuss	удар по воротам (*напр., в футболе*); бросок в ворота (*ручной мяч*)
der Tortenguß	der Tortenguss	глазурь на торте

по-старому	по-новому	
totgeglaubt	*или* tot geglaubt	человек, считавшийся умершим
totgeboren	*или* tot geboren	мертворождённый
ein totgeborenes Kind	*или* ein tot geborenes Kind	мертворождённый ребёнок
totgeglaubt	*или* tot geglaubt	считавшийся умершим/погибшим
der Totgeglaubte	*или* der Tot Geglaubte	считавшийся умершим
die Totgeglaubte	*или* die Tot Geglaubte	считавшаяся умершей
ein totgeglaubter Soldat	*или* ein tot geglaubter Soldat	солдат, считавшийся погибшим
sich totstellen	sich tot stellen	притвориться убитым
die Traide-union	die Traide-Union/Traideunion	тред-юнион *(англ. профсоюз)*
traditionsbewußt	traditionsbewusst	преемственный
das Traditionsbewußtsein	das Traditionsbewusstsein	преемственность
die Trampschiffahrt	die Trampschifffahrt	трамповое судоходство, судоходство по любым направлениям
der Tränenfluß	der Tränenfluss	поток слёз; слезотечение *(мед.)*
tränennaß	tränennass	влажный, мокрый от слёз
der Traß	der Trass	трасс *(разновидность вулканических туфов, геол.)*
das Treffas	das Treffass/Treff-Ass	трефовый туз *(карт.)*
sich treiben lassen	*или* sich treibenlassen	плыть по течению
Man darf sich im Leben nicht einfach treiben lassen.	*или* Man darf sich im Leben nicht einfach treibenlassen.	В жизни надо не просто плыть по течению.
das Trekking	*или* das Trecking	многодневный турпоход или поездка по непроезжей местности
das Trekkingbike	*или* das Treckingbike	дорожный велосипед
die Trekkingtour	*или* die Treckingtour	турпоход
trendbewußt	trendbewusst	чувствующий направления развития, следующий за направлениями развития
treuergeben	*или* treu ergeben	верный, преданный
ein treuergebener Freund	*или* ein treu ergebener Freund	верный, преданный друг
treugesinnt	*или* treu gesinnt	верный, благонадёжный
ein treugesinnte Freundin	*или* ein treu gesinnte Freundin	верная подруга
treusorgend	*или* ein treu sorgend	нежный, заботливый
ein treusorgender Vater	*или* ein treu sorgender Vater	заботливый отец
triefnaß	triefnass	насквозь, совершенно мокрый
auf dem trockenen sein/sitzen	auf dem Trockenen sein/sitzen	сидеть (как рак) на мели *(быть без денег)*
im trockenen sein	im Trockenen sein	быть вне опасности
sein Schäfchen ins trockene bringen/im trockenen haben	sein Schäfchen ins Trockene bringen / im Trockenen haben	устроить свои делишки, обеспечить себя *(разг., фам.)*
das Seine ins trockene bringen/im trockenen haben	das Seine ins Trockene bringen / im Trockenen haben	устроить свои делишки, обеспечить себя *(разг., фам., употребляется индивидуально вместо sein Schäfchen)*
das Hemd trockenbügeln	*или* das Hemd trocken bügeln	высушить рубашку утюжкой
die Haare trockenföhnen	*или* die Haare trocken föhnen	высушить волосы феном

по-старому	по-новому	
die Fläche trockenreiben	*или* die Fläche <u>trocken reiben</u>	насухо вытереть поверхность
Die Fläche soll trockengerieben werden.	*или* Die Fläche soll <u>trocken gerieben</u> werden.	Поверхность должна быть вытерта насухо.
die Wäsche trockenschleudern	*или* die Wäsche <u>trocken schleudern</u>	высушить бельё в центрифуге
den Fußboden trockenwischen	*или* den Fußboden <u>trocken wischen</u>	протереть/вытереть пол насухо
der Trommelschlegel	der Trommelschlägel	барабанная палка/палочка
tropfnaß	tropfnass	совершенно мокрый
der Troß	der Tross	обоз, свита
Troß!	Tross! *(рег. schnell)*	Быстро!
das Troßschiff	das <u>Trossschiff</u> / Tross-Schiff	транспортное судно
im trüben fischen	im Trüben fischen	ловить рыбу в мутной воде
der Truchscß	der Truchsess	стольник *(ист.)*
der Trugschluß	der Trugschluss	ложное заключение, ложный вывод
das Trumpfas	das <u>Trumpfass</u>/ Trumpf-Ass	козырной туз *(карт.)*
Tschüß!/Tschüs!	Tschüss!/Tschüs!	Пока!
Wie wollen dir tschüs/tschüß sagen.	Wie wollen dir tschüs/<u>Tschüs,</u> tschüß/<u>Tschüss</u>/ sagen.	Мы хотим с тобой попрощаться.
das Türschloß	das Türschloss	дверной замок
der Twostep	der Twostepp *(= Zweischritt)*	тустеп *(танец)*

Ü

по-старому	по-новому	
übelberaten	*или* <u>übel beraten</u>	получивший дурной совет
ein übelberatener Kunde	*или* ein <u>übel beratener</u> Kunde	клиент, получивший дурной совет
übelgelaunt	*или* <u>übel gelaunt</u>	дурно настроенный
ein übelgelaunter Chef	*или* ein <u>übel gelaunter</u> Chef	начальник в дурном настроении
übelgesinnt	*или* <u>übel gesinnt</u>	злонамеренный
ein übelgesinnter Mensch	*или* ein <u>übel gesinnter</u> Mensch	враждебно настроенный человек
übelnehmen	*или* <u>übel nehmen</u>	обижаться
übelriechend	*или* <u>übel riechend</u>	зловонный, вонючий
Es wäre das übelste, wenn	Es wäre das Übelste, wenn …	Очень плохо было бы, если …
Ich bemerkte nicht, dass das Wasser aus der Badewanne ausfloß.	Ich bemerkte nicht, dass das Wasser aus der Badewanne ausfloss.	Я не заметил, что вода переливалась через край ванны.
der Überbiß	der Überbiss	перекрывающий прикус *(мед.)*
der Überdruß	der Überdruss	скука; пресыщение; отвращение
der Überfluß	der Überfluss	изобилие
die Überflußgesellschaft	die Überflussgesellschaft	общество изобилия
der Übergenuß	der Übergenuss *(австр., канц.)*	переплата
der Überguß	der Überguss	обливание; подливка; оболочка *(конфет)*
das <u>Über-Ich</u>	*или* das Überich	супер-эго
übermorgen abend, nachmittag	übermorgen Abend, Nachmittag	послезавтра вечером, во второй половине дня/после обеда

по-старому	по-новому	
der Überschuß	der Überschuss	излишек, избыток; чистая прибыль
die Überschußproduktion	die Überschussproduktion	перепроизводство
überschwenglich	überschwänglich	чрезмерный, безмерный
die Überschwenglichkeit	die Überschwänglichkeit	чрезмерность, безмерность; бурность
überwächten	überwechten	образовать снежные карнизы, надувы
überwächtet	überwechtet	имеющий снежные карнизы, надувы; со снежными карнизами …
ein übriges tun	ein Übriges tun	сделать больше, чем требуется
im übrigen	im Übrigen	впрочем
Im übrigen wissen wir doch alle, daß er kommt.	Im Übrigen wissen wir doch alle, dass er kommt.	Впрочем, мы же все знаем, что он придёт.
das übrige	das Übrige	остальное
alles übrige später	alles Übrige später	всё остальное позже
alle übrigen	alle Übrigen	все остальные, прочие, другие
die übrigen kommen nach	die Übrigen kommen nach	остальные, прочие, другие придут позднее/вслед
etwas für j-n übrig haben	etwas für j-n übrighaben *(= j-n mögen)*	любить, чувствовать расположение *(к кому-л.)*
übrigbehalten	übrig behalten	иметь в остатке
übrigbleiben	*или* übrig bleiben	оставаться *(о деньгах, времени и т.д.)*
Es wird dir nichts anderes übrigbleiben, als …	*или* Es wird dir nichts and(e)res/And(e)res übrig bleiben, als…	Тебе не останется ничего другого, как …
die übriggebliebene Torte	*или* die übrig gebliebene T.	оставшийся торт
übriglassen	*или* übrig lassen	оставлять *(как остаток)*
Er hat uns nichts anderes übriggelassen, als zur Polizei zu gehen.	*или* Er hat uns nichts and(e)res/And(e)res übrig gelassen, als zur Polizei zu gehen.	Он нам ничего другого не оставил/ другого выбора, как пойти в полицию.
U-förmig	*или* u-förmig	u-образный
die Ultima ratio *(лат.)*	die Ultima Ratio	последний довод; решительный аргумент
der Umdenkprozeß/ der Umdenkungsprozeß	der Umdenkprozess/ der Umdenkungsprozess	процесс изменения взглядов, перестройки, переосмысливания
Die Liste umfaßt alles Wichtige.	Die Liste umfasst alles Wichtige.	Список содержит всё основное.
der Umkehrschluß	der Umkehrschluss	заключение, вывод от противного
der Umriß	der Umriss	контур, очертание
die Umrißzeichnung	die Umrisszeichnung	набросок, эскиз, чертёж
der Umschichtungsprozeß	der Umschichtungsprozess	процесс перегруппировки; перераспределения
der Umschluß	der Umschluss	взаимное посещение или совместное пребывание заключённых в камере
umsein	um sein	истекать, кончаться *(о сроке, времени)*
Die Zeit ist umgewesen.	Die Zeit ist um gewesen.	Время истекло/кончилось.
um so (mehr, größer, weniger, besser, eher…)	umso (mehr, größer, weniger, besser, eher …)	тем (более, больше, меньше, лучше, тем более, тем скорее)
der Umstellungsprozeß	der Umstellungsprozess	процесс переориентации, перестройки
der Umwandlungsprozeß	der Umwandlungsprozess	процесс преобразования; конверсии

по-старому	по-новому	
umweltbewußt	umweltbewusst	отличающийся высоким экологическим сознанием, заботящийся о сохранении природы, с экологическим подходом
das Umweltbewußtsein	das Umweltbewusstsein	высокое экологическое сознание
der Umwelteinfluß	der Umwelteinfluss	влияние окружающей среды
sich ins unabsehbare ausweiten	sich ins Unabsehbare ausweiten	необозримо расширяться
unangepaßt	unangepasst	несогласованный
die Unangepaßtheit	die Unangepasstheit	несогласованность
unbeeinflußbar	unbeeinflussbar	не подверженный (чужому) влиянию
unbeeinflußt	unbeeinflusst	свободный от (каких-л.) влияний, не обусловленный (чьим-л.) влиянием
Anzeige gegen Unbekannt erstatten	Anzeige gegen unbekannt erstatten	сообщать только о факте нарушения, т. к. виновник, подробности неизвестны
unbewußt	unbewusst	бессознательный; непреднамеренный
bis ins unendliche	bis ins Undendliche	до бесконечности
unendlichemal	unendliche Mal	бесчисленное множество раз
unerläßlich	unerlässlich	необходимый, неизбежный, обязательный
unermeßlich	unermesslich	неизмеримый, необъятный
Die Steuern steigen ins unermeßliche.	Die Steuern steigen ins Unermeßliche.	Налоги растут, увеличиваются неизмеримо.
die Unermeßlichkeit	die Unermesslichkeit	неизмеримость, безмерность
die Unfairneß	die Unfairness	некорректность, не по правилам (спорт)
unfaßbar	unfassbar	непостижимый; непонятный; невообразимый, немыслимый
für den Menschenverstand unfaßbar	für den Menschenverstand unfassbar	уму непостижимо
unfaßlich	unfasslich	непостижимый; непонятный; невообразимый, немыслимый
Die Kosten steigen ins ungeheure.	Die Kosten steigen ins Ungeheure.	Расходы безмерно возрастают.
ungewiß	ungewiss	неизвестный, неопределённый, сомнительный
im ungewissen bleiben	im Ungewissen bleiben	остаться в неизвестности
im ungewissen lassen	im Ungewissen lassen	оставить (кого-л.)в неизвестности относительно (чего-л.)
im ungewissen sein	im Ungewissen sein	быть в неведении; находиться в неизвестности
die Ungewißheit	die Ungewissheit	неизвестность, неопределённость
unheilbringend	или Unheil bringend	приносящий несчастье; роковой
unheilbringende Veränderungen	или Unheil bringende Veränderungen	пагубные изменения
ein unheilkündendes Zeichen	или ein Unheil kündendes Zeichen	знак, предвещающий беду, несчастье; дурной знак
unheilverkündend	или Unheil verkündend	зловещий
unigefärbt	или uni gefärbt	окрашенный в однородный цвет
im unklaren bleiben	im Unklaren bleiben	остаться в недоумении
im unklaren lassen	im Unklaren lassen	оставить в недоумении
im unklaren sein	im Unklaren sein	не иметь ясного представления/быть в неведении относительно (чего-л.)

по-старому	по-новому	
unmißverständlich	unmissverständlich	недвусмысленный, ясный, не допускающий кривотолков
Das kommt mir unpaß.	Das kommt mir unpass.	Это мне некстати.
unpäßlich	unpässlich	нездоровый
unpäßlich sein	unpässlich sein	чувствовать недомогание
die Unpäßlichkeit	die Unpässlichkeit	нездоровье, недомогание
unplaziert (= ungezielt) schießen (спорт)	unplatziert schießen	вести неприцельную стрельбу
unrecht haben	или Unrecht haben	быть неправым, ошибаться
unrecht behalten	или Unrecht behalten	оказаться неправым; проиграть дело
unrecht bekommen	или Unrecht bekommen	оказаться неправым
j-m unrecht geben	или j-m Unrecht geben	считать неправым (кого-л.); не признавать (чью-л.) правоту
j-m unrecht tun	или j-m Unrecht tun	поступать неправильно
das Unrechtsbewußtsein	das Unrechtsbewusstsein	сознание неправомерности (деяния)
im unreinen	im Unreinen	вчерне
ins unreine schreiben	ins Unreine schreiben	писать начерно
unselbständig	или unselbstständig	несамостоятельный, зависимый
die Unselbständigkeit	или die Unselbstständigkeit	несамостоятельность, зависимость
das Unsere	или das unsere	наше; наше имущество; своё; своё имущество
Wir tun das Unsere.	или Wir tun das unsere.	Мы выполняем свой долг.
die Unseren	или die unseren	наши; наши близкие (родные); свои; свои близкие (родные)
die Unsrigen	или die unsrigen	наши; наши близкие (родные); свои; свои близкие (родные)
im unsichern sein	im unsichern sein	быть неуверенным, сомневаться
untenerwähnt	или unten erwähnt	нижеупомянутый
untengenannt	или unten genannt	ниженазванный
untenliegend	или unten liegend	лежащий внизу, нижний
untenstehend	или unten stehend	нижестоящий, нижеуказанный
im untenstehenden	im Untenstehenden	(как указано) ниже
Es ist Untenstehendes zu beachten.	или Es ist unten Stehendes zu beachten.	Следует обратить внимание на нижеуказанное.
der Unterausschuß	der Unterausschuss	подкомитет, подкомиссия
unterbewußt	unterbewusst	подсознательный
das Unterbewußtsein	das Unterbewusstsein	подсознание
unterderhand	unter der Hand	случайно, по случаю; с рук (купить); из-под полы (продать); тайком, украдкой делать (что-л.)
das Untergeschoß	Untergeschoß (в Австрии с ß)	цокольный этаж
ohne Unterlaß	ohne Unterlass (высок.)	непрерывно, беспрестанно, без устали
der Unterschuß (уст.)	der Unterschuss	дефицит, убыток
Untersuchungsausschuß	der Untersuchungsausschuss	следственная комиссия (бундестага ФРГ и Австрии)
unvergeßlich	unvergesslich	незабываемый, памятный; незабвенный
Es kamen unzählige.	Es kamen Unzählige.	Пришло несметное количество людей.
Die Beteiligung unzähliger war wichtig.	Die Beteiligung Unzähliger war wichtig.	Участие несметного количества людей было важно.
unzähligemal	unzählige Mal	несметное количество раз

V

по-старому	по-новому	
<u>va banque</u> (фр.)	*или* Vabanque	ва-банк, ставка *(на одну карту)*, равная всему банку
in <u>va banque</u> spielen	*или* in Vabanque spielen *(= alles aufs Spiel setzen)*	*(перен.)* играть ва-банк; идти на риск; поставить всё на карту
die Valuta-Mark	die Valutamark *(ист.)*	валютная марка *(расчётная единица в бывшей ГДР)*
das <u>Varieté</u>	*или* das Varietee	варьете
Er hat alles Notwendige veranlaßt. *(от veranlassen распорядиться)*	Er hat alles Notwendige veranlasst	Он отдал все необходимые распоряжения.
verantwortungsbewußt	verantwortungsbewusst	сознательный, сознающий свою ответственность
das Verantwortungs-bewußtsein	das Verantwortungs-bewusstsein	сознательность, сознание/чувство ответственности
der Verbesserer	*или* der Verbessrer	реформатор; рационализатор
die Verbessererung	*или* die Verbessrerung	поправка, исправление; улучшение
der Verbiß	der Verbiss	потрава дичью *(лес.)*
Die Farbe verblaßt. *(от verblassen бледнеть; блёкнуть, выцветать)*	Die Farbe verblasst.	Цвет выцвел./Краска выцвела.
die verblaßten Kindererinnerungen	die verblassten Kindererinnerungen	стёршиеся детские воспоминания
verbleuen	verbläuen	избить *(до синяков)*, отдубасить, отколотить *(разг.)*
im verborgenen	im Verborgenen	втайне, тайно, тайком
im verborgenen bleiben	im Verborgenen bleiben	оставаться скрытым
Das verdroß uns. *(от verdrießen сердить, раздражать; огорчать)*	Das verdross uns.	Это огорчило нас.
der Verdruß	der Verdruss	досада, огорчение; неприятность
Du verfaßt einen Artikel.	Du verfasst einen Artikel.	Ты напишешь статью.
Er hat den Brief verfaßt.	Er hat den Brief verfasst.	Он составил/написал письмо.
vergeßlich	vergesslich	забывчивый
die Vergeßlichkeit	die Vergesslichkeit	забывчивость
das Vergißmeinnicht	das Vergissmeinnicht	незабудка *(бот.)*
du vergißt	du vergisst	ты забываешь
er vergißt	er vergisst	он забывает
Vergiß!	Vergiss!	Забудь!
verhaßt	verhasst	ненавистный, презренный
sich verhaßt machen	sich verhasst machen	вызывать к себе ненависть
der Verkehrsfluß	der Verkehrsfluss	транспортный поток
Auf ihn ist kein Verlaß.	Auf ihn ist kein Verlass.	На него нельзя положиться.
der Verlaß	der Verlass	надёжность
verläßlich	verlässlich	надёжный
die Verläßlichkeit	die Verlässlichkeit	надёжность
verlorengehen	*или* <u>verloren gehen</u>	пропадать, затеряться
Das Buch darf nicht verlorengehen.	*или* Das Buch darf nicht verlorengehen.	Книга не должна пропасть.
<u>verloren geben</u> das Spiel <u>verloren geben</u>	*или* verlorengeben *или* das Spiel verlorengeben	считать потерянным; сдать партию, сдаться, прекратить игру *(также перен.)*

по-старому	по-новому	
Ich darf das Spiel nicht frühzeitig <u>verloren geben</u>.	*или* Ich darf das Spiel nicht frühzeitig verlorengeben.	Мне нельзя преждевременно сдавать партию/ сдаваться/ прекращать игру.
Das bereits <u>verloren geglaubte</u> Spiel wurde doch gewonnen.	*или* Das bereits verlorengeglaubte Spiel wurde doch gewonnen.	Игра, которую уже считали проигранной, все же была выиграна.
Ich vermassele ihm die Stimmung.	*или* Ich vermassle ihm die Stimmung.	Я испорчу ему настроение (*разг.*).
Der Betrieb vermaßt es.	Der Betrieb vermasst es.	Предприятие делает это продукцией массового производства.

(от vermassen делать что-л. продукцией массового производства)

jegliches Taktgefühl <u>vermissen lassen</u>	*или* jegliches Taktgefühl vermissenlassen	терять всякое чувство ритма; такта; всякую тактичность
Er vermißt dich.	Er vermisst dich.	Ему тебя не хватает.
Sie hat dich vermißt.	Sie hat dich vermisst.	Ей тебя не хватало.
die Vermißtenanzeige	die Vermisstenanzeige	объявление о розыске пропавшего
Er hat den Zug verpaßt.	Er hat den Zug verpasst.	Он опоздал на поезд.
Das Geld wurde verpraßt.	Das Geld wurde verprasst.	Деньги транжирились.
der Verriß	der Verriss	разгромная критика (*произведения*)
verquer gehen	verquergehen (*разг.*)	получаться шиворот-навыворот
Alles wird verquer gehen.	Alles wird verquergehen.	Всё пойдёт шиворот-навыворот.
verrückt spielen	verrücktspielen	вести себя как ненормальный
Du siehst, dass das Thermometer verrückt spielt.	Du siehst, dass das Thermometer verrücktspielt (*разг.*).	Ты видишь, что термометр словно взбесился (= *показывает невероятную температуру*).
Es war verschiedenes noch unklar.	Es war Verschiedenes noch unklar.	Разное было неясно.
verschiedenemal	verschiedene Mal	неоднократно
der Verschiß	der Verschiss	бойкот (*груб.*)
der Verschluß	der Verschluss	запор; замок; закупорка (*мед.*)
der Verschlußdeckel	der Verschlussdeckel	запорная крышка; люк; лючок
die Verschlußkappe	die Verschlusskappe	колпак, колпачок; заглушка
der Verschlußlaut	der Verschlusslaut	смычный/взрывной согласный
die Verschlußsache	die <u>Verschlusssache</u>/ Verschluss-Sache	секретный документ
die Verschlußschraube	die <u>Verschlussschraube</u>/ Verschluss-Schraube	запорный винт (*тех.*)
der Verschlußstreifen	der <u>Verschlussstreifen</u>/ Verschluss-Strefen	бумажная полоса (*для бандероли*)
die Verschlußzeit	die Verschlusszeit	автоматическая выдержка (*фото*)
sich verselbständigen	*или* sich verselbstständigen	стать самостоятельным; отделиться; основать собственное дело
die Verselbständigung	*или* die Verselbstständigung	обособление; отделение
der Versorgungsengpaß	der Versorgungsengpass	узкое место в снабжении
der Versorgungsgenuß	der Versorgungsgenuss	пенсия (*австр., канц.*)
der Vertragsabschluß	der Vertragsabschluss	заключение договора
der Vertragsschluß	der Vertragsschluss	заключение договора
<u>vertrauenerweckend</u>	*или* Vertrauen erweckend	вызывающий (*к себе*) доверие
ein vertrauenerweckender Verkäufer	*или* ein Vertrauen erweckender Verkäufer	вызывающий (*к себе*) доверие продавец

по-старому	по-новому	
die Verwässerung	*или* die Verwässrung	обводнение, заводнение
V-förmig	*или* v-förmig	V-образный
das Vibraphon	*или* das Vibrafon	вибрафон (*ударный инструмент*)
viele/die vielen sagen …	Viele/die Vielen sagen, dass ..	многие утверждают, что …
in vielem	in vielem	во многом
mit vielem	mit vielem	со многим
um vieles	um vieles	о многом
eine vielbefahrene Straße	*или* eine <u>viel befahrene</u> Straße	дорога с интенсивным движением
der vielbeschäftigt Chef	*или* der <u>viel beschäftigte</u> Chef	занятой начальник
vielbeschworen	*или* <u>viel beschworen</u>	часто заверяемый клятвой
eine vielbeschworene Freundschaft	*или* eine <u>viel beschworene</u> Freundschaft	дружба, часто заверяемая клятвенными обещаниями
die vielbeschworenen Erinnerungen	*или* eine <u>viel beschworenen</u> Erinnerungen	часто воскрешаемые воспоминания
(beschwören – beschwor – beschworen клясться, присягать (в чём-л.))		
eine vielbesprochener Fall	*или* eine <u>viel besprochener</u> Fall	широко обсуждаемый случай/ случай, о котором много говорят
ein vieldiskutiertes Buch	*или* ein <u>viel diskutiertes</u> Buch	широко дискутируемая книга
ein vielerörtertes Thema	*или* ein <u>viel erörtertes</u> Thema	широко обсуждаемая тема
eine vielgefragte Ware	*или* eine <u>viel gefragte</u> Ware	пользующийся большим спросом товар
eine vielgelesene Sage	*или* eine <u>viel gelesene</u> Sage	популярная сага
ein vielgelesenes Buch	*или* ein <u>viel gelesenes</u> Buch	книга, пользующаяся читательским спросом
eine vielgereister Mann	*или* eine <u>viel gereister</u> Mann	много путешествовавший мужчина
vielgeschmäht	*или* <u>viel geschmäht</u>	презренный, поносимый, изруганный
vielumworben	*или* <u>viel umworben</u>	осаждаемый со всех сторон (*поклонниками, клиентами и т. п.*)
eine vielumworbene Sängerin	*или* eine <u>viel umworbene</u> Sängerin	осаждаемая со всех сторон (*поклонниками*) певица
ein vielgepriesener Star	*или* ein <u>viel gepriesener</u> Star	восхваляемая, превозносимая звезда
eine vielzitierte Rede	*или* eine <u>viel zitierte</u> Rede	речь, которая много цитируется
ein vielsagender Blick	*или* ein <u>viel sagender</u> Blick	многозначительный взгляд
ein vielversprechendes Projekt	ein <u>viel versprechendes</u> Projekt	многообещающий проект
vieltausendmal	*или* vieltausend Mal	много тысяч раз
viel zuviel	viel zu viel	слишком много
viel zuwenig	viel zu wenig	слишком мало
der 4achser	der 4-Achser (Vierachser)	четырёхосный вагон, автомобиль
der Vierpaß	der Vierpass	орнамент в виде квадрата с четырьмя полукругами внутри (*архит., деталь переплёта готического окна*)
die vierte Welt	die Vierte Welt	самые бедные развивающиеся страны
um Viertel acht	um viertel acht	(в) четверть восьмого (*время*)
um drei Viertel acht	um drei viertel acht	(в) три четверти восьмого
Es hat Viertel eins geschlagen.	Es hat viertel eins geschlagen.	Часы пробили четверть первого.
<u>vis-à-vis</u>	*или* vis-a-vis (= *gegenüber*)	визави, друг против друга; напротив
völkerverbindend	*или* <u>Völker verbindend</u>	объединяющий народы
eine völkerverbindende Idee	*или* eine <u>Völker verbindende</u> Idee	идея, объединяющая народы

по-старому	по-новому	
aus dem vollen schöpfen	aus dem Vollen schöpfen	иметь всего в изобилии; жить в достатке
ein Wurf in die vollen (= *auf 9 Kegel*)	ein Wurf in die Vollen	одним броском сбить 9 кеглей
in die vollen gehen/ ins volle greifen	in die Vollen gehen (*разг.*)/ ins Volle greifen	брать от жизни всё, роскошествовать (*разг.*)
vollautomatisiert	*или* voll automatisiert	полностью автоматизированный
vollbeladen	*или* voll beladen	полностью гружёный
vollbesetzt	*или* voll besetzt	полный, переполненный (*зал и т. д.*)
ein vollbesetzter Bus	*или* ein voll besetzter Bus	полный автобус
vollentwickelt	*или* voll entwickelt	развитой (*экон.*)
vollentwickelte Muskulatur	*или* voll entwickelte Muskulatur	развитая мускулатура
vollklimatisierte Räume	*или* voll klimatisierte Räume	оборудованные кондиционерами помещения
volladen	vollladen	догружать
die Vollast	die Volllast/Voll-Last	полная нагрузка (*тех.*)
der Vollastbetrieb	der Volllastbetrieb	режим полной нагрузки (*тех.*)
vollaufen	volllaufen	наполниться (*напр., водой – о ванне*)
sich vollaufen lassen	sich volllaufen lassen	накачаться, напиться (*фам.*)
volleibig	vollleibig	толстый, полный
j-m die Hucke vollügen	j-m die Hucke volllügen	наврать (*кому-л.*) с три короба (*фам.*)
Volta(i)sche Säule	volta(i)sche/Volta'sche Säule	вольтов столб
von seiten seiner Mutter	vonseiten/von Seiten seiner Mutter	со стороны его матери
vonstatten gehen	vonstattengehen	протекать, проходить, совершаться
vorangehendes gilt auch	Vorangehendes gilt auch …	вышеупомянутое относится также …
im vorangehenden	im Vorangehenden	ранее, выше (*в тексте*); как было упомянуто/сказано выше
Im vorangehenden heißt es um ein neues Gerät.	Im Vorangehenden heißt es um ein neues Gerät.	Выше речь идёт о новом приборе.
Im voraus	im Voraus	заранее
vorausgehendes	Vorausgehendes	предшествующее
im vorausgehenden	im Vorausgehenden	ранее, выше (*в тексте*)
vorgefaßt	vorgefasst	заранее намеченный (*план*)
eine vorgefaßte Meinung	eine vorgefasste Meinung	предвзятое мнение
vorgestern abend, mittag, morgen	vorgestern Abend, Mittag, Morgen	позавчера вечером, в полдень, утром
das Vorhängeschloß/ das Vorlegeschloß	das Vorhängeschloss/ das Vorlegeschloss	висячий замок
vorhergehendes	Vorhergehendes	предыдущее, предшествующее
im vorhergehenden	im vorhergehenden	ранее, выше (*в тексте*); как было упомянуто/сказано выше
im vorhinein	im Vorhinein	заранее
as vorige	das Vorige	предшествующее изложение
der/die vorige	der/die Vorige	предшествующий, …ая
Das vorige gilt auch …	Das Vorige gilt auch …	Вышеуказанное относится также …
Im vorigen heißt es …	Im Vorigen heißt es …	В вышеизложенном речь идёт о …
vorliegendes	Vorliegendes	представленное
im vorliegenden	im Vorliegenden	в представленном

по-старому	по-новому	
gestern, heute, morgen vormittag	gestern, heute, morgen Vormittag	вчера, сегодня, завтра во второй половине дня/после обеда
die Vorschlußrunde	die Vorschlussrunde	полуфинал (спорт.)
der Vorschuß	der Vorschuss	аванс, задаток
die Vorschußlorbeeren	die Vorschusslorbeeren (разг.)	преждевременные похвалы/лавры
vorschußweise	vorschussweise	в виде аванса/задатка; авансом
die Vorschußzahlung	die Vorschusszahlung	задаток, авансирование, авансовый платёж
vorstehendes gilt auch …	Vorstehendes gilt auch …	вышеупомянутое касается также …
Im vorstehenden heißt es	Im Vorstehenden heißt es …	В вышеуказанном речь идёт о …
Im vorstehenden wurde erwähnt …	Im Vorstehenden wurde erwähnt …	Выше было указано/упомянуто …
vorwärts gehen	vorwärtsgehen	продвигаться вперед
vorwärts kommen	vorwärtskommen	преуспевать
vorwärts schreiten	vorwärtsschreiten	преуспевать

W

по-старому	по-новому	
die ganze Nacht wach liegen	или die ganze Nacht wachliegen	бодрствовать, не спать всю ночь
wachrütteln	или wach rütteln	растолкать (спящего), разбудить
jemandes Gewissen wachrütteln	или jemandes Gewissen wach rütteln	пробудить чью-л. совесть
j-n aus seinen Träumen wachrütteln	или j-n aus seinen Träumen wach rütteln	рассеять (чьи-л.) иллюзии, отрезвить вернуть (кого-л.) к действительности
ein wachestehender Soldat	или ein Wache stehender Soldat	караульный, вахтенный (мор.)
der Wachsabguß	der Wachsabguss	восковая фигура
die Wächtenbildung	die Wechtenbildung	образование карниза
der Waggon	или der Wagon	вагон
der Wahlausschuß	der Wahlausschuss	избирательная комиссия
das Walkie-talkie	das Walkie-Talkie	портативная радиостанция
die Walnuß	die Walnuss	грецкий орех
das Walroß	das Walross	морж
der Wandlungsprozeß	der Wandlungsprozess	процесс преобразований
den Motor warmlaufen lassen	den Motor warm laufen lassen	прогревать двигатель
das Essen warm machen	или das Essen warmmachen	подогреть еду
warm stellen	или warmstellen	поставить что-л. в тёплое место
warm werden	или warmwerden (разг.)	близко познакомиться с кем-л.
mit den neuen Nachbarn (nicht) warm werden	или mit den neuen Nachbarn (nicht) warm werden	близко (не) познакомиться с новыми соседями
das Warmlaufenlassen	или das Warm-laufen-Lassen	прогрев (двигателя)
der Warnschuß	der Warnschuss	предупредительный выстрел
wasserabstoßend	или Wasser abstoßend	водоотталкивающий; гидрофобный
das Wasserschloß	das Wasserschloss	замок, окруженный рвом с водой
wäßrig	wässrig	водянистый
die Wäßrigkeit	die Wässrigkeit	водянистость
der Wechselregreß	der Wechselregress	вексельный регресс, обратное требование по векселю

по-старому	по-новому	
der Wehrpaß	der Wehrpass	военный билет
weh tun	*или* wehtun	причинять боль
Das hat wehgetan.	*или* Das hat wehgetan.	Это причинило боль.
ein Steak weich klopfen	*или* ein Steak weichklopfen	отбивать антрекот; кусок жаркого
die Eier weich kochen	*или* die Eier weichkochen	варить яйца вкрутую
weichgekocht	*или* weich gekocht	сваренный вкрутую
das Leder weich machen	*или* die Leder weichmachen	размягчить кожу
die Wäsche weich spülen	*или* Wäsche weichspülen	полоскать бельё таким образом, чтобы оно на ощупь было мягким
weich werden	*или* weichwerden	уступать, поддаваться
Der Sohn bettelte den Vater, bis er weich wurde.	*или* Der Sohn bettelte den Vater, bis er weich wurde.	Сын умолял/просил отца, пока тот не поддался/не уступил.
das Weinfaß	das Weinfass	винная бочка; *(разг.)* пьяница
die Weinschaumcreme	*или* die Weinschaumkreme	крем „винная пена", сабайон
aus schwarz weiß macher	aus Schwarz Weiß machen	называть чёрное белым, выдавать чёрное за белое, извращать истину
weiß färben	*или* weißfärben	протравлять белый рисунок на тёмной набивной ткани
weiß kalken	*или* weißkalken	белить известью
weiß tünchen	*или* weißtünchen	красить в белый цвет; белить
die Wäsche	*или* die Wäsche	отбеливать бельё
weiß waschen	weißwaschen	
der Weißfluß	der Weißfluss	бели *(мед.)*
weißgekleidet	*или* weiß gekleidet	одетый в белое
weißglühend	*или* weiß glühend	раскалённый добела
der Weiße Sport	der weiße Sport	теннис; зимний спорт, лыжи
der Weiße Tod	der weiße Tod	белая смерть
Weißrußland	Weißrussland *(неофициально)*	Беларусь
weitblickend	*или* weitblickend	дальновидный
weitgehend	*или* weit gehend	далеко идущий; значительный
weitgereist	*или* weit gereist	побывавший в далёких краях
ein weitgreifender Plan	*или* ein weit greifender Plan	широко задуманный план
weitreichende Vollmachten	*или* weit reichende Vollmachten	широкие полномочия
weittragend	*или* weit tragend	имеющий серьёзные последствия; важный *(перен.)*
weittragende Konsequenten	*или* weit tragende Konsequenten	важные выводы; серьёзные/ далеко идущие последствия
weitverbreitet	*или* weit verbreitet	широко распространённый
weitverbreitete Pflanzen	*или* weit verbreitete Pflanzen	широко распространённые растения
weitverzweigt	*или* weit verzweigt	разветвлённый
ein weitverzweigtes Unternehmen	*или* ein weit verzweigtes Unternehmen	разветвлённое предприятие *(экон.)*
bei weitem	*или* bei Weitem	намного, гораздо
von weitem	*или* von Weitem	издали
Des weiteren wurde gesagt, daß …	Des Weiteren wurde gesagt, dass …	Далее было сказано, что …
weiterbestehen	*или* weiter bestehen	продолжать существовать
bis auf weiteres	*или* bis auf Weiteres	пока что, до поры до времени; впредь до особого распоряжения

по-старому	по-новому	
Bis auf weiteres bleibt er hier.	*или* Bis auf Weiteres bleibt er hier.	До дальнейших указаний он останется здесь.
ohne weiteres	*или* ohne Weiteres	сразу, немедленно; без разговоров; без церемоний
ein wenig gelesenes Buch	*или* ein weiniggelesenes Buch	книга, не пользующаяся читательским спросом
wenig befahrene Straßen	*или* wenigbefahrene Straßen	дороги, улицы со слабым движением
das, dies, dieses wenige	das, dies, dieses Wenige	немногое, это немногое
Er freut sich über das wenige.	Er freut sich über das Wenige.	Он и этому рад (= *немногим подаркам*).
der/die Werbung- treibende	*или* der/die Werbung Treibende	занимающийся, ...аяся
Werbungtreibende	*или* die Werbung Treibende	занимающееся рекламой
die Werkstofforschung	die Werkstoffforschung/ Werkstoff-Forschung	материаловедение; исследование материалов
im wesentlichen	im Wesentlichen	по существу; в основном
das Wettauchen	das Wetttauchen/ Wett-Tauchen	соревнование по нырянию; погружению водолазов
der Wetteufel	der Wettteufel/Wett-Teufel	страсть заключать пари (*шутл.*)
das Wetturnen	das Wettturnen/Wett-Turnen	спортивная гимнастика; соревнования по гимнастике
sich wichtig machen	sich wichtigmachen	важничать
Er soll sich mit seinen Ideen nicht so wichtig machen.	Er soll sich mit seinen Ideen nicht so wichtigmachen.	Он не должен со своими идеями так важничать.
sich wichtig tun	sich wichtigtun	важничать
wiedertun	wieder tun	повторять, делать снова;
Ich werde es nicht wiedertun.	Ich werde es nicht wieder tun.	Я этого больше не сделаю./ Я больше не буду.
wieviel	wie viel	сколько
Weißt du, wieviel er hat?	Weißt du, wie viel er hat?	Знаешь, сколько у него?
Es ist mir alles wiedereingefallen.	Es ist mir alles wieder eingefallen.	Это мне снова пришло на ум/ припоминилось.
die alten Vorschriften wieder einführen	*или* die alten Vorschriften wiedereinführen	снова вводить старые предписания (*правила*)
wievielmal	*или* wie viel Mal	сколько раз
Wieviel kostet die Uhr?	Wie viel kostet die Uhr?	Сколько стоят часы?
j-n wild machen	*или* j-n wildmachen	доводить до бешенства, бесить
wildlebende Tiere	wild lebende Tiere	живущие на воле животные
wildwachsende Pflanzen	*или* wild wachsende Pflanzen	дикорастущие растения
der Winterschlußverkauf	der Winterschlussverkauf	весенняя распродажа
der Wirschaftsausschuß	der Wirschaftsausschuss	хозяйственный комитет
die Wirschaftsgeographie	*или* die Wirschaftsgeografie	экономическая география
wißbegierig	wissbegierig	любознательный
die Wißbegier(de)	die Wissbegier(de)	любознательность, жажда знаний
ihr wißt	ihr wisst	вы знаете
Er wusste	er wusste	он знал
du wußtest	du wusstest	ты знал
wir wüßten gern ...	wir wüssten gern ...	мы охотно узнали бы
Ich habe gewußt.	Ich habe gewusst.	Я знал.
j-n etwas wissen lassen	*или* j-n etwas wissenlassen	сообщить, дать знать; уведомить

по-старому	по-новому	
der Witterungseinfluß	der Witterungseinfluss	влияние погоды, атмосферное влияние
wohlausgewogen	*или* wohl ausgewogen	взвешенный; гармоничный
wohlbedacht	*или* wohl bedacht	(*хорошо*) обдуманный; продуманный; предусмотрительно
wohlbegründet	*или* wohl begründet	хорошо обоснованный
wohlbehütet	*или* wohl behütet	хорошо оберегаемый
ein wohlbehütetes Geheimnis	*или* ein wohl behütetes Geheimnis	хорошо хранимая тайна
wohlbekannt	*или* wohl bekannt	хорошо известный
wohlberaten	*или* wohl beraten	хорошо проконсультированный
wohldosiert	*или* wohl dosiert	умеренный
wohldurchdacht	*или* wohl durchdacht	хорошо продуманный
wohl ergehen	*или* wohlergehen	жить в благополучии
Es ist ihm immer wohl ergangen.	*или* Es ist ihm immer wohlergangen.	Он всегда жил в благополучии.
wohlerhalten	*или* wohl erhalten	хорошо сохранившийся, свежий
wohlerwogen	*или* wohl erwogen	тщательно обдуманный, взвешенный
wohlerzogen	*или* wohl erzogen	благовоспитанный
wohlformuliert	*или* wohl formuliert	хорошо сформулированный
sich wohl fühlen	*или* sich wohlfühlen	чувствовать себя хорошо
wohlgeformt	*или* wohl geformt	имеющий определённую форму; хорошо отформованный (*строит.*)
wohlgeformte	*или* wohl geformte Sätze	хорошо составленные предложения
wohlgenährt	*или* wohl genährt	упитанный
wohlgenährte Babys	*или* wohl genährte Babys	упитанные младенцы
wohlgeordnet	*или* wohl geordnet	благоустроенный; упорядоченный
wohlgeraten	*или* wohl geraten	удачный
wohlgesetzt	*или* wohl gesetzt	хорошо сформулированный
in wohlgesetzten Worten	*или* in wohl gesetzten Worten	в хорошо сформулированных словах
eine wohlgesetzte Rede	*или* eine wohl gesetzte Rede	хорошо построенная/изящная речь
wohlgetan	*или* wohl getan (*устар.*)	правильный; хороший
nach wohlgetaner Arbeit	*или* nach wohl getaner Arbeit	после хорошей работы
wohlklingend	*или* wohl klingend	благозвучный
wohllautend	*или* wohl lautend	благозвучный (*высок.*)
wohlproportioniert	*или* wohl proportioniert	хорошо, пропорционально сложённый; с хорошими пропорциями; соразмерный
wohlrichend	*или* wohl richend (*высок.*)	благоухающий; благоуханный; благовонный
wohlschmeckend	*или* wohl schmeckend	вкусный, приятный на вкус
eine wohlschmeckend Suppe	*или* eine wohl schmeckende Suppe	вкусный суп
wohlsituiert	*или* wohl situiert	хорошо поставленный, расположенный
wohltemperiert	*или* wohl temperiert	хорошо темперированный
wohltönend	*или* wohl tönend	благозвучный
wohlüberlegt	*или* wohl überlegt	хорошо продуманный
wohlunterrichtet	*или* wohl unterichtet	хорошо осведомлённый

по-старому	по-новому	
wohlversorgt	*или* wohl versorgt	вполне обеспеченный; хорошо устроенный
wohlverstanden	*или* wohl verstanden	правильно понятый
wohlverwahrt	*или* wohl verwahrt	хорошо припрятанный; сохраняемый в надёжном месте
wohlvorbereitet	*или* wohl vorbereitet	хорошо подготовленный
der Wollappen	der Wolllappen/Woll-Lappen	шерстяная тряпка
die Wollaus	der Wolllaus/Woll-Laus	подушечница берёзовая *(бот.)*
sich die Haut wund jucken	*или* sich die Haut wundjucken	расчесать кожу до крови
sich die Füße wund laufen	*или* sich die Füße wundlaufen	натереть себе ноги, *(перен.)* сбиться с ног *(в поисках чего-л.)*
Er hat sich die Füße wund gelaufen.	*или* Er hat sich die Füße wundgelaufen.	Он натёр себе ноги./ Он сбился с ног *(в поисках чего-л., перен.)*.
sich die Finger wund nähen	*или* sich die Finger wundnähen	исколоть себе пальцы за шитьём
sich wund kratzen	*или* sich wundkratzen	расчесать кожу до крови
sich den Mund wund reden	*или* sich den Mund wundreden	договориться до того, что язык во рту не ворочается
sich die Haut wund reiben	*или* sich die Haut wundreiben	натереть себе кожу до крови
Er hat sich die Haut wund gerieben.	*или* Er hat sich die Haut wundgerieben.	Он натёр себе кожу до крови.
sich die Finger wund schreiben	*или* sich die Finger wundschreiben	писать до полного изнеможения
sich wundliegen	*или* sich wund liegen	належать пролежни
Er hat sich wundgelegen.	*или* Er hat sich wund gelegen.	Он належал пролежни.
Er glaubt(,) wunder was getan zu haben (ugs.).	Er glaubt(,) Wunder was getan zu haben (ugs.).	Ему кажется, что он невесть что сделал *(разг.)*.
Er glaubt, als ob er wunder was getan hätte.	Er glaubt, als ob er Wunder was getan hätte.	Ему кажется, как будто он невесть что сделал *(разг.)*.
das Wurfgeschoß	das Wurfgeschoß *(в Австрии с ß)*	реактивный снаряд; мина; граната *(гранатомёта)*

X

по-старому	по-новому	
X-beinig	*или* x-beinig	кривоногий *(разг.)*
jeder x-beliebige	jeder x-Beliebige	каждый, любой
X-förmig	*или* x-förmig	Х-образный
zum x-tenmal	zum x-ten Mal	в который уж раз *(разг.)*
die Xerographie	*или* die Xerografie	ксерография *(полигр.)*
xerographieren	*или* xerografieren	ксерокопировать; размножать ксерокопированием
xerographisch	*или* xerografisch	ксерокопированный
der Xylograph	*или* der Xylograf *(греч.)*	ксилограф, гравёр по дереву
der Xylophon	*или* der Xylofon *(греч.)*	ксилофон *(муз. инструмент)*

Y

по-старому	по-новому	
das Yukon-Territorium	das Yukonterritorium	территория Юкон *(в Канаде)*

Z

по-старому	по-новому	
die Zäheit	die Zähheit	упорство
zähfließend	*или* zäh fließend	вязкий; густой; вязкотекучий *(тех.)*
das Zahlenschloß	das Zahlenschloss	кодовый замок; замок с числовым кодом
die Zahncreme	*или* die Zahnkreme	зубная паста
das Zäpfchen-R	*или* das Zäpfchen-r	язычковое/увулярное R *(лингв.)*
Zäpfchen-R sprechen	*или* Zäpfchen-r sprechen	картавить *(в русском языке)*
zartbesaitet	*или* zart besaitet	чувствительный, нужный, впечатлительный
zart machen	*или* zartmachen	делать нежной *(кожу и т.д.)*
Ich weiß, dass die Salbe die Hände zart macht.	*или* Ich weiß, dass die Salbe die Hände zartmacht.	Я знаю, что эта мазь делает кожу рук нежной.
zartfühlend	*или* zart fühlend	чуткий, деликатный, тактичный
die Zaubernuß	die Zaubernuss (Hamamelis L.)	гамамелис *(бот.)*
die Zechenstillegung	die Zechenstilllegung	закрытие рудника
5zehig	5-zehig	пятипалый *(о ноге)*
die oberen Zehntausend	*или* die oberen zehntausend	верхние десять тысяч *(о финансовой олигархии)*
10tonner	10-Tonner	десятитонный грузовик
die Zeilengußmaschine	die Zeilengussmaschine	строкоотливная наборная машина, линотип *(полигр.)*
2zeiler	2-Zeiler	двустишие
2zeilig …	2-zeilig …	двухстрочный; в два ряда
Zeisssche Erzeugnisse	zeisssche/Zeiss'sche Erzeugnisse	цейсовские изделия
zur Zeit (derzeit)	zurzeit	вовремя; в настоящее время, в настоящий момент
zeitaufwendig	*или* zeitaufwändig	требующий больших затрат времени
eine Zeitlang warten	*или* eine Zeit lang warten	ждать некоторое время
zeitraubend	*или* Zeit raubend	трудоёмкий, отнимающий, требующий много времени
zeitsparend	*или* Zeit sparend	экономящий время
ein zeitsparendes Verfahren	*или* ein Zeit sparendes Verfahren	метод, позволяющий сэкономить время
die Zellehre	die Zelllehre/Zell-Lehre	цитология, учение о клетке
die Zellstoffabrik	Zellstofffabrik/Zellstoff-Fabrik	целлюлозный завод
die Zellulitis/Cellulitis	die Zellulitis/Cellulitis	целлюлит, панникулёз *(мед.)*
der Zentralausschuß *(der Werbewirtschaft)*	der Zentralausschuss *(der Werbewirtschaft)*	Центральное управление *(по делам торговой рекламы ФРГ)*
der Zerograph	*или* der Zerograf	керограф, гравёр по воску
der Zersetzungsprozeß	der Zersetzungsprozess	процесс разложения
zielbewußt	zielbewusst	целеустремлённый

по-старому	по-новому	
die Zielbewußtheit	die Zielbewusstheit	целеустремлённость
der Zierat	der Zierrat	украшение; убранство
2ziff(e)rig	2-ziff(e)rig	двузначный; состоящий из 2 цифр
zigtausend	*или* Zigtausend	много тысяч
Zigtausende	*или* zigtausende	многие тысячи
10zimm(e)rig	10-zimm(e)rig	десятикомнатный
3zinkig	3-zinkig	трезубый; трёхзубчатый
die Zinkographie	die Zinkografie	цинкография
das Zinkoxid/Zinkoxyd	das Zinkoxid/Zinkoxyd	окись цинка *(хим.)*
der Zippverschluß	der Zippverschluss	застёжка „молния" *(австр.)*
der Zirkelschluß	der Zirkelschluss	порочный круг; круг *(лог.)*
der Zivildienstleistende	*или* der Zivildienst Leistende	проходящий альтернативную службу
der Zivilprozeß	der Zivilprozess	гражданский процесс *(юр.)*
die Zivilprozeßordnung	die Zivilprozessordnung	гражданский процессуальный кодекс
das Zivilprozeßrecht	das Zivilprozessrecht	гражданское право *(юр.)*
der Zollbreit	*или* der Zoll breit	ширина в *(один)* дюйм
keinen Zollbreit	*или* keinen Zoll breit	не уступить ни пяди/ни вершка
zurückweichen	zurückweichen	
zollang	zolllang	длиной в *(один)* дюйм
4zollig; 4zöllig	4-zollig; 4-zöllig	четырёхдюймовый
die Zollinie	die Zolllinie/ Zoll-Linie	таможенная граница
die Zoographie	*или* die Zoografie	зоография
das Zoo-Orchester	*или* das Zooorchester	
der Zubiß	der Zubiss	укус
der Zuckerguß	der Zuckerguss	*(сахарная)* глазурь
zueinanderfinden	zueinander finden	подобрать один к одному
der Zufluß	der Zufluss	приток, прилив; стечение
zufriedenstellen	*или* zufrieden stellen	удовлетворять
zugrunde gehen	*или* zu Grunde gehen	гибнуть, разрушать
das Zugrundegehen	*или* das Zu-Grunde-Gehen	гибель; разорение
zugrunde legen	*или* zu Grunde legen	положить в основу
zugrunde liegen	*или* zu Grunde liegen	лежать в основе
zugrundeliegend	*или* zugrunde liegend/ zu Grunde liegend	лежащий в основе
zugrunde richten	*или* zu Grunde richten	погубить, разрушить
zugunsten	*или* zu Gunsten	на пользу, в пользу
zugute halten	zugutehalten	зачесть *(что-л.)* в *(чью-л.)* пользу; учесть *(что-л.)* в *(чьё-л.)* оправдание
zugute kommen	zugutekommen	быть полезным, идти на пользу
sich *D* etwas auf etwas zugute tun	sich *D* etwas auf etwas zugutetun	гордиться *(чем-л.)*
sich etwas zugute tun	sich etwas zugutetun	разрешить себе *(что-л.)*, доставить себе удовольствие
zuhanden kommen	zuhandenkommen	попадаться под руку
zu Hause	*или* zuhause	дома
Ich bin in Ulm zu Hause.	*или* Ich bin in Ulm zuhause.	Я родом из Ульма.
sich wie zu Hause fühlen	*или* sich wie zuhause fühlen	чувствовать себя как дома
Ich freue mich auf zu Hause.	*или* Ich freue mich auf zuhause.	Я радуюсь своему дому.
der Zuhausegebliebene	*или* der zu Hause Gebliebene	оставшийся дома *(отец)*
die Zuhausegebliebene	*или* die zu Hause Gebliebene	оставшаяся дома *(мать)*

по-старому	по-новому	
bei uns zulande	bei uns zu Lande	в нашей стране
hierzulande	*или* hier zu Lande	здесь
zu Lasten *G*	*или* zulasten *G*	за счёт
j-m etwas zuleid(e) tun	*или* j-m etwas zu Leid(e) tun	
Er kann keiner Fliege etwas zuleide tun.	*или* Er kann keiner Fliege etwas zu Leide tun.	Он и мухи не обидит.
zuleide	*или* zu Leide	обидеть *(кого-л.)*
Mir ist gut (schlecht) zumute.	*или* Mir ist gut/wohl (schlecht) zu Mute.	У меня хорошо (нехорошо) на душе.
Wie ist Ihnen zumute?	*или* Wie ist Ihnen zu Mute?	Какое у Вас настроение?
das Zündschloß	das Zündschloss	замок зажигания
das Zungen-R	*или* das Zungen-r	переднеязычное r *(фон.)*
zunichte machen	zunichtemachen	уничтожать; разрушать *(надежды и т. п.)*; срывать *(планы)*
zunichte werden	zunichtewerden	пропадать, уничтожаться; разбиваться, рушиться *(о надеждах и т. п.)*
sich etwas zunutze machen	*или* sich etwas zu Nutze machen	извлечь для себя пользу
Er hat zugepaßt.	Er hat zugepasst.	Он дал пас *(особенно в футболе)*.
zupaß kommen/ zupasse kommen	zupasskommen/ zupassekommen	быть, прийтись кстати, пригодиться
zugepreßt	zugepresst *(om zupresen)*	придавленный, прижатый
zu Rande kommen mit D	*или* zurande kommen	справиться, успеть сделать
jmdn. zu Rate ziehen	*или* jmdn. zurate ziehen	советоваться *(с кем-л.)*; привлечь *(кого-л.)* в качестве консультатнта
Er hat zurückgemußt.	Er hat zurückgemusst.	Он вынужден был вернуться.
zur Zeit	zurzeit	вовремя; в настоящее время, в настоящий момент
Er hat den Inhalt des Gesprächs zusammengefaßt	Er hat den Inhalt des Gesprächs zusammengefasst.	Он подвёл итоги беседы.
der Zusammenfluß	der Zusammenfluss	слияние *(рек)*
Seine Worte und Taten haben nicht zusammengepaßt.	Seine Worte und Taten haben nicht zusammengepasst.	Его слова разошлись с делами.
Er hat meine Hände zusammengepreßt.	Er hat meine Hände zusammengepresst.	Он сжал мои руки.
der Zusammenschluß	der Zusammenschluss	соединение, объединение; сплочение
zusammensein	zusammen sein	быть спаянным; сработаться
Sie waren zusammengewesen.	Sie waren zusammen gewesen.	Они были спаяны/сработались.
zuschanden gehen	*или* zu Schanden gehen	испортиться
zuschanden machen	*или* zu Schanden machen	испортить; расстроить *(планы и т. п.)*
zuschanden werden	*или* zu Schanden werden	испортиться
j-n, etwas zuschanden werden lassen	*или* j-n, etwas zu Schanden werden lassen	обречь *(кого-л., что-л.)* на позорный провал; погубить *(кого-л., что-л.)*
zuschulden kommen lassen	*или* zu Schulden kommen lassen	провиниться в *(чем-л.)*; позволить себе вольность

по-старому	по-новому	
der Zuschuß	der Zuschuss	прибавка, субсидия, пособие
der Zuschußbetrieb	der Zuschussbetrieb	бюджетное предприятие
die Zuschußwirtschaft	die Zuschusswirtschaft	бюджетное предприятие, хозяйство
der Zuschußbogen	der Zuschussbogen	сверхкомплектный лист *(полигр.)*
zusein	zu sein	быть запертым, закрытым
zu seiten des Festzuges	zuseiten, zu Seiten des Festzuges	по обеим сторонам торжественной процессии, на флангах праздничной колонны
das Zuspätkommen	*или* das Zu-spät-Kommen	опоздание
Entschuldigen Sie mein Zuspätkommen.	*или* Entschuldigen Sie mein Zu-spät-Kommen.	Извините меня за опоздание.
zustande bringen	*или* zu Stande bringen	осуществляться; завершаться
das Zustandebringen	*или* das Zu-Stande-Bringen	осуществление, выполнение; завершение
zustande kommen	*или* zu Stande kommen	осуществляться
das Zustandekommen	*или* das Zu-Stande-Kommen	осуществление
das Zustandekommen von Bundesgesetzen	*или* das Zu-Stande-Kommen von Bundesgesetzen	вступление в силу законов *(принятых бундестагом ФРГ)*
zustatten kommen	zustattenkommen	быть кстати; быть уместным; пригодиться
zutage bringen/fördern	*или* zu Tage bringen/fördern	обнаружить, показать
zutage treten/kommen	*или* zu Tage treten/kommen	обнаружиться
zuteil werden	zuteilwerden	выпасть на долю, доставаться
zuungunsten	*или* zu Ungunsten	не в пользу
zuviel	zu viel	слишком *(много)*
Das ist zuviel.	Das ist zu viel.	Это уж слишком!
zuwege bringen	*или* zu Wege bringen	выполнять, справляться
(gut) zuwege sein	*или* zu Wege sein	быть здоровым; быть в хорошей форме
zuwenig	zu wenig	слишком мало
die goldenen Zwanziger/ die goldenen zwanziger Jahre	die Goldenen Zwanziger/ die Goldenen Zwanzigerjahre	золотые двадцатые годы
die zwanziger Jahre	*или* die Zwanzigerjahre	двадцатые годы
die Zwanzigerjahre	*или* die zwanziger Jahre	двадцатые годы
das Zweite Gesicht	*или* das zweite Gesicht	ясновидение, дар предвидения
das zweite Programm	das Zweite Programm (ZDF)	вторая программа немецкого ТВ
die zweite Bundesliga	die Zweite Bundesliga	вторая бундеслига
Er hat wie kein zweiter gearbeitet.	Er hat wie kein Zweiter gearbeitet.	Он старался больше всех.
Jeder zweite war krank.	Jeder Zweite war krank.	Каждый второй был болен.
der Zweitkläßler	der Zweitklässler	второклассник, ученик второго класса
der Zweitklaßwagen	der Zweitklaßwagen	вагон второго класса *(швейц. ж.-д.)*
das Zwischengeschoß	das Zwischengeschoss *(в Ав.ß)*	полуэтаж, антресоль *(архит.)*
das Zylinderschloß	das Zylinderschloss	замок цилиндра *(на многозамковой вязальной машине)*

Часть IV Список слов, у которых и ранее имелись два варианта написания
(Teil IV Liste der Wörter, die wie früher zwei Schreibvarianten haben)

Написание этих слов сохранилось, однако редакция Дудена рекомендует один вариант.

A

das Abc-Buch / Abecebuch	букварь, азбука *(учебник)*
der Ajatollah/Ayatollah	аятолла
ALG/Alg *(= Arbeitslosengeld)*	пособие по безработице
anstelle/an Stelle der Mutter	на месте матери
das Anthracen / Anthrazen	антрацен *(тех.)*
Apeninnenhalbinsel/ Apeninnen-Halbinsel	Апеннинский полуостров
das Apolloraumschiff/ Apollo-Raumschiff	космический корабль „Аполлон“
der Aralsee/ Aral-See	Аральское море
die Arhythmie/Arrhythmie	аритмия
die Armesünderglocke/Arme-Sünder-Glocke	похоронный звон; колокольный звон, извещающий о казни *(ист.)*
der Assuanstaudamm/ Assuan-Staudamm	Асуанская плотина
der Astrachankaviar/ Astrachan-Kaviar	чёрная икра
Asyl suchend/ asylsuchend	ищущий убежище, приют
aufgrund/ auf Grund *G*	на основании *(чего-л.)*
auswendig gelernte/ auswendiggelernte Texte	выученные наизусть тексты
der Automobilklub/ Automobilclub	автомобильный клуб
Ho: Allgemeiner Deutscher Automobil-Club (ADAC)	Общегерманский автомобильный клуб
der Automobilclub von Deutschland	Немецкий автомобильный клуб

B

die Balkanhalbinsel/ Balkan-Halbinsel	Балканский полуостров
die Barbiepuppe/ Barbie-Puppe	кукла Барби
der Barentssee/Barents-See	Баренцево море
der Basar/Bazar	рынок; базар *(восточный)*; торговая улица; базар *(рынок сельхозпродуктов в СНГ)*; пассаж; базар *(благотворительный)*
der/das Bathyscaphe/der Bathyskaph	батискаф *(мор.)*
der Beachvolleyball/ Beach-Volleyball	пляжный волейбол
die Beaufortskala/ Beaufort-Skala	шкала Бофорта *(метеоролог.)*
das Beautycase/ Beauty-Case *(= der Kosmetikkoffer)*	косметичка
der Bei/ Bey	бей, бек
alle beisammen gewesenen/ beisammengewesenen Familienmitglieder	все собравшиеся вместе / встретившиеся члены семьи
becircen/ bezirzen	пленять, очаровывать, околдовывать
Wohl bekomms/bekomm's!	Твоё/Ваше здоровье *(тост)*!
Bergski/ Bergschi fahren	кататься на горных лыжах
das Beringmeer/ Bering-Meer	Берингово море
die Beringstraße/ Bering-Straße	Берингов пролив
die Bermudainseln/ Bermuda-Inseln	Бермудские острова
die Berninabahn/ Bernina-Bahn	Бернинская трасса *(Бернина – горный массив и вершина в Швейцарии)*

die Bete/Beete	свёкла листовая, мангольд
ein bettenführender/ Betten führender Arzt	врач, имеющий в клинике несколько коек, то есть наблюдающий определённое количество больных
bezirzen/ becircen	пленять, очаровывать, околдовывать
der Big Point/ Bigpoint	теннис
die bildenden/ Bildenden Künste	изобразительные искусства
die Biskaya/Biscaya	Бискайский залив
das Blackjack/Black Jack	игра в очко („Чёрный Джек")
blauer/ Blauer Brief	письмо из школы родителям неуспевающего ученика; извещение об увольнении
ein blaugefärbtes/ blau gefärbtes Kleid	платье голубого цвета
die Bratensoße/ Bratensauce	соус для жаркого
Bravo/bravo rufen	кричать „браво"
der Brokkoli/ Broccoli	брокколи, капуста спаржевая
die Boutique/ Butike	бутик

C

das Cabrio / Kabrio	кабриолет (краткая форма)
die Calla / Kalla	белокрыльник (бот.)
das Callcenter / Call-Center	информационно-справочная служба; центр телефонного обслуживания
die Canaille / Kanaille (um.)	каналья, мерзавец
die Canna / Kanna	род многолетних растений семейства канновых
der Canopus / Kanopus	Канопус (звезда первой звёздной величины)
die Cantate / Kantate	кантата (муз.)
die Canapé / Kanapee	(старомодный) диван; канапе; бутерброды из поджаренного хлеба
der Carabiniere / Karabiniere	карабинер; жандарм (в Италии)
das Carjacking / Car-Jacking	угон, похищение автомобиля
die Castingshow / Casting-Show	отборочный показ/конкурс, кастинг (англ.)
das Cäsium / Caesium / Zäsium	цезий (хим.)
die Cellulitis /Zellulitis	целлюлит, панникулёз (мед.)
die Campagne / Kampagne (фр.)	кампания (в разн. знач.)
die Capella / Kapella	Капелла (самая яркая звезда в созвездии Возничего)
die Caprice / Kaprice (um.)	каприз, прихоть, причуда; упрямство
der Chan / Khan	хан
die Chansonnette / Chansonette	песенка; шансонетка (фр.)
das Calumet / Kalumet	калюмет (курительная трубка у северо-американских индейцев); трубка мира (перен.)
der Carnallit / Karnallit	карналлит (мин., геол.)
das Carsharing / Car-Sharing (англ.)	совместное пользование прокатным автомобилем
der Cerberus/Zerberus	Цербер (трёхголовый пёс, охранявший вход в подземное царство) (греч. миф.); цербер (пер., бдительный и свирепый сторож)
der Charme / Scharm	очарование
charmant / scharmant	очаровательный

der Chatroom / Chat-Room *(англ.)*	чат-клуб/чат клуб
der Chatlinie / Chat-Linie *(англ.)*	разговорный канал, чат-лайн *(онлайновый сервис, позволяющий общаться нескольким участникам беседы. Текст, введённый каждым из них, отображается одновременно на экране у всех участников.)*
die Cheopspyramide / Cheops-Pyramide	пирамида Хеопса
chic / schick	изящный, элегантный, шикарный
der Chic / Schick	шик, щегольство
die Chimäre / Schimäre	химера *(миф.)*; неосуществимая мечта
Chomeini / Khomeini	Хомейни
die Chose / Schose *(разг.)*	вещь, дело *(с оттенком презрения или иронии)*
cirka / zirka	около, приблизительно
der Cirkus / Zirkus	цирк
der Cirkusdirektor / Zirkusdirektor	директор цирка
das Cirkuspferd / Zirkuspferd	цирковая лошадь
das Cirkuszelt / Zirkuszelt	цирковой шатер
der Clip / Klipp	клип; клипс *(серьга)*; зажим *(для галстуков)*
der Clips / Klips	клипс *(брошка, серьга)*; скреп(оч)ка
der Club / Klub	клуб
das Coca / Koka (сокращение для das Coca-Cola)	кока-кола *(напиток)*
das Coda / Koda	кода *(муз.)*
der Code / Kode *(англ.)*	код
das Codein / Kodein	кодеин *(успокоительное средство, фарм.)*
der Codex / Kodex	кодекс
codieren / kodieren	кодировать
die Codierung / Kodierung	кодирование
das Coffein / Koffein	кофеин *(фарм.)*
das Collier / Kollier	ожерелье, колье
die Compagnie / Kompanie	компания, общество, товарищество
contra / kontra	против *(юр. лат.)*
der Copilot / Kopilot	второй пилот
der Cord / Kord	рубчатый бархат, вельвет; корд
der Cordsamt / Kordsamt	вельвет *(ткань с продольным рубчиком уточного ворса)*, манчестер, рубчатый бархат
die Cornea / Kornea	роговая оболочка глаза
das Corps / Korps	корпус *(воен.)*
das Coupé / Kupee	двухместный закрытый автомобиль; *(уст.)* купе *(в вагоне)*
das Coupon / Kupon	купон
die Cousine / Kusine *(фр.)*	двоюродная сестра, кузина
der Coyote / Kojote	койот *(зоол.)*
das Credo / Kredo	кредо, убеждение
die Creme / Krem	крем
kremig / cremig	кремообразный
die Crevette / Krevette	креветка
das Croquis / Kroki *(фр.)*	кроки, макет, набросок *(топ.)*
die Crux / Krux *(лат.)*	горе, скорбь, печаль; *(перен.)* крест
die Curcuma / Kurkuma	куркума *(бот.)*

D

der <u>Damenfriseur</u> / Damenfrisör	женский парикмахер
die <u>Damenfriseurin</u> / Damenfrisörin	женский парикмахер *(женщина)*
der <u>darauf folgende</u> / darauffolgende Briefwechsel	последовавшая за этим переписка
das <u>darüber Hinausgehende</u> / Darüberhinausgehende	вытекающее из этого
die <u>Davisstraße</u> / Davis-Straße	Девисов пролив, пролив Девиса
der <u>Dawesplan</u> / Dawes-Plan	план Дауэса *(полит., ист.)*
<u>decodieren</u> / dekodieren	декодировать, раскодировать; расшифровывать
die <u>Decodierung</u> / Dekodierung	декодирование; расшифровка; дешифрация
ein (gerade jetzt) <u>deutsch sprechender</u> / deutschsprechender Mann	мужчина, говорящий *(именно сейчас)* на немецком языке
deutsch sprechend / <u>Deutsch sprechend</u>	владеющий немецким языком
der <u>Diplom-Betriebswirt</u>/ Diplombetriebswirt	дипломированный специалист по экономике и организации производства
die <u>Disc</u>/Disk *(для Diskette; CD; DVD)*	диск *(дискета, компакт-диск, диск DVD)*
die <u>Disco</u> / Disko	дискотека
die <u>Discjockey</u> / Diskojockey	диск-жокей, ведущий музыкальной программы
die <u>Dokusoap</u> / Doku-Soap	серия документальных телефильмов с частично инсценированными событиями
die Donauauen / <u>Donau-Auen</u>	Дунайские плавни
die <u>Donaudelta</u> / Donau-Delta	дельта Дуная
<u>Don Quichotte</u> / Don Quijote / Don Quixote	Дон-Кихот *(герой одноименного романа Сервантеса)*
der <u>Don Quichotte</u>/Don Quijote/ Don Quixote	донкихот *(наивный мечтатель)*
der Dorfclub / <u>Dorfklub</u>	сельский клуб
das <u>Doublé</u> / Doblee	дублёр *(напр., снимающегося в кино актёра)*
<u>doublieren</u> / dublieren	дублировать
das <u>Downsyndrom</u> / Down-Syndrom	синдром, болезнь Дауна
das <u>Dragee</u> / Dragée	драже *(конфеты, засахаренные пилюли)*
das <u>Dränage</u> / Drainage	дренаж *(мед.)*
das Dreamteam / <u>Dream-Team</u>	команда мечты
das Druckerzeugnis / <u>Druck-Erzeugnis</u>	печатная продукция
das Druckerzeugnis / <u>Drucker-Zeugnis</u>	свидетельство печатника
der <u>Dummejungenstreich</u>/ Dumme-Jungen-Streich	мальчишеская выходка

E

die <u>Economyclass</u>/Economy-Class/ Economyklasse	эконом-класс, туристический класс
der Efedi / <u>Effendi</u> *(из турецкого языка)*	эфенди *(обращение)*
Doktor <u>ehrenhalber</u> / Ehren halber	почётный доктор
eierlegende / <u>Eier legende</u> Wollmilchsau	о лице или предмете, которое никогда не показывает недостатков, удовлетворяет все потребности, удовлетворяет всем требованиям

eincremen / einkremen	намазать кремом, втирать крем
der Ein-Euro-Job / Eineurojob	работа, представляющая собой небольшой дополнительный заработок, предлагаемая обычно безработным, получающим социальную помощь
das Ein-Euro-Stück / Eineurostück	монета в 1 евро
aufs Eingehendste / eingehendste	(очень) подробно, подробнейшим образом
energiesparend / Energiesparend	экономящий энергию; энергосберегающий

F

die Fantasie / Phantasie	фантазия
der Fantast / Phantast	фантаст
die Fantastik / Phantastik	фантастика
fantastisch / phantastisch	фантастический, невероятный; причудливый
der Faradaykäfig / Faraday-Käfig	цилиндр/клетка Фарадея (эл.)
die Fidschiinseln / Fidschi-Inseln	острова Фиджи
die FIFA / Fifa	ФИФА (Международная федерация футбола)
der Finowkanal / Finow-Kanal	Финнов-канал (Эберсвальде, ФРГ)
die Fotograf / Photograph	фотограф
die Fotografie / Photographie	фотография
fotogen / photogen	фотогеничный
die Fotogenität / Photogenität	фотогеничность
fotografisch / photografisch	фотографический
die Fotokopie / Photokopie	фотокопия
frisch gebackenes/frischgebackenes Brot	свежеиспечённый хлеб
die frisch Verliebten/ Frischverliebten	только что влюбившиеся друг в друга
der Friseur / Frisör	парикмахер
die Friseurin / Frisörin	парикмахер
das/der Frottee / Frotté	махровая ткань (для полотенец и т. п.)
der Frotteestoff / Frottéstoff	махровая ткань (для полотенец и т. п.)
das Frotteehandtuch / Frottéhandtuch	махровое полотенце

G

das Gat / Gatt	отверстие, дыра (мор.)
Gaza / Gasa	Газа (город)
der Gazastreifen / Gasa-Streifen	сектор Газа
der Geigerzähler / Geiger-Zähler	счётчик Гейгера
Der Spieler sah Gelb-Rot / Gelbrot.	Игрок получил жёлто-красную карточку.
der Goetheband / Goethe-Band	том Гёте
der Goethehaus / Goethe-Haus	дом-музей Гёте
das Golddoublé / Golddoblee	накладное золото
die Grafik / Graphik	графика
grafisch / graphisch	графический
das Guinnessbuch / Guinness-Buch	книга рекордов Гиннеса

H

der Hadsch / Haddsch	хадж *(паломничество мусульман в Мекку)*
der Hadschi / Haddschi	хаджи *(почётный титул мусульманина, совершившего хадж)*
j-m die Hammelbeine lang ziehen/ langziehen	браться, взяться *(за кого-л.)*, брать, взять в оборот/за бока, согнуть/скрутить в дугу/ в бараний рог; вымуштровать *(кого-л., разг.)*
Heißa! / Heisa!	Айда! / Ура!
Hiroshima / Hiroschima	Хиросима
hitzefrei / Hitzefrei haben, bekommen	отменять занятия из-за жары
das Homebanking / Home-Banking	банковское обслуживание на дому *(особенно с помощью электронных систем)*
das Homelearning / Home-Learning	обучение на дому *(с помощью телекоммуникиционных средств)*
der Hunderteuroschein/Hundert-Euro-Schein	купюра достоинством в 100 евро
hundertmal / hundert Mal	сотню раз *(то есть при особом ударении)*

I

das Iota /Jota (kein Jota / Iota)	йота *(буква греч. алфавита I, i) (ни на йоту, нисколько, ни в малейшей степени)*
Irren/irren ist menschlich	человеку свойственно ошибаться

J

die Jacht / Yacht	яхта
die Jachtklub/Jachtclub/Yachtklub/Yachtclub	яхт-клуб *(спорт)*
der Jak / Yak	як
das Jobcenter / Job-Center	центр по трудоустройству/занятости, биржа труда *(объединение трудовых агентств и отделов социального обеспечения)*
der/das Joga / Yoga	йога; занятия йогой
der der Jogi, Yogi	*(индийский)* йог
der Jogalehrer / Yogalehrer	учитель йоги
Jokohama / Yokohama	Иокогама/Йокохама *(японский город)*
das Jota / Iota (kein Jota / Iota)	йота *(буква греч. алфавита I, i) (ни на йоту, нисколько, ни в малейшей степени)*
der Jugendklub / Jugendclub	молодёжный клуб
ein jung verheiratetes/jungverheiratetes Paar	чета/пара, поженившаяся в молодые годы
das Junkfood / Junk-Food	неполноценная, труднопереваемая пища жирная, *(в закусочных, дешевых кафе)*, готовая кулинарная продукция *(часто из пищевых суррогатов и т.д.)*

K

das Kabrio / Cabrio	кабриолет *(краткая форма)*
das Kadettenkorps / Kadettencorps	кадетский корпус *(военно-учебное заведение, состав учащихся)*
das Kaki / Khaki	цвет хаки
der Kaki / Khaki	материя цвета хаки
die Kalla / Calla	белокрыльник *(бот.)*
das Kalumet / Calumet	калюмет *(курительная трубка у сев.-ам. индейцев)*; *(перен.)* трубка мира
der Kamerarekorder / Kamerarecorder	видеокамера
die Kampagne / Campagne *(фр.)*	кампания *(в разн. знач.)*
die Kanaille/Canaille *(ит.)*	каналья, мерзавец
die Kanapee / Canapé	*(старомодный)* диван, канапе
die Kanna / Canna	род многолетних растений семейства канновых
der Kanopus / Canopus	Канопус *(звезда первой звёздной величины)*
die Kantate / Cantate	кантата *(муз.)*
die Kapella / Capella	Капелла *(звезда в созвездии Возничего)*
die Kaprice / Caprice *(ит.)*	каприз, прихоть, причуда; упрямство
der Karabiniere / Carabiniere	карабинер, жандарм *(в Италии)*
der Karnallit / Carnallit	карналлит *(мин., геол.)*
der Kassettenrekorder / Kassettenrecorder	кассетный магнитофон, кассетник *(разг.)*
der Kegelklub / Kegekclub	кегельный клуб
die Kippa / Kipa	кипа *(маленький, плоский головной убор у мужчин-евреев)*, ермолка
der Khan / Chan	хан
Khomeini / Chomeini	Хомейни
der Klipp / Clip	клип; клипс *(серьга)*; зажим *(для галстуков)*
der Klips /Clips	клипс *(брошка, серьга)*; скреп(оч)ка
der Klub / Club	клуб
das Koda /Coda	кода *(муз.)*
der Kode /Code *(англ.)*	код
das Kodein / Codein	кодеин *(успокоительное средство)*
der Kodex / Codex	кодекс
kodieren / codieren	кодировать
die Kodierung / Codierung	кодирование
das Koffein / Coffein	кофеин *(фарм.)*
das Koka / Coca *(сокр. для das Coca-Cola)*	кока-кола *(напиток)*
das Kollier /Collier	ожерелье, колье
die Kompanie / Compagnie	компания, общество, товарищество
der Komplize / Komplice	сообщник; соучастник
die Konsommee / Consommé	крепкий бульон, консоме
kontra / contra	против *(юр. лат.)*
der Kopilot / Copilot	второй пилот
der Kord / Cord	вельвет; кордная ткань, корд
der Kordsamt / Cordsamt	вельвет, манчестер, рубчатый бархат
die Kornea / Cornea	роговая оболочка глаза
das Korps / Corps	корпус *(воен.)*
das Kupee / Coupé	двухместный закрытый автомобиль
das Kupon / Coupon	купон

die Kusine / Cousine *(фр.)*	двоюродная сестра, кузина
der Kojote / Coyote	койот *(зоол.)*
das Kredo / Credo	кредо, убеждение
die Krem / Creme	крем
kremig / cremig	кремообразный
die Krevette / Crevette	креветка
das Kroki / Croquis *(фр.)*	кроки, макет, набросок *(топ.)*
die Kurkuma / Curcuma	куркума *(бот.)*
der Kral / Kraal	крааль *(африканское селение)*
die Krux / Crux *(лат.)*	горе, скорбь, печаль; *(перен.)* крест
Kumran / Qumran	Кумран *(руины на северо-западном побережье Мёртвого моря)*

L

der Letzte / letzte Mohikaner	последний из могикан *(последний представитель какого-либо отмирающего социального явления)*
der/die links Unterzeichnende / Linksunterzeichnende	подписавшийся, .. аяся с лсвой стороны *(на документе)*
die Loreley / Lorelei	Лорелея *(рейнская русалка в немецкой народной легенде и скала на Рейне)*
die Lottoannahmestelle/Lotto-Annahmestelle	пункт приёма выигрышных билетов лото
die Loveparade / Love-Parade	парад любви/лав-парад *(один из крупнейших в мире фестивалей музыки стиля „техно“)*
die Lowfatdiät / Low-Fat-Diät	диета с низким содержанием жиров
die Luxusyacht / Luxusjacht	яхта-люкс

M

der Madera / Madeira	мадера *(вино)*
der Madjar / *(венг. написание)* Magyar	мадьяр
die Madjarin / *(венг. написание)* Magyarin	мадьярка
die Maffia / Mafia	мафия
die Magellanstraße / Magellan-Straße	Магелланов пролив
die Magalhãesstraße / Magalhães-Straße	Магелланов пролив
die Maisonette / Maisonnette	двухэтажная квартира *(квартира в двух уровнях)*
die Majonäse / Mayonnaise	майонез
das Mansarddach / Mansard-Dach	мансардная крыша *(архит.)*
die Masurka / Mazurka	мазурка *(муз.)*
der Michigansee / Michigan-See	озеро Мичиган
das Mikrofon / Mikrophon	микрофон
Mosambik / Moçambique	Мозамбик
das Mohair / Mohär	ангорская шерсть, мохер
Monako / Monaco	Монако
die Mokett / Moquette	рисунчатая мебельная ткань мокет, ковровая ткань мокет
der Muskovit / Muskowit	мусковит, белая калиевая слюда *(мин.)*
die Muttergottes / Mutter Gottes	богоматерь, мадонна, богородица
die MwSt. / Mw.-St	НДС
Mykene / Mykenä	Микены *(древнегреческий город)*

N

der Nachtklub / Nachclub	ночной клуб
napoleonfreundlich / Napoleon-freundlich	благоприятствующий Наполеону, одобряющий политику Наполеона
die NATO / Nato	НАТО
NATO-Osterweiterung /Nato-Osterweiterung	расширение НАТО на Восток
in Eiche natur / Natur / in natura	натуральный дуб
nichtamtlich / nicht amtlich	неофициальный, частный; в частном порядке
nichtberufstätig / nicht berufstätig	неработающий
nichtchristlich / nicht christlich	нехристианский; неверующий
nichtehelich / nicht ehelich	внебрачный
nichtöffentlich / nicht öffentlich	закрытый (для публики), непубличный
Nikosia / Nicosia	г. Никосия
Nikaragua / Nicaragua	Никарагуа
der Nonstopflug / Nonstop-Flug	беспосадочный полет/перелет
der Nougat / Nugat	нуга (кондитерское изделие из обжаренных дроблёных, смешанных с сахаром орехов с какао)
das Novelfood / Novel Food	употребление генетически изменённых продуктов

O

oben angeführt / obenangeführt	вышеназванный
oben erwähnt / obenerwähnt	вышеупомянутый, вышеуказанный
oben stehend / obenstehend	вышеуказанный, вышеприведенный
oben zitiert / obenzitiert	вышеупомянутый, вышеприведенный
im öffentlichen / Öffentlichen Dienst	в сфере общественного обслуживания
der Onegasee / Onega-See	Онежское озеро
der Oneidasee / Oneida-See	озеро Онейда (в штате Нью-Йорк)
der Ontariosee / Ontario-See	озеро Онтарио (Канада)
das Oxid / Oxyd	окись (хим.)

P

der Panamahut / Panama-Hut	панам(к)а (шляпа)
der Panamakanal / Panama-Kanal	Панамский канал
panschen / pant|schen (разг.)	разбавлять водой (чаще вино, молоко), подмешивать (что-л., в вино, в молоко)
der Panscher / Pant|scher	фальсификатор (чаще вина, молока); халтурщик; неумелый работник
die Panscherei / Pant|scherei	мешанина; фальсификация (вина, молока)
das Passah / Passa	пасха (у евреев)
die Paybackkarte / Pay-back-Karte	карточка клиента, по которой он при покупке получает скидку и др. льготы
das Penthouse / Pent-House	фешенебельная квартира в надстройке на крыше дома; пентхаус (архит.)
das Pergamonmuseum/Pergamon-Museum	Пергамский музей
das Pergamonaltar / Pergamon-Altar	Пергамский алтарь
der Pkw/PKW (der Personenkraftwagen)	легковой автомобиль
der Pkw-Fahrer / PKW-Fahrer	водитель легкового автомобиля
der Pfälzerwald / Pfälzer-Wald	Пфальцский лес

die Phantasie / <u>Fantasie</u> — фантазия
der Phantast / <u>Fantast</u> — фантаст
die Phantastik / <u>Fantastik</u> — фантастика
phantastisch / <u>fantastisch</u> — фантастический, невероятный
die Photochemie / <u>Fotochemie</u> — фотохимия
photochemisch / <u>fotochemisch</u> — фотохимический
photogen / <u>fotogen</u> — фотогенический, фотогеничный
die Photogenität / <u>Fotogenität</u> — фотогеничность
die <u>Photograph</u> / <u>Fotograf</u> — фотограф
die Photographie / <u>Fotografie</u> — фотография
die Photokopie / <u>Fotokopie</u> — фотокопия
der <u>Piccolo</u> / Pikkolo — младший кельнер *(устар.)*; мальчик-официант; мини-шампанское

die <u>Piccolo</u>flasche / Pikkoloflasche — бутылочка шампанского *(0,25 л)*
die <u>Piccolo</u>flöte / Pikkoloflöte — флейта-пикколо *(муз.)*
das <u>Piqué</u> / Pikee — пике *(австр., текст.)*
die <u>PIN-Code</u> / PIN-Kode — персональный идентификационный номер (ПИН); *(разг.)* личный номер клиента; персональный код пользователя

die Polonäse / <u>Polonaise</u> — полонез *(танец)*
Pompei / <u>Pompeji</u> — г. Помпеи
<u>Probieren</u> / probieren geht über <u>Studieren</u> / studieren. — Лучше один раз увидеть, чем сто раз услышать *(посл.)*.
das Procedere / <u>Prozedere</u> — процедура

Q

<u>Québec</u> / <u>Quebec</u> — Квебек *(провинция и город в Канаде)*
<u>Qumran</u> / <u>Kumran</u> — Кумран *(руины на северо-западном побережье Мёртвого моря)*

R

der <u>Radetzkymarsch</u>/Radetzky-Marsch — марш Радецкого *(по имени австрийского фельдмаршала)*
der Radiorecorder / <u>Radiorekorder</u> — магнитола
die Radiotelegraphie / <u>Radiotelegrafie</u> — радиотелеграфия, беспроволочный телеграф
sich räkeln / sich <u>rekeln</u> — потягиваться; лежать, сидеть развалившись
die /*(шв. и)* das Rally / <u>Ralley</u> — значительное повышение курса ценной бумаги после его понижения
das <u>Rambouilletschaf</u>/Rambouillet-Schaf — овца породы рамбулье
der <u>Ramskopf</u> / Rammskopf — лошадиная голова с изогнутым носом
der <u>Rät</u> / Rhät — рэт; рэтский век; рэтский ярус *(геол.)*
der/die rechts Unterzeichnende / <u>Rechtsunterzeichnende</u> — подписавшийся, ..аяся с правой стороны *(на документе)*
der Recorder / <u>Rekorder</u> — рекордер; *(кассетный)* магнитофон
das Rekto / <u>Recto</u> — лицевая сторона *(листа)*, правая страница
<u>recyclebar</u> / recyclebar — регенерируемый, восстанавливаемый, рециклируемый; утилизуемый *(об отходах)*
<u>recyceln</u> / recyceln — рециклировать, повторно использовать; вернуть в производственный цикл
<u>Ree!</u> / *(реже)* Rhe! — Под ветер! *(команда)*
der <u>Refus</u> / Refüs *(фр.)* — отказ

die <u>Reneklode</u> / Reneclaude	ренклод *(сорт слив)*
die <u>Reinette</u> / <u>Renette</u>	ранет *(сорт яблок)*
die <u>Remouladensoße</u>/Remouladensauce	пикантный майонезный соус, ремулад *(соус к мясным и рыбным блюдам из майонеза, сметаны, пряновкусовой зелени, каперсов и огурцов)*
das <u>Richtmikrofon</u> / Richtmikrophon	(одно)направленный микрофон
der <u>Rigveda</u> / Rigweda	Ригведа *(сборник древнеиндийских религиозных текстов)*
<u>rot-grün</u> / rotgrün	красно-зелёный
<u>rot-rot</u> / rotrot	красно-красный
<u>rot-weiß</u> / rotweiß	красно-белый
das Roulett / das <u>Roulette</u> *(фр.)*	рулетка *(азартная игра)*

S

die <u>Sahnesoße</u> / Sahnesauce	сливочный соус
<u>Schanghai</u> / Shanghai	Шанхай
der <u>Scharm</u> /<u>Charme</u>	очарование
<u>scharmant</u> /<u>charmant</u>	очаровательный
das <u>Scheddach</u> / Sheddach	шедовая крыша *(строит.)*
das <u>Schedbau</u> / Shedbau	здание с шедовым покрытием *(строит.)*
die <u>Scheuermannkrankheit</u> / Scheuermann-Krankheit	болезнь Шойермана *(нарушение развития позвоночника у подростков)*
schick /<u>chic</u>	изящный, элегантный, шикарный
der Schick /<u>Chic</u>	шик, щегольство
der <u>Ski</u> *(норв.)*/Schi (die <u>Skier</u>/Schier)	лыжа (лыжи)
der <u>Skifahrer</u> / Schifahrer	лыжник
das <u>Skifliegen</u> / Schifliegen/	совершение прыжков на лыжах
das <u>Skispringen</u> / Schispringen	с большого трамплина
das <u>Skirennen</u> / Schirennen	лыжные гонки
das Schihaserl *(ю.-нем., разг., шутл.)*	неопытная (начинающая) лыжница
das <u>Skikjöring</u> / Schikjöring *(норв.)*	буксировка *(лыжи)*
der <u>Skikurs</u> / Schikurs	лыжные курсы
der <u>Skilauf</u> /Schilauf	ходьба на лыжах; лыжный спорт
der <u>Skilift</u> / Schilift	канатный подъёмник для лыжников
die <u>Skipiste</u> / Schipiste	лыжня
das <u>Schillermuseum</u> / Schiller-Museum	дом-музей Шиллера
die <u>Schimäre</u> / Chimäre	химера *(миф.)*; химера, неосуществимая мечта, несбыточная фантазия
die <u>Shetlandinseln</u> / Shetland-Inseln	Шетландские острова
die <u>Shisha</u> / Schischa (= *die Wasserpfeife*)	наргиле *(курительный прибор)*
der <u>Schnäpper</u> / Schnepper	мухоловка *(птица.)*; ланцет *(мед.)*
der <u>Schnäppersprung</u>/Schneppersprung	прыжок боком
die <u>Schoah</u> / Shoah	холокост, геноцид против евреев во время Второй мировой войны
<u>shocking</u> / schocking (= *anstößig*)	возмутительный; безнравственный; неприличный
die <u>Schose</u> / <u>Chose</u>	вещь, дело *(с оттенком презр./иронии, разг.)*
<u>schwerbehindert</u> / schwerbehindert	получивший тяжкое телесное повреждение, получивший душевную травму

<u>schwerbeschädigt</u> / schwerbeschädigt	увечный; получивший тяжёлое увечье; имеющий тяжёлое увечье (инвалидность)
die Segeljacht / Segely<u>acht</u>	парусная яхта
Ihm wird <u>Hören</u> / hören und <u>Sehen</u> /sehen vergehen *(разг.)*.	У него голова кружится/идёт кругом./ У него в глазах темнеет.
die Servelatwurst / <u>Zervelatwurst</u>	сервелат *(сорт колбасы)*
die Seschellen / <u>Seychellen</u>	Сейшельские острова
die <u>Simplonstraße</u> / Simplon-Straße	Симплонская трасса *(Швейцария)*
der <u>Simplontunnel</u> / Simplon-Tunnel	Симплонский туннель *(Швейцария)*
das <u>Sinaigebirge</u> / Sinai-Gebirge	Синайские горы
die <u>Sinaihalbinsel</u> / Sinai-Halbinsel	Синайский полуостров
Sion / <u>Zion</u>	г. Сьон *(немецкое название – Зиттен)*
der <u>Sketsch</u> / <u>Sketch</u>	скетч *(театр.)*
der <u>Skutarisee</u> / Skutari-See	озеро Скутари *(Албания)*
der <u>Smartcard</u> / Smart Card	платёжная карточка со встроенным микропроцессором; носитель информации или удостоверение личности
die <u>Softcopy</u> / Soft Copy	изображение данных или текстов на экране
die <u>Soße</u> / Sauce	соус
die <u>Soutane</u> / Sutane *(фр.)*	сутана *(церк., одежда священнослужителя)*
sozial-liberal / <u>sozialliberal</u>	социально-либеральный
sozialverträglich / <u>sozial verträglich</u>	социально-терпимый
der <u>Sportklub</u> / Sportclub	спортивный клуб; спортивный центр
der <u>Stenograf</u> / Stenograph	стенограф
der <u>Stopover</u> / Stop-Over	остановка в пути
der <u>Strichcode</u> / Strichkode	штриховой код, штрих-код
stylisch / <u>stylish</u>	стильный, модный, элегантный
die Großen <u>Sundainseln</u>/Sunda-Inseln	Большие Зондские острова
die Kleinen <u>Sundainseln</u>/Sunda-Inseln	Малые Зондские острова

T

das <u>Tabboulé</u> / Tabouleh	табуле *(ливанское блюдо из размельчённых зёрен, мелко нарезанных томатов, лука и др., заправленных маслом и лимонным соком)*
der <u>Täcks</u> / Täks	текс, сапожная шпилька *(железная)*
der <u>Take-out</u> / Takeout	вырезанная сцена из фильма
das/der <u>Take-over</u> / Takeover (Kauf, Übernahme eines Unternehmens)	вступление во владение *(вместо прежнего владельца)*
der <u>Tanganjikasee</u> / Tanganjika-See	озеро Танганьика
das <u>Taylorsystem</u> / Taylor-System	тейлоризм
der <u>Telegraf</u> / Telegraph	телеграф
der <u>Telegrafist</u> / Telegraphist	телеграфист
der <u>Tennisklub</u> / Tennisclub	теннисный клуб
das <u>Tenü</u> / Tenue *(фр.)*	манера одеваться
das <u>Texasfieber</u> / Texas-Fieber	малярия у крупного рогатого скота
das <u>Tein</u> / Thein	теин *(хим.)*
die <u>Toccata</u> / Tokkata	токката *(муз.)*
der <u>Tolubalsam</u> / Tolu-Balsam	толуанский бальзам
die <u>Tomatensoße</u> / Tomatensauce	томатный соус

die Torresstraße / Torres-Straße	Торрессов пролив
tranchieren / transchieren	резать, разрезать *(мясо и т.д.)*
Troia / Troja	Троя *(ист.-геогр.)*
der Troyer / Troier	тельняшка, жилет моряка
Tschau! / Ciao!	Чао! Прощай! До свидания!
der Tschadsee / Tschad-See	озеро Чад
die Tulaarbeit / Tula-Arbeit	работа тульских мастеров

U

das Ufo / UFO	НЛО
die UNO / Uno	ООН

V

der Vandale / Wandale	вандал
vandalisch / wandalisch	вандальский
der Vandalismus / Wandalismus	вандализм
der Veda / Weda	веды *(древнейшие памятники индийской литературы)*
der Veteranenklub / Veteranenclub	клуб ветеранов
die Victoriafälle / Victoria-Fälle	водопады Виктория *(на реке Замбези)*
der Videorekorder / Videorecorder	видеомагнитофон
eine viertel Stunde / Viertelstunde	четверть часа
in drei viertel Stunden/Viertelstunden	через три четверти часа

W

wach werden / wachwerden	проснуться
die Wallstreet / Wall Street	Уолл-стрит *(улица в Нью-Йорке, где находится биржа; финансовый центр)*
der Wandale / Vandale	вандал
wandalisch / vandalisch	вандальский
der Wandalismus / Vandalismus	вандализм
der Wanderzirkus / Wandercircuc	шапито; бродячий цирк
der Weda / Veda	веды *(древнейшие памятники индийской литературы)*
der Winnipegsee / Winnipeg-See	озеро Виннипег
der Work-out / Workout	тренировка
der Wörthersee / Wörther-See	озеро Вёртер-Зе

Y

die Yacht, die Jacht	яхта
das Yoga, das Joga	йога
der Yogalehrer / Jogalehrer	учитель йоги
der Yogi, der Jogi	*(индийский)* йог
der Yogin, der Jogin	йог; занимающийся йогой
Yokohama/ Jokohama	Иокогама/Йокохама *(японский город)*
Yucatan / Yukatan	полуостров Юкатан *(Мексика)*

Z

der <u>Zahlencode</u> / Zahlenkode	числовой код
das <u>Zäsium</u> / <u>Cäsium</u> / Caesium	цезий *(хим.)*
die <u>Zervelatwurst</u>/ Servelatwurst	сервелат *(сорт колбасы)*
<u>Zion</u> / Sion	г. Сьон *(немецкое название – Зиттен)*
zirka / <u>cirka</u>	около, приблизительно
der <u>Zirkus</u> /Cirkus	цирк
der <u>Zirkusdirektor</u> / Cirkusdirektor	директор цирка
das <u>Zirkuspferd</u> / Cirkuspferd	цирковая лошадь
das <u>Zirkuszelt</u> /Cirkuszelt	шатёр цирка
das <u>Zaziki</u> / Tsatsiki	греческий соус *(йогурт с чесноком и кусочками салатного огурца)*
der <u>Zephir</u> / Zephyr	зефир *(ветерок, поэт.)*; зефир *(ткань)*
der <u>Zerberus</u> / Cerberus	Цербер *(греч. миф.)*; цербер *(пер., бдительный и свирепый сторож)*
der <u>Zugangscode</u> / Zugangskode	код доступа
der <u>Zürichsee</u> / Zürich-See	Цюрихское озеро, оз. Цюрих-Зее
das <u>Zurschaustellen</u>/Zur-Schau-Stellen	выставление на обозрение
das <u>Zurverfügungstellen</u>/ Zur-Verfügung-Stellen	предоставление в распоряжение

Примечание.

По-прежнему имеют место два варианта написания, при этом редакция Дудена не даёт рекомендации в отношении употребления:

Dank sagen и danksagen	благодарить, выражать благодарность
Staub saugen и staubsaugen	пылесосить
o / oh ja	о, да
o / oh nein	о, нет

ЧАСТЬ V. УПРАЖНЕНИЯ (TEIL V. ÜBUNGEN)

I. Написание *ss* или *ß* (Schreibung von *ss* oder *ß*)

1. Ist der Vokal vor dem *ss* oder *ß* kurz oder lang?
Was soll man schreiben: *s, ss* oder *ß*?

		lang	kurz	
	der Fu__	☒		der Fuß
1.	der Flu__	☐	☐	_____
2.	gro__	☐	☐	_____
3.	au__er	☐	☐	_____
4.	gewi__	☐	☐	_____
5.	Ru__land	☐	☐	_____
6.	mu__te	☐	☐	_____
7.	der Gru__	☐	☐	_____
8.	der Ta__e	☐	☐	_____
9.	hei__	☐	☐	_____
10.	wei__	☐	☐	_____
11.	da__ (местоимение)	☐	☐	_____

2. Ist der Vokal vor dem *ss* oder *ß* kurz oder lang?
Was soll man schreiben: *s, ss* oder *ß*?

		lang	kurz	
1.	wi__t (ihr)	☐	☐	_____
2.	flei__ig	☐	☐	_____
3.	au__	☐	☐	_____
4.	mu__	☐	☐	_____
5.	die Grö__e	☐	☐	_____
6.	wu__te	☐	☐	_____
7.	a__	☐	☐	_____
8.	das Intere__e	☐	☐	_____
9.	grü__en	☐	☐	_____
10.	da__ (союз)	☐	☐	_____
11.	mü__en	☐	☐	_____
12.	me__en	☐	☐	_____

3. Ist der Vokal vor dem *ss* oder *ß* kurz oder lang?
Was soll man schreiben: *s, ss* oder *ß*?

		lang	kurz	
1.	der Flei__	☐	☐	_____
2.	die Ka__e	☐	☐	_____
3.	lä__t	☐	☐	_____
4.	hei__t	☐	☐	_____
5.	der Schlu__	☐	☐	_____
6.	mu__te	☐	☐	_____
7.	der Prei__	☐	☐	_____
8.	au__erdem	☐	☐	_____
9.	hei__en	☐	☐	_____
10.	e__en	☐	☐	_____
11.	der Flei__	☐	☐	_____
12.	die Nu__	☐	☐	_____

4. Ist der Vokal vor dem *ss* oder *ß* kurz oder lang?
   Was soll man schreiben: *s, ss* oder *ß*?

		lang	kurz	
1.	na__	☐	☐	_____
2.	die Me__e	☐	☐	_____
3.	flie__t	☐	☐	_____
4.	das Fa__	☐	☐	_____
5.	der Beschlu__	☐	☐	_____
6.	bei__en	☐	☐	_____
7.	der Proze__	☐	☐	_____
8.	la__t	☐	☐	_____
9.	e__bar	☐	☐	_____
10.	das Schlo__	☐	☐	_____
11.	das Fa__	☐	☐	_____
12.	grü__te	☐	☐	_____

5. Ist der Vokal vor dem *ss* oder *ß* kurz oder lang?
   Was soll man schreiben: *s, ss* oder *ß*?

		lang	kurz	
1.	der Strau__	☐	☐	_____
2.	die Kla__e	☐	☐	_____
3.	genie__en	☐	☐	_____
4.	das Gra__	☐	☐	_____
5.	au__	☐	☐	_____
6.	lie__en	☐	☐	_____
7.	der Entschlu__	☐	☐	_____
8.	das Ma__	☐	☐	_____
9.	das Ei__	☐	☐	_____
10.	Preu__en	☐	☐	_____
11.	die Pre__e	☐	☐	_____
12.	gegrü__t	☐	☐	_____

6. Ist der Vokal vor dem *ss* oder *ß* kurz oder lang?
   Was soll man schreiben: *s, ss* oder *ß*?

		lang	kurz	
1.	der Bi__	☐	☐	_____
2.	der Reisepa__	☐	☐	_____
3.	der Auswei__	☐	☐	_____
4.	blo__	☐	☐	_____
5.	die Ma__e (масса)	☐	☐	_____
6.	der Sto__	☐	☐	_____
7.	der Kongre__	☐	☐	_____
8.	die Sü__igkeit	☐	☐	_____
9.	scho__	☐	☐	_____
10.	der Stre__	☐	☐	_____
11.	der Schlü__el	☐	☐	_____
12.	Wei__ru__land	☐	☐	_____
13.	der Schu__	☐	☐	_____

258

7. Ist der Vokal vor dem *ss* oder *ß* kurz oder lang?
Was soll man schreiben: *s*, *ss* oder *ß*?

		lang	kurz	
1.	das Adre__buch	☐	☐	_____
2.	äu__erlich	☐	☐	_____
3.	Tschü__!	☐	☐	_____
4.	der Ma__stab	☐	☐	_____
5.	der Ha__	☐	☐	_____
6.	kü__t	☐	☐	_____
7.	der Versto__	☐	☐	_____
8.	die Barone__	☐	☐	_____
9.	der Ru__	☐	☐	_____
10.	die Geldbu__e	☐	☐	_____
11.	der Anla__	☐	☐	_____
12.	der Genu__	☐	☐	_____

8. Ist der Vokal vor dem *ss* oder *ß* kurz oder lang?
Was soll man schreiben: *s*, *ss* oder *ß*?

		lang	kurz	
1.	geha__t	☐	☐	_____
2.	der Sto__er	☐	☐	_____
3.	bewu__t	☐	☐	_____
4.	der Mü__iggang	☐	☐	_____
5.	der Ambo__	☐	☐	_____
6.	der Ru__e	☐	☐	_____
7.	das Flo__	☐	☐	_____
8.	der Absze__	☐	☐	_____
9.	die A__e	☐	☐	_____
10.	gepa__t	☐	☐	_____
11.	mü__ig	☐	☐	_____
12.	der Aderla__	☐	☐	_____

9. Ist der Vokal vor dem *ss* oder *ß* kurz oder lang?
Was soll man schreiben: *s*, *ss* oder *ß*?

		lang	kurz	
1.	bla__	☐	☐	_____
2.	bü__en	☐	☐	_____
3.	der Sto__dämpfer	☐	☐	_____
4.	bewu__tlos	☐	☐	_____
5.	der Scho__hund	☐	☐	_____
6.	der Abri__	☐	☐	_____
7.	stie__	☐	☐	_____
8.	der Bänderri__	☐	☐	_____
9.	das Bu__geld	☐	☐	_____
10.	der Anschlu__	☐	☐	_____
11.	gemä__	☐	☐	_____
12.	der Ba__	☐	☐	_____

10. Ergänzen Sie. Was soll man schreiben: *ss* oder *ß*?

flei_ig	gewi_	der Beschlu_	hei_	der Kongre_
gro_	grü_en	wei_	verge_lich	au_er
der Flu_	die Nu_	blo_	sü_	die Stra_e
bei_en	der Fu_	der Gru_	der Pa_	bewu_t
da_ (Konj.)	das Schlo_	der Schlu_	Wei_ru_land	genie_en
flie_en	gemä_	drau_en	au_erdem	e_bar
Ru_land	na_	der Imbi_	Tschü_!	der Schlü_el
äu_erlich	das Gescho_	ein bi_chen	die Grö_e	der Mi_erfolg
die Nu_	der Anla_	bla_	Preu_en	äu_ern
der Sto_	die So_e	hä_lich	das Schlo_	das Gebi_

11. Ergänzen Sie.

anlä_lich	pa_end	das Bu_geld	der Einflu_	das Gefä_
der Stre_	der Nachla_	das Elsa_	der Genu_	der Einla_
kra_	die Fitne_	das Fa_	der Schu_	die Geldbu_e
der Versto_	die Ma_	das Ma_	kompre_	der Kompromi_
der Erla_	der Ri_	das Busine_	der Zuschu_	das Walro_
die Barone_	flö_en	der Bi_	die Stewarde_	die Hoste_
bü_en	unpä_lich	das Flo_	der Überflu_	das Kü_chen
gepre_t	expre_	der Gu_	der Ru_	die Blö_e
der Ha_	der Exze_	der Ausschlu_	der Kompa_	kro_

12. Ergänzen Sie.

a) 1. In der Schule ist Mark blo__ Mittelma__, aber sonst ist er der Grö__te. 2. Wenn er über die Stra__e geht, grü__t ihn jeder von zehn bis dreizehn. 3. Alle Mädchen finden ihn sü__. 4. Aber Mark intere__iert sich im Moment für hei__e Musik. 5. Er besitzt eine unglaubliche Ma__e von CDs. 6. Er hört sie zu Hause in Ruhe an und später in der Disko dreht er voll auf. Wie ein Radioprofi qua__elt er drauf los. 7. Und nicht nur die Mädchen haben ihren Spa__.

b) 1. Wenn ein Hund schnell bei__t, ist er bi__ig. 2. „Entschuldigen Sie das Mi__verständnis!" sagt der verliebte Igel zur Drahtbürste und geht fort. 3. „Schlie__lich" bedeutet dasselbe wie „ zum Schlu__". 4. Wenn man sich auf jemanden verla__en kann, ist er verlä__lich. 5. „Sei doch nicht so mi__trauisch!" sagt der Fuchs und lockt die Gans aus dem Stall. 6. „Heute mi__lingt mir alles", sagt der Koch und angelt die Salztüte aus dem Suppentopf. 7. Rei__t etwas, bekommt es Ri__e. 8. Wer viel fa__t, lä__t viel fallen.

13. Ergänzen Sie.

1. Bei reichlich körperlichem Flei__ flie__t naturgemä__ auch Schwei__. 2. Was nützt dem Fisch die Flo__e, wenn er in der Schü__el zappelt? 3. Brennt die Sonne richtig hei__, geht man immer nur in Wei__. 4. Du willst alles nur mit Zucker sü__en. Dafür mu__t du später sicher bü__en. 5. Nimm doch das scharfe Me__er, das schneidet deutlich be__er! 6. In Bayern hei__t das Bier'ne Ma__, woanders hat man auch viel Spa__. 7. Komm mal zu deiner Oma auf den Scho__, oder bist du dafür zu gro__? 8. Normal gibt man die Hand zum Gru__, schwerer geht es mit dem Fu__. 9. Im Hals spür' ich einen Klo__, woher hab' ich den blo__?

14. Schreiben Sie die Grundformen der gegebenen Verben.

genießen	___ ___	lassen	___ ___
heißen	___ ___	gießen	___ ___
schmeißen	___ ___	sprießen	___ ___
messen	___ ___	müssen	___ ___
reißen	___ ___	schießen	___ ___
sitzen	___ ___	essen	___ ___
wissen	___ ___	vergessen	___ ___
schließen	___ ___	stoßen	___ ___

15. Ergänzen Sie.

1. Wer A sagt, mu__ auch B sagen. 2. Ich war so krank, da__ ich schon mit einem Fu__ im Grabe stand. 3. Er ist ein ordentlicher Mensch und hält seine Sachen in Schu__. 4. Er bemühte sich, die stockende Unterhaltung wieder in Flu__ zu bringen. 5. Sie hatte einen so gro__en Schreck bekommen, da__ sie wie am Spie__e schrie. 6. Seitdem er in der Lotterie gewonnen hatte, schmi__ er mit dem Geld nur so um sich. 7. Bei unserem Ausflug go__ es in Strömen. 8. Lange zögerte er, aber schlie__lich fa__te er sich ein Herz und gestand ihr seine Liebe. 9. Gib deinem Herzen einen Sto__ und versöhne dich mit ihr! 10. Schie__ mal los! Wie war es denn auf der Party?

16. Ergänzen Sie die entsprechenden Wörter in den folgenden Redewendungen.

1. Wenn jemand sagt, sie sei hä__lich wie die Nacht, so ist das ma__los übertrieben. 2. Kaufst du heute den neuen Wagen? – Nein, so schnell schie__en die Preu__en nicht. 13. Niemand hätte geahnt, da__ er so ein Verbrechen beging. Jetzt sitzt er hinter Schlo__ und Riegel. 14. Sie zog endültig einen Schlu__strich unter die Sache. 15. Er ist doch noch viel zu jung, um seine Hände in den Scho__ zu legen. 16. Der Boden brennt mir unter den Fü__en. 17. Dieses Haus hat uns viel Schwei__ gekostet. 18. Der Aufruf zur Opposition war der Funke ins Pulverfa__. 19. Viele qualifizierte Facharbeiter sitzen auf der Stra__e. 20. Wir waren alle überrascht, da__ sie ihrem Verlobten den Laufpa__ gegeben hat.

17. Ergänzen Sie die entsprechenden Wörter in den folgenden Sprichwörtern.

1. Wer hat's nicht gern, da__ man ihn lobt. 2. Wer oft fällt, mu__ oft aufstehen. 3. Das Auge mu__ nicht größer sein als der Magen. 4. Niemand vergi__t, wo was zu holen ist. 5. La__ die Zunge nicht schneller als die Gedanken sein. 6. Das pa__t wie Faust aufs Auge. 7. Was ich nicht wei__, macht mich nicht hei__. 8. Der Mu__ ist ein großer Herr. 9. Wer viel erfährt, mu__ viel leiden. 10. Vor dem Spiegel ist keine Frau hä__lich. 11. Ein guter Seemann wird auch einmal na__. 12. Der Magen lä__t sich nicht vergessen. 13. Wer einen Feind haben will, mu__ jemandem Geld leihen. 14. Ha__ gebiert neuen Ha__.

18. Ergänzen Sie die entsprechenden Wörter in den folgenden Sprichwörtern.

1. Lieben und singen, lä__t sich nicht zwingen. 2. Denk, was du willst und i__, was du hast. 3. Es ist keine Schande, da__ man nicht kann, aber da__ man nicht lernen will. 4. Es steht geschrieben, was nicht dein ist, das la__ liegen. 5. Mu__ ist eine harte Nu__. 6. Mann empfingt den Mann nach dem Gewand und entlä__t ihn nach dem Verstand. 7. Man macht kein Schlo__ für ehrliche Leute. 8. Wer nichts tut, dem mi__lingt nichts. 9. Schlechten Leuten mi__fallen ist kein Unglück. 10. Je fester die Nacht, je größer der Ri__. 11. Eine ehrliche Ohrfeige ist besser als ein falscher Ku__. 12. Neid fri__t seinen eigenen Herr. 13. Wer Ha__ sät, kann nicht Liebe ernten. 14. Jedem was, so gibt's keinen Ha__.

19. Ergänzen Sie die entsprechenden Wörter in den folgenden Sprichwörtern.

1. Man mi__t gern fremdes Getreide mit seinem Scheffel.
2. Entweder Hammer oder Ambo__.
3. Gewi__ betrügt niemand, aber Ungewi__ trügt alle Welt.
4. Wer viel fa__t, lä__t viel fallen.
5. Wer den Genu__ hat, mu___ auch die Last tragen.
6. Tue recht und la__ die Leute sprechen.
7. Wer die Krankheit heilen soll, der mu__ sie kennen.
8. Feuer mu__ man bei Zeiten löschen.
9. Willst du lang leben und bleiben gesund, i__ wie die Katze und trink wie der Hund.
10. Mi__trauen kann nichts Gutes erbauen.

20. Ergänzen Sie die entsprechenden Wörter in den folgenden Sprichwörtern.

1. Schneller Entschlu___ bringt viel Verdru___.
2. Wer die Wahrheit nicht leiden kann, der mu___ sich mit der Lüge trösten.
3. Ein Kleid, das nicht pa_t, ist eine Last.
4. Nichts ist so schlecht wie ein schlechter Verla__.
5. Der Hunger kostet wenig, der Überdru__ viel.
6. An Ha___ und Neid stirbt Heiterkeit.
7. Wo kein Schlü__el pa__t, da öffnet Geduld.
8. Wer nicht nachlä__t, kommt ans Ziel.
9. Schelte ist kein Abla___.
10. Der Flicker mu___ größer sein als das Loch.

21. Ergänzen Sie die entsprechenden Wörter in den folgenden Sprichwörtern.

1. Besser eigene Wanne als das fremde Fa___.
2. Es gibt keinen schönen Kerker und keine hä___liche Geliebte.
3. La___ fahren, wer nicht will, la___ fahren, was bleiben will.
4. Ein Schuh pa___t nicht für jeden Fu___.
5. Verdr___ und Plage macht lange Tage.
6. Wenn das Glück uns verlä__t so bleibt uns die Hoffnung.
7. Alle Flü__e münden im Meer.
8. Alles mit Ma___.
9. Wer sich auf andere Leute Schlü__el verlä__t, geht hungrig zu Bett.
10. Alter macht zwar immer wei___, aber nicht immer weise.

22. Ergänzen Sie die entsprechenden Wörter in den folgenden Sprichwörtern.

1. Wer sich auf andere verlä___t, ist verla___en.
2. Wer Honig liebt mu___ Bienen züchten.
3. Was du nicht willst, da___ man dir tut, das füg' auch keinem andern zu.
4. In anderen Ländern i___ man auch Brot.
5. Schwere Arbeit la___ die Pferde tun, und vor der leichten nimm dich in Acht.
6. Art lä__t nicht von Art.
7. Von au__en fix, von innen nix.
8. Den Baum mu___ man biegen.
9. Brot kostet Schwei__.
10. In Ru__land ist noch keiner hungers gestorben.

II. Выпадение безударной *-e-* в середине слова (Entfall des unbetonten *-e-* im Wortinnern)

23. Welche Form ist allgemein gebräuchlich?

Beispiel:	**a**	**b**	
	ich bessere mich	ich bessre mich	**a**
1.	die Bewässrung	die Bewässerung	_____
2.	die Verbesserung	die Verbessrung	_____
3.	ich fessle	ich fessele	_____
4.	die Nachbessrung	die Nachbesserung	_____
5.	Ich vermassele ihm die Stimmung	Ich vermassle ihm die Stimmung.	_____
6.	ich schussele	ich schussle	_____
7.	der Verbessrer	der Verbesserer	_____
8.	ich bessre nach	ich bessere nach	_____
9.	die Fesselung	die Fesslung	_____
10.	die Besserung	die Bessrung	_____
11.	die Verwässrung	die Verwässerung	_____

III. Сохранение единообразного написания основы в родственных словах
(Ableitungen aus der Schreibung verwandter Wörter)

Сохранение трёх букв на стыке составных частей сложного слова
(Zusammentreffen dreier gleicher Buchstaben in Zusammensetzungen)

24. Schreiben Sie richtig.

Beispiel: Nimm das Bettuch.   <u>Betttuch</u>   Bett-Tuch

1. Der Flußsand war heiß. _____
2. Die Eisschnellauf-Olympiasiegerin gewann auch die 1500-Meter-Konkurrenz _____
3. Die Kontrollampe ist kaputt. _____
4. Die Gewinnummer kenne ich leider nicht. _____
5. Die Ballettruppe des Bolschoi-Theaters beginnt am Montag ihre Gastsaison in Berlin. _____
6. Die Klemmappe kostet 5 Euro. _____
7. Dieser Geschirreiniger ist sehr gut. _____
8. Die Kaffee-Ernte war in diesem Jahr groß. _____
9. Ich war noch nicht auf den Hawaii-Inseln. _____
10. Die Stoffarbe gefällt mir sehr. _____
11. Das Fußballänderspiel endet im November. _____

25. Schreiben Sie richtig.

1. Der Kaffee-Export ist voriges Jahr gestiegen. _____
2. Ich habe einen schönen Kristallüster gekauft. _____
3. Wir besuchen morgen eine Armee-Einheit. _____
4. Die Schifffahrt war sehr schön. _____
5. Ich kenne den Schwimmeister. _____
6. Zur Sicherheit nehme ich eine Sauerstofflasche. _____
7. Ich brauche dringend eine Kunststoffolie. _____
8. Die Bestelliste liegt auf dem Tisch. _____
9. Dieses Gemälde ist ein Stilleben. _____
10. Das ist doch ein Stoppreis. _____
11. Nimm doch ein Teei. _____

26. Schreiben Sie richtig.

1. Die Fettusche passt mir leider nicht. _____
2. Die Zeit ist schnellebig. _____
3. Die Kunststofflaschen sind zu entsorgen. _____
4. Die Teernte wurde eingebracht. _____
5. Das Verbrechen geschah am hellichten Tag. _____
6. Ein Drittel der Strecke liegt schon hinter uns. _____
7. Die Brennessel hat unangenehm juckende
   Flecken auf der Haut verursacht. _____
8. Du musst die Kontrollliste führen. _____
9. Es lebte einmal ein Kammacher. _____
10. Er hat viel Seerfahrung. _____
11. Du brauchst dafür einen Wollappen. _____
12. Lass bitte den Rolladen herunter. _____

27. Schreiben Sie richtig.

1. Die erste bemannte Raumschiffahrt ist am
   12. April 1961 unternommen. _____
2. Die Flüssigkeit kannst du mit einem
   Flanellappen aufwischen. _____
3. Er kann jedem die Hucke vollügen. _____
4. Die Schneeulen hausen in Sibirien. _____
5. Das war ein volleibiger Mann. _____
6. Nimm doch dafür die Pinnadeln! _____
7. Die Kolchose hat neue Kippflüge gekauft. _____
8. Das Wettauchen hat den Kindern gefallen. _____
9. Der Schrittanz war früher ein beliebter Tanz. _____
10. Ich brauche ein griffestes Messer. _____
11. Die Arbeit war schwer, denoch hatte ich
    Spaß daran. _____
12. Die nächste Flußstrecke war schnurgerade. _____

28. Schreiben Sie richtig.

1. Alliebend, so empfangen sie auch. _____
2. Im Wetturnen hat Peter gewonnen. _____
3. Was machst du am Mittag? _____
4. Die Stallaterne sieht schön aus. _____
5. Hier wird eine Zellstoffabrik gebaut. _____
6. Du musst die Akkus volladen. _____
7. Der Mond brach helleuchtend durch. _____
8. Der Kaplan Klapp plant ein klappbares
   Papplakat. _____
9. In diesem Zoo gibt es einen Seelefant. _____
10. An der Erfolgsstory des Mobilfunks kann
    man die Schnellebigkeit der Zeit erkennen. _____
11. Die Bluse war hellila. _____
12. Die von Schmidt angestrebte „Nullösung"
    über Atomwaffen von mittlerer Reichweite
    wurde akzeptiert. _____

29. Schreiben Sie richtig.

1. Im Schrittempo nähern wir uns der Kanaleinfahrt. _____
2. Der Verdichter arbeitet sowohl bei Teillast- als auch bei Vollastbetrieb hocheffizient. _____
3. Der Nulleiter ist ein Draht, in dem kein Strom fließt und der mit der Erde verbunden ist. _____
4. Er ließ sich vollaufen. _____
5. Da träumten sie von der Lebensquelle der Stammutter. _____
6. Das Gerät funktioniert am besten bei Vollast. _____
7. Einige Stammieter sind wegen solcher Probleme ausgezogen. _____
8. Nach der Stillegung von Tschernobyl gibt es noch 13 Reaktorblöcke gleichen Bautyps. _____

30. Schreiben Sie richtig.

1. Das Stadttheater Ingolstadt bietet für Theater-liebhaber aus der Region ein sehr günstiges Abonnement (Stammiete) für neun Vorstellungen im Jahr an. _____
2. Der Schrottransport erfolgt per Bahn. _____
3. Er ist ein typischer Wetteufel. _____
4. Wir fahren noch am Rand der Flußsenke. _____
5. Doch die vermeidlichen Gefahren der Metallegierung schrecken viele Anwender vor ihrem Gebrauch ab. _____
6. Die Richtwaage wird ab Werk mit justierter Nullage geliefert. _____
7. Diese Dünger sind stickstoffrei. _____
8. Die Maschine dürfen wir noch nicht stillegen. _____
9. Die Rammaschine ist außer Betrieb. _____

31. Schreiben Sie richtig.

1. Und der Roulettisch ist dein Freund. _____
2. Das Gerät ist zollang. _____
3. Wo ist hier ein Sperriegel? _____
4. Es ist uns bekannt, dass diese Fabrik seit Oktober stilliegt. _____
5. Alle vier Spieler gehören zur Stammannschaft. _____
6. Massieren Sie möglichst täglich den zahnlosen Kiefer sanft mit einem Wattestäbchen oder einem Mulläppchen. _____
7. Nach Rücksendung der Anmeldung an die Gesellschaft erhalten die Aktionäre der AG Zutrittskarte und Stimmaterial. _____
8. Selbst als Rom hellodernd brannte und das Volk sich an ihn wandte … _____

IV. Удвоение согласной (Verdoppelung des Konsonantenbuchstabens)

32. Welche Wörter sind falsch geschrieben? Schreiben Sie diese Wörter richtig.

Beispiel: Ich möchte dir einen Tip geben.   Tipp _____

                Er wohnt in der Müllerstraße Nummer 2.   - _____

1. Petra hat gestern einen Mop gekauft. _____
2. Er ist ein As in Mathematik. _____
3. Die Gastgeberin fritiert Kartoffeln. _____
4. 80% der Studienplätze werden nach Leistung (Numerus clausus) und 20% der Studienplätze werden nach Wartezeit vergeben. _____
5. Du musst die Seiten numerieren. _____
6. Das ist eine tolle Idee! _____
7. Magst du Kumys? _____
8. Sie tippt jede Woche (im Lotto). _____
9. Sein Schimpfname ist Tolpatsch. _____
10. Wie viel kosten die Karamellen? _____
11. Er fährt per Autostop nach Italien. _____

33. Welche Wörter sind falsch geschrieben? Schreiben Sie diese Wörter richtig.

1. Kann man Karamelbonbons selber machen? _____
2. Zwanzig ist ein Numerale (= *Zahlwort*). _____
3. Er ist tolpatschig. _____
4. Er hat den Ball gestopt. _____
5. Gleich kommt die Ordonanz. _____
6. Sie moppt gerade das Zimmer. _____
7. Der Sportlehrer stopte den Lauf der Schüler. _____
8. Ich kann ohne Stop an der Ampel weiterfahren. _____
9. Gib mir etwas Fritüre. _____
10. Er kann gut Step tanzen. _____
11. Der Karamelpudding ist lecker. _____
12. Russische Chansonnier mag er besonders. _____
13. Er kann gut stepen. _____

34. Welche Wörter sind falsch geschrieben? Schreiben Sie diese Wörter richtig.

1. Die Kranische ziehen in die Polese. _____
2. Das war ein toller Stopball. _____
3. Der Twostep hat mir sehr gefallen. _____
4. Der Saisonier heißt auf Deutsch ein Saisonarbeiter. _____
5. Der Polizist stopte den Motorradfahrer. _____
6. Das ist Numero zwei. _____
7. Apfelkuchen karamelisiert _____
8. Die Numerik ist eine numerische Steuerung. _____
9. Das war ein Steptanz. _____
10. Wir haben unterwegs einen kurzen Stop eingelegt. _____
11. Er ist ein As auf der Bassgeige (= *clever sein*). _____
12. Kannst du dir einen Kris vorstellen? _____
13. Der Mesner ist ein Kirchendiener. _____

V. Написание с умлаутом (Schreibung mit Umlaut)

35. Welche Wörter sind falsch geschrieben? Schreiben Sie diese Wörter richtig.

1. Die Inszenierung des Dramas war aufwändig. _____
2. Es war auf der Party greulich langweilig. _____
3. Herr Eilers hat uns überschwenglich begrüßt. _____
4. Der Wagon wurde zuerst angehängt, dann abgekuppelt. _____
5. Das musst du dir einbleuen. _____
6. Die Plazierung eines Gebäudes auf dem Grundstück war gut. _____
7. Seine Mutter hat ihn fest am Bendel. _____
8. Er hat sich laut geschneuzt. _____
9. Sie hat aussortiert: Blätter, Stengel und Knospen. _____
10. Behende bedeutet schnell, agil, flink … _____
11. Auf den Straßen sahen wir mehrere Schneewächten. _____
12. Er sah ziemlich belemmert aus. _____
13. Die Gemse ist ein Tier und lebt in Europa im Gebirge. _____

36. Welche Wörter sind falsch geschrieben? Schreiben Sie diese Wörter richtig.

1. Die Fahrt ans Meer war zeitaufwändig. _____
2. Das Restaurant „Alte Schänke" in Bockhorst bietet moderne
   westfälische Küche und ausgesuchte Weine. _____
3. Die Überschwenglichkeit ist für diese Familie üblich. _____
4. Der Ständel ist eine Blume. _____
5. Die affenartige Behendigkeit und Präzision, mit der sich die
   KTM manövrieren lässt, kann nur schwer beschrieben werden. _____
6. Indem Sie eine Menge kostenloser Anzeigen im Internet
   plazieren, werden Sie leicht mehr erreichen. _____
7. Der Schriftsteller schildert im Roman die Greuel des Krieges. _____
8. Sie sorgen gleichzeitig für ein Quentchen mehr Optimismus
   in oft schwieriger Zeit. _____
9. Er wurde in einer dunklen Straße durchgebleut. _____
10. Der Weg war überwächtet. _____
11. Es war eine aufwändige Beschäftigung. _____
12. Gabi hat den Kindern eingebleut, nicht auf die Straße zu laufen. _____

37. Welches Wort wird gemeint? Schreiben Sie dieses Wort richtig.

1. ein Tier, das wie eine Ziege aussieht und im Gebirge lebt   *Gämse*
2. sich die Nase putzen _____
3. ein kleines Quantum _____
4. grauenhafte Dinge, die im Kriege passieren _____
5. sich übermäßig und sehr gefühlvoll bedanken _____
6. sich eingeschüchtert, übel fühlen _____
7. Man braucht ihn zum Haaretrocknen. _____
8. eine Tapete mit rauer Oberfläche _____
9. jede Seite mit einer Nummer versehen _____
10. das Auto zum Halten bringen _____
11. einen Tipp abgeben _____
12. derjenige, der den ersten Platz einnimmt _____
13. ungeschickt, tölpelhaft _____

VI. Другие случаи (Sonstige Fälle)

38. Welche Wörter sind falsch geschrieben? Schreiben Sie diese Wörter richtig.

1. Ich muss noch die Haare fönen. _____
2. Unsere Kinder sind schon ganz selbständig geworden. _____
3. Er hatte heute Nacht Alpdruck. _____
4. Eure Hoheit! (Königliche Hoheit) _____
5. Im Zoo habe ich ein Känguruh gesehen. _____
6. Jede Roheit hat ihren Ursprung in einer Schwäche. _____
7. Er ist aber schlau. _____
8. Rauher Stoff kratzt auf der Haut. _____
9. Der Kakadu ist ein Vogel mit langen Federn,
    die er ausrichten kann. _____
10. Was hat er mit seiner Zäheit erreicht? _____
11. Er ist rauhbeinig. _____
12. Was du den Fön mitgenommen. _____
13. Jogurt mag ich nicht. _____

39. Schreiben Sie die zweite Möglichkeit, *wo es möglich ist*.

1. Hast du deine Autobiographie geschrieben? _____
2. Dieses Thema ist interessant. _____
3. Die Spagetti waren lecker. _____
4. Der Delphin ist ein Säugetier. _____
5. Die Apotheke ist an der Ecke. _____
6. Sprich bitte ins Mikrophon. _____
7. Diese Poliphonie gefällt mir sehr. _____
8. Er ließ seiner Phantasie freien Lauf. _____
9. Sie hat einen Tunfisch gebraten. _____
10. Er ist ans Telephon gegangen. _____
11. Morgen haben wir Geographie. _____
12. Die Atmosphäre der Erde besteht aus Luft. _____
13. Ich esse Pommes mit Ketschup. _____

40. Schreiben Sie die zweite Möglichkeit, *wo es möglich ist*.

1. Er spielt gut Saxophon. _____
2. In Moskau ist der russische Philosoph und Schriftsteller
    Alexander Sinowjew gestorben. _____
3. Photograf ist gleichzeitig ein Hobby als auch ein Beruf. _____
4. Ist das eine Abschrift oder eine Photokopie? _____
5. Der Herzrhythmus war normal. _____
6. Er hat gegen Paragraph 20 verstoßen. _____
7. Der Seismograph ist ein Gerät, das misst, wie stark die
    Erde zittert. _____
8. Aus Graphit macht man eine Mine von Bleistiften. _____
9. Er hat lange an Rheuma gelitten. _____
10. Dieser Herr ist ein bekannter Geograph. _____
11. Die Polizei hat das Phantombild des mutmaßlichen
    Täters veröffentlicht. _____
12. Die Psaligraphie ist eine Kunst des Scherenschnittes. _____

41. Welches Wort wird gemeint? Schreiben Sie dieses Wort richtig.

1. ein Diktiergerät _____
2. die Wissenschaft, die sich mit der Bildung
    der sprachlichen Laute beschäftigt _____
3. ein chemisches Element, das im Dunkelt leuchtet und
    das verbrennt, wenn es mit Luft zusammenkommt _____
4. Aufbau organischer Substanzen aus organischen Stoffen
    Pflanzen unter Mitwirkung von Sonnenlicht _____
5. die Rechtschreibung _____
6. Was braucht man für eine Schädeldiagnostik? _____
7. eine Hafenstadt in den USA *(Staat Pennsylvania)* _____
8. j-d, der (Ballett)Tänze entwirft, arrangiert und leitet _____
9. die Lichtbehandlung *(Medizin)* _____
10. das Sammeln von Briefmarken und die dazu nötigen
    Kenntnisse _____
11. Archiv mit Beständen an Tonbändern, Schallplatten _____
12. ein mythischer Vogel (wie ein … aus Asche
    (empor)steigen) _____

42. Schreiben Sie die zweite Möglichkeit, *wo es möglich ist*.

1. Nutzen Sie das Potential der Digitaltechnik. _____
2: Er hat sein Portmonee verloren. _____
3. Kauf noch auf dem Markt etwas Schikoree. _____
4. Das Kommunikee wurde in der Zeitung veröffentlich. _____
5. Aus Pappmaschee bastelt er Figuren. _____
6. Die Vorstellung im Varietee hat mir sehr gefallen. _____
7. Das Soufflee ist eine Speise aus geschlagenem und
    gebratenem Eiweiß. _____
8. Das Dragée ist mit Zucker oder Schokolade überzogene
    Süßigkeit oder eine kleine Kapsel mit einem
    Medikament darin. _____
9. Das Nessessär bekommt er von uns geschenkt. _____
10. Übersetzen Sie bitte dieses Exposee. _____
11. In diesem Lokal gibt es leider kein Séparée. _____
12. Der Mantel ist aus Drapé. _____

43. Schreiben Sie die zweite Möglichkeit, *wo es möglich ist*.

1. Die Myrre ist ein bewährtes Antiseptikum. _____
2. Seit zwei Jahren leidet er an Katarr. _____
3. Die Handschuhe sind aus Glacee. _____
4. Mit der neuen Panter Kollektion 2007 bieten wir
    Ihnen eine reiche Auswahl und die beste Qualität. _____
5. Trinkst du einen Cappuccino oder lieber ein Frappee? _____
6. leichte Jerseyhose und Shirt mit attraktivem Dekolletee _____
7. Ich kann nicht Rommee spielen. _____
8. Der Teppich ist aus Buklee gewebt. _____
9. Das ist passee. _____
10. Der Frappee ist ein Stoff mit eingepresstem Muster. _____
11. Ich muss noch ein Dragée einnehmen. _____

44. Diese Wörter werden mit *z* wie folgendes Wort geschrieben.

1. Finanziell geht es ihm gut.   *die Finanz*
2. Wie lassen sich potenziell/potenziell gefährliche Programme
   in Kaspersky Anti-Virus 6.0 aufspüren?
3. Es geht um ein differenziell/ differentiell lokalisiertes Protein.
4. Ich war Justiziar/Justitiar des Institutes für Sozialforschung.
5. Insbesondere Winterstürme dürften künftig tendenziell/
   tendentiell stärker werden.
6. Lizenziat /Lizentiat Ökonomie (der Rechte,
   in Rechtswissenschaften)
7. Nutzen Sie das Potenzial/ Potential der Digitaltechnik.
8. Die in der Maschine arbeitenden Hydraulikzylinder sind
   durch ein Differenzial / Differential gesteuert.
9. Wesentlich sind fundierte Sprachkenntnisse, die gerade bei
   der späteren Berufswahl essenziell / existentiell werden.
10. Diese neuen Technologien haben die Eigenschaften von
    Gebäuden substanziell / substantiell verändert.
11. Er ist demenziell / dementiell.
12. Die Zeit pro Berechnung ist niedriger, wenn man diese
    sequenziell / sequentiell verarbeitet.
13. Das sind präferenzielle/präferentielle Zölle (таможенные тарифы).

45. Schreiben Sie die zweite Möglichkeit, *wo es möglich ist*.

1. Anton hat dieses Problem mit Bravur gelöst.
2. Das Chateau wurde im 18. Jahrhundert bei Paris gebaut.
3. Der Csárdás ist ein von Zigeunermusik begleiteter ungarischer
   Nationaltanz.
4. Zum Abschluss des Staatsbesuches wurde ein gemeinsames
   Kommunikee herausgegeben.
5. Das Gespräch wurde Tete-a-Tete geführt.
6. Der/das Ketschup ist eine pikante dickflüssige (Tomaten)soße
   zum Würzen von Speisen.
7. Er hat ein dickes Portmonee.
8. Hast du das Nessessär in die Reisetasche eingepackt?
9. Der Schrimp ist ein Fisch *(= eine kleine Garnele).*
10. Angelika und Klaus saßen vis-a-vis.
11. Michael Schumacher kämpft bravurös und schiebt sich.
12. „Pappmaché" und „Papiermaché" sind Synonyme.

VII. Множественное число английских существительных, оканчивающихся на *y*
(Plural der englischen Substantive auf *y*)

46. Wie heißt der Plural von folgenden englischen Substantiven?

1. die Lady
2. die Lobby
3. die Party
4. der Rowdy
5. die Story
6. das Baby

VII. Написание английских существительных
(Schreibung der englischen Substantive)

47. Schreiben Sie die englischen Substantive nach neuen Regeln.

1. das Action-painting   *Action-Painting/*   *Actionpainting*
2. die Live-Musik
3. die Love-Story
4. die Bigband
5. der Davis-Cup
6. das Happy-End
7. die Talk-Show
8. der Molotow-Cocktail
9. der/das Count-down
10. der Hard Rock
11. die Cold Cream
12. das After-shave
13. der Soft Drink

48. Schreiben Sie die englischen Substantive nach neuen Regeln.

1. das Come-back
2. das Playback
3. das/der Hot dog
4. die Hard disk
5. das Knowhow
6. top-secret
7. der Davispokal
8. die Greencard
9. der Small talk
10. das/der Black-out
11. das Soft-Eis
12. der English-Waltz
13. das Glamour-Girl
14. der Cherry Brandy

49. Schreiben Sie die englischen Substantive nach neuen Regeln.

1. das Slow food
2. das Feed-back
3. der Knockout
4. die Live-Sendung/Live-Übertragung
5. die After-shave-Lotion
6. der Soft Rock
7. der Afro-Look
8. das Fair play
9. New-Yorker
10. das Playbackverfahren
11. der/das Tea-Room
12.* die Traide-union
13. der Full-time-Job
14. der Toe-loop

271

50. Schreiben Sie die englischen Substantive nach neuen Regeln.

1. die Short story _____
2. der Knockoutschlag _____
3. der Live-Act _____
4. das Corned beef _____
5. das Lawn-Tennis _____
6. die Midlife-crisis _____
7. die Sightseeing-Tour _____
8. das Playoff _____
9. der Stock-Car _____
10. der/das Kickdown _____
11. der Live-Mitschnitt _____
12. der Fall-out _____
13. das Sitin _____
14. der Sales-manager _____

51. Schreiben Sie die englischen Substantive nach neuen Regeln.

1. das Playoffrunde _____
2. das Stock-Car-Rennen _____
3. die Sales-promotion _____
4. das Teachin _____
5. der Kick-off _____
6. der Show-down _____
7. der Small cap _____
8. das/der Takeoff _____
9. das Blowup _____
10. das Lay-out _____
11. die Rush-hour _____
12. der/das Tie-Break _____
13. Smart Card _____
14. der Sales-promoter _____

52. Schreiben Sie die englischen Substantive nach neuen Regeln.

1. die Nato _____
2. die Lowfatdiät _____
3. das Kabrio _____
4. das Joint-venture _____
5. die Bigband _____
6. der Personalcomputer _____
7. das Hand-out _____
8. die Loveparade _____
9. der Afro-Look _____
10. der Schilift _____
11. der Job-Hopper _____
12. der Jockei _____
13. der Teeny _____
14. das Job-Center _____

VIII. Раздельное и слитное написание (Getrennt- und Zusammenschreibung)

53. Füllen Sie die Lücken aus. Getrennt- und Zusammenschreibung?

Beispiel: „Kennt du Paul?" „Nein, aber ich würde ihn gern   lernen
kennen _____ "

                           kennenlernen / kennen lernen.   _____

1. „Ich möchte etwas im Park spazieren_____.   gehen
   Möchtest du mitkommen?"
2. „Wie_____ Uhr ist es?"   viel
3. „Weißt du nicht, ob Peter schon auf_____?"   ist
4. Er hat ihn mit der Zeit schätzen_____.   gelernt
5. „Du weißt doch, dass sie ihre Wohnung immer sauber_____."   hält
6. „Ich hoffe, dass alle Teilnehmer schon da_____."   sind
7. Unser Auto ist im Schnee stecken_____.   geblieben
8. , ob Peter schon auf_____."   ist
9. Ich habe nicht gesehen, ob er das Fenster offen_____."   gelassen hat
10. Du muss das einmal lieben_____.   lernen
11. „Schau mal, ob der Fernseher aus_____."   ist
12. Ich wusste nicht, dass der Koffer zu_____."   war
13. Ich habe den Schlüssel im Schloss stecken_____.   lassen

54. „Weißt du, ob (dass) ..." Füllen Sie die Lücken aus. Getrennt- und Zusammenschreibung?

1. , ob die Tür auf _____."   ist
2. , dass sie bei dem Gespräch dabei_____."   war
3. Ich vermute, dass der Unterricht aus_____.   ist
4. , ob das Fenster offen_____."   geblieben ist
5. , dass wir noch viel übrig_____."   haben
6. , ob das Licht aus_____."   ist
7. , wie viele Jahre es her_____   ist
8. , wie_____ er hat?"   viel
9. , dass Monika und Klaus gerade spazieren_____."   fahren
10. , dass der Schirm auf der Bank liegen_____.   geblieben ist
11. Sie hat das Schrecken des Krieges kennen_____.   gelernt
12. , ob die Frage offen_____.   steht
13. , dass die Zeit schon um_____.   ist

55. „Weißt du, ob (dass) ..." Füllen Sie die Lücken aus. Getrennt- und Zusammenschreibung?

1. , dass die Tomaten alle_____.   sind
2. , ob er den Hund spazieren_____."
3. , dass dieser Fall von ihm geheim_____ wurde.   gehalten
4. , dass der Verbrecher stiften_____."   gegangen ist
5. , ob jemand drin_____.„   ist
6. , dass an ihm ein guter Arzt verloren_____."   gegangen ist
7. , ob sie diese tage beisammen_____."   waren
8. , ob er diese Regeln streng_____."   nimmt
9. , ob er sich mal blicken_____."   lässt
10. , ob noch etwas bestehen_____."   blieb
11. , dass er völlig ab_____."   ist
12. , wo er gefangen_____ wurde."   genommen

56. Füllen Sie die Lücken aus. Getrennt- und Zusammenschreibung?

1. Ausfahrt frei_____!   halten
2. Er hat den ganzen Sommer sonnen_____.   gebadet
3. Es wundert mich, dass er sehr oft geheim_____.   tut
4. Alle wussten, dass er fast immer drauf_____.   war
5. Er hat nicht sofort verstanden, dass zwei Tage flöten_____.   gingen
6. Das kranke Kind konnte nicht den Kopf gerade_____.   halten
7. Durch das Hochwasser können sämtliche Möbel hinüber___.   sein
8. Der Pass ist verloren_____.   gegangen
9. Er hat sich tot_____.   gestellt
10. Er ahnte noch nicht, dass das ganze Geld hin_____.   war
11. Wir wollen ihn als Klassensprecher bestehen_____.   lassen
12. Der Verbrecher wurde gefangen_____.   gesetzt
13. Ich wurde informiert, dass er schon längst herum_____.   war

57. Füllen Sie die Lücken aus. Getrennt- und Zusammenschreibung?

1. Ich will es nicht wieder_____.   tun
2. Er hat sich taub_____.   gestellt
3. Der Kranke konnte nicht gerade_____.   sitzen
4. Ich möchte das lieber sein_____.   lassen
5. Ich wollte mit Erika zusammen_____.   sein
6. Der Motor hat sich heiß_____.   gelaufen
7. Sie können schon heran_____.   sein
8. Das ist mir wieder_____.   eingefallen
9. Wir dürfen das Spiel nicht frühzeitig verloren_____.   geben
10. Die Drähte sind parallel_____.   geschaltet
11. Die Schweine wurden fett_____.   gefüttert
12. Er ist über ein bestimmtes Alter hinaus_____.   gewesen
13. Wann wird er dessen inne_____?   sein
14. In dieser Lage muss man sich den Rücken frei_____.   halten

58. Schreiben Sie nach dem Muster.

Beispiel: Das Radfahren macht mir immer Spaß.   Rad fahren

1. Das Autofahren macht ihm keine Schwierigkeiten.
2. Heute ist das Kennenlernen nicht möglich.
3. Das Spazierengehen ist gesund.
4. Wer hat dir das Maschineschreiben beigebracht?
5. Das Radschlagen fällt ihm leicht.
6. Im Kürlaufen hat sie gewonnen.
7. Das Ruhenlassen des Falls ist nicht möglich.
8. Das Auswendiglernen des Gedichts fällt ihm schwer.
9. Das Zusammensein war schön.
10. Das Saubermachen der Wohnung hat noch bis nachher Zeit.
11. Er muss das Vorhandensein aller Dokumente überprüfen.
12. Das Übriglassen der Reste ist nichts für mich.
13. Er hat das Kegelschieben beobachtet.
14. Das Probesingen hat im Kulturpalast stattgefunden.
15. Das Eislaufen mag ich besonders.

59. Welche Wörter sind falsch geschrieben?

Beispiel: Sie hat glänzendschwarze Haare.   glänzend schwarze Haare

1. Dieses Wort wird groß geschrieben.   _____
2. Es war draußen bitter kalt.   _____
3. Man nehme ein Glas kochendheißes Wasser.   _____
4. Wieviel kostet die Uhr?   _____
5. Einige sind damals drüben geblieben.   _____
6. Es geschah an einem brütendheißen Tag.   _____
7. Er ist zur Zeit im Ausland.   _____
8. Mehrere Kinder mussten abseits stehen   _____
9. Es war zurzeit Peters des Ersten.   _____
10. Es war drückendheiß.   _____
11. Er hat 5 Minuten Kopf gestanden.   _____
12. Sie hatte ein blendendweißes Kleid an.   _____
13. Sie nennt ihn „Vater", aber genaugenommen ist er
       ihr Stiefvater.   _____
14. Das ist für mich viel zuviel.   _____

60. Welche Wörter sind falsch geschrieben?

1. Der Wald war herbstlichgelb.   _____
2. Drückendheißes Wetter mag ich nicht besonders.   _____
3. Es wird ihm noch leid tun.   _____
4. Es ist soweit.   _____
5. Ihre Haaren waren rötlichbraun.   _____
6. Eine halbe Stunde mussten wir aufwärts gehen.   _____
7. Es war ein bitter kalter Wintertag.   _____
8. Er versäumt den Unterricht allzuoft.   _____
9. Es wird ihm besser gehen.   _____
10. Im Urlaub lassen wir uns gutgehen.   _____
11. Jedesmal war er froh, wenn sie ihn besuchte.   _____
12. Ich musste auf sie warten genausolang(e) wie du.   _____
13. Er wird sie gern haben.   _____
14. Ich habe mich sattgegessen.   _____

61. Welche Wörter sind falsch geschrieben?

1. Ich habe seine Angeberei endgültig satt gehabt.   _____
2. Die Wiese war grünlichgelb.   _____
3. Diese Stadt habe ich ein dutzendmal besucht.   _____
4. Weißt du, dass er allein steht (keine Familie hat).   _____
5. Der Arzt hat ihn krank geschrieben.   _____
6. Die schwere Arbeit hat ihn krankgemacht.   _____
7. Diese Wort muss man klein schreiben.   _____
8. Du musst erst die hungrigen Kinder sattbekommen.   _____
9. Hast du dich sattgetrunken.   _____
10. Diese Probleme musst du nicht beiseite schieben.   _____
11. Ich werde mich kurz fassen.   _____
12. Es hat ihm ähnlich gesehen, uns nicht zu informieren.   _____
13. Ich habe mich diese Musik satt gehört.   _____
14. Es hat ebensolange gedauert wie gestern.   _____

62. Welche Wörter sind falsch geschrieben?

1. Sie hat sich krank gemeldet. _____
2. Der Tisch war länglichrund _____
3. Es geht mir ebensogut wie dir. _____
4. Das erstemal war er wunschlos glücklich. _____
5. Der Betrieb kann pleite gehen. _____
6. Als sie seine Hilfe brauchte, hat er sie allein gelassen. _____
7. Du musst dich immer bereit halten. _____
8. Diese Landschaften habe ich mich satt gesehen. _____
9. Der Ball ist genausogut. _____
10. Er musste rückwärts fahren. _____
11. Gib mir irgend etwas zum Lesen. _____
12. Ich besuch dich (am) Mittwoch abend. _____
13. Er kann nicht daheim sitzen _____
14. In seinen Geschäften ist er vorwärts gekommen. _____

63. Welche Wörter sind falsch geschrieben?

1. Andreas wurde am Montag gesund geschrieben. _____
2. Allzubald wird es sowieso wieder kühler. _____
3. Ich habe ihn beidemal auf den Partys gesehen. _____
4. Die CDs darf man nicht schwarz brennen. _____
5. Das Getränk war süß-sauer. _____
6. In der Hölle konnte ich nicht mehr vorwärts gehen, deshalb musste ich rückwärts gehen. _____
7. Ein Airbus unserer Fluggesellschaft musste auf dem Flughafen notlanden, weil ein Triebwerk aussetzte. _____
8. Er hat sich auf der Party wichtig gemacht. _____
9. Ihre Haut war schwärzlichbraun. _____
10. Zum erstenmal hat er daneben geschossen. _____
11. Er hat sich mit ihm immer gemein gemacht _____
12. Kannst du Kopf rechnen? _____
13. Irgend wann wird es verstehen. _____
14. Du kannst bei uns bleiben soviel du willst. _____

64. Welche Wörter sind falsch geschrieben?

1. Allzuviel ist nicht gesund. _____
2. Vor kurzem ist er Heim gekommen. _____
3. Zum nächstenmal bringe ich unbedingt das Buch mit. _____
4. Er durfte doch nicht die CD schwarz kopieren. _____
5. Darüber weiß ich auch genausowenig. _____
6. Das Gericht hat ihn schuldiggesprochen. _____
7. Er macht das soweit wie möglich. _____
8. Sie war allzusehr gierig. _____
9. Er wird allmählich beiseite treten. _____
10. Irgend jemand besucht doch dich. _____
11. Ich gehe bei dir zum andernmal. _____
12. Das Gesetz verbietet, dass man Schnaps schwarz brennt. _____
13. Er ist daneben gegriffen und hingefallen. _____
14. Irgend was stimmt hier nicht. _____

65. Welche Wörter sind falsch geschrieben?

1. Ich möchte dieses rösigweiße Kleid kaufen. _____
2. Wir sind lange aufwärts gefahren. _____
3. Hier könnte ich irre werden. _____
4. Du musst die Leiter dagegen halten. _____
5. Er hat sie im Krankenhaus ebensovielmal besucht. _____
6. Der Apfel ist süß-sauer. _____
7. Er fragt mich, ob er mich heim bringen kann. _____
8. Ich kann nicht soviel wie du schaffen. _____
9. Wenn du das nicht machst, dann wird er dir die Hölle
   heiß machen. _____
10. Er kann das alles klar sehen. _____
11. Ich wusste nicht, dass sie irrewar. _____
12. Er war unendlichemal hier, bei meinem Vater. _____
13. Es klang so bitter süß, als ob die kleinen Engel sing'n. _____
14. Wenn du nichts unternimmst, wird deine Firma
    bankrott gehen. _____

66. Welche Wörter sind falsch geschrieben?

1. Du musst das ein für allemal klären. _____
2. Du kennst ihn viel zuwenig, um sie zu heiraten. _____
3. Ich werde im Urlaub viel Berg steigen. _____
4. Er hat uns die Party madig gemacht. _____
5. Etwa ebensoviel bekommst du für dein Auto. _____
6. Ich möchte nur ein ganz kleines Stück abwärts fahren. _____
7. Es wird dir Hilfe not tun. _____
8. Ein großer Stein ist abwärts gerutscht. _____
9. Ich wiederhole dir zum x-tenmal. _____
10. Das letztemal ist er mit dem Zug gekommen. _____
11. In seinem Vertrag har er das beiseite gelassen. _____
12. Der Stadtpark und die Alster können ebensosehr
    schnell erreicht werden. _____
13. Im Krieg wurde hier alles platt gemacht. _____
14. Seine Tipps haben mir etlichemal das Leben gerettet. _____

67. Welche Wörter sind falsch geschrieben?

1. Von diesem Problem versteht er ebensowenig wie du. _____
2. Die beiden Briefe sind irgend wohin verschwunden. _____
3. Die Anzahl der Teilnehmer hat er niedrig gehängt. _____
4. Das andernmal bringe ich die CD mit. _____
5. Die Krawatte war dunkel rot. _____
6. Er hatte nur gefragt, ob ich ihn schwach machen will
   (= nervös machen)? _____
7. Plötzlich ist er abwärts gefallen. _____
8. Sie hat sich schwarz geärgert. _____
9. Auch diesmal hat er daneben geschossen. _____
10. Er ist für zwei Wochen daheim geblieben. _____
11. Kopf und Schwanz abhacken und beiseite legen. _____
12. Sie hat heute zum letztenmal über ihn gelacht. _____
13. Er hat die Bilder schräg gestellt. _____
14. Sie soll sich nicht wichtig tun. _____

68. Schreiben Sie die zweite Möglichkeit, *wo es möglich ist*.

1. Am Fluss musst du auf die Kinder Acht haben. _____
2. Er schwimmt Delphin. _____
3. Ich möchte ihm für den guten Empfang danksagen. _____
4. Er kann gut Brust schwimmen. _____
5. Jetzt wird er wieder hohnsprechen. _____
6. Wir können fahren und Halt machen, wo wir wollen. _____
7. Die Tasche ist weg. Er hat auf die Sachen nicht genau achtgehabt. _____
8. Seine Schwester hat ihm Haus gehalten. _____
9. Er lernt delphinschwimmen. _____
10. Sie hat heute Staub gesaugt. _____
11. Nächstes Jahr werde ich wieder marathonlaufen. _____
12. Er schwimmt Brust. _____
13. Sie hat im Essen immer Maß gehalten. _____

69. Schreiben Sie die zweite Möglichkeit, *wo es möglich ist*.

1. Man muss darauf Acht geben, dass nichts passiert. _____
2. Ich laufe Marathon. _____
3. Er hohnlacht oft. _____
4. Sie kann nicht mit dem Wirtschaftsgeld Haus halten _____
5. Er hat nicht auf die Gesundheit Acht gehabt. _____
6. Er hat kurz vor der Grenze Halt gemacht. _____
7. Du wirst (sehr, gut) genau auf das Gepäck achtgeben. _____
8. Kann er wirklich hohnlachen? _____
9. Wo kann man in Ihrer Stadt schön eislaufen? _____
10. Im Trinken kann er nicht Maß halten _____
11. Ich habe 5 Minuten kopfgestanden. _____
12. Er hat auf das kleine Kind sehr achtgehabt. _____
13. Das ganze Dorf stand kopf, als die Olympiasiegerin heimkehrte. _____

70. Schreiben Sie die zweite Möglichkeit, *wo es möglich ist*.

1. Hilfe (Angebot) für Rat Suchende _____
2. Lesen Sie bitte das klein Gedruckte. _____
3. Fest Angestellte. Was wir von unseren Mitarbeitern erwarten? Fachkenntnisse, Erfahrung und Fähigkeiten wie Kreativität, Teamfähigkeit, ... _____
4. Wie findet man gleich Gesinnte im Internet? _____
5. Zivil Dienstleistende, die über eine entsprechende Ausbildung verfügen, können während ihres Zivildienstes auch als Arzt eingesetzt werden. _____
6. Der oben Erwähnte ist dafür verantwortlich. _____
7. Die neu Vermählte kommt auf die Flur, die Braut an des Waschtroges Ende *(посл.)*. _____
8. Zu Hause Gebliebene wünscht sich Mitbringsel! _____
9. Der blind Geborene sah jetzt sowohl mit seinen leiblichen Augen als auch mit … _____
10. Tot Geglaubte leben länger. Geschrieben von Daniel Bräutigam in Video & TV _____

278

71. Schreiben Sie die zweite Möglichkeit, *wo es möglich ist*.

1. Optimale Voraussetzungen für Online-Anbieter und Werbung Treibende
2. Wann sollten außen Stehende die Befreiungsmaßnahmen durchführen?
3. Ausredenkatalog für Zu-spät-Kommen. ... Ausreden für Zu-spät-Kommen ... hier bekommst du für jede Verspätung eine absolut unangreifbare Ausrede
4. Wo ist der Dienst habende Arzt?
5. Es gibt nur das Zu-Grunde-Gehen und das Leben.
6. Das Zu-Stande-Bringen eines Krawattenknotens treibt viele Männer regelmäßig in die Verzweiflung.
7. Grundsätzlich gelten für das Zu-Stande-Kommen eines Dienstvertrages die Ihnen bereits bekannten allgemeinen Regeln.

72. Schreiben Sie die zweite Möglichkeit, *wo es möglich ist*.

1. Du musst deinen Fahrradsattel einen Finger breit höher stellen.
2. Bitte lassen sie die Tür einen Spalt breit offen.
3. Sie musste eine Zeit lang warten, bis er kam.
4. Zehn Tage kein Schlaf für eine Hand voll Leser.
5. Er weicht nicht (um) ein Haar breit von ihrer Meinung ab.
6. Bring dann einen tüchtigen Arm voll Holz mit in die Küche!
7. Ein Mund voll Erde ist ihr erster Afrikaroman.
8. Du musst das Kleid eine Hand breit kürzer machen.
9. Gib niemals einen Zoll breit nach.
10. Es regnet und ich habe das Fenster einen Spalt breit geöffnet.
11. Er wurde kein Haar breit klüger als er gewesen war.
12. Für die Straße werde ich nicht einen Fuß breit meines Grundstückes hergeben!

73. Schreiben Sie die zweite Möglichkeit, *wo es möglich ist*.

1. Das ist eine Zeit sparende Methode.
2. Orange gilt aufgrund seiner engen Verwandtheit zu rot als glückbringend und als Symbol für Macht.
3. Welche Produkte und Dienstleistungen sind erfolgversprechend?
4. Dieser Stuhl ist nach Gebrauch Platz sparend zusammenklappbar.
5. Hilfesuchend wendet sich der 14-Jährige an seinen Lehrer.
6. Bei der Agentur für Arbeit hat er sich arbeitsuchend gemeldet.
7. Radfahrend kam sie uns entgegen.
8. Das Maschineschreiben war früher viel Zeit raubend und fehleranfällig.
9. Dieses Experiment kann sich auf alles lebenzerstörend auswirken.
10. Mit diesem genialen Handholzspalter spalten Sie ihr Brennholz Kräfte schonend und kinderleicht.
11. Dieser Hund verhält sich gefahrbringend gegenüber anderen Tieren und Menschen.
12. Wer musikbegabt und musikliebend ist, ist musikalisch.

74. Schreiben Sie die zweite Möglichkeit, *wo es möglich ist*.

1. Die Brennnessel wirkt Blut reinigend, Blut bildend blutbildend und Blut verdünnend. _____
2. Wenn man ratsuchend umherläuft, ist man ja ein Rat Suchender. _____
3. Früher aktiv sporttreibend, beschäftigt sich der Autor heute mehr mit zeitgenössischer und philosophischer Literatur. _____
4. Sie saßen händchenhaltend am Fluss. _____
5. Diese Aufzeichnungen auf Video kann man fruchtbringend in den Unterricht einbauen. _____
6. Der Fußball war, ist und soll immer völkerverbindend sein. _____
7. Alkoholkonsum junger Menschen Besorgnis erregend! _____
8. Die Holz verarbeitende Industrie arbeitet Gewinn bringend. _____
9. Das sind Insekten fressende Pflanzen. _____
10. Man muss in Zeiten hoher Belastung rational und kräfteschonend arbeiten. _____
11. Das im April dieses Jahres in Kraft getretene Gesetz darf man mit Fug und Recht als Epoche machend bezeichnen. _____
12. Das unaufhörlich fließende Wasser gilt als lebenspendend. _____
13. Ist Handy-Strahlung Krebs erregend? …nicht nachgewiesen. _____

75. Schreiben Sie die zweite Möglichkeit, *wo es möglich ist*.

1. Ich möchte Kosten sparend ein neues haus bauen. _____
2. Das sind datenverarbeitende Maschinen. _____
3. Die erdölexportierende Industrie entwickelt sich gut. _____
4. Ich muss noch ein Blut stillendes Präparat kaufen. _____
5. Diese Bäume sind alt, aber noch Frucht tragend. _____
6. Mutter Courage zieht mit ihren drei Kindern und mit einem Planwagen handeltreibend durch die Lande. _____
7. Er wechselte aber auch Aufsehen erregend oft den Arbeitsplatz. _____
8. Der Slalom ist Kraft raubend, wenn man die Technik nicht beherrscht. _____
9. Der Bauer hat eine milchgebende Kuh auf die Wiese getrieben. _____
10. Das Unternehmen ist im Bereich Maschinenhandel für metallverarbeitende Maschinen tätig. _____
11. Eine effiziente Selbstverwaltung unterstützt Dienst leistend die Lehr- und. Forschungsprozesse. _____

76. Schreiben Sie die zweite Möglichkeit, *wo es möglich ist*.

1. Hier wachsen auch einige Laub tragende Bäume. _____
2. Der Freitag und die Zahl 13 gelten in vielen Teilen der Welt als unheilbringend. _____
3. Das ist ein Blut saugendes Insekt. _____
4. Der Drache schlägt mit den Flügeln, dabei schnaubend und Feuer speiend. _____
5. Sein sicheres Verhalten gegenüber dir ist achtunggebietend. _____
6. Dieser Konzern arbeitet gewinnbringend. _____
7. Vor Beginn der Prüfung sind die Teilnehmer durch die Aufsicht führende Person auf das Verbot des Gebrauchs unerlaubter Hilfsmittel hinzuweisen. _____
8. Das ist ein hitzeabweisender Stoff. _____

77. Schreiben Sie die zweite Möglichkeit, *wo es möglich ist*.

1. Er hat seine Jacke im Hotel hängenlassen. _____
2. Unser Treffen wird noch lange im Gedächtnis haftenbleiben. _____
3. Er hat sie sitzenlassen, als sie seine Hilfe brauchte. _____
4. Von seiner Rede ist bei mir kaum etwas hängengeblieben. _____
5. Du sollst die Kleine gehenlassen. _____
6. Er ist dreimal in der Schule sitzengeblieben. _____
7. Du kannst dein Geld steckenlassen, ich bezahle. _____
8. Die Uhr ist um Mitternacht stehengeblieben. _____
9. Man hat ihn einfach auf dem Bahnhof stehenlassen. _____
10. Im Sommer ist viel Arbeit liegengeblieben, weil die Angestellten in Urlaub waren. _____
11. Er ist faul, er hat die Schulaufgaben bleibenlassen. _____
12. Der Schauspieler ist mitten im Satz steckengeblieben. _____
13. Die Polizei hat die vorläufig festgenommenen Fußballrowdys wieder laufenlassen. _____

78. Schreiben Sie die zweite Möglichkeit, *wo es möglich ist*.

1. Sie ist auf seinen Waren sitzengeblieben, weil er sie zu teuer angeboten hat. _____
2. Sie hat ihren Schirm im Taxi liegenlassen. _____
3. Der Lehrer hat sie sitzenlassen, weil sie schlechte Leistungen hatte. _____
4. Er ist während des Vortrags steckengeblieben. _____
5. Er ist als Ingenieur stehengeblieben. _____
6. Er hat ihr versprochen beim Tapezieren zu helfen, aber dann hat er sie hängenlassen. _____
7. Er hat die Suppe stehenlassen. _____
8. Die Erinnerung daran wird noch lang in ihrem Gedächtnis haftenbleiben. _____
9. Er wird es sowieso bleibenlassen, auch wenn du ihn darum mehrmals bittest. _____
10. Von dem Gelernten ist bei mir wenig hängengeblieben. _____
11. Er ist im Bett liegengeblieben. _____
12. Aus der Party hat er sich ziemlich gehen lassen (= *sich undiszipliniert verhalten*). _____

79. Schreiben Sie die zweite Möglichkeit, *wo es möglich ist*.

1. Die Fehler sind im Text stehengeblieben. _____
2. Er hat die Dinge einfach laufenlassen. _____
3. Seine Schulleistungen können sich sehenlassen. _____
4. Los, wir müssen weiterarbeiten, wir dürfen nicht hängenlassen. _____
5. Er ist in der vierten Klasse klebengeblieben. _____
6. Nach 9 Jahren Ehe hat ihr Mann sie und die Kinder sitzenlassen. _____
7. Ich kann mir sein freches Benehmen nicht bietenlassen. _____
8. Er ist in der dritten Klasse hängengeblieben. _____
9. Schön, dass du dich mal wieder blickenlässt. _____
10. Wo sind wir stehengeblieben? (An welchem Punkt des Gesprächs waren wir zuletzt?) _____
11. Die Rowdys haben das Spiel platzenlassen. _____

80. Schreiben Sie die zweite Möglichkeit, *wo es möglich ist*.

1. Er ist gierig. Er wird nicht ein paar Euro springenlassen. _____
2. In der letzten Zeit hat er sich nicht blickenlassen. _____
3. Was du mir vorgeschlagen hast, muss ich noch setzenlassen. _____
4. Es ist bedauerlich, dass er die Muskeln spielenlässt. _____
5. Seine Leistungen können sich sehenlassen. _____
6. Er kann jegliches Taktgefühl vermissenlassen. _____
7. Er hat einen neuen Dienstgrad bekommen.
   Er wird bestimmt eine Party steigenlassen. _____
8. Auf der Party hat er sich die Zügel schießenlassen. _____
9. Er wird bestimmt das Projekt sterbenlassen. _____
10. Er ist in der fünften Klasse klebenbleiben. _____
11. Wenn du gehst, werde ich den Theaterbesuch schießenlassen. _____
12. Er hat eine (angefangene) Sache wieder fallenlassen. _____
13. In diesem Fall muss du unbedingt Blumen sprechenlassen. _____
14. Gegen Wolfsburg und Essen waren wir die bessere
    Mannschaft, haben dann den Gegner kommenlassen. _____

81. Schreiben Sie die zweite Möglichkeit, *wo es möglich ist*.

1. Er konnte gewinnen, aber er hat die Gelegenheit fahrenlassen. _____
2. Er hat seinen Erinnerungen die Zügel schießenlassen. _____
3. Das Lesen kannst du jetzt seinlassen. Wir müssen los. _____
4. Man kann den Gegner ruhig zu Wort kommenlassen,
   wenn man die Wahrheit auf seiner Seite hat. _____
5. Man darf sich im Leben nicht einfach treibenlassen. _____
6. Wir haben deinen Geburtstag ordentlich bis spät
   in die Nacht krachenlassen. _____
7. Jetzt müssen wir die Arbeit ruhenlassen. _____
8. Ich werde wohl den Plan (die Einladung) sausenlassen. _____
9. Wir können Blumen sprechenlassen, wenn Worte fehlen. _____
10. Ich wollte ihn schmorenlassen. (= keine Antwort geben) _____
11. Nachdem ich letztes Jahr das Projekt „Auswandern" habe
    schleifenlassen, kläre ich dieses Jahr das Thema endgültig. _____
12. Ich werde diesen unzuverlässigen Kerl sausenlassen. _____

82. Schreiben Sie die zweite Möglichkeit, *wo es möglich ist*.

1. Sie hat den Hund nicht auf die Straße laufen lassen. _____
2. Er versteht es gut, die Fakten für sich sprechenzulassen. _____
3. Den ganzen Abend hat sie ihn nicht sprechenlassen. _____
4. Sie werden lieber Waffen sprechen lassen als sich still und
   heimlich in dunklen Ecken herumzudrücken. _____
5. Wenn wir künftig Blumen sprechenlassen, dann sprechen wir
   damit nicht nur eine Gratulation oder ein Dankeschön aus. _____
6. Man soll die Toten ruhen lassen. _____
7. Nur nicht den Gegner zum Zug kommenlassen, so dass er
   Granaten oder vielleicht Explosivgeschosse einsetzen kann. _____
8. Er hat sich vom Strom der Menschen treiben lassen. _____
9. Wenn wir weitere Daten benötigen, werden wir Sie
   ebenfalls wissenlassen. _____

83. Schreiben Sie die zweite Möglichkeit, *wo es möglich ist*.

1. Ich muss mich noch feinmachen. Ich gehe ins Theater. _____
2. Altmachen nicht die Jahre und auch nicht die grauen Haare. _____
3. Sie müssen den Oberkörper freimachen. _____
4. Hast du die Suppe gargekocht? _____
5. Es ist ihm wirklich schwergefallen, sich bei mir zu entschuldigen. _____
6. Jetzt wird sie in der Küche Schnitzel flachklopfen. _____
7. Verchromte Teile lassen sich mit einem Lappen, der mit etwas Mehl bestreut ist, blankpolieren. _____
8. Was kann eine Baufinanzierung billigmachen? _____
9. Lass es dir gutgehen! _____
10. Die Torte wird dich bestimmt dickmachen. _____
11. Die Kur hat ihr gutgetan? _____
12. Er hat ganz schnell den Teller Suppe leergegessen. _____
13. Wir brauchen mehr Schulen, die gesundmachen. _____

84. Schreiben Sie die zweite Möglichkeit, *wo es möglich ist*.

1. Dies hat den Vorteil, dass das Becken nicht leerlaufen kann. _____
2. Das Öl dünn auftragen und etwas einwirken lassen. Danach blankreiben. _____
3. Im Urlaub lassen wir es uns gutgehen. _____
4. „Arbeit darf nicht armmachen", dies erklärte Manfred. _____
5. Danach müssen wir diese Speise kühlstellen. _____
6. Warum Stress krankmachen kann? _____
7. Mathematik ist ihm in der Schule schwergefallen. _____
8. Die Bauleute haben den Durchgang enggemacht. _____
9. Das Fass wurde dichtgemacht. _____
10. Jetzt muss die Landesregierung auch den Weg für den Nationalpark Senne-Egge freimachen. _____
11. Lebensmittel werden im Kühlschrank kaltgestellt. _____
12. Dieses Kleid wird dich schlankmachen. _____
13. Sie hat den Topf blankgeputzt. _____

85. Schreiben Sie die zweite Möglichkeit, *wo es möglich ist*.

1. Nach langer Fahrt möchte ich mich frischmachen. _____
2. Er ist sehr sensibel. Er wird das schwernehmen. _____
3. Hoffentlich werden die Bücher gutgehen. _____
4. Einfach den Benzinschlauch abziehen und leerlaufen lassen. _____
5. Erst muss ich das Wasser heißmachen. _____
6. Er ließ sich die Haare kurzschneiden. _____
7. Sie braucht Hilfe und er will keinen Finger krummmachen. _____
8. Man darf die Drähte nicht blanklegen. _____
9. Lass es dir gutgehen! _____
10. Meine neuen Schuhe drücken. Ich will sie breittreten. _____
11. Die Hitze hat mich schlappgemacht. _____
12. Er hat sich bereiterklärt ihr zu helfen. _____
13. Ich werde es kurzmachen, ich bin kein Fussballfan. _____

86. Schreiben Sie die zweite Möglichkeit, *wo es möglich ist*.

1. Sie hat die Wäsche mit dem Bügeleisen glattgemacht. _____
2. Die Elektroleitung hat blankgelegen. _____
3. Die Firma hat für den Schaden gutgesagt. _____
4. Sie müssen sich von Vorurteilen freimachen. _____
5. Er hat einen Nagel breitgeschlagen. _____
6. Du musst erst die Küche reinmachen. _____
7. Er hat einen streuenden Hund scheugemacht. _____
8. Babys Haut gesundpflegen – Tipps für die richtige Pflege. _____
9. Die Ernte ist gut gewesen; so wollen wir es zu Neujahr glattmachen. _____
10. Verspannte Muskeln muntermachen – Tipps zur Selbsthilfe. _____
11. Jeder gut ausgebildete Zauberer vermag solche Löffel vor dem gestrengen Publikum krummzubiegen wie der Affe die Banane. _____
12. Er spricht perfekt Deutsch und bei ihm lassen etliche Deutsche ihr Auto wieder ganzmachen. _____
13. Zuerst müssen wir den Teig mürbemachen. _____

87. Schreiben Sie die zweite Möglichkeit, *wo es möglich ist*.

1. Wir lassen uns nicht mürbe machen. Wir bauen weiter. _____
2. Ich hatte noch 100 Euro bei ihm gutgehabt. _____
3. Der Bildhauer hat einen Stein rundgemacht. _____
4. Er hat ein Glas Milch leergetrunken. _____
5. Sie hat sich ganz schnell für die Party schöngemacht. _____
6. Wir haben gewonnen. Das hat uns starkgemacht. _____
7. Hannelore Kohl: „Den Magen nicht zu prallfüllen, damit er nicht platzt!" _____
8. Teigstücke ein wenig mit der Hand flachdrücken _____
9. Du musst noch ein Fahrzeug schnellmachen. _____
10. In einer Woche werde ich den Rasen kurzmähen. _____
11. Gemüse kann auch sattmachen. Bücher, die sattmachen. _____
12. Er muss dem Vermieter also nur noch das Mietobjekt zurückgeben, leerräumen darf und muss er es nicht. _____
13. Die glühende Sonne hat uns schwachgemacht. _____

88. Schreiben Sie die zweite Möglichkeit, *wo es möglich ist*.

1. Die Creme hat die Haut zartgemacht. _____
2. Also Alex, das du mal mir so dummkommen wirst, hätte ich nicht gedacht. _____
3. Das Zimmer hat fast ein Jahr leer gestanden. _____
4. Ich habe zwei Eier weichgekocht. _____
5. Die Polizei hat den Platz wieder sichergemacht. _____
6. Mein Junge, du bist heute brav, aber wer kann für den nächsten Tag gutsprechen. _____
7. Er hat eine Schublade für deine Unterlagen leergemacht. _____
8. Hast du die Uhrzeiger richtiggestellt? _____
9. Er hat seine Geldschuld noch nicht glattgemacht. _____
10. Er hat ihn mattgesetzt. _____

89. Schreiben Sie die zweite Möglichkeit, *wo es möglich ist.*

1. Ich habe heute beim Abwaschen zwei meiner besten Tassen kaputtgemacht. _____
2. Sie hat das Essen warmgemacht. _____
3. Paul und Paula haben sich die Augen rotgeweint. _____
4. Durch seine Trinkerei hat er ihr das Leben schwergemacht. _____
5. Sie hat ihm die Wäsche reingewaschen. _____
6. Er hat die ganze Nacht wachgelegen. _____
7. Aber auch in der Skigruppe muss man erst warmwerden. _____
8. Beim Sport hat er sich warm gemacht. _____
9. Lesen und rätseln kann reichmachen! _____
10. Beim Skilaufen hat er sich einen Arm gebrochen. Der Arzt hat den gebrochenen Arm ruhiggestellt. _____
11. Ich konnte meinen Gegner in einem Zug pattsetzen. _____
12. Es wird ihm sicher schlechtgehen. _____
13. Er soll mich mit ihr bekanntmachen. _____

90. Schreiben Sie die zweite Möglichkeit, *wo es möglich ist.*

1. Sie ist mit ihm gut bekannt gewesen. _____
2. Ich wusste nicht, dass Liebe so weh tun kann. _____
3. Die Kinder bettelten, bis die Mutter weichwurde. _____
4. Sie hat den Schweinebraten warmgestellt. _____
5. Die Butter ist weich geworden. _____
6. Er bietet Rezepte für vier Wochen, die schnell zuzubereiten sind, schmecken und das Abnehmen leichtmachen. _____
7. Ich bin bald mit ihm bekanntgeworden. _____
8. Er sah den Pokal schief an, zog auch den Mund schief und machte ... zog wieder alles schief, was er in seinem Gesicht nur schiefziehen konnte. _____
9. Was lässt Sie bei einem Mann schwach werden? _____
10. Du sollst dich bei uns wohl fühlen. _____
11. Das Mädchen hat die Puppe feingemacht. _____
12. Sie hat die Wäsche weißgewaschen. _____
13. Es ist mir immer wohl ergangen. _____

91. Schreiben Sie die zweite Möglichkeit, *wo es möglich ist.*

1. Das Gesetzt wurde im Bundesgesetzblatt bekanntgemacht. _____
2. Ich wehklage. Ich habe ein bisschen gewehklagt. _____
3. Sie hat die Absätze schiefgetreten. _____
4. Wer bleibt stark, wenn die meisten schwachwerden? _____
5. Die Salbe hat die Haut weichgemacht. _____
6. Er hat sich die Haut rotgescheuert. _____
7. Sie hat ein Steak weichgeklopft. _____
8. Er wurde amtlich bekanntgegeben. _____
9. Dem Kranken wird es bald bessergehen. _____
10. Sie hat die Wüsche weichgespült. _____
11. Der Müller hat das Mehl feingemahlen. _____
12. Sie hat Sahne steifgeschlagen. _____
13. Wir haben das Zimmer saubergemacht. _____

92. Schreiben Sie die zweite Möglichkeit, *wo es möglich ist*.

1. Die Nachricht über ihre Heirat hat ihn wildgemacht. _____
2. Er musste erst massivwerden *(= deutlich drohen)*. _____
3. Er hat eine Woche frei bekommen. _____
4. Er hat ein Werkzeug spitzgeschliffen. _____
5. Wir mussten die Hintergründe der Tat bloßlegen. _____
6. Was soll man machen, wenn die Nerven bloßliegen. _____
7. Mein Chef hat mir drei Stunden frei gegeben. _____
8. Die gefangenen wurden frei gelassen. _____
9. Er hat ein Brett glattgehobelt. _____
10. Sie wurde von allen Nachbarn hochgeachtet. _____
11. Sie hat ihre Haare glattgekämmt. _____
12. Er hat die Gurken kleingeschnitten. _____
13. Wir werden ihnen den Betrag gutschreiben. _____

93. Schreiben Sie die zweite Möglichkeit, *wo es möglich ist*.

1. Der Vater hat dem verlorenen Sohn die Ohren langgezogen. _____
2. Sie hat ein Hemd glattgebügelt. _____
3. Endlich hat er die Rechnung richtiggemacht *(= beglichen)*. _____
4. Vorige Woche habe ich einen Tag frei gehabt,
   da konnten wir zusammen baden gehen. _____
5. Aber warum sollte es uns nicht mal schlechtgehen? _____
6. Er hat sich glattrasiert. _____
7. Er hat sich in den Bergen die Füße wundgelaufen. _____
8. Mein Schwiegervater wurde immer hochgeschätzt. _____
9. Sie kann keine 5 Minuten stillsitzen *(= konzentriert sein)*. _____
10. Sie kann keine 5 Minuten still sitzen *(= ruhig)*. _____
11. Er hat sich einen Tag frei geben lassen. _____
12. Sie hat sich die Haare trockengeföhnt. _____
13. Er hat sie viele Jahre liebgehabt. _____
14. Sie hat die Tischdecke glattgemacht. _____

94. Schreiben Sie die zweite Möglichkeit, *wo es möglich ist*.

1. Werden die Chancen (die Sternen) wirklich schlechtstehen! _____
2. Sie hat das Hemd trockengebügelt. _____
3. Er hat sich die Finger wundgeschrieben. _____
4. Sie hat sich die Haare schwarzgefärbt. _____
5. Dieses Grundstück werden Sie liebgewinnen! _____
6. Er hat eine Vase kaputtgeschlagen. _____
7. Ich habe unverhoffterweise ein paar Tage frei bekommen. _____
8. Du sollst mich nicht geringschätzen. _____
9. Die Biskuitmasse einfüllen und glattstreichen. _____
10. Archäologen haben die Reste eines römischen
    Amphitheater frei gelegt. _____
11. Er hat sich wundgelegen. _____
12. Holzoberflächen möglichst feinschleifen und entstauben. _____
13. Du hast fein gesungen. _____
14. Meine Freundin wird es mir nicht übelnehmen,
    dass ich hier von ihr erzähle. _____

95. Schreiben Sie die zweite Möglichkeit, *wo es möglich ist.*

1. Der Tisch wurde von mir trockengewischt. _____
2. Archäologen haben die Mauerreste bloßgelegt. _____
3. Die Köchin hat den Brei glattgerührt. _____
4. Es ist ein Zeichen, dass wir uns selbst geringachten, solange wir uns unserer Sprache schämen. _____
5. Vorsicht! Die schönen Pflanzen nicht kaputttreten! _____
6. Wir werden Dich immer liebbehalten und nie vergessen. _____
7. Sie hat den Tisch trockenrieben. _____
8. Was mache ich, wenn beim Kochen Reste übrigbleiben? _____
9. Sie hat sich die Finger wundgenäht. _____
10. Wer übelberaten ist in Gedanken, des Tun ist nur ein Schwanken. _____
11. Er hat einen Fallapfel kaputtgedrückt. _____
12. Du musst es dir klarwerden, dass es nicht geht. _____
13. Ich habe heute probiert mir meine Haare blauzufärben. _____
14. Die Koloradokäfer haben das Kartoffelkraut kahlgefressen. _____

96. Schreiben Sie die zweite Möglichkeit, *wo es möglich ist.*

1. Ihm ist klargeworden, dass er sich ändern muss. _____
2. Speisen kann man mit Kornblume oder Akelei blaufärben. _____
3. Sie hat die Decke glattgezogen. _____
4. Er hat sich den Mund wundgeredet. _____
5. Alles was schief gehen kann, geht schief. _____
6. Er hat ihm für sein Vergehen die Ohren langgezogen. _____
7. Er hat ihm ein Stück Kuchen übriggelassen. _____
8. Die Staatskasse wurde leergefegt. _____
9. Die Tischplatte wurde glattgeschliffen. _____
10. Sie hat sich die Haare dunkelgefärbt. _____
11. Wenn die Zähne noch oben und unten zusammen passen, können sie noch etwas kleinmahlen. _____
12. Sie hat die Absätze schiefgetreten. _____
13. Die Regierung will Frauen und Geringverdiener bei der Rente besserstellen. _____

97. Schreiben Sie die zweite Möglichkeit, *wo es möglich ist.*

1. Er hat sich beim Laufen die Haut wundgerieben. _____
2. Prügelstrafe wiedereinführen? _____
3. Er hat das Holz kleingehackt. _____
4. Die Wäsche wird trockengeschleudert. _____
5. Er ließ sich kahlscheren. _____
6. Er will ihm dafür die Hammelbeine langziehen. _____
7. Der Tanker ist leck geschlagen. _____
8. Er schlief wie ein Murmeltier. Ich musste ihn wachrütteln. _____
9. Das Kabel wurde strammgezogen. _____
10. April-Konzern will weiteres Regenwaldgebiet für Papier kahlschlagen. _____
11. Wir müssen hier blieben, da die Gefahr weiterbesteht. _____
12. Kannst du die Sache geradebiegen. _____

98. Schreiben Sie die zweite Möglichkeit, *wo es möglich ist.*

1. Er hat sich die Haut wundgejuckt. _____
2. Er hat den Tisch dunkellackiert. _____
3. Sie hat ihre Kunden zufriedengestellt. _____
4. Sie hat sich die Haare grüngefärbt. _____
5. Er wurde mündiggesprochen. _____
6. Ich würde nicht so schwarzweiß malen. _____
7. Das Kind hat sich wundgekratzt. _____
8. Die Kerzen in die Nähe der Heizung legen, wenn sie durch-
   gewärmt sind, geradebiegen und liegend abkühlen lassen. _____
9. Warum sich mit Krümeln zufriedengeben, wenn man
   auch den ganzen Kuchen haben kann. _____
10. Ich musste die vereisten Scheiben freikratzen. _____
11. Die Luft, die wir nur einzuatmen brauchen, der Boden, der
    unsere Füße trägt, Tag und Nacht, die aufeinanderfolgen,
    die Sonne, die uns erwärmt. _____
12. Wer kann gerademachen, was er gekrümmt hat? _____

99. Schreiben Sie die zweite Möglichkeit, *wo es möglich ist.*

1. Blau gefärbt für leichte Handhabung _____
2. Messing blankpoliert _____
3. Da steht ein braungebrannter Mann. Ich kenne ihn. _____
4. Genau, blondgelockt und ein paar Strähnen. _____
5. Das Konzert war buntgemischt. _____
6. Die Kunst, gutgekleidet zu sein und sich gut zu benehmen,.
   besteht eigentlich nur darin, aufmerksam zu sein und
   nachzudenken. _____
7. Einen grobgestrickten Pullover würde ich nicht kaufen. _____
8. Dieses Wohngebiet ist dichtbebaut. _____
9. Ein gutgeschriebener Text ist leicht zu übersetzen. _____
10. Wir sind engbefreundet. _____
11. Das neueröffnete Geschäft besuche ich gern. _____
12. Ich suche ich eine gutbezahlte Arbeit. _____
13. Es war ein frühgeborenes Kind. _____

100. Schreiben Sie die zweite Möglichkeit, *wo es möglich ist.*

1. Der Hof war dichtbelaubt. _____
2. Ihre Haare waren blondgefärbt. _____
3. Er bedankte sich bei mir für meinen gutgemeinten Rat. _____
4. Der Himmel war dichtbewölkt. _____
5. Hartgekochte Eier mag ich nicht. _____
6. Sein neubearbeitetes Lernwerk habe ich noch nicht gesehen. _____
7. Sie waren doch engverwandt und konnten sich gut vertragen. _____
8. Er hatte rotgeweinte Augen. _____
9. Sie war schlechtgelaunt. _____
10. Die neugeschaffenene Firma hat einen guten Ruf. _____
11. Das frischgebackene Brot schmeckt gut. _____
12. Er hatte die kurzgeschnittenen Haare. _____
13. Für meine Mutter war ich immer ein heißgeliebter Sohn. _____

101. Schreiben Sie die zweite Möglichkeit, *wo es möglich ist.*

1. Er war ein gutgebauter Sportler. _____
2. Sie war stets gutgekleidet. _____
3. Oder haben seine Eltern gesündigt, so dass er blindgeboren wurde? _____
4. Der Rücken dieser Vogelart ist schwarzgefärbt. _____
5. Wir saßen an einem großen geradegewachsenen Baum. _____
6. Eine Frau mit graumelierten Haaren hat uns angesprochen. _____
7. Er war ein heißgeliebtes Kind. _____
8. Sie hatte einen blaugestreiften Pullover an. _____
9. Wenn man das mit den USA vergleicht, dann ist Dänemark dichtbevölkert _____
10. Das Zimmer war grellbeleuchtet. _____
11. Er wird heiß geliebt. _____
12. Die Hochzeitskutsche war reichgeschmückt. _____
13. Einen kleingedruckten Text kann ich ohne Brille nicht lesen. _____
14. Das war mein ernstgemeinter Vorschlag. _____

102. Schreiben Sie die zweite Möglichkeit, *wo es möglich ist.*

1. Zwiebeln (kleingeschnitten) im Schweineschmalz anbraten. _____
2. Gedämpft oder kurzgebraten, sehr lecker! _____
3. Wie man gutgelaunt mit dem Rauchen aufhört … _____
4. Finden Sie Knoblauchpulver 100g feingemahlen. _____
5. Die beiden Kinder waren mit 1,50 m und 1,55 m für ihre Zeit sehr großgewachsen. _____
6. Die beiden Frauen waren nahverwandt. _____
7. Die Blätter der Pflanze waren dichtbehaart. _____
8. Der Lastkraftwagen war vollbeladen. _____
9. Als frühgeboren gilt ein Kind, das vor der 36. Schwangerschaftswoche auf die Welt kommt, was bei 5 bis 7 Prozent aller Neugeborenen in Deutschland der Fall ist. _____
10. Mit so einem vollbesetzten Bus fahre ich nicht. _____
11. Das Auto war vollgetankt. _____
12. Der kleine Junge war ganz in weißgekleidet. _____
13. Der Schnitt ist körperbetont (enganliegend). _____

103. Schreiben Sie die zweite Möglichkeit, *wo es möglich ist.*

1. Unsere Produktion ist vollautomatisiert. _____
2. Frohgelaunt ist er nach Hause gegangen. _____
3. Als totgeboren werden nur Kinder bezeichnet, die keinen Atemzug getan haben. _____
4. Waren Sie faul oder schwachbegabt oder beides zusammen? _____
5. Alles ist tiefverschneit, aber der Frühling kommt sicher bald. _____
6. Viele Jahre war er mein treuergebener Freund. _____
7. Tiefgefühlt stand er am Sarg seines Kameraden. _____
8. Natürlich ist der Pontifex über die Situation der Katholiken im Norden gutunterrichtet. _____
9. Die nähergelegenen Häuser waren sehr verfallen. _____
10. Vorpommern ist dünnbesiedelt. _____
11. Das Meer glatt und schwachbewegt. _____

104. Schreiben Sie die zweite Möglichkeit, *wo es möglich ist.*

1. Dieser weniggelesene Roman gefällt mir nicht. _____
2. Das ist unser privatversicherter Patient. _____
3. Tieferschüttert verabschiedete er sich von seinem Freund. _____
4. Unser Betriebsärztlicher Dienst: Vielgefragt und kompetent _____
5. Die blaugestreifte Bluse finde ich schön. _____
6. Unser vielgereister Gast hat uns Vieles erzählt. _____
7. Starkbewacht mussten wir am Boden sitzen. _____
8. Die Gefühle, die beide miteinander verbindet, kommen selbstverständlich und tiefempfunden über die Leinwand. _____
9. Er, der totgeglaubt war, lebt! _____
10. Dieser Raum ist schon längst vollklimatisiert. _____
11. Er wusste immer alles. Er war immer gutunterrichtet. _____
12. Dieses Gebiet ist wenigbebaut und schwachbevölkert. _____
13. Die Straße ist recht breit und vielbefahren. _____
14. Der fettgedruckte Text ist unlescrlich. _____

105. Schreiben Sie die zweite Möglichkeit, *wo es möglich ist.*

1. Das ist wirklich ein vielgelesenes Buch. _____
2. Frischgestrichen! _____
3. Diese Straße ist wenigbefahren. _____
4. Er ist genauunterrichtet. _____
5. Das rotgestreifte Hemd steht dir nicht. _____
6. Dieses vielbesprochene Ereignis interessiert mich nicht mehr. _____
7. Das komplizierte Organ Haut ist bei der Geburt noch nicht vollentwickelt. _____
8. Der Rock ist großkariert in den Tönen blau/grau. _____
9. Manche Rätsel sind inhaltlich breitgefächert, andere engumgrenzt, dauern 10 bis 30 Minuten. _____
10. Der engbedruckte Text ist nicht leserlich. _____
11. Tiefbewegt nehmen wir Abschied von Hans Filbinger. _____
12. Die Korruption ist leider noch weitverbreitet. _____
13. Aber Sie wissen, dass ihr Boss immer übelgelaunt ist. _____
14. Das ist unser großangelegter Plan. _____

106. Schreiben Sie die zweite Möglichkeit, *wo es möglich ist.*

1. Michael Glawogger ist viel unterwegs und vielbeschäftigt. _____
2. Espresso grobgemahlen für die Moka. _____
3. ½ Zwiebel, feingeschnitten. _____
4. Frühgestorben, doch nicht vergessen. _____
5. Das Jubiläumsjahr 2007 steht unter dem Motto „Festverwurzelt weiter wachsen". _____
6. Unser langersehnter Gast ist schon angekommen. _____
7. Der Violinvirtuose A.Brodsky war übelberaten, indem er sich mit dieser Komposition dem Wiener Publikum zuerst vorstellte. _____
8. Nicht jeden Tag möchte man das Korsett gleich festgeschnürt haben. _____
9. Ihr unigefärbter Mantel war schön. _____
10. Der Boden war hartgefroren, der Ball war schlecht zu kontrollieren. _____
11. Muss ein Meister festangestellt sein? _____

107. Schreiben Sie die zweite Möglichkeit, *wo es möglich ist*.

1. Dieses vieldiskutierte Thema ist mir bekannt. _____
2. Dein treugesinnter Freund lässt dich nicht im Stich. _____
3. Das ist ein hartgebrannter Stein. _____
4. Seine vielzitierte Rede habe ich in einer Zeitung gelesen. _____
5. Während in deutschen Haushalten oft schlichte weiße Raufasertapete an den Wänden hängt, mögen die Russen es lieber bunt- und großgemustert. _____
6. Mit seiner vielbeschworenen Freundschaft bin ich schon satt. _____
7. Sonntagsöffnung im Handel weiter heißumstritten. _____
8. Die Konjunktur brummt und der Arbeitsmarkt ist leergefegt. _____
9. Ich war mit seinem spätvollendeten Roman bewundert. _____
10. Er hat ein graugestreiftes T-Shirt gekauft. _____
11. Die Klimaanlage war heißgelaufen. _____
12. Diese getrenntgeschriebene Wörter muss du behalten. _____
13. Also beide Telefone parallelgeschaltet. _____

108. Schreiben Sie die zweite Möglichkeit, *wo es möglich ist*.

1. Die vielerörterte Frage wurde endlich gelöst. _____
2. Er sah zum Himmel auf, der blaugefleckt war. _____
3. Sein Pyjama war buntgestreift. _____
4. Vor allem der Anfang ist furchtbar langgezogen. _____
5. Der Körper des Fisches ist sehr langgestreckt. _____
6. Egal, ob buntgefiedert und grell- oder braungefärbt und unauffällig, jeder Vogel ist auf seine Weise interessant. _____
7. Die Augen sind schwarzgerändert. _____
8. Ein feingesponnenes Woll-Stickgarn sorgt bei jeder Stickerei für eine lebendige, natürliche Ausstrahlung _____
9. Unter einem großen eckigen Schirm stehen dichtgedrängt gut zehn Frauen und Männer. _____
10. Das Meersalz kommt feinvermahlen in den Handel. _____
11. Sie hatte einen feingeschwungenen Mund und Mandelaugen. _____
12. Die Seidenschürze ist kleingemustert oder einfarbig. _____
13. Dafür brauchen wir feingestreifte Stoffe. _____

109. Schreiben Sie die zweite Möglichkeit, *wo es möglich ist*.

1. Der Baum hatte die feingezähnten Blätter. _____
2. Im Inneren ist die Mosche reichverziert. _____
3. Die Konstruktion des Hauses sei festgefügt. _____
4. Erneuerbare Energien – heißumkämpft! _____
5. Der kaltgeschleuderte Honig schmeckt mir gut. _____
6. Die Flagge dieses Landes ist längsgestreift. _____
7. Welcher Mensch gilt als „niedriggesinnt"? _____
8. Viele Athener waren Sokrates übelgesinnt. _____
9. Das ist eine fälliggewordene Zahlung. _____
10. Die Informationen sind sehr knappgehalten; es bleiben viele Fragen offen. _____
11. Duden. Richtig schreiben – kurzgefasst. _____
12. Ich nehme den blaugepunkteten Stoff. _____

110. Schreiben Sie die zweite Möglichkeit, *wo es möglich ist*.

1. Ich darf das Spiel nicht frühzeitig verlorengeben.
2. Der Brief konnte verlorengehen.
3. Ich fürchte, diese Frau musst du verlorengeben.
4. An ihm ist ein Schazuspieler verlorengegangen.
5. Das Spiel ist längst verloren gewesen.
6. Der Krieg ist verlorengegangen.
7. Das bereits verlorengeglaubte Spiel wurde doch gewonnen.
8. Wir hatten das Spiel schon verloren geglaubt.
9. Den Wettlauf will er nicht verlorengeben.
10. Das Buch darf nicht verlorengehen.

111. Schreiben Sie die zweite Möglichkeit, *wo es möglich ist*.

1. Er hat eine allgemein bildende Schule besucht.
2. Findest du ihn mit langen Haaren gutaussehend?
3. Er ist ein allein erziehender Vater.
4. Sie ist eine klardenkende Frau
5. Kaltlächelnd ging er an ihr vorbei.
6. Julia ist verständnisvoll und gleich denkend.
7. Sie hat dabei viel sagend zu Eddy geschaut.
8. Ihre Kleider waren von solider Qualität, schlicht und gutsitzend.
9. Jung, männlich, gesund, gutverdienend und Single – das ist der ideale Kunde für eine private Krankenversicherung.
10. Das sind gleich lautende Wörter.
11. Wir müssen einen leerstehenden Raum aussuchen.
12. Probieren wir den selbstgebackenen Kuchen.
13. Das sind zwei parallellaufende Linien.

112. Schreiben Sie die zweite Möglichkeit, *wo es möglich ist*.

1. Wir können noch zeitlich parallellaufende Arbeitsgruppen besuchen.
2. Sie sind überdurchschnittlich intelligent, besserverdienend und allem Neuen gegenüber aufgeschlossen.
3. Das ist eine hoch konzentrierte Säure.
4. Ich möchte ein einzelnstehendes Haus kaufen.
5. Ich sehe eine solche Frage eben als nicht ganz ernstzunehmend an.
6. Ich würde nie einen schlechtsitzenden Anzug kaufen.
7. Das sind schwer wiegende Argumente.
8. Der Windschutz schützt die rorglühende Kohle und verhindert, dass Asche das Rauchvergnügen stört.
9. Rotglühend versinkt die Abendsonne hinter der Kirche „Heilige Maria – Königin Polens".
10. Stadt Leipzig bildet auf gleich bleibend hohem Niveau aus.
11. Das ist eine doppeltwirkende Arznei.
12. Er ist ein treusorgender Vater.
13. Es ist verboten, wildlebende Tauben im Stadtgebiet zu füttern.
14. Die lautredenden Nachbarn stören uns sehr.

113. Schreiben Sie die zweite Möglichkeit, *wo es möglich ist*.

1. Ein knappsitzender Anzug steht dir nicht. _____
2. Anders denkend ist der, der eine andere politische oder religiöse Auffassung vertritt. _____
3. Er hat tiefliegende Augen. _____
4. Du bist wie der Mond – genauso hellstrahlend in der Dunkelheit. _____
5. Ein nahestehendes Haus war sehr groß. _____
6. Langanhaltende Erkältungen können zu schweren Infekten verschleppt werden, wenn sie nicht rechtzeitig behandelt werden. _____
7. Egal ob wildwachsend, aus dem Garten oder frisch vom Markt, Kräuter sind schmackhaft, wirkstoffreich und gesund. _____
8. Die untenerwähnten Hinweise sind zu beachten. _____
9. Die linkssitzenden Zuschauer sind Studenten. _____
10. Ich brauche eine richtiggehende Uhr. _____
11. Das linksabbiegende Auto gehört meiner Nachbarin. _____
12. Ich begleite Peter auf das naheliegende Gehöft, um unser Trinkwasser aus dem Brunnen aufzufüllen. _____
13. Ein naheliegender Vorschlag ist, alle Bahnübergänge mit modernen Schrankenanlagen zu sichern. _____

114. Schreiben Sie die zweite Möglichkeit, *wo es möglich ist*.

1. Die Erziehung im Sinne der Landesverteidigung ist tiefgehend durchzuführen. _____
2. Für ein gesundes Immunsystem: Quark und Käse selbstgemacht. _____
3. Sind Verkehrsregeln allgemeingültig? _____
4. Die Einsteinsche Relativitätstheorie, leichtverständlich als Bildergeschichte von Martin Kornelius. _____
5. Der Anhänger war schwerbeladen. _____
6. Die ersten Erfahrungen sind viel versprechend. _____
7. Der Komet ist am Abendhimmel tiefstehend mit dem bloßen Auge sichtbar. _____
8. Diese Lebensmittel sind leichtverderblich. _____
9. Wir bestätigen, dass sich die Angaben zu unserer Organisation wie oben stehend geändert haben. _____
10. Er rauchte eine selbstgedrehte Zigarette. _____
11. Er hat es sich leichtgemacht. _____
12. Dieses Essen ist schwerverdaulich. _____

115. Schreiben Sie die zweite Möglichkeit, *wo es möglich ist*.

1. Es ist eine Kirche wohl bekannt, Sankt Michael genannt. _____
2. Hooligans sind auch, aber nicht immer politisch motiviert, wobei man aber nicht behaupten kann, dass Hooligans eher rechts- bzw. linksstehend sind. _____
3. Nun erhitzt man zwei bis drei Grill-Briketts (keine Holzkohle), bis sie rundum weißglühend sind. _____
4. Durch sein flottgehendes Geschäft wird er reich. _____
5. Er ist stets engagiert, kreativ und weit blickend. _____
6. Er ist ein alter schwerkranker Mann. _____
7. Dein selbstgeschneiderter Anzug gefällt mir sehr. _____
8. Er stellte weit gehende Forderungen. _____

116. Schreiben Sie die zweite Möglichkeit, *wo es möglich ist*.

1. In zweieinhalb Wochen hat sich London tiefgreifend verändert. _____
2. Technische Baubestimmungen sind allgemeinverbindlich _____
3. Das ist ein selbstgestrickter Pullover. _____
4. Ist der eigene Wohlstand (Geld) selbstverdient, oder wurde das Geld dafür von anderen erarbeitet? _____
5. Das Produkt ist leichtentzündlich. _____
6. Das ist eine hoch bezahlte Arbeit. _____
7. Er ist schwerbewaffnet und kann aus jedem Kampf als Sieger hervorgehen. _____
8. Die meisten Studiengänge sind wohl durchdacht und sorgfältig umgesetzt. _____
9. Dieses Buch ist mir leider wieder nicht weit greifend genug. _____
10. Bitte um Hilfe, muss bis Mittwoch ein Referat fertigbekommen. _____
11. Valentinstag und die darauffolgenden Probleme _____
12. Früher nannte man sie „schwererziehbar", heute eher „Zappelphilipp", „hyperaktiv" oder „verhaltensauffällig". _____
13. Dieses selbstgebraute Bier schmeckt wirklich gut. _____

117. Schreiben Sie die zweite Möglichkeit, *wo es möglich ist*.

1. Allgemeinverständlich erzählt der Professor die geschichtliche Entwicklung der Quantenphysik. _____
2. Ostfriesische Suppe (leichtbekömmlich) _____
3. Hoch entwickelt, aber dennoch benutzerfreundlich ist der Suunto t1 Armbandcomputer. _____
4. Ich finde deshalb diese Entscheidung sehr weit tragend. _____
5. Als Schriftsteller war er erfolgreich und hoch geehrt. _____
6. Gibt es „schwer wiegende" Argumente für oder gegen eine dieser Varianten? _____
7. Das ist ein sicherwirkendes Medikament. _____
8. Er war ein hoch angesehener Lehrer. _____
9. Der Kieler Landtag wäre wohl beraten, die Fehlentscheidung vom 17. September 1999 endlich zu korrigieren _____
10. Angst beim Zahnarzt weit verbreitet, aber oft falsch „therapiert" _____
11. Sie hat die Suppe fertiggekocht. _____

118. Schreiben Sie die zweite Möglichkeit, *wo es möglich ist*.

1. Das Obst ist sehr leichtverdaulich. _____
2. Der Junge ist hoch begabt. _____
3. Stückst du erst am späten Morgen, macht dein leerer Bauch sich Sorgen. Hast du aber früh gestückt, ist dein Magen hoch beglückt. _____
4. Gestern bin ich zusammen mit Gabi wohl erhalten im verschneiten Bayern angekommen. _____
5. Er war ein mir nahestehender Mensch. _____
6. Der Text war schwerverständlich. _____
7. Es ist ihm immer wohl ergangen. _____
8. Hoch gelobt sei der Krieg gegen die Raucher. Hoch gelobt seien die Nichtraucher. _____
9. Was Gott tut, das ist wohl getan. _____

119. Schreiben Sie die zweite Möglichkeit, *wo es möglich ist.*

1. Der Versand erfolgt, soweit nicht anders lautend vereinbart, auf Kosten und Gefahr des Bestellers. _____
2. Leichtbehinderte Frau sucht einen Partner für eine feste Bindung. _____
3. Partnerwahl ist hoch kompliziert geworden. _____
4. Dieses Buch ist wohl durchdacht und gut geschrieben. _____
5. Wie aber wollt Ihr das fertig bringen, ohne Lärm zu machen? _____
6. Der Plan ist wohl überlegt. _____
7. Das Team ist gut aufgestellt und hoch motiviert. _____
8. Das Basler Fernwärmenetz ist weitverzweigt und beträgt heute gegen 200 km. _____
9. Der leichtverletzte Fahrer wurde ins Krankenhaus eingeliefert. _____
10. „Wohl versorgt" in den Ruhestand. _____
11. Er hat die Arbeit fertiggemacht. _____
12. Uns wird nichts anderes übrigbleiben, als nachzugeben. _____
13. Er wird mich mit seinem Verhalten fertigmachen. _____

120. Schreiben Sie die zweite Möglichkeit, *wo es möglich ist.*

1. Wohl erzogen hat nie gelogen. _____
2. Diese Boote sind meist nur leichtbewaffnet. _____
3. Diese Medikamente sind für sie schwerverträglich. _____
4. Er gilt als ein hoch qualifizierter Schlosser. _____
5. Weitgereist: Russische Originale in der Raumfahrt- ausstellung des Landesmuseums Mannheim. _____
6. Wir müssen uns noch für die Party fertigmachen. _____
7. Wenn Sie einen Teller zerbrechen, das wöchentliche Budget überziehen oder ein Puzzle nicht rechtzeitig fertigbekommen, droht Ihnen eine Nominierung für den ... _____
8. Ich bin sehend; sie sind halbblind. _____
9. Es war eine alte scheelblickende Frau. _____
10. Er war, wohl verstanden, kein schlechter Mensch. _____
11. Er ist 22 Jahre alt, hat rote Haare und blaue Augen; ein Berg von einem Kerl und trotzdem zart fühlend wie Jesus. _____

121. Schreiben Sie die zweite Möglichkeit, *wo es möglich ist.*

1. Welche Staaten davon sind hoch technisiert? _____
2. Er war nur leicht verwundet am Bein. _____
3. Blaubeeren, wohl schmeckend und gesund. _____
4. Es war ein wohl behütetes Geheimnis. _____
5. Vitamin C hoch dosiert _____
6. Wir müssen unsere weit greifende Pläne verwirklichen. _____
7. Die etherischen Öle wirken entspannend und wohltuend auf das ganze Wohlbefinden und vergrößern die Wirkung der Massage. _____
8. Heizungs- und Wasserleitungen an 4 Wohnungen fertig stellen. _____
9. Unsere Behauptungen sind wohl begründet. _____
10. Warum sind viele Gebäude halbfertig. _____
11. Die Eier sind hart gekocht. _____
12. Wir müssen bis Freitag mit dieser Arbeit fertigwerden.

122. Schreiben Sie die zweite Möglichkeit, *wo es möglich ist.*

1. Wir sind hochspezialisiert für Motoren. _____
2. Die Veranstaltung ist wohl vorbereitet. _____
3. Nach 400m halblinks halten auf Rödingsmarkt. _____
4. Ein Jugendlicher ist bei einem Messerangriff schwerverletzt. _____
5. Fröhlich und leichtbeschwingt beginnen Sie die erste Etappe. _____
6. Er ist über alles wohl unterichtet. _____
7. Er kann doch die Arbeit fertigbringen. _____
8. Die Erwartungen waren hoch gespannt. _____
9. Die Pflanze soll von einigen Menschen als übelriechend empfunden werden. _____
10. Seine Rede war wohl formuliert. _____
11. Die Streitfrage, ob ein Glas halbvoll oder halbleer ist, ist zunächst eine anschauliche Redewendung ... _____
12. Die Sitzung war nichtöffentlich. _____

123. Schreiben Sie die zweite Möglichkeit, *wo es möglich ist.*

1. Es war mein wohl überlegter Vorschlag. _____
2. Diese Frage scheint nicht hierhergehörend zu sein. _____
3. Dieser Stoff ist schwer löslich in kaltem Wasser. _____
4. Jetzt können Sie wohl geformte Sätze bilden. _____
5. Die vermisste Frau ist wohlbehalten gefunden. _____
6. Sie müssen weit reichende Konsequenzen ziehen. _____
7. Ich bin ihrer Kritik hochaufgeschlossen. _____
8. Trotz seines Volumens sieht das Auto wohl proportioniert aus. _____
9. Der Lesevorgang ist halbautomatisch. _____
10. Nichtsahnend ging er am Haus vorbei. _____
11. Mit welchem Mittel kann man Textilien hartmachen? _____
12. Der junge Schauspieler rief es sehr wohl lautend. _____
13. Es war ein wohl genährter Junge. _____

124. Schreiben Sie die zweite Möglichkeit, *wo es möglich ist.*

1. Ein echt Kölnisch Wasser ist wohl riechend. _____
2. Wer kann ihn jetzt seligmachen. _____
3. Benedikt XVI. will nicht mehr selbst seligsprechen. _____
4. Die Schweiz ist hoch verschuldet. _____
5. Seine Behauptungen sind wohl erwogen. _____
6. Aus drei Etagen kommen die Menschen – halbbekleidet – und rennen die Treppe hinunter. _____
7. Es ritt ein Reiter sehr wohlgemut. _____
8. Das Fenster war halboffen. _____
9. Wohl geratene Kinder sind der Eltern bester Schatz. _____
10. Für wohl geratene Kinder können Eltern nicht zu viel tun. _____
11. Rotglühend wie Lava, zähfließend wie Honig, der Schwerkraft folgend windet es sich dem Boden entgegen. _____
12. Er fand die Hündin halbverhungert und total erschöpft. _____
13. Hotelsterne – Nichtssagend! Was sagen eigentlich die Sterne, die ein Hotel hat, über die Qualität aus? Nicht viel... _____

125. Schreiben Sie die zweite Möglichkeit, *wo es möglich ist*.

1. Die Kartoffeln waren halbgar. _____
2. Einmal habe ich dir darüber erzählt. _____
3. Die Darstellung ist nichtamtlich. _____
4. Tabakwaren und Weine/Liköre sind hoch besteuert und
   das hebt den Preis. _____
5. Halbwach lag er im Bett. _____
6. Noch einmal: Ihr Ziel ist dahingehend zu realisieren. _____
7. Trockeneis ist elektrisch nichtleitend. _____
8. Die Blumen sind halbverwelkt. _____
9. Die Schokolade ist halbbitter. _____
10. Ich war in Bonn ein paarmal. _____
11. Zurzeit ist er in Berlin. _____
12. So bunt schillernd ist die Legende um Klaus Störtebeker,
    Goedeke Michels und den Seeräubern der Hansezeit. _____
13. Im Jazz empfindet man eine ganze Reihe von Akkorden als
    wohl klingend. _____

126. Schreiben Sie die zweite Möglichkeit, *wo es möglich ist*.

1. Er ist halbgebildet. _____
2. Gesammelt und wohl geordnet aufbewahrt _____
3. Erstens bin ich ja selbst schon halberwachsen. _____
4. Wir sind gewerkschaftlich nichtorganisiert. _____
5. 500 g Kartoffeln, halbfest kochend 2 EL Mehl ... _____
6. Sein Gesang ist nicht besonders wohl tönend. _____
7. Die Früchte sind noch halbreif. _____
8. Er war tausendmal in Paris. _____
9. Sie ist eine nichtberufstätige Frau. _____
10. Wohl verwahrt war deine Seele, von Anfang an wohl verwahrt. _____
11. Man fand Ihn halberfroren am anderen Ufer. _____
12. Labor-Stiefel, halbhoch, weiß, 36, 42,00 EUR. _____
13. Der bewährte Fahrradhalter aus Aluminium ist nichtrostend. _____

127. Schreiben Sie die zweite Möglichkeit, *wo es möglich ist*.

1. Halbtot lag er auf dem Boden. _____
2. Wieso müsst ihr immer alle Mails sovielmal schicken?! _____
3. Die Frage bezieht sich offenbar auf die nichtzutreffende
   Behauptung. _____
4. Physiotherapeuten sollen nichtselbstständig arbeiten dürfen. _____
5. Wahrscheinlich ziehen Sie nicht ein paarmal am Tag um! _____
6. Dieser Schritt war doch wohl erwogen. _____
7. Wievielmal hat er das schon gesagt? _____
8. Es ist mir leichtgefallen. _____
9. Wir müssen uns halbrechts einordnen. _____
10. Er ist gutsituiert und weiß, wie man eine Frau verwöhnt. _____
11. Genau unterrichtete Kreise sind daran interessiert. _____
12. Ich habe das vieltausendmal erlebt. _____
13. Das ist ein feingeschliffenes Kristall. _____

128. Schreiben Sie die zweite Möglichkeit, *wo es möglich ist*.

1. Er ist außer Stande dir zu helfen. _____
2. Mathematik mit Hilfe des Internets. _____
3. Marine auf Seiten der Putschisten _____
4. Allerdings sind die rechtlichen Regelungen dort zu Lande noch offen. _____
5. Projekt „Bei uns zu Lande auf dem Lande" _____
6. Warum muss man meine Gedanken sofort in Frage stellen? _____
7. Musikindustrie sollte sich neue Technik zu Nutze machen. _____
8. Ihr ist es zum Weinen zu Mute. _____
9. Er ist in Minsk zuhaus(e). _____
10. Die Veranstaltung richtet sich insonderheit an Studierende. _____
11. Woran wird die Menschheit zu Grunde gehen? _____
12. die Spendenaktion zu Gunsten deutscher Hochschulbibliotheken _____
13. Wir dürfen die Brandmeldeanlagen planen, installieren und in Stand halten. _____

129. Schreiben Sie die zweite Möglichkeit, *wo es möglich ist*.

1. Nanotechnologien werden neuesten Waffensystemen zu Grunde liegen. _____
2. Er ist doch im Stand(e), dieses Problem zu lösen. _____
3. Die Reform ging zu Lasten des Steuerzahlers. _____
4. Wie man hier zu Lande redet. _____
5. Wir müssen die Altbauten in Stand setzen und modernisieren. _____
6. Er hat unsere Pläne zu Schanden gemacht. _____
7. Die Nutzung der Räume von Seiten Dritter ist verboten. _____
8. Ich habe mir nichts zu Schulden kommen lassen. _____
9. Wir werden es schon zu Wege bringen. _____
10. Möchten Sie Ihr Gedicht hier „unter der Hand" veröffentlichen? _____
11. Die Labors haben so unterschiedliche Ergebnisse zu Tage gebracht/gefördert. _____
12. Krank bin ich und nicht gut zu Wege. _____
13. Zu Seiten des Festzuges standen viele Menschen. _____

130. Schreiben Sie die zweite Möglichkeit, *wo es möglich ist*.

1. Er kann keiner Fliege etwas zu Leide tun. _____
2. Alle Aktivitäten in anderen Bereichen werden zu Schanden gehen, wenn nicht die ökologischen Grundlagen unseres Daseins erhalten werden. _____
3. Müssen Pendler auch künftig immer die kürzeste Straßenverbindung zu Grunde legen. _____
4. Nach vielen Verhandlungen kam der Vertrag zu Stande. _____
5. Die Firma wurde von einem schlechten Management zu Grunde gerichtet. _____
6. Hoffnung lässt nicht zu Schanden werden. _____
7. Der Dichter Joaquin Miller hat die Hoffnungen, die man früher auf ihn setzte, leider zu Schanden werden lassen. _____
8. Wenn die Verwünschung beim Großvater auch keine Folgen zeigte, wird beim Enkel die Folge zu Tage treten! _____

131. Getrennt oder zusammen? Schreiben Sie Verben von gegebenen Substantiven.

a) die Bekanntmachung _____ die Hochschätzung _____

die Schwarzmalerei _____ das Zusammensein _____

der Haushalt _____ die Sauberhaltung _____

das Kopfstehen _____ das Dasein _____

das Kennenlernen _____ die Kurzfassung _____

b) die Probefahrt _____ die Neueröffnung _____

das Radschlagen _____ die Hochachtung _____

die Privatversicherung _____ das Stehenbleiben _____

der Spaziergang _____ der Eislauf _____

das Stillleben _____ das Radfahren _____

132. Getrennt oder zusammen? Ergänzen Sie die Sätze.

1. Er soll pünktlich _____.	da/sein
2. Unterwegs haben wir öfters _____.	Halt/gemacht
3. Ich kann _____.	Kopf/rechnen
4. Er hat es _____.	Preis/gegeben
5. Er kann gut _____.	Maschine/schreiben
6. Wirst du dann noch _____?	hier/sein
7. Er hat an dieser Veranstaltung _____.	Teil/genommen
8. Er ist _____.	hinterher/gelaufen
9. Möchtest du heute Abend _____?	Rad/fahren
10. Man muss nur _____.	da/sein
11. Wir sind _____.	Not/gelandet
12. Sie will unbedingt _____.	dabei/sein
13. Der Richter wird den Angeklagten _____.	frei/sprechen
14. Ich möchte mit ihm _____.	zusammen/sein
15. Wir gehen _____.	sonnen/baden
16. Wann werden alle Prüfungen endlich _____?	vorbei/sein
17. Wir haben uns _____ lassen.	Schutz/impfen
18. Ich werde _____.	Berg/steigen

133. Getrennt oder zusammen? Ergänzen Sie die Sätze.

1. Er ist _____.	Heim/gekehrt
2. Er ist auf den Waren _____, weil er sie teuer angeboten hat.	sitzen/geblieben
3. Wir wollen in dieser Sache _____.	sicher/gehen
4. Ich muss noch heute mein Zimmer _____.	sauber/machen
5. Der Schnee ist nicht lange _____.	liegen/geblieben
6. Er ist _____.	hinterher/gelaufen
7. Lass uns _____!	hintereinander/kommen
8. Man wusste lange nicht, wer eigentlich _____.	dahinter/steckte
9. Die Überfälle haben _____.	überhand/genommen
10. Der Redner kann _____. (= ohne Manuskript)	frei/sprechen
11. Nach dem Skandal haben ihn seine Freunde _____.	fallen/lassen
12. Niemand hat den Besuch _____.	wahr/genommen
13. Ihm haben alle Möglichkeiten _____.	offen/gestanden
14. Man muss das Seil _____.(= nicht locker lassen)	fest/nehmen
15. Er darf nicht laut _____.	weh/klagen
16. Sie hat Gott _____.	dank/gesagt
17. Er konnte eine solche Tat niemals _____.	gut/heißen
18. Er hat _____.	stand/gehalten

134. Ergänzen Sie die Sätze.

1. Der Alte hat sich jetzt auch davon_____.	gemacht
2. Er kann schön_____. (schöne Handschrift)	schreiben
3. Die beiden haben sich im Urlaub kennen_____.	gelernt
4. Das Geschäft wurde neu_____.	eröffnet
5. Ich habe dir ein Stück Kuchen übrig_____.	gelassen
6. Er hat den Betrag gut_____. (angerechnet)	geschrieben
7. Das Kind wird der Obhut der Schwester anheim_____.	gegeben
8. Wir werden bald beisammen_____.	sein
9. Er hat das Buch gut_____. (inhaltlich gut)	geschrieben

135. Ergänzen Sie die Sätze.

1. Warum wird dieses Wort klein_____?	geschrieben
2. Das Haus wurde im letzten Monat fertig_____.	gestellt
3. Er kann schön_____. (mit treffendem Ausdruck)	schreiben
4. Ihm ist klar_____, dass er sich ändern muss.	geworden
5. Du darfst den Vorwurf nicht so schwer_____.	nehmen
6. Sport wird bei uns groß_____. (wichtig genommen)	geschrieben
7. Das kleine Kind kann schon sicher_____.	gehen
8. Schön, dass der Weg jetzt abwärts_____.	führen

136. Ergänzen Sie die Sätze.

1. Er sprach _____.	schwer/atmend
2. Erika ist eine _____ Mutter.	allein/erziehende
3. Wo finde ich die _____ Apotheke?	Dienst/habende
4. Diese Lebensmittel enthalten _____ Substanzen.	Krebs/erregende
5. Hol uns bitte _____ Brötchen aus der Bäckerei!	frisch/gebackene
6. Die _____ Bevölkerung bekam Hilfe von vielen Ländern.	Not/leidende
7. Der _____ Tag war ein Sonntag.	darauf/folgende
8. Seine Stimme wegen der schlechten Verbindung _____.	schwer/verständlich
9. Ich habe einen _____ Wind im Rücken.	*bitter/kalten*
10. Kann ich diesen Pullover in _____ Wasser waschen?	kochend/heißem
11. Die Passagiere saßen _____ da, als die Bombe explodierte.	nichts/ahnend
12. Wir machen eine Party in einem _____ Geschäftsraum.	leer/stehenden
13. Es ist mir _____, ob du mitkommst, wir gehen ins Kino.	gleich/gültig
14. Ich habe gestern eine _____ Jacke gekauft.	super/moderne
15. Der Politiker gab ein _____ Interview.	nichts/sagendes

137. Ergänzen Sie die Sätze.

a) 1. _____ ist ungesund.	Allzu/viel
2. Es ist _____.	so/weit
3. Er war nicht _____, er war ein großer Künstler.	irgend/jemand
4. _____ kostet die Ware	Wie/viel
5. Gleichheit lässt sich _____ nur so herstellen.	allzu/mal
6. Jedes Mal, wenn ich sie sehe, ist sie _____.	schlecht/gelaunt
7. Hier gibt es _____ Straßen.	ebenso/gute
8. An _____ musste er seine Wut auslassen.	irgend/wem
9. Er hat _____ nach ihr gefragt.	Millionen/Mal
10. _____ ich weiß, ist sie jetzt als Dolmetscherin tätig.	So/viel
11. _____ Bücher hast du gekauft?	Wie/viele
12. Das habe ich dir schon _____ gesagt.	Dutzend/Mal
13. Sie isst _____ Süßigkeiten.	viel/zuviel

b)

1. _____ war nicht in Ordnung.	Irgend/etwas
2. Er versteht _____ mehr davon als du.	hundert/mal
3. _____ schaffst du das doch.	Irgend/wie
4. _____ geht er oft Fußball spielen.	Mittwoch/abends
5. Er mag _____ Musik.	afro/amerikanische
6. Er wohnt _____ der Stadt.	in/mitten
7. Die Last ist _____.	allzu/schwer
8. Du kannst _____ im Recht sein, es wird dir nichts helfen.	tausend/mal
9. Sie hätte _____ zu Hause bleiben können.	ebenso/wohl

IX. Написание с прописной и строчной буквы (Groß- und Kleinschreibung)

138. Groß oder klein? Ergänzen Sie die Sätze.

Beispiel: Ich wünsche dir zum Geburtstag alles *Gute*.	GUTE
1. Ich habe auf meiner Reise etwas _____ erlebt.	ÄHNLICHES
2. Man kann der Familie nichts _____ nachsagen.	SCHLECHTES
3. Sie konnte im Kühlschrank nichts _____ finden.	ESSBARES
4. Er musste durch die Auswanderung auf alles ____ verzichten.	GEWOHNTE
5. Er konnte wenig _____ über seine Arbeitsstelle berichten.	ERFREULICHES
6. Sie hat durch den Umzug genug _____ überlebt.	UNANGENEHMES
7. Ich konnte im Modegeschäft nichts _____ finden.	PASSENDES
8. So etwas _____ hättest du nicht kaufen dürfen.	TEURES
9. Er hat voriges Jahr allerhand/viel _____ erlebt.	TRAURIGES
10. Sie zeigte und erklärte uns viel/mancherlei _____.	INTERESSANTES
11. Ihm ist gestern etwas _____ passiert.	SELTSAMES
12. Sie hat in ihrem Leben nichts/etwas _____ erreicht.	BESONDERES

139. Groß oder klein? Ergänzen Sie die Sätze.

1. Im _____ bin ich mit der Party zufrieden.	ALLGEMEINEN
2. Sie ist immer die _____ geblieben.	ALTE
3. Ich habe _____ nicht bemerkt.	DERARTIGES
4. Jeder _____ kann das nicht schaffen.	BELIEBIGE
5. Wohnmobile, Wohnwagen, Boote und _____ (u. ___).	ÄHNLICHES (U.Ä.)
6. Welche Möglichkeit hat jeder _____ von uns?	EINZELNE
7. Wir haben den Plan bis ins _____ besprochen.	
8. In _____ teilen wir Ihnen das Ergebnis mit.	FOLGENDEM
9. Ich hätte das _____ getan.	GLEICHE
10. Wir haben alles _____ versucht.	MÖGLICHE
11. Er tun ein _____.	GERINGES

140. Groß oder klein? Ergänzen Sie die Sätze.

1. Dabei werden sich _____ fragen, ob es stimmt.	EINZELNE
2. Aus _____ ergibt sich, dass wir richtig gehandelt haben.	FOLGENDEM
3. Sie als _____ hatte einen großen Erfolg.	EINZIGE
4. Der _____, bitte!	NÄCHSTE
5. Es blieb uns _____ ungeklärt, wohin er gefahren ist.	EINZELNES
6. Dabei ist _____ zu beachten.	FOLGENDES
7. Das Eis bricht die Lichtstrahlen um ein _____ weniger, als …	GERINGES
8. Im _____ sind wir schon fertig.	ÜBRIGEN
9. Das _____ gilt auch dich.	VORIGE
10. Alles _____ rund um den Oldtimer.	SONSTIGE
11. Im _____ geht es um einen neuen Wagen.	VORIGEN

141. Groß oder klein? Ergänzen Sie die Sätze.

1. Kein _____ kann das begreifen.   EINZIGER
2. Wir wollen nicht zu sehr ins _____ gehen.   EINZELNE
3. Das _____ betrifft dich nicht.   FOLGENDE
4. Alles _____ sprechen wir morgen ab.   ÜBRIGE
5. Fürs _____ müssen wir einen Beschluss fassen.   LETZTE
6. Jetzt schreibt die Übung ins _____.   REINE
7. Er hat ein _____ getan.   ÜBRIGES
8. Es ist allen klar, dass _____ sehr wichtig ist.   VORLIEGENDES
9. Der _____ muss dir Tür schließen.   LETZTE
10. Im _____ betrifft das unseren Ausflug ins Grüne.   EINZELNEN
11. Die _____ hat das nicht erfüllt.   VORIGE

142. Groß oder klein? Ergänzen Sie die Sätze.

1. Im _____ geht es eben um diesen Kauf.   VORLIEGENDEN
2. Den _____ beißen die Hunde.   LETZTEN
3. Sie als _____ hat die Aufgabe erfüllt.   EINZIGE
4. Die _____ lesen den Text.   ÜBRIGEN
5. Wir können doch die Dinge ins _____ bringen.   REINE
6. Das _____ wäre richtig, wenn wir gleich weiter fahren.   EINZIGE
7. Die _____ hat uns darüber berichtet.   VORIGE
8. Dabei gilt _____ unsere Reise nach Berlin.   VORANGEHENDES
9. Vielen Dank Ihnen im _____.   VORAUS
10. Im _____ „Partei" genannt   NACHFOLGENDEM
11. Jeder _____ erhält diese Summe.   FOLGENDE

143. Groß oder klein? Ergänzen Sie die Sätze.

1. Aber, im _____ gesehen, brauche ich das nicht!   GANZEN
2. Vermieter müssen stets auf dem _____ sein, was die Höhe ihrer Mietforderungen angeht.   LAUFENDEN
3. Alles ist beim _____.   ALTEN
4. Wir haben hat unser _____ getan.   MÖGLISCHES
5. Damit der Organismus nicht auf dem _____ sitzen bleibt, müssen Kinder ausreichend trinken.   TROCKENEN
6. Sie haben etwas im _____ vorbereitet.   STILLEN
7. Er hat aufs _____ versucht, ein Taxi zu nehmen.   NEUE
8. Sie hängen zu sehr am _____ und sind nicht bereit, technische Neuheiten zu würdigen.   ALTEN
9. Die Geschwister sind wegen der Erbteilung im _____ auseinandergegangen.   BÖSEN
10. Er war um ein _____ älter als sein freund.   KLEINES
11. Sie wollen um jeden Preis aus _____ Weiß machen.   SCHWARZ
12. Wir müssen doch ihre Kunden über ihre rechtlichen Möglichkeiten nicht im _____ lassen.   DUNKELN
13. Durch deine Unterstützung fühlen wir uns im _____.   SICHEREN

144. Groß oder klein? Ergänzen Sie die Sätze.

1. Nachdem er das Rauchen gelassen hat, hat er um ein
   _____ zugenommen.   BEDEUTENDES
2. Er hat alles beim _____ gelassen.   ALTEN
3. Es sieht so aus, dass er im _____ geblieben ist.   DUNKELN
4. So können wir bis ins _____ nach ihm suchen.   UNENDLICHE
5. Der Lehrer hat das Lehrmaterial des _____ erläutert.   NÄHEREN
6. Auf ein _____!   NEUES
7. Sie pflegt es, aus _____ zu machen.   ALT NEU
8. Die Kosten steigen ins _____.   UNGEHEURE
9. Er hat den ersten _____ eingeladen.   BESTEN
10. Das _____ ist, wenn wir ihn gleich besuchen.   EINFACHSTE
11. Ihr entgeht nicht das _____.   GERINGSTE
12. Die Summe ist um ein _____ höher.   BETRÄCHTLICHES
13. Es ist das _____, wenn er nicht kommt.   BESTE

145. Groß oder klein? Ergänzen Sie die Sätze.

1. In sechs Jahren ist die Kluft zwischen _____ und _____   ARM; REICH
   weiter gewachsen.
2. Das _____ wäre, wenn wir einen Ausflug ins Grüne machen.   GRÖßTE
3. Die Veranstaltung war für _____ und _____.   JUNG; ALT
4. Die Handelsfirma hat im _____ eingekauft.   GROßEN
5. Er hat das erste _____ genommen.   BESTE
6. Über ein _____ fährt er nach Polen.   KLEINES
7. So heute will auch ich einmal etwas zum _____ geben.   BESTEN
8. _____ und _____ gesellt sich gern.   GLEICH; GLEICH
9. Er kann mir nicht im _____ das Wasser reichen.   ENTFERNSTEN
10. Die Arbeit ist im _____ fertig.   ROHEN
11. Erreicht das Piratenschiff einen freien Hafen mit Goldschatz,
    darf der Spieler die Münzen sein _____ nennen   EIGEN
12. Umdenken, statt weiter im _____ fischen!   TRÜBEN
13. Es geht mich nicht das _____ an.   GERINGSTE

146. Groß oder klein? Ergänzen Sie die Sätze.

1. Ich halte für das _____, wenn er nicht kommt.   BESTE
2. Wenn man nach der Arbeit noch einen schönen Waldlauf
   machen will, muss man sprichwörtlich im _____ tappen.   DUNKELN
3. Der Lärm stört mich nicht im _____.   GERINGSTEN
4. Es wäre das _____, wenn ich hier bleibe.   RICHTIGSTE
5. Es kann bei _____ und _____ passisieren.   ARM; REICH
6. Das _____ ist, dass du weggehst.   SCHLIMMSTE
7. Bei uns finden Sie aktuelle Stoffe für _____ und _____. GROß; KLEIN
8. Fürs _____ kaufen wir eine CD.   ERSTE
9. Das _____ ist, wenn wir hier bleiben.   SICHERSTE
10. Den _____ beißen die Hunde.   LETZTEN
11. Der Aufsatz ist im _____ fertig.   UNREINEN
12. Im Verhältnis von Kunst und Demokratie kann es nicht
    zum _____ stehen.   BESTEN
13. Es ist heute _____ passiert.   NACHT

147. Groß oder klein? Ergänzen Sie die Sätze.

1. Das müssen wir unbedingt in _____ nehmen.   ACHT
2. Alles, _____ und ____, freut sich auf die Fasnacht wieder.   HOCH; NIEDER
3. Mit seiner Gesundheit steht es nicht zum _____.   BESTEN
4. Er kann bedauerlicherweise _____ und _____ nicht unterscheiden.   FALSCH; RICHTIG
5. Wohnprojekte für _____ und _____.   MEIN; DEIN
6. Auch diesmal hat er _____ und _____ verwechselt.   MEIN; DEIN
7. Mein _____ war, einen Spaziergang zu machen.   ERSTES
8. Sie hat wie keine _____ gespielt.   ZWEITE
9. Spaß für _____ und _____.   GROß; KLEIN
10. Er ist als _____ durchs Ziel gegangen.   ERSTER
11. Sie hält ihn oft zum _____.   BESTEN
12. Jede _____ ist Bestschülerin.   VIERTE
13. Er erweitert seine Kenntnisse ins _____.   UNABSEHBARE

148. Groß oder klein? Ergänzen Sie die Sätze.

1. Jeder will der _____ sein.   ERSTE
2. Die Firma kauft im _____ und _____ ein.   GROßEN; KLEINEN
3. Die _____, die ich sehe, ist meine Freundin.   ACHTE
4. Es hat in meinem Leben viel Unglück gegeben, aber im _____ und _____ habe ich Glück gehabt.   GROßEN; GANZEN
5. Die Kosten steigen ins _____.   UNABSEHBARE
6. Er hat uns alles des _____ und _____ erklärt.   LANGEN; BREITEN
7. Jeder _____ war abwesend.   ZWEITE
8. Vorgestern _____ ist er in Köln angekommen.   ABEND
9. Er muss zwei Wochen _____ leben.   DIÄT
10. Absurdes Urteil in _____ auf Urheberrecht.   BEZUG
11. Als _____ sehe ich im Kühlschrank nach.   ERSTES
12. Heute _____ brechen wir auf.   FRÜH
13. Zum _____ hast du _____.   ERSTEN; RECHT
14. Das _____ muss brauchst du nicht bedauern.   ALLERWENIGSTE

149. Groß oder klein? Ergänzen Sie die Sätze.

1. Das haben wir leider außer _____ gelassen.   ACHT
2. Er glaubt, _____ was getan zu haben.   WUNDER
3. Sie hat ein _____ und _____ (viel) erzählt.   LANGES; BREITES
4. Das _____ muss du ihn abholen.   ALLERMINDSTE
5. Morgen _____ reist er ab.   VORMITTAG
6. Er hat uns allen _____ und _____ gemacht.   ANGST; BANGE
7. Am _____ jeden Monats erhält er seine Pension.   DRITTEN
8. Diesen Vorschlag hat er auf _____ gemacht.   DEUTSCH
9. Die _____ glauben nicht daran.   ALLERMEISTEN
10. In _____ ihres Schreibens teilen wir Ihnen mit …   BETREFF
11. Sie ist mein _____ und (mein) _____.   EIN; ALLES
12. Im _____ geht es doch um seinen Besuch.   BISHERIGEN
13. Dieser Artikel ist in _____ abgefasst.   ENGLISCH
14. Du bist anderer Meinung. Das heißt auf gut _____, du bist dagegen.   DEUTSCH
15. Aber irgendwas muss doch schwer im _____ liegen.   ARGEN

150. Groß oder klein? Ergänzen Sie die Sätze.

1. Er hat das aus dem _____ gemacht. ROHEN
2. Niemand wollte den _____ ziehen. KÜRZEREN
3. Literatur zur Digitalfotografie im Generellen und im ____. SPEZIELLEN
4. Ihm ist/wird Hilfe _____. NOT
5. Er hat/hält sie zum _____. BESTEN
6. Das ist wirklich das _____. RICHTIGE
7. Zum _____ ist er zu spät gekommen, zum _____ hat er den Ball nicht mitgebracht, zum _____ regnet es schon. ERSTEN; ZWEITEN; DRITTEN
8. Muss ein Verbraucher, der des _____ größere Mengen an Zimtgebäck verzehrt hat, mit Gesundheitsschäden rechnen? ÖFTEREN
9. Er hat ins _____ getroffen. SCHWARZE
10. Das haben _____ schon erlebt. VIELE
11. Das war nur _____ bekannt. WENIGEN
12. Die Meinung der _____ (= der breiten Masse) interessierte ihn nicht. VIELEN

151. Groß oder klein? Ergänzen Sie die Sätze.

1. Die _____ kommen, die _____ gehen. EINEN; ANDEREN
2. Die _____ sagen dies, die _____ das. EINEN; ANDEREN
3. Unter _____ wurde auch über den Ausflug gesprochen. ANDEREM
4. Die _____ stimmen mir zu. MEISTEN
5. Er sagte das _____ ohne _____. GLEICHE; WEITERES
6. Merke dir _____: ... FOLGENDES
7. Er schreibt am _____. GENAUESTEN
8. Die _____ haben dieses Buch gelesen. MEISTEN
9. Das ist das _____, was du tun kannst. BESTE
10. Er hatte noch _____ zu tun ANDERES
11. Die Sache steht nicht zum _____. BESTEN
12. Wir sind im _____ einig. WESENTLICHEN
13. Wir haben alles des _____ und _____ diskutiert. LANGEN; BREITEN
14. Sie hat mir die Sache des _____ erläutert. NÄHEREN

152. Groß oder klein? Ergänzen Sie die Sätze.

1. Er fuhr als _____/als _____ (= zuerst/zuletzt) ins Ziel. ERSTER; LETZTER
2. Er fuhr als _____/als _____ (= als Sieger/als Verlierer) durchs Ziel. ERSTER; LETZTER
3. Der Baum ist am _____. HÖCHSTEN
4. Wir haben uns aufs _____ unterhalten. BESTE
5. Sein _____ hat einen polnischen Akzent. DEUTSCH
6. Er las den Vertrag _____ vor. RUSSISCH
7. Sie hasst _____. GRÜN
8. Seit _____ habe ich ihn nicht gesehen. LANGEM
9. Die Ampel schaltet auf _____. ROT
10. Das werde ich dir _____ auf _____ beweisen. SCHWARZ; WEIß
11. Das ist ein Fest für _____ und _____. JUNG; ALT
12. Wir liefern das Gerät in _____ und _____. GRAU; SCHWARZ
13. Ich habe ihn von _____ betrachtet. NAHEM
14. Die Stimmung war _____ in _____. GRAU; GRAU
15. Im _____ hat er sie besucht. NACHHINEIN

153. Groß oder klein? Ergänzen Sie die Sätze.

1. Das ist bei _____ viel interessanter, als du meinst.   WEITEM
2. Er ist _____ gestorben.   HUNGESRS
3. Das geschieht ihm _____.   RECHT
4. Mir ist _____ und _____.   ANGST; BANGE
5. Er war immer _____.   RECHTENS
6. An meiner _____ ist mein Stellvertreter gekommen.   STATT
7. Er ist _____.   PLEITE
8. Sie hat ihm letzten Endes _____ gegeben.   RECHT
9. An Zahlungs _____ hat er ihm Dienstleistungen erbracht.   STATT
10. Ich bin es _____, das immer wieder zu hören.   LEID
11. Er hat _____ Wiedersehen gesagt.   AUF
12. Du bist an allem Unglück _____.   SCHULD
13. Er hat ihr _____ gestern getan.   UNRECHT
14. Das ist mir durchaus _____.   RECHT
15. Er hat ihr _____ (schön) gesagt.   DANKE

154. Groß oder klein? Ergänzen Sie die Sätze.

1. Er spricht Zäpfchen-__.   R
2. Sie hat wie immer _____ behalten.   RECHT
3. Er hat doch _____/die _____.   SCHULD; SCHULD
4. Ich kenne den Betrieb bis auf den __-Punkt, habe dort 20 Jahre lang gearbeitet.   I
5. Der Wachmann hat _____ gerufen.   HALT
6. Er hat an Kindes _____ angenommen.   STATT
7. Jetzt üben wir den __-Laut weiter.   A
8. Sie kann nicht _____ sagen.   NEIN
9. So ein __-beiniges Kind wie dieses habe ich noch nie gesehen.   X
10. Er ist mit ihr per ____.   DU
11. Die Kuh hat _____ gemacht/geschrien.   MUH
12. Das Publikum hat lautstark _____ gerufen.   PFUI
13. In diesem Punkt muss ich Ihnen _____ geben.   UNRECHT
14. Als er mich sah; rief er _____.   HALLO
15. Der Tisch war ___-förmig.   O

155. Groß oder klein? Ergänzen Sie die Sätze.

1. Er sagt zu allem _____ und _____.   JA; AMEN
2. Sie war ___-beinig.   O
3. Ich weiß nicht, ob du mit dieser Behauptung _____ hast.   RECHT
4. Vor Begeisterung rief er _____.   HURRA
5. Er hat ihn mit _____ angeredet.   DU
6. Du musst _____ sagen!   BITTE
7. Du hast _____ daran getan.   RECHT
8. Ihm wird daran _____/die _____ gegeben.   SCHULD; SCHULD
9. Wir sagen zueinander _____.   DU
10. Auch diesmal hat er _____ bekommen.   UNRECHT
11. Du musst der Tante _____ Tag sagen.   GUTEN
12. Er hat bei _____ die Straße überquert.   GRÜN
13. Sie steht mit ihm auf _____ und _____.   DU

156. Groß oder klein? Ergänzen Sie die Sätze.

1. Er ist schon längst über _____.   FÜNFZIG
2. Er kommt um _____ acht.   VIERTEL
3. Sie hat alles auf das/aufs _____ gemacht.   ALLERBESTE
4. Die Temperatur sinkt unter _____.   NULL
5. Beim Subbotnik wurden ein paar _____Bäume gepflanzt.   HUNDERT
6. Der Hund hat sie aufs _____ erschreckt.   ÄUSSERSTE
7. Ganz in _____ gekleidet war sie bildhübsch.   ROT
8. In unserem Betrieb haben wir ein paar _____ Lehrlinge.   TAUSEND
9. Die Investitionen belaufen sich auf _____ Millionen Euro.   HUNDERT
10. Unser Vater ist Mitte _____.   ACHTZIG
11. Sie strömten zu _____ herein.   TAUSENDE
12. Er war in _____ Komma nichts da.   NULL
13. Wir haben das Problem aufs _____ besprochen.   EINGEHENDSTE
14. Richte ihm _____ Grüße von mir aus.   TAUSEND

157. Groß oder klein? Ergänzen Sie die Sätze.

1. Die Stimmung ist unter _____ gesunken.   NULL
2. Er kommt in die _____.   FÜNFZIG
3. Sie hat die Party auf das/aufs _____ vorbereitet.   BESTE
4. Du musst Paul um drei _____ acht abholen.   VIERTEL
5. Das Ergebnis war, soweit wir im Bilde sind, _____   NULL
   Komma nichts.
6. Er kommt in die _____.   SECHZIG
7. Wir wurden vom Gastgeber auf das _____ begrüßt.   HERZLICHSTE
8. Es zogen _____ und _____ weißer Störche   HUNDERTE;
   in die Polesje.   ABERHUNDERTE
9. Wir werden uns aufs _____ amüsieren.   KÖNIGLICHSTE
10. Die Menge strömte zu _____ auf den Platz.   HUNDERTEN
11. Er fängt wieder bei _____ an.   NULL
12. Ostern aufs _____ genießen!   SCHÖNSTE
13. Wir fuhren Tempo _____.   HUNDERT
14. Wir sind aufs _____ gefasst.   SCHLIMMSTE

158. Groß oder klein? Ergänzen Sie die Sätze.

1. Der Zeiger steht auf _____.   NULL
2. Sie ist Mitte _____.   SIEBZIG
3. Für seine Leistungen wurde er aufs _____ gelobt.   HÖCHSTE
4. Auf der Wiese sah ich einige _____ Schmetterlinge.   HUNDERT
5. Willst du einschlafen, zähl bis _____   HUNDERT
   (_____).   (TAUSEND)
6. Sie wurde dadurch auf das/aufs _____ gekränkt.   TIEFSTE
7. Das Land der _____ Seen – so nennt man Finnland.   TAUSEND
8. Er musste von _____ auf _____ beschleunigen.   NULL; HUNDERT
9. Er hat mir sofort das _____ angeboten.   DU
10. Die Arbeit wird aufs _____ kontrolliert.   STRENGSTE
11. Wir bekamen _____ von CDs geschenkt.   DUTZEND
12. Ich muss noch zwei Dutzend Eier kaufen.   DUTZEND
13. Ich muss mich der Kritik meiner Vorschreiber aufs
    _____ anschließen.   DEUTLICHSTE

159. Groß oder klein? Ergänzen Sie die Sätze.

1. Er sorgt für die _____.   SEINEN
2. Sie weist die Vorwürfe auf das _____ zurück.   ENTSCHIEDENSTE
3. Ich tu(e) immer das _____.   MEINE
4. Bis heute hat sich in Irland der Glaube an die geheimnis-
   volle Welt der Elfen lebendig gehalten, die mit dem
   Schicksal der Menschen aufs _____ verwoben ist.   ENGSTE
5. Jedem das _____! ist die Übersetzung aus dem Latein: SEINE
   „Suum cuique!"
6. Die EU verurteilt die jüngste Anschlagsreihe im Irak
   auf das _____.   SCHÄRFSTE
7. Vorige Woche wurden mehrere _____ Autos verkauft.   TAUSEND
8. Jedem wird das _____ gelassen.   SEINE
9. Wir tun das _____.   UNSERE
10. Die Firma hat die Bedingungen aufs _____ erfüllt.   GENAUESTE
11. In München war er einige _____ Mal(e).   DUTZENDE
12. Ich wiederhole aufs _____ meine Bitte...   DRINGLICHSTE
13. Da starten viele _____ von Tauben, die sich   TAUSENDE
    nach und nach vom großen Schwarm ablösen.
14. Er bekam _____ von Briefen.   DUTZENDE
15. Das vertrauliche _____ war eine große Ehre für ihn.   DU

160. Groß oder klein? Ergänzen Sie die Sätze.

1. Die gemeinschaftliche _____ Liste wurde im   SCHWARZE
   Amtsblatt der Europäischen Union veröffentlicht.
2. Der ___ Hai (engl. Jaws: „Kiefer") ist ein US-amerikani-   WEIßE;
   scher Spielfilm von 1975, der unter der Regie von Steven
   Spielberg gedreht wurde. (Der ____ Hai ist eine Haiart.)   WEIßE
3. Die _____ Karte kann der Schiedsrichter einem Spieler   GELBE
   für unsportliches Verhalten in jeglicher Form zeigen.
4. Der symbolische _____ Spatenstich für den Bau der   ERSTE
   Kinderklinik wurde vom Staatsminister gesetzt.
5. Frühere Besuche ... Seine _____ Hoheit Prinz Philip,   KÖNIGLICHE
   Herzog von Edinburgh.
6. Der _____ Kalender hat seine Wurzeln in   GREGORIANISCHE
   der römischen Zeitrechnung.
7. Der Begriff _____Revolution bezieht sich   FRANZÖSISCHE
   auf den historischen Zeitraum zwischen 1789 und 1799.
8. Der Tag der _____ Einheit am 3. Oktober ist seit 1990   DEUTSCHEN
   Deutschlands Nationalfeiertag, als an diesem Datum die
   Wiedervereinigung der beiden deutschen Staaten
   vollzogen wurde.
9. Die Katarakt, _____ Star, bezeichnet eine Trübung   GRAUER
   der Augenlinse.
10. Der _____Widerstand ist ein durch das _____   OHMSCHE;
    Gesetzt definierter elektrischer Widerstand.   OHMSCHE
11. Die _____ Magie beschäftigt sich nur   SCHWARZE
    mit der negativen Wirkung magischen Handelns.
12. Der _____ Abend, umgangssprachlich kurz   HEILIGE
    Heiligabend genannt, ist am 24. Dezember der Vorabend
    des Weihnachtsfestes.
13. Er hat wirklich das _____ Los gezogen.   GROßE

161. Groß oder klein? Ergänzen Sie die Sätze.

1. Die Erde – der so genannte „_____ Planet" – ist der dritte Planet unseres Sonnensystems. BLAUE

2. Der _____ Sonntag ist immer der erste Sonntag nach dem Osterfest. WEIße

3. In der Klasse gilt er als ein _____ Schaf. SCHWARZES

4. In einer Stunde debattieren die Abgeordneten des Deutschen Bundestages heute im Plenum unter anderem über die Haltung der Bundesregierung zur ... AKTUELLEN

5. Der _____ Holunder, auch bekannt als Holderbusch oder Holler, ist ein Strauch aus der Gattung Holunder. SCHWARZE

6. Warum wird der Mars als der „_____ Planet" bezeichnet? ROTE

7. Ole von Beust, _____ Bürgermeister von Hamburg. ERSTER

8. Dein _____ Humor gefällt mir nicht. SCHWARZER

9. Die _____ Weltwunder der Antike: die Hängenden Gärten der Semiramis in Babylon, der Koloss von Rhodos, das Grab des König Mausolos II. zu Halikarnassos (das Mausoleum von Halikarnassos), der Große Leuchtturm von Alexandria (auf der Insel Pharos), die Pyramiden von Gizeh in Ägypten, der Tempel der Artemis in Ephesos, die Zeusstatue in Zeusstatue (Zeusstatue des Phidias von Zeusstatue). SIEBEN

10. Im Allgemeinen erfolgt eine Aufteilung in eine _____ „Bronzezeit", eine „_____ Bronzezeit" und eine „_____ bzw. _____ Bronzezeit". FRÜHE; MITTLERE; SPÄTE; JÜNGERE

162. Groß oder klein? Ergänzen Sie die Sätze.

1. Der _____ Mann ist ein Begriff für einen Schornsteinfeger oder eine Schreckgestalt. SCHWARZE

2. 1950 ist er ____ Staatsanwalt am Landgericht in München. ERSTER

3. Der _____ Tod ist ein Tod durch das Erfrieren. WEIße

4. Die _____ Welle soll für flüssigen Verkehr sorgen: Die Schaltung der Ampeln wird aufeinander abgestimmt. GRÜNE

5. Haben Exzellenz noch einen Wunsch? EURE

6. Die „_____ Chinesische Mauer" erstreckt sich über mehr als 6700 Kilometer vom Shanhaiguan Pass an der Ostküste bis zum Jiayuguan Pass in der Wüste Gobi. GROßE

7. Irland, alles über die _____ Insel. GRÜNE

8. In vielen Sportarten bedeutet eine ____ Karte neben einer Ermahnung auch eine Zeitstrafe für den betreffenden Spieler. GELBE

163. Groß oder klein? Ergänzen Sie die Sätze.

1. Der _____ Sport wird für Groß und Klein zum Vergnügen. WEIße

2. Die Internationale _____ Woche ist eine einzigartige, internationale Ausstellung der Ernährungswirtschaft und Landwirtschaft, sowie des Gartenbaus. GRÜNE

3. Die _____ Minna ist ein Polizeiauto. GRÜNE

4. Radsport: Der Kampf ums _____ Trikot. GELBE

5. Als _____ Eminenz wird eine einflussreiche Person verstanden, die nach außen nicht oder kaum in Erscheinung tritt. GRAUE

6. Der _____ Ozean ist erst sehr spät dem Weltverkehr eröffnet worden. STILLE

164. Groß oder klein? Ergänzen Sie die Sätze.

1. Als eine der reichsten Schatzkammern Europas genießt das
„_____ Gewölbe" Weltruf.　　　　　　　　　　　　GRÜNE

2. Die Karotten, Mohrrüben oder _____ Rüben wachsen　GELBE
in unseren Breiten als Wurzelgemüse sehr gut.

3. Das _____ Zeitalter bezeichnet einen rund 100 Jahre　GOLDENE
andauernden wirtschaftlichen und kulturellen Höhepunkt
der niederländischen (ungefähr im 17 Jahrhundert).

4. Oft wird auch der Begriff Dschihad des Koran im Deutschen
als _____ Krieg übersetzt.　　　　　　　　　　HEILIGER

5. Bei der Bundestagswahl 1990 scheiterten die _____　GRÜNEN
in Westdeutschland an der 5%-Hürde.

6. Ursprünglich bezeichnete _____ *Welt* die blockfreien　DRITTE
Staaten, die sich abgrenzend vom Ost-West-Konflikt *dritter
Block* nannten; heute jedoch wird der Begriff häufig als
Synonym für Entwicklungsland benutzt.

7. Unter _____ Lunge versteht man Parks und Wälder,　GRÜNEN
die den Staub aus der Luft filtern.

165. Groß oder klein? Ergänzen Sie die Sätze.

1. Doch nicht selten lassen die Erblasser ihre Erben mit einer Fülle
von Problemen allein: Entweder der _____ Wille wurde nicht　LETZTE
zu Papier gebracht

2. Der _____ Krieg war der Systemkonflikt, den die Westmächte　KALTE
unter Führung der USA und der Ostblock unter Führung der
Sowjetunion 1945 bis 1990 mit allen verfügbaren Mitteln, aber
unterhalb der Schwelle eines offenen Krieges austrugen.

3. _____ Kreisstadt ist ein Begriff aus dem deutschen　GROßE
Kommunalrecht. Eine große Kreisstadt hat in einigen Bundes-
ländern einen besonderen rechtlichen Status.

4. Auf der Schlussetappe am Sonntag nach Mailand ist ihm
das _____ Trikot nun nicht mehr zu nehmen.　　　　GRÜNE

5. _____ Gold ist ein häufig umschreibendes, poetisch　SCHWARZES
verwendetes Synonym für: Erdöl, Kaviar, Kohle, Kaffee...

6. Die ___ Ente ist ein Getränk aus Weiß- und Schaumwein　KALTE
mit Zitronenscheiben.

7. _____ Schule bezeichnet in der klassischen Reitkunst　HOHE
die Pferdedressur des höchsten Schwierigkeitsgrades.

166. Groß oder klein? Ergänzen Sie die Sätze.

1. Als _____ Medien im weiteren Sinne werden heute meistens　NEUE
Medien bezeichnet, die auf Daten in digitaler Form zugreifen,
also z. B. E-Mail, World Wide Web usw.

2. Der „_____Tod" – die mittelalterlichen Pestepidemien ...　SCHWARZE

3. Als _____ Koalition bezeichnet man ein Bündnis, das die　KLEINE
Fraktion einer der beiden großen Volksparteien mit einer oder
mehreren kleinen Fraktionen im Parlament schließt.

4. Die _____ Karte symbolisiert bei mehreren Mannschafts-　ROTE
sportarten einen vom Schiedsrichter gegen einen Spieler
ausgesprochenen Platzverweis.

167. Groß oder klein? Ergänzen Sie die Sätze.

1. _____ Anfragen sind Fragen, die meist von einer Fraktion der Opposition eingereicht werden und an die Bundes- oder Landesregierung gerichtet sind. — GROßE

2. Das „_____ Brett" soll in erster Linie der Aufnahme von punktuellen und kurzfristigen Informationen dienen. — SCHWARZE

3. Der _____ Frieden wurde im Jahre 1648 in Münster und hier im Osnabrücker Rathaus besiegelt. — WESTFÄLISCHE

4. Bekannt ist, dass an der paraguayischen Ostgrenze viele kranke Personen über die _____ Grenze gehen. — GRÜNE

5. Als _____ Koalition bezeichnet man allgemein eine Regierungskoalition derjenigen beiden Parteien, die im Parlament am stärksten vertreten sind. — GROßE

6. Der _____ Punkt bedeutet lediglich, dass es sich um eine verwertbare Verpackung handelt, für die es eine Abnahme und Verwertungsgarantie seitens der Industrie gibt. — GRÜNE

7. Die _____ Kunst bezeichnet eine Zauberei. — SCHWARZE

168. Groß oder klein? Ergänzen Sie die Sätze.

1. Die _____ Anfrage wird schriftlich vorgelegt und darf sich nur auf einen eingegrenzten Sachverhalt beziehen. — KLEINE

2. Ein _____ Loch ist ein Objekt mit gewaltiger Energie, das alle Materie in seiner Umgebung verschlingt. — SCHWARZES

3. _____ Einheit (Abkürzung IE) ist eine Maßeinheit für viele in der Medizin verwendete Präparate wie z. B... — INTERNATIONALE

4. Er war zudem _____ Geiger der Wiener Philharmoniker. — ERSTER

5. Er will immer die _____ Geige spielen — ERSTE

6. Der Atlantischer Ozean wird noch _____ Teich genannt. — GROßE

7. _____ Fische sind heringsähnliche, die mit ihren flügelähnlichen Flossen für kurze Strecken das Wasser verlassen und im Gleitflug über die Wasseroberfläche hinausspringen können. — FLIEGENDE

169. Groß oder klein? Ergänzen Sie die Sätze.

1. Die _____ freien Künste sind ein in der Antike entstandener Kanon von sieben Studienfächern, die nach römischer Vorstellung die 'einem freien Mann' ziemende Bildung darstellten. — SIEBEN

2. Die _____ Allianz bedeutet die NATO. — ATLANTISCHE

3. Die tosende und raue Nordsee – auch _____ Hans genannt – fasziniert die Nordlichter seit Jahrhunderten. — BLANKER

4. Die _____ Dogge ist ein sehr liebevoller eleganter Familienhund, der Kinder aber auch andere Lebewesen wie Katzen etc. liebt. — DEUTSCHE

5. Das Programm berichtet über ein Fußballspiel. — ZWEITE

6. Ich mag _____ Johannisbeeren. — ROTE

7. _____ Peter heißt ein Kartenspiel. — SCHWARZER

8. Das _____ Gesicht ist nicht unbedingt hellsehen, wenn wir Hellsehen als eine Voraussage von etwas noch in dem Zukunft Verborgenem verstehen. — ZWEITE

170. Groß oder klein? Ergänzen Sie die Sätze.

1. Die _____ Dogge ist eine Hunderasse.   DÄNISCHE
2. Dies ist eine Auflistung aller Referate zum Thema
„Die _____ Zwanziger Jahre".   GOLDENEN
3. Die _____ Liste der gefährdeten Tiere und Pflanzen in   ROTE
Sachsen zeigt, dass es keinen Anlass zur Entwarnung gibt.
4. Der Aufstieg in die _____ Bundesliga steht fest.   ZWEITE
5. Die Rübe (Bete) ist ein Bestandteil von Borschtsch.   ROTE
6. Der _____ Schnitt ist ein bestimmtes Verhältnis zweier   GOLDENE
Zahlen oder Größen. Es beträgt etwa 1:1618. Strecken-
verhältnisse im Goldenen Schnitt werden in der Kunst und
Architektur oft als ideale Proportion und als Inbegriff von
Ästhetik und Harmonie angesehen.
7. In der _____ Schrift bezeichnet der Begriff „Die   HEILIGEN;
_____ Dinge" alles, was der Mensch an seinem   LETZTEN
Lebensende vorfinden wird: den Tod, das Gericht, ...

171. Groß oder klein? Ergänzen Sie die Sätze.

1. Seit dem griechischen Altertum wird das Insekt, das im
Volksmund _____ Fliege heißt, getrocknet, zerrieben   SPANISCHE
und in Wein gemischt.
2. Der _____ Schäferhund ist kräftig und stark bemuskelt.   DEUTSCHE
Sein Wesen ist ausgeglichen, nervenfest, kinderfreundlich,
gutartig, aber auch mutig.
3. Karlsruhe kehrt in die _____ Fußball-Bundesliga zurück.   ERSTE
4. Das _____ Einheitensystem verkörpert das   INTERNATIONALE
moderne metrische System und ist das am weitesten
verbreitete Einheitensystem für *physikalische* Einheiten.
5. Die _____ Säge als Musikinstrument ist eine breite,   SINGENDE
große Säge aus Stahl, ein so genannter Fuchsschwanz,
der durch Anschlag (Klöppel) oder Streichen mit einem
Violinbogen zum Klingen gebracht wird.
6. Die _____ Hilfe rettet Leben.   ERSTE
7. Als _____ Lauschangriff werden in Deutschland und   GROßER
Österreich umgangssprachlich akustische (auch optische)
Überwachungsmaßnahmen der Strafverfolgungsbehörden
und auch Nachrichtendienste bezeichnet.

172. Ergänzen Sie die Sätze. Gebrauchen Sie von Personennamen abgeleitete Adjektive.

Beispiel:
Ich suche Informationen zum Thema „*Victorianische* Zeit" in England. Victoria

1. Die Koalitionskriege (abgesehen vom ersten auch   Napoleon
_____ Kriege genannt) dauerten von 1792 bis 1815.
2. Erfahren sie mehr über _____ Bundesbahnen   die Schweiz
in Meyers Lexikon online.
3. Bei Eigennamen gilt auch hier die Großschreibung:
die _____ (oder _____) Verlagsbuchhandlung.   MEYER....
4. Obwohl Archytas nach Sokrates lebte, wird er als Philosoph
in die Zeit vor Sokrates eingeordnet, weil er die _____   Pythagoras
Philosophie fortsetzte.

173. Ergänzen Sie die Sätze. Gebrauchen Sie von Personennamen abgeleitete Adjektive.

1. Platon hat die _____ Lehre auf die Spitze getrieben.   Sokrates
2. Die _____ Märchen – wer kennt sie nicht?   Brüder Grimm
   – gehören neben der Bibel zu den am häufigsten gelesenen und
   übersetzten Büchern der Weltliteratur.
3. Hast du die _____ gelesen?   Heine
4. Bei der _____ Krankheit liegt eine Störung   Parkinson
   im Gehirn vor.
5. Was sagt uns nun aber die _____   Darwin
   Lehre für die Zukunft des Menschen?
6. Im anderen Versuch erzeugte Torricelli ein künstliches Vakuum, Torricelli
   die nach ihm benannte _____ Leere.
7. Ich brauche _____ Zündkerze.   Bosch
8. Die Reaktion ist doch wie die der _____ Hunde. Pawlow

174. Ergänzen Sie die Sätze. Gebrauchen Sie von Personennamen abgeleitete Adjektive.

1. Er hat nie wieder _____ Malweise erreicht.   Tizian
2. Die _____ Sozialgesetze wurden 1883 verabschiedet. Bismarck
3. Wie schreibt man jetzt _____ Schriften?   Spinoza
4. Neben dem Faust gebührt der „Iphigenie" unter den _____ Goethe
   _____ Dramen der Kranz.
5. Es waren _____ Kompositionen.   Mozart
6. Dem _____ Bevölkerungsgesetz nach erfolgt das   Malthus
   Wachstum der Bevölkerung in geometrischer Progression.
7. Die _____ Gleichung. Masse ist einer Art von Energie?   Einstein
8. Was hast du über die _____ Schriften gehört.   Münchhausen
9. Hast du die _____ Fabeln gelesen?   La Fontaine
10. Was ist dir über die _____ Gesetze bekannt?   Faraday

175. Ergänzen Sie die Sätze. Gebrauchen Sie von Personennamen abgeleitete Adjektive.

1. Potjomkin soll Katharina II. auf ihrer Krimreise 1787 mit   Potjomkin
   Dorfattrappen Wohlstand vorgetäuscht haben; daher die
   Redewendung _____ Dörfer für ...
2. Die _____ Balladen gefallen mir sehr.   Schiller
3. Diese _____ Sixtinische Madonna ist noch aus den großen Raffael
   naiven Natur- und Geist-Erkenntnissen einer alten Zeit heraus
   geboren.
4. Die _____ Regeln (benannt nach   Mendel
   ihrem Entdecker Gregor Mendel) beschreiben, wie
   die Vererbung von Merkmalen abläuft
5. Zu den _____ Dramen gehört auch das   Lessing
   weltbekannte Drama „Nathan der Weise".
6. Worin besteht die _____ Philosophie?   Hegel
7. Die _____ Bibelübersetzung war für   Luther
   die Entwicklung und vor allem für die Standardisierung der
   deutschen Sprache von großer Bedeutung.
8. Das _____ Bildungsideal ist entscheidend durch   Humboldt
   das Erziehungsideal der Humanität gekennzeichnet.
9. Plechanow sieht in der _____ Philosophie die Fortsetzung Marx
   und Weiterentwicklung Hegels „Algebra der Revolution".

176. Ergänzen Sie die Sätze. Gebrauchen Sie von Personennamen abgeleitete Adjektive.

1. Gefallen dir die _____ Gemälde?   Rubens
2. Diese dunklen Linien im Sonnenspektrum werden auch
   _____ Linien genannt.   Fraunhofer
3. War eine _____ Fehlleistung, weil ich   Freud
   noch an etwas anders mit Blut gedacht hatte, was noch
   nicht überprüft wurde.
4. Der Begriff „die _____ Briefe ist mir unbekannt.   Moltke
5. Was bedeutet ein _____ Werk?   Schopenhauer
6. In dieser Ausgabe werden drei bisher unpublizierte
   Gesamtübertragungen der _____ Sonette   Shakespeare
   aus den Jahren 1933 bis 1945 kritisch ediert.
7. Voltas ‚galvanische Elemente' und seine einfache und doppelte
   ‚_____ Säule' ...   Volta
8. _____ Erzeugnisse sind weltbekannt.   Zeiss

Fremdwörter

177. Schreiben Sie die zweite Möglichkeit, *wo es möglich ist*.

1. Wir freuen uns über das tolle Happyend für einen tollen Hund! _____
2. Der Hot Dog (englisch für heißer Hund) ist ein Imbiss bestehend _____
   aus Würstchen und meist weiteren Zutaten in einem Brötchen.
3. Smalltalk ist der Türöffner für private und berufliche Kontakte. _____
4. Hochbegabte Schüler hören Heavy Metal. _____
5. Bei digitalisierter Musik ab HDD (Harddisc Drive), bleibt
   die Qualität stets aufrechterhalten. _____
6. Irish Coffee ist ein Heißgetränk, das aus Kaffee und
   (üblicherweise) irischem Whiskey hergestellt wird. _____
7. Open-Air-Festival bei Hamm direkt am Rhein mit Livemusik. _____
8. Free Climbing, Freiklettern oder Sportklettern: bedeutet nicht _____
   seilfreies Klettern, sondern ein Klettern frei von technischen
   Hilfsmitteln.

178. Schreiben Sie die zweite Möglichkeit, *wo es möglich ist*.

1. Der Toe-Loop *(eingedeutscht aus engl. toe loop für* _____
   „Zehenschleife"; auch Tip-Rittberger) ist ein Begriff
   aus dem Eiskunstlauf und dem Rollkunstlauf.
2. Cornedbeef wird vor allem in Argentinien und Brasilien _____
   hergestellt.
3. Die ungeliebte Universität. Rettet die Alma Mater. _____
4. Viele Menschen bezeichnen die heutige Jugend als
   „No-Future-Generation", als eine Generation also, _____
   die allen Dingen grundsätzlich negativ und ablehnend
   gegenübersteht und kleine Perspektiven für sich und ihr
   zukünftiges Leben sieht.
5. Das Unternehmen stellt umfassende Informationen zu
   Smallcaps in Form von Hauptversammlungsberichten, _____
   Analysen, Interviews sowie einer Datenbank zu ...

179. Schreiben Sie die zweite Möglichkeit, *wo es möglich ist*.

1. Dieses Programm ist ein Schulbesuchsaufenthalt in
   England mit Familienunterbringung als „Paying Guest". _____

2. Lapsus Calami: ein Schreibfehler; _____
   Lapsus Linguae: ein Sichversprechen, ein Sprechfehler; _____
   Lapsus Memoriae: ein Gedächtnisfehler ... _____

3. Traideunion: englische Gewerkschaften _____

4. Dieser „Round Table" soll für alle Beteiligten ein _____
   mehrschichtiges Forum zur Diskussion von praktischen
   Problemen und Sicherheitsfragen sein.

5. Ein „Alter Ego" ist ein zweites Selbst.

6. Es wäre ungerecht, „Slow Motion" pauschal zu verurteilen _____
   und als Alt-Herren-Rock in eine Schublade zu stecken.

7. Anlässlich des Treffens der G8-Finanzminister in Potsdam
   fand am 19. Mai 2007 ein großes Open-Air-Konzert auf _____
   dem Bassinplatz statt! _____

180. Schreiben Sie die zweite Möglichkeit, *wo es möglich ist*.

1. Wir suchen ab sofort einen Kampagnen Journalist für neue
   Pressure Group & Think Tank in Berlin. Schwerpunkte:
   Recherche, inhaltliche Aufbereitung von Themen ... _____

2. Dann das T-Bone-Steak in die Mitte der Pfanne legen –
   vorher den Pfanneninhalt etwas beiseite legen – und mit _____
   den warmgestellten Speckscheiben belegen.

3. Das Walkie Talkie für Kinder. Handliche Geräte. Mit Morse-/ _____
   Ruftaste, Rauschunterdrückung und Leuchtdiode. Und mit
   flexibler Antenne mit Schutzkappe, ... _____

4. Hugo Boss Woman Eau de Parfum (30 ml) Damen-Duft
   & Hautpflege: Preis ab 28,99 EURO

5. Eau de Toilette enthält im Vergleich zum Parfum einen _____
   wesentlich geringeren Anteil an Duftessenzen und ist durch
   den leichteren Duft daher besonders gut für den Alltag
   geeignet. Bei uns finden Sie eine große Auswahl exklusiver
   Herrendüfte.

6. Tabula rasa zu machen, bedeutet im übertragenen _____
   Sinne allerdings auch „reinen Tisch zu machen"
   oder „rücksichtslos Ordnung zu schaffen". _____

X. Другие случаи (Sonstige Fälle)

181. Groß oder klein im Brief?

1. Liebe Angelika, lieber Klaus, herzlichen Dank für _____ EUREN
   Brief.
2. Lieber Herr Dr. Stückert, ich bedanke mich bei Ihnen
   für _____ E-Mail. IHRE
3. Lieber Georg, _____ musst unbedingt zu mir kommen. DU
4. Liebe Dagmar, ich habe mich über _____ Brief sehr DEINEN
   gereut.

182. Groß oder klein?

1. Alles _____ erzähle ich dir später.   ÜBRIGE
2. Im _____ bin ich mit der Reise zufrieden.   ALLGEMEINEN
3. Im _____ habe ich die Karten gekauft.   VORAUS
4. Der _____, bitte!   NÄCHSTE
5. Im _____ nichts Neues   WESENTLICHEN
6. Bleiben Sie auf dem _____.   LAUFENDEN
7. Jeder _____ Energieversorger erhöht die Preise.   VIERTE
8. Der _____ macht die Tür zu.   LETZTE
9. Narren müssen sich an Karneval vor einer Ansteckung mit   ACHT
   dem Grippevirus besonders in _____ nehmen.
10. Auf dem _____ sitzen bedeutet „kein Geld haben".   TROCKENEN
11. _____ Hilfe bei Kindernotfällen (bei Behinderten)   ERSTE
12. Aber im _____ und _____ habe ich Glück gehabt.   GROßEN; GANZEN
13. Besonders im Sommer lässt sich aus dem _____ schöpfen. VOLLEN
14. Alles _____ ist nicht so wichtig.   ANDERE
15. Das Wort „im _____ tappen" kommt aus dem 5. Buch Mose.   DUNKELN
16. Es leuchtet ohne _____.   WEITERES

183. Groß oder klein?

1. Kannst du etwas _____ vorschlagen?   ÄHNLICHES
2. Wir haben alles _____ versucht.   MÖGLICHE
3. Seine Kritik kann mich nicht im _____ kratzen.   GERINGSTEN
4. aufs _____ gehen   GANZE
5. Wir haben dadurch den _____ gezogen.   KÜRZEREN
6. Sie schon lange Zeit _____ leben.   DIÄT
7. etwas aufs _____ probieren   NEUE
8. Das interessiert mich am _____.   WENIGSTEN
9. Die fahrt haben wir bis ins _____ vorbereitet.   KLEINSTE
10. Dieses Spiel ist bei _____ und _____ beliebt.   JUNG; ALT
11. In diesem Fall haben Sie _____.   RECHT
12. Alles _____ betrifft dich nicht.   SONSTIGE
13. Im _____ gesehen war das interessant.   GANZEN
14. Lass diese Warnung nicht außer _____.   ACHT

184. Groß oder klein?

1. Erkundigen Sie sich genau in einem Reisebüro nach
   _____, bevor Sie eine Reise buchen.   ALLEM
2. Ihm entgeht nicht das _____.   GERINGSTE
3. Es ist dabei _____ zu beachten.   FOLGENDES
4. Es ist das _____.   BESTE
5. Bei uns ist alles beim _____.   ALTEN
6. Sie waren in _____ auf die Kleidung für die Bergtour BEZUG
   bestens ausgerüstet.
7. Er sorgte für die _____.   SEINEN
8. In vielen Hotels kann man im _____   EINZELNEN
   zwischen Übernachtung mit Frühstück, Halbpension
   oder Vollpension wählen.
9. Die Firma war schon lange _____.   PLEITE
10. Mein Schwager war an allem Unglück _____.   SCHULD
11. Es tut mir wirklich _____.   LEID

185. Groß oder klein?

1. Jeder will der _____ sein.   ERSTE
2. Ich tue das _____.   MEINE
3. Er spielt bei _____ nicht so gut Fußball wie sein Vater.   WEITEM
4. Vor _____ musst du dich bei der Auskunft erkundigen.   ALLEM
5. Kein Mensch hat nur Glück; jeder muss das _____ und   AUF;
   _____ im Leben bewältigen können.   AB
6. Ich beobachtete heimlich mein _____.   GEGENÜBER
7. Das _____ und _____ macht mich nervös.   WENN; ABER
8. Bist du _____, mein Auto zu reparieren?   IMSTANDE
9. Du hast gegen die Verkehrsregeln verstoßen, als du
   die Straße bei _____ überquert hast.   ROT
10. Wir bekamen _____ von Briefen.   DUTZENDE
11. Es ist fürs _____ genug.   ERSTE
12. Das _____ wäre das Volleyballspiel.   NÄCHSTE
13. Ihm wurde die _____ Ehre erwiesen.   LETZTE

186. Klein oder groß?

1. Ich bin es jetzt _____.   LEID
2. Ich muss dir _____ geben.   RECHT
3. Das geschieht ihm _____.   RECHT
4. Er ist schon längst _____.   PLEITE
5. Mir ist _____ und _____.   ANGST; BANGE
6. Du bist an allem Unglück _____.   SCHULD
7. Ich habe keine _____ daran.   SCHULD
8. Das ist mein gutes _____.   RECHT
9. Das ist mir durchaus _____.   RECHT
10. Der Kaufmann hat _____ gemacht.   PLEITE
11. Die Firma geht _____.   PLEITE
12. Gehe ich _____ in der Annahme, dass es so ist?   RECHT
13. Er gibt ihr die _____ an allem, was geschehen ist.   SCHULD

187. Klein oder groß?

1. Liebe Jutta, lieber Helmut, an _____ Verlobungsfeier kann   EURER
   ich leider nicht teilnehmen.
2. Während ___ feiert, liege ich schon am Strand von Mallorca.   IHR
3. Das wird mich allerdings nicht davon abhalten, in der
   Ferne einen Schluck auf _____ Wohl zu trinken.   EUER
4. Ich wünsche _____ schon jetzt eine schöne Feier   EUCH
   mit lieben Gästen und vielen Geschenken.
5. Mein Geschenk bringe ich ____ nach meinem Urlaub vorbei.   EUCH
6. Dann könnte ich _____ doch noch persönlich gratulieren.   EUCH
7. Bis dahin viel Glück! _____ Wolfgang   EUER
8. Sehr geehrter Herr Müller, sehr geehrte Frau Müller,
   ich freue mich mit _____ (1) darüber,   IHNEN
9. dass _____ Haus endlich fertig wurde.   IHR
10. Das ist tatsächlich ein willkommener Anlass für eine kleine
    Einweihungsfeier. Sehr gerne hätte ich daran teilgenommen,
    aber leider bin ich am 3. April auf Geschäftsreise.
    Ich wünsche von Herzen, dass _____ das Glück   IHNEN
11. in _____ neuen Zuhause so treu bleiben wird wie bisher.   IHREM
12. Mit besten Grüßen _____   IHR

188. Bilden Sie zusammengesetzte Substantive *(2 Varianten möglich)*.

das Ballett	der Laden	*die Balletttruppe*	*die Ballett-Truppe*
das Bett	der Reiniger		
brennen	die Nessel		
dass	die Fahrt		
der Fluss	der Sand		
der Schritt	der Satz		
die Mitte	die Mappe		
das Geschirr	der Tag		
Hawaii	die Nummer		
der Gewinn	die Truppe		
der Kaffee	der Ersatz		
das Schiff	noch		
die Klemme	die Inseln		
rollen	das Tempo		
denn	das Tuch		

XI. Перенос слов (Worttrennung am Zeilenende)

189. Trennen Sie die folgenden Wörter.

gestern		das Signal	
die Pädagogik		vollenden	
die Muster		der Tschetschene	
warum		die Oma	
die Brauerei		die Nationen	
backen		das Bouclé	
das Publikum		das Ufer	
der Kasten		das Interesse	
das Diplom		die Weste	

190. Trennen Sie die folgenden Wörter.

der Zucker		der Februar	
lecken		herum	
der Chirurg		aber	
parallel		woran	
der Emigrant		die Idee	
die Arthritis		der Tourist	
der Zyklus		das Fenster	
der Helikopter		das Testament	

191. Trennen Sie die folgenden Wörter.

die Arthritis		beobachten	
das Diplom		herum	
der Emigrant		hinauf	
der Februar		einander	
der Magnet		der Helikopter	
das Publikum		interessant	
das Signal		die Nostalgie	
der Zyklus		die Pädagogik	

XII. Знаки препинания (Satzzeichen)

1. Запятая (Komma)

192. Ergänzen Sie alle fehlenden Kommas. Wenn es 2 Möglichkeiten gibt, setzen Sie (,) ein.

1. Kolja liest ein Buch und Tanja löst ein Kreuzworträtsel.
2. Wir warten auf euch oder die Kinder gehen schon voraus.
3. Wir verkaufen heute nur Äpfel Birnen Pflaumen und Orangen.
4. Er hat im Urlaub viel gelesen Museen besucht Volleyball gespielt und geangelt.
5. Er stand auf nahm ein Buch setzte sich auf den Stuhl und begann zu lesen.
6. Der Arzt hat montags mittwochs freitags Sprechstunde.
7. Er hat einen interessanten informativen Artikel geschrieben.
8. Dunkles bayrisches Bier schmeckt gut.
9. Die letzten großen Ferien waren sehr schön.
10. Wir verkaufen:
     – Äpfel
     – Birnen
     – Orangen

193. Ergänzen Sie alle fehlenden Kommas. Wenn es 2 Möglichkeiten gibt, setzen Sie (,) ein.

1. Er ist nicht besonders begabt aber fleißig.
2. Ich wartete auf sie allein sie kam nicht.
3. Die Wohnung ist schön doch auch teuer.
4. Er war arm aber glücklich.
5. Man sah sie am Tage vielmehr am Nachmittag.
6. Nicht du sondern ich war dort.
7. Er kennt viele Bundesländer besonders Niedersachsen.
8. Auf der Ausstellung waren viele ausländische Firmen insbesondere holländische (Firmen) vertreten.
9. Es gibt vier Jahreszeiten nämlich Frühling Sommer Herbst und Winter.
10. Mein Onkel ein großer Tierfreund und seine Katzen leben in einer alten Mühle.
11. Er sagte dass er morgen kommt und verabschiedete sich.
12. Peter mein Freund hat mich besucht.
13. Die Donau der längste Fluss Europas mündet ins Schwarze Meer.
14. In der Stadt da habe ich ihn getroffen.

194. Ergänzen Sie alle fehlenden Kommas. Wenn es 2 Möglichkeiten gibt, setzen Sie (,) ein.

1. Kommst du noch zu uns? – Ja ich komme.
2. – Nein ich komme nicht.
3. Gehst du nicht mit uns? – Doch ich gehe.
4. Möchten Sie eine Zigarette rauchen? – Danke ich rauche nicht.
5. Liebe Kollegen ich grüße Sie alle.
6. Ich grüße Sie alle liebe Kollegen.
7. Ich liebe Kollegen grüße Sie alle.
8. Hallo Tina wie geht es dir?
9. Oh das war eine schwere Prüfung!
10. Was du bist umgezogen?
11. Du bist umgezogen was?
12. Oh wenn sie doch käme!
13. Ach lass mich doch in Ruhe!

195. Ergänzen Sie alle fehlenden Kommas. Wenn es 2 Möglichkeiten gibt, setzen Sie (,) ein.

1. Er öffnet das Fenster um zu lüften.
2. Sie bot mir ohne einen Augenblick zu zögern ihre Hilfe an.
3. Er wurde beim Versuch den Tresor zu knacken überrascht.
4. Es macht mir Spaß ihr zu helfen.
5. Er hatte damit nicht gerechnet den Job zu bekommen.
6. Seine Lust zu fliegen war verständlich.
7. Ich rate ihm zu helfen.
8. Er kam vor Aufregung keuchend die Treppe herauf.
9. Ganz in Decken verpackt saß er auf der Terrasse.
10. „Wann kommst du?" fragte sie.
11. Sie sagte: „Ich komme gleich wieder" und ging hinaus.
12. Sie sagt sie komme gleich wieder und ging hinaus
13. Das Haus alt und zerfallen ist abgerissen.
14. Das Haus schön und gemütlich gefiel ihr.
15. Die Wissenschaft die entwickeltste hat das Problem gelöst.

196. Ergänzen Sie alle fehlenden Kommas. Wenn es 2 Möglichkeiten gibt, setzen Sie (,) ein.

1. Du hast mir leider nicht alles gesagt.
2. Bitte, komm doch morgen zu mir.
3. Komm doch bitte morgen zu mir.
4. Komm doch morgen zu mir bitte.
5. Der Arzt hat montags mittwochs und freitags Sprechstunde.
6. Ist er dumm oder faul?
7. Er wohnt in Ulm beziehungsweise in Köln.
8. Weder du noch ich können es schaffen.
9. Moskau (den) 20. Juli
10. Rösslein rot
11. Er wohnte in Ulm in der Goethestraße 4.
12. das Haus dort
13. Bleibst du oder kommst du mit?
14. Der Artikel ist im „Spiegel" Heft 2 2007 S. 24 erschienen.
15. Forelle blau

197. Ergänzen Sie alle fehlenden Kommas. Wenn es 2 Möglichkeiten gibt, setzen Sie (,) ein.

1. Direktor Professor Dr. Georg Gerdt
2. Er kam am Montag dem 12. Juli zurück.
3. Mittwoch (den) 2. Juni (um) 19.00 Uhr findet das Konzert statt.
4. Er kommt Montag (den) 2. März an.
5. Er wohnte in Ulm Goethestraße 4.
6. Sie reist am Montag dem 2. März ab.
7. Herr Groß aus Leipzig Alte Salzstraße 54 hat den ersten Preis gewonnen.
8. Herr Busch ist von Bonn Feldstraße 3 nach Leipzig Prellerstraße 14 umgezogen.
9. Er kam Mittwoch den 12. Juli.
10. Man kann diese Regel im Duden Rechtschreibung S. 21 R 34 finden.
11. Er studiert in Köln und sie arbeitet hier.
12. Er zitiert aus dem Duden 9. Auflage Band 4.
13. § 1 Abs. 2 Satz 3
14. Uta Otto geb. Kühn und …
15. Menschen wie er oder du schaffen das.

320

198. Ergänzen Sie alle fehlenden Kommas. Wenn es 2 Möglichkeiten gibt, setzen Sie (,) ein.

1. Alle bis auf Anton wollen mitfahren.
2. Der Angeklagte Peter Otto erschien nicht zur Verhandlung.
3. Der Direktor unserer Schule in Bonn Klaus Otto wurde in Ulm geboren.
4. Gleich kommt er er kann nicht anders.
5. Es regnete aber sie tanzte im Regent.
6. Nimm die Tasche oder lass sie liegen.
7. Ich habe sie oft besucht und wir saßen bis spät in die Nacht hinein zusammen.
8. Ich warte auf dich oder du bleibst zu Hause.
9. Er las ein Buch und sie sah fern.
10. Sie begegnete ihrem Trainer und dessen Mannschaft musste lange auf ihn warten.
11. Er lief und sie fuhr in die Stadt.
12. Ich hoffe dass er pünktlich kommt.
13. Besuch mich wenn du nach Ulm kommst.
14. Ich hoffe dass du mich besuchst wenn ich in Bonn bin und du mir das Buch mitbringst.
15. Ich freue mich dass du kommst dass du mir das Buch mitbringst.

199. Ergänzen Sie alle fehlenden Kommas. Wenn es 2 Möglichkeiten gibt, setzen Sie (,) ein.

1. Ich freue mich dass du kommst und dass du mir das Buch mitbringst.
2. Aus vollem Hals lachend so kam er auf uns zu.
3. Genau so mit viel Wurst belegt hat er die Pizza am liebsten.
4. Daran sie bald zu sehen dachte er lange.
5. Er tödlich getroffen fiel vom Pferd.
6. Singend ging er über die Straße.
7. Lachend kam sie auf mich zu.
8. Gelangweilt sah er zum Fenster hinaus.
9. Laut singend ging er über die Straße.
10. Bald zu einem Erfolg zu kommen das war sein sehnlichster Wunsch.
11. Wir ohne einen Moment zu zögern hatten sofort zugestimmt.
12. Mein Vorschlag ins Kino zu gehen wurde verworfen.
13. Ich kenne nichts Schöneres als mit einem guten Buch am Kamin zu sitzen.
14. (An)statt zu arbeiten spielte er.
15. Ich kann nichts tun außer abzuwarten.

200. Ergänzen Sie alle fehlenden Kommas. Wenn es 2 Möglichkeiten gibt, setzen Sie (,) ein.

1. Er lief ohne ein Wort zu sagen weiter.
2. Er ging nach Hause um sich umzuziehen.
3. Sie um bald zu einem Erfolg zu kommen musste viel arbeiten.
4. Das Buch blieb auf dem Tisch liegen.
5. Er fiel von einer Kugel getroffen vom Pferd.
6. Sie hat ihre Jacke am Haken hängen.
7. Den Hut in der Hand betrat er das Haus.
8. Sie hörte ihn ein Lied singen.
9. Die Angst zu fallen war groß.
10. Er dachte nicht daran zu gehen.
11. Seit mehreren Jahren kränklich hatte er sich ins Sanatorium zurückgezogen.
12. Er liebt es lange auszuschlafen.
13. Er wollte zu ihr kommen.
14. Damit, noch zu gewinnen habe ich nicht gerechnet.
15. Er ging zur Polizei um seinen Pass abzuholen.

201. Ergänzen Sie alle fehlenden Kommas. Wenn es 2 Möglichkeiten gibt, setzen Sie (,) ein.

1. Deutsch zu lernen ist eine reine Freude.
2. Ich komme wenn nötig bei dir vorbei.
3. Er fand den Hut auf dem Boden liegen.
4. Sie stand eine Tasche in der Hand haltend an der Tür.
5. Sie lehrte ihre Tochter nähen.
6. Ruhe bewahren ist die erste Regel des Verhaltens.
7. Er braucht kein Wort zu sagen.
8. Wie bereits gesagt geht das nicht.
9. Ich half ihr die Reisetasche tragen.
10. Er hat schwimmen gelernt.
11. Wer hat dich das tun heißen?
12. Parken ist verboten!

2. Точка с запятой, двоеточие (Semikolon, Doppelpunkt)

202. Ergänzen Sie alle fehlenden Semikolons oder Doppelpunkte.

1. Er fährt in die Stadt sie geht zur Arbeit.
2. Lehrer sagte „Öffnet die Bücher!"
3. Die Grammatik besteht aus 3 Komponenten der Syntax, der Phonologie und Semantik.
4. Die Namen der Monate sind folgende Januar, Februar, März, April, Mai usw.
5. Mein Freund hatte den Zug versäumt deshalb kam er eine halbe Stunde später.Der
6. Er hat schon mehrere Länder besucht Frankreich, Belgien, Polen …
7. Familienstand ledig
8. Unser Proviant bestand aus gedörrtem Fleisch, Speck und Rauchschinken Ei- und Milchpulver Reis, Nudeln und Grieß.
9. Deutsch befriedigend
10. Nächste Arbeitsberatung 30.10.2008
11. Gebrauchsanweisung Man nehme jede zweite Stunde eine Tablette.
12. Wir wiederholen das Ergebnis Der Verunglückte hat den Unfall verursacht.

3. Тире (Gedankenstrich)

203. Ergänzen Sie alle fehlenden Gedankenstriche.

1. Er trat ins Zimmer und sah seine Frau.
2. Im Hausflur war es still ich druckte erwartungsvoll auf die Klingel.
3. „Sei still, du!" schrie er ihn wütend an.
4. Wir können doch diese Aufgabe bewältigen.
   Nunmehr ist der nächste Punkt der Tagesordnung zu besprechen.
5. Ist Peter schon da? Ist übrigens heute die Post gekommen?
6. Komm einmal her! Ja, ich komme gern.
7. Er isst gern Obst – besonders Bananen.
8. Die Leistungen der Schüler es ist schon angedeutet worden lassen nach.
9. Eines Tages das war mitten im Sommer hagelte es.
10. Johannes Gutenberg der Erfinder der Buchdruckerkunst wurde in Mainz geboren.
11. Er der Lehrer weiß es ganz genau.
12. Wir beide du und ich wissen das genau.
13. Das – eine Familie zu gründen – ist sein größter Wunsch.
14. Eine Familie zu gründen das ist sein ...
15. Du und ich wir beide wissen das genau.
16. Er behauptete – so eine Frechheit! –, dass er im Kino gewesen wäre.
17. Sie hat das – erinnerst du dich nicht? – gestern gesagt.

4. Скобки (Klammern)

204. Ergänzen Sie alle fehlenden Klammern.

1. Eines Tages das war mitten im Sommer hagelte es.
2. Johannes Gutenberg der Erfinder der Buchdruckerkunst wurde in Mainz geboren.
3. Sie isst gern Obst besonders Apfelsinen und Bananen.
4. Frankfurt Main
5. Grille Insekt
6. Das geliehene Buch du hast es schon 3 Wochen! hast du mir nicht zurückgegeben.
7. Sie hat das erinnerst du dich nicht? gestern gesagt.
8. „Der Staat bin ich" Ludwig der Vierzehnte
9. Lehrerin
10. Freundinnen
11. Mit dem Wort Bankrott vom italienischen „banko rotta" bezeichnet man die Zahlungsunfähigkeit.

5. Кавычки (Anführungszeichen)

205. Ergänzen Sie alle fehlenden Anführungszeichen.

1. Der Dozent sagte: Jetzt lesen wir den Text vor.
2. Ergänzen Sie die Wendungen durch Synonyme, sagte der Lehrer, und übersetzen Sie diese Wendungen.
3. Geben Sie den Inhalt des Textes mit eigenen Worten wieder! sagte der Lehrer.
4. Es steht im Brief: Lieber Uli, …
5. Sie las den Artikel Heimkehr in der Wochenpost.
6. Kennst du Heinrich Bölls Roman Wo warst du, Adam?
7. Das Sprichwort Eile mit Weile hört man oft.
8. Ihre ständige Entschuldigung „Ich habe keine Zeit" ist weniger glaubhaft.
9. Und du willst ein treuer Freund sein?
10. Das Wort Wald wird in Deutsch großgeschrieben.
11. Die Präposition ohne verlangt den Akkusativ.
12. Der Begriff Umweltschutz wird heute vielfältig verwendet.
13. In der Vorlesung sagte der Dozent: Sie haben bestimmt darüber im Roman Vom Winde verweht gelesen.
14. Die Sendungen heißen Glücksrad und Wer wird Millionär sagte sie.

6. Многоточие (Auslassungspunkte)

206. Ergänzen Sie alle fehlenden Anführungszeichen.

1. Du bist ein E
2. Scher dich zum
3. Mit „Es war einmal" beginnen viele Märchen.
4. Viele Märchen beginnen mit den Worten: „Es war einmal"
5. Die Forschungen auf dem Gebiet der Gentechnologie haben zu politischen Kontroversen geführt.
6. Kommt er noch ?
7. Du machst das!
8. Ist er noch?
9. Dass dich der!
10. Verd…
11. Das Gemälde an der Wand …

7. Точка (Punkt)

207. Ergänzen Sie alle fehlenden Punkte.

1. Er hat uns heute gesehen
2. m
3. Ich weiß nicht, ob er zu Hause ist
4. s
5. am 31 12 2007
6. der 2 Weltkrieg/der II Weltkrieg
7. zB
8. a D
9. d h
10. km/h
11. Tel.
12. Dr.

208. Ergänzen Sie alle fehlenden Punkte.

1. Sie kommt nicht, weil sie krank ist.
2. g
3. Rufen Sie bitte später noch einmal an.
4. BGB
5. Friedrich II.
6. MdB/MdB
7. usw.
8. Hz
9. Co/Co
10. TÜV

8. Дефис (Bindestrich)

209. Schreiben Sie die Wörter *richtig* mit Bindestrichen.

1. _____ Herkulesstark
2. _____ Goethebegeistert
3. _____ Lutherfeindlich
4. _____ lauwarm
5. _____ der Merkelvorschlag
6. _____ Möbelmaier
7. _____ der Mozart-Konzertabend
8. _____ die Parkinsonkrankheit
9. _____ die Richterskala
10. _____ die Salkvakzine
11. _____ Goethegeburtshaus
12. _____ dunkelrot
13. _____ die Albrechtdüreralee
14. _____ die Karlmarxstraße
15. _____ die Alberteinsteingedenkstätte
16. _____ Eva Maria
17. _____ Karlheinz
18. _____ Fidelcastrofreundlich

210. Schreiben Sie die Wörter *richtig* mit Bindestrichen.

1. _____ französisch-russisches Wörterbuch
2. _____ tiefblau
3. _____ der wissenschaftlich-technischer Fortschritt
4. _____ psysikalisch-chemisch-biologische Prozesse
5. _____ GastOtto
6. _____ das blaurote Kleid
7. _____ rheinisch-westfälisch
8. _____ eine süßsaure Soße
9. _____ die blauweißrote Fahne
10. _____ Goethehaus
11. _____ eine gelbgrün gestreifte Bluse
    (mit gelben und grünen Streifen)
12. _____ der 3Achser
13. _____ die Sollstärke
14. _____ 8malig
15. _____ die Schifffahrt

211. Schreiben Sie die Wörter *richtig* mit Bindestrichen.

1. _____ die Ichsucht
2. _____ 3monatig
3. _____ der Eisschnelllauf
4. _____ das 8fache
5. _____ 10prozentig
6. _____ 5Pfünder
7. _____ 8geschossig
8. _____ 4mal
9. _____ 3jähriges Mädchen
10. _____ 5-minütig
11. _____ der/die 8Jährige
12. _____ 7%ig
13. _____ 3Karäter
14. _____ 2karätig
15. _____ eine gelbgrün gestreifte Bluse
    (mit gelblich grünen Streifen)

212. Schreiben Sie die Wörter *richtig* mit Bindestrichen.

1. _____ 3monatlich
2. _____ 2zimm(e)rig
3. _____ 3zinkig
4. _____ 2tägig
5. _____ 5zehig
6. _____ der 2Zeiler
7. _____ 2ziff(e)rig
8. _____ der 5Zylinder
9. _____ 5%Anleihe
10. _____ der 8Tonner
11. _____ 2zeilig
12. _____ eine 100stel Sekunde
13. _____ 8fach

213. Schreiben Sie die Wörter *richtig* mit Bindestrichen.

1. _____ der Ipunkt
2. _____ das Neck
3. _____ das Adur
4. _____ das TShirt
5. _____ die Obeine
6. _____ xbeliebig
7. _____ der Abt.Leiter
8. _____ der DZug
9. _____ der ca.Preis
10. _____ die Kfzpapiere
11. _____ die kmZahl
12. _____ röm.kath.
13. _____ die Rechng.Nr.
14. _____ der TÜVIngenieur
15. _____ der UNOSicherheitsrat

214. Wie werden die Wörter mit Bindestrichen geschrieben?

1. _____ das/der <u>Blackout</u>
2. _____ das <u>Comeback</u>
3. _____ der <u>Countdown</u>
4. _____ das <u>Glamourgirl</u>
5. _____ der/das Kickdown
6. _____ der Knockout
7. _____ Knockoutschlag
8. _____ das Playback
9. _____ der <u>Fallout</u>
10. _____ das <u>Feedback</u>
11. _____ <u>Molotowcocktail</u>
12. _____ das <u>Layout</u>
13. _____ das Playback
14. _____ Playbackverfahren
15. _____ der <u>Showdown</u>

215. Wie werden die Wörter mit Bindestrichen geschrieben?

1. _____ das Blowup
2. _____ der <u>Daviscup</u>
3. _____ der <u>Davispokal</u>
4. _____ die Highsociety
5. _____ das Knowhow
6. _____ das <u>Lawntennis</u>
7. _____ der <u>Liveact</u>
8. _____ der <u>Livemitschnitt</u>
9. _____ der <u>Livemusik</u>
10. _____ das Playoff
11. _____ das Playoffrunde
12. _____ die Sciencefiction
13. _____ die <u>Sightseeingtour</u>
14. _____ das Mountainbike

216. Wie werden die Wörter mit Bindestrichen geschrieben?

1. _____ das Sitin
2. _____ das Standby
3. _____ das/der Takeoff
4. _____ das Teachin
5. _____ der/das <u>Tiebreak</u>
6. _____ die Aftershavelotion
7. _____ der Fulltimejob
8. _____ Stockcarrennen
9. _____ das Actionpainting
10. _____ die Midlifecrisis
11. _____ der <u>Toeloop</u>
12. _____ Traideunion
13. _____ Happyend

217. Schreiben Sie die Wörter *richtig* mit Ergänzungsstrichen.

1. _____ die Natur und synthetischen Gewebe
2. _____ der Ein und Ausgang
3. _____ der Ein/Ausgang
4. _____ der Eisenbahn, Straßen, Luft und Schiffsverkehr
5. _____ saft und kraftlos
6. _____ ein bis zweimal
7. _____ bergauf und ab
8. _____ Mozartsymphonien und Sonaten
9. _____ Textilgroß und einzelhandel
10. _____ Eisenbahnunter und überführungen

9. Наклонная черта (Schrägstrich)

218. Schreiben Sie die Wörter *richtig* mit Schrägstrichen.

1. Ich fuhr durchschnittlich 80 kmh.
2. 1000 Einwohner km^2
3. Ich Sie mache(n) es nicht.
4. Es ist wichtig für Männer und oder Frauen.
5. die Schüler Schülerinnen der Realschule
6. Helbig Buscha „Deutsche Grammatik"
7. die Koalition CDU FDP
8. der Flughafen Köln Bonn
9. das Wintersemester 2007 08
10. am 9. 10. Dezember 2007
11. die Rundfunkgebühren für Februar März
12. das Aktenzeichen d V 15
13. der Herbst Winter Katalog
14. für Männer und oder Frauen
15. Ende Juni Anfang Juli
16. die Kolleginnen Kollegen vom Betriebsrat
17. Bestellungen über 50 100 150

10. Восклицательный знак (Ausrufezeichen)

219. Ergänzen Sie alle fehlenden Ausrufezeichen.

1. Oh
2. Oh, das tut weh/ Oh Das tut weh
3. Meine Damen und Herren
4. Wie lange soll ich dich noch warten
5. Guten Tag
6. Liebe Freunde
7. Nach Zeugenaussagen hatte der Angeklagte 24 Schnäpse getrunken, bevor er sich ans Steuer setzte.
8. Was fällt dir denn ein
9. „Nein, nein" rief er. (oder: Nein Nein" rief er.)
10. Das ist ja hervorragend, herzlichen Glückwunsch (oder: Das ist ja hervorragend Herzlichen Glückwunsch)
11. Ach, das ist schade
12. Prosit Neujahr
13. Ruhe
14. Halt
15. Hände hoch
16. Mach, bitte, das Fenster auf

11. Вопросительный знак (Fragezeichen)

220. Ergänzen Sie alle fehlenden Fragezeichen.

1. Wo wohnst du
2. Chance für einen Sieg
3. Er fragte, was ich morgen mache
4. Sag mir sofort, was du vorhast
5. Was fällt dir denn ein
6. Was sehe ich, wie viele Freunde sind da
7. Was sehe ich? Wie viele Freunde sind da
8. Erika behauptet, das Geld gefunden zu haben.
9. Wie heißt du
10. Sie heißen auch Otto
11. Er fragte, wann er kommen solle
12. Weißt du schon, wer gewonnen hat
13. Was fällt die ein?!
14. Sag mir sofort, woher du das Geld hast!
15. Volksentscheid in Bayern?

12. Апостроф (Apostroph)

221. Ergänzen Sie alle fehlenden Apostrophe.

1. s ist schon spät.
2. Ein einzger Augenblick kann alles umgestalten.
3. So n Blödsinn!
4. Nimm ne andere Farbe!
5. Kommen S nauf!
6. Sie saß aufm Tisch.
7. ans
8. Ddorf
9. Luhafen
10. Klaus Heft
11. die Grimmschen/grimmschen Märchen
12. aufs
13. Kudamm
14. durchs

Ключи (Lösungsschlüssel)

1. 1. der Fluss (kurz) 2. groß (lang) 3. außer (lang) 4. gewiss (kurz) 5. Russland (kurz) 6. musste (kurz) 7. der Gruß (lang) 8. die Tasse (kurz) 9. heiß (lang) 10. weiß (lang) 11. das (lang)

2. 1. wisst (kurz) 2. fleißig (lang) 3. aus (lang) 4. muss (kurz) 5. die Größe 6. wusste (kurz) 7. aß (lang) 8. das Interesse (kurz) 9. grüßen (lang) 10. dass (kurz) 11. müssen (kurz) 12. messen (kurz)

3. 1. der Fleiß (lang) 2. die Kasse (kurz) 3. lässt (kurz) 4. heißt (lang) muss 5. der Schluss (kurz) 6. musste (kurz) 7. der Preis 8. außerdem (lang) 9. heißen (lang) 10. essen (kurz) 11. der Fleiß (lang) 12 die Nuss (kurz)

4. 1. nass (kurz) 2. die Messe (kurz) 3. fließt (lang) 4. das Fass (kurz) 5. der Beschluss (kurz) 6. beißen (lang) 7. der Prozess (kurz) 8. lasst (kurz) 9. essbar (kurz) 10. das Schloss (kurz) 11. das Fass 12. grüßte (lang)

5. 1. der Strauß (lang) 2. die Klasse (kurz) 3. genießen (lang) 4. das Gras (lang) 5. aus (kurz) 6. ließen (lang) 7. der Entschluss (kurz) 8. das Maß (lang) 9. das Eis (lang) 10. Preußen (lang) 11. die Presse (kurz) 12. gegrüßt (lang)

6. 1. der Biss (kurz) 2. der Reisepass (kurz) 3. der Ausweis (kurz) 4. bloß (lang) 5. die Masse (kurz) 6. der Stoß (lang) 7. der Kongress (kurz) 8. die Süßigkeit (lang) 9. schoss (kurz) 10. der Stress (kurz) 11. der Schlüssel (kurz) 12. Weißrussland (lang); (kurz) 13 der Schuss (kurz)

7. 1. das Adressbuch (kurz) 2. äußerlich (lang) 3. Tschüss! (kurz)/ Tschüss! (lang) 4. der Maßstab (lang) 5. der Hass (kurz) 6. küsst (kurz) 7. der Verstoß (lang) 8. die Baroness (kurz) 9. der Ruß (lang) 10. die Geldbuße (lang) 11. der Anlass (kurz) 12. der Genuss (kurz)

8. 1. gehasst (kurz) 2. der Stoßer (lang) 3. bewusst (kurz) 4. der Müßiggang (lang) 5. der Amboss (kurz) 6. der Russe (kurz) 7. das Floß (lang) 8. der Abszess (kurz) 9. die Asse (kurz) 10. gepasst (kurz) 11. müßig (lang) 12. der Aderlass (kurz)

9. 1. blass (kurz) 2. büßen (lang) 3. der Stoßdämpfer (lang) 4. bewusstlos (kurz) 5. der Schoßhund (lang) 6. der Abriss (kurz) 7. stieß (lang) 8. der Bänderriss (kurz) 9. das Bußgeld (lang) 10. der Anschluss (kurz) 11. gemäß (lang) 12. der Bass (kurz)

10.

fleißig	gewiss	der Beschluss	heiß	der Kongress
groß	grüßen	weiß	vergesslich	außer
der Fluss	die Nuss	bloß	süß	die Straße
beißen	der Fuß	der Gruß	der Pass	bewusst
dass (Konj.)	das Schloss	der Schluss	Weißrussland	genießen
fließen	gemäß	draußen	außerdem	essbar
Russland	nass	der Imbiss	Tschüss!	der Schlüssel
äußerlich	das Geschoss	ein bisschen	die Größe	der Misserfolg
die Nuss	der Anlass	blass	Preußen	äußern
der Stoß	die Soße	hässlich	das Schloss	das Gebiss

11.

anlässlich	passend	das Bußgeld	der Einfluss	das Gefäß
der Stress	der Nachlass	das Elsass	der Genuss	der Einlass
krass	die Fitness	das Fass	der Schuss	die Geldbuße
der Verstoß	die Maß	das Maß	kompress	der Kompromiss
der Erlass	der Riss	das Business	der Zuschuss	das Walross
die Baroness	flößen	der Biss	die Stewardess	die Hostess
büßen	unpässlich	das Floß	der Überfluss	das Küsschen
gepresst	express	der Guss	der Ruß	die Blöße
der Hass	der Exzess	der Ausschluss	der Kompass	kross

12. **a)** 1. bloß; Mittelmaß; der Größte 2. Straße; grüßt   3. süß 4. interessiert; heiße 5. Masse
6. quasselt 7. Spaß

b) 1. beißt; bissig 2. das Missverständnis 3. Schließlich; zum Schluss 4. verlassen;
verlässlich 5. misstrauisch 6. misslingt 7. Reißt; Risse. 8. fasst; lässt

13. 1. Fleiß; fließt; naturgemäß; Schweiß 2. Flosse; Schüssel 3. heiß; weiß. 4. süßen musst;
büßen. 5. Messer; besser 6. heißt; Maß; Spaß 7. Schoß; groß 8. Gruß; Fuß 9. Kloß; bloß

14.

genießen	genoss	genossen	lassen	ließ	gelassen
heißen	hieß	geheißen	gießen	goss	gegossen
schmeißen	schmiss	geschmissen	sprießen	spross	gesprossen
messen	maß	gemessen	müssen	musste	gemusst
reißen	riss	gerissen	schießen	schoss	geschossen
sitzen	saß	gesessen	essen	aß	gegessen
wissen	wusste	gewusst	vergessen	vergaß	vergessen
schließen	schloss	geschlossen	stoßen	stieß	gestoßen

15. 1. muss 2. dass; Fuß 3. Schuss 4. Fluss 5. großen; dass; Spieße 6. schmiss
7. goss 8. schließlich; fasste 9. Stoß 10. Schieß

16. 1. hässlich; maßlos 2. schießen; Preußen 3. dass; Schloss 4. Schlussstrich 5. Schoss
6. Füßen 7. Schweiß 8. Pulverfass 9. Straße 10. dass; Laufpass

17. 1. dass 2. muss 3. muss 4. vergisst 5. Lass 6. passt 7. weiß; heiß 8. Muss 9. muss
10. hässlich 11. nass 12. lässt 13. muss 14. Hass

18. 1. lässt 2. iss 3. dass; dass 4. lass 5. Muss; Nuss 6. entlässt 7. Schloss 8. misslingt
9. missfallen 10. Riss 11. Kuss 12. frisst 13. Hass 14. Hass

19. 1. misst 2. Amboss 3. Gewiss; Ungewiss 4. fasst; lässt 5. Genuss; muss
6. lass 7. muss 8. muss 9. iss 10. Misstrauen

20. 1. Entschluss; Verdruss 2. muss 3. passt 4. Verlass 5. Verdruss 6. Hass
7. Schlüssel 8. nachlässt 9. Ablass 10. muss

21. 1. Fass 2. hässliche 3. Lass; lass 4. passt; Fuß 5. Verdruss 6. verlässt
7. Flüsse 8. Maß 9. Schlüssel; verlässt 10. weiß

22. 1. verlässt; verlassen 2. muss 3. dass 4. iss 5. lass 6. lässt
7. außen 8. muss 9. Schweiß 10. Russland

23. 1. a 2. b 3. a 4. a 5. b 6. b 7. a 8. a 9. b 10. b 11. a

24. 1. Flusssand/ der Fluss-Sand 2. Eisschnelllauf / Eisschnell-Lauf 3. Kontrolllampe/ Kontroll-Lampe 4. Gewinnnummer/Gewinn-Nummer 5. Balletttruppe/Ballett-Truppe 6. Klemmmappe/Klemm-Mappe 7. Geschirrreiniger/Geschirr-Reiniger 8. Kaffeeernte / Kaffee-Ernte 9. Hawaii-Inseln/ Hawaiiinseln 10. Stofffarbe / Stoff-Farbe 11. Fußballländerspiel / Fußball-Länderspiel

25. 1. Kaffeeexport / Kaffee-Export 2. Kristalllüster / Kristall-Lüster 3. Armee-Einheit/ Armeeeinheit 4. Schifffahrt / Schiff-Fahrt 5. Schwimmmeister / Ballett-Truppe 6. Sauerstoffflasche / Sauerstoff-Flasche Klemm-Mappe 7. Kunststofffolie / Kunststoff-Folie 8. Bestellliste / Bestell-Liste 9. Stillleben / Still-Leben 10. Stopppreis / Stopp-Preis 11. Tee-Ei / Teeei

26. 1. Fetttusche / Fett-Tusche 2. schnelllebig 3. Kunststoffflaschen / Kunststoff-Flaschen 4. Tee-Ernte / Teeernte Schifffahrt / Schiff-Fahrt 5. helllicht 6. Drittel 7. Brennnessel / Brenn-Nessel 8. Kontrollliste / Kontroll-Liste 9. Kammmacher / Kamm-Macher 10. See-Erfahrung / Seeerfahrung 11. Wolllappen/ Woll-Lappen 12. Rollladen / Roll-Laden

27. 1. Raumschifffahrt / Raumschiff-Fahrt 2. Flanelllappen / Flanell-Lappen 3. volllügen 4. Schnee-Eulen / Schneeeule 5. vollleibig 6. Pinnnadel / Pinn-Nadel 7. Kipppflüge / Kipp-Pflüge 8. Wetttauchen / Wett-Tauchen 9. Schritttanz / Schritt-Tanz 10. grifffest 11. dennoch 12. Flussstrecke / Fluss-Strecke

28. 1. allliebend 2. Wettturnen / Wett-Turnen 3. Mittag 4. Stalllaterne / die Stall-Laterne 5. Zellstofffabrik / Zellstoff-Fabrik 6. vollladen 7. hellleuchtend/hell leuchtend 8. Pappplakat/ Papp-Plakat 9. See-Elefant/ Seeelefant 10. Schnelllebigkeit 11. helllila 12. Nulllösung / Null-Lösung 13. stillliegt

29. 1. Schritttempo / Schritt-Tempo 2. Volllastbetrieb 3. Nullleiter 4. volllaufen 5. Stammmutter/ Stamm-Mutter 6. Volllast/Voll-Last 7. Stammmieter/ Stamm-Mieter 8. Stilllegung/ Still-Legung

30. 1. Stammmiete / Stamm-Miete 2. Schrotttransport / Schrott-Transport 3. Wettteufel/ Wett-Teufel 4. Flusssenke / Fluss-Senke 5. Metalllegierung / Metall-Legierung 6. Nulllage/Null-Lage 7. stickstofffrei 8. stilllegen 9. Rammmaschine/Ramm-Maschine

31. 1. Rouletttisch /Roulett-Tisch 2. zolllang 3. Sperrriegel / Sperr-Riegel 4. stillliegt 5. Stammmannschaft / Stamm-Manschaft 6. Mullläppchen / Mull-Läppchen 7. Stimmmaterial / Stimm-Material 8. helllodernd/hell lodernd

32. 1. Mopp 2. Ass 3. frittiert 4. - 5. nummerieren 6. - 7. или: Kumyss 8. - 9. Tollpatsch 10. - 11. Autostopp

33. 1. Karamellbonbons 2. –   3. tollpatschig 4. gestoppt 5. или Ordonnanz 6. – 7. stoppte 8. Stopp 9. Frittüre 10. Stepp 11. Karamellpudding 12. – (рекомендация Дудена)/ Chansonier 13. steppen

34. 1. Polesje / Polessje 2. Stoppball 3. Twostepp 4. Saisonnier / Saisonier 5. stoppte 6.- 7. karamellisiert 8. - 9. Stepptanz 10. Stopp 11. Ass 12. или Kriss 13. или Messner

35. 1. или aufwendig 2. gräulich 3. überschwänglich 4. Waggon / Wagon 5. einbläut 6. Platzierung 7. Bändel 8. geschnäuzt 9. Stängel 10. Behände 11. Schneewechten 12. belämmert 13. Gämse

36. 1. или <u>zeitaufwendig</u> 2. или <u>Schenke</u> 3. Überschwänglichkeit 4. или <u>Stendel</u> 5. Behändigkeit 6. platzieren 7. Gräuel 8. Quäntchen 9. durchgebläut 10. überwechtet 11. или <u>aufwendige</u> 12. eingebläut

37. 2. sich schnäuzen 3. ein Quäntchen 4. die Gräuel 5. überschwänglich 6. belämmert 7. der Föhn 8. die Raufasertapete 9. nummerieren 10. stoppen 11. tippen 12. der Erstplatzierte 13. tollpatschig

38. 1. föhnen 2. или <u>selbstständig</u> 3. или <u>Albdruck</u> 4. - 5. Känguru 6. Rohheit 7. - 8. Rauer 9. - 10. Zähheit 11. raubeinig 12. Föhn 13. или <u>Joghurt</u>

39. 1. или <u>Autobiografie</u> 2. - 3. или <u>Spaghetti</u> 4. или <u>Delfin</u> 5. - 6. или <u>Mikrofon</u> 7. или <u>Polifonie</u> 8. или <u>Fantasie</u> 9. или <u>Thunfisch</u> 10. или <u>Telefon</u> 11. или <u>Geografie</u> 12. - 13. или <u>Ketchup</u>

40. 1. или <u>Saxofon</u> 2. - 3. или <u>Fotograf</u> 4. или <u>Fotokopie</u> 5. - 6. или <u>Paragraf</u> 7. или <u>Seismograf</u> 8. или <u>Grafit</u> 9. - 10. или <u>Geograf</u> 11. или <u>Geografie</u> 12. или <u>Psaligrafie</u>

41. 1. das <u>Diktafon</u>/Diktaphon 2. die <u>Fonetik</u>/Phonetik 3. der Phosphor 4. die <u>Fotosynthese</u> / Photosynthese 5. die <u>Orthografie</u> / Orthographie 6. <u>Computertomografie</u> / Computer-tomographie 7. Philadelphia 8. der <u>Choreograf</u> / Choreograph 9. die <u>Fototherapie</u>/ Phototherapie 10. die Philatelie 11. die <u>Phonothek</u> / Fonothek 12. der Phönix

42. 1. или <u>Potenzial</u> 2. или <u>Portemonnaie</u> 3. или Chicorée 4. или <u>Kommuniqué</u> 5. или <u>Pappmaché</u> 6. или <u>Varieté</u> 7. или <u>Soufflé</u> 8. или <u>Dragee</u> 9. Necessaire 10. или <u>Exposé</u> 11. или <u>Separee</u> 12. или <u>Drapee</u>

43. 1. или <u>Myrrhe</u> 2. или <u>Katarrh</u> 3. или <u>Glacé</u> 4. или <u>Panther</u> 5. или <u>Frappé</u> 6. или <u>Dekolleté</u> 7. или <u>Rommé</u> 8. или <u>Bouclé</u> 9. или <u>passé</u> 10. или <u>Frappé</u> 11. или 12. или <u>Dragee</u>

44. 2. die Potenz 3. die Differenz 4. die Justiz 5. die Tendenz 6. die Lizenz 7. die Potenz 8. die Differenz 9. die Essenz 10. 11. die Demenz 12. die <u>Sequenz</u> 13. die Präferenz

45. 1. <u>Bravour</u> 2. <u>Château</u> 3. Csardas 4. <u>Kommuniqué</u> 5. <u>Tête-à-Tête</u> 6. <u>Ketchup</u> 7. <u>Portemonnaie</u> 8. <u>Necessaire</u> 9. <u>Shrimp</u> 10. <u>vis-à-vis</u> 11. <u>bravourös</u> 12. <u>Pappmaschee;</u> <u>Papiermaschee</u>

46. 1. die Ladys 2. Lobbys 3. Partys 4. Rowdys 5. Storys 6. Babys

47. 2. или <u>Livemusik</u> 3. Lovestory 4. или <u>Big Band</u> 5. или <u>Daviscup</u> 6. <u>Happy End</u> / Happyend 7. die Talkshow 8. или <u>Molotowcocktail</u> 9. или <u>Countdown</u> 10. или <u>Hardrock</u> 11. или <u>Coldcream</u> 12. Aftershave 13. или <u>Softdrink</u> 14. <u>Cherry-Brandy</u> / Cherrybrandy

48. 1. или <u>Comeback</u> 2. или <u>Play-back</u> 3. <u>Hotdog</u> / Hot Dog 4. <u>Harddisk</u> / Harddisc/ Hard Disk / Hard Disc 5. или <u>Know-how</u> 6. topsecret 7. или Davis-Pokal 8. или Green Card 9. <u>Small Talk</u>/Smalltalk 10. или das/der <u>Blackout</u> 11. Softeis 12. <u>Englishwaltz</u>/English Waltz 13. или <u>Glamourgirl</u>

49. 1. Slow Food / Slowfood 2. или Feedback 3. или Knock-out 4. или Livesendung/ Liveübertragung 5. Aftershavelotion /Aftershave-Lotion 6. или Softrock 7. Afrolook 8. Fair Play/ Fairplay 9. или New Yorker 10. или Play-back-Verfahren 11. Tearoom 12. Traide-Union/ Traideunion 13. Fulltimejob / Fulltime-Job 14. Toeloop / Toe-Loop

50. 1. Shortstory / Short Story 2. или Knock-out-Schlag 3. или Liveact 4. Cornedbeef/ Corned Beef 5. или Lawntennis 6. Midlifecrisis/Midlife-Crisis 7. или Sightseeingtour 8. или Play-off 9. Stockcar 10. или Kick-down 11. или Livemitschnitt 12. или Fallout 3. Sit-in 14. Salesmanager

51. 1. или Play-off-Runde 2. Stockcar-Rennen/ Stockcarrennen 3. Salespromotion 4. или Teach-in 5. Kickoff 6. или Showdown 7 der Small Cap/Smallcap 8. или Take-off 9. или Blow-up 10. или Layout 11. Rushhour 12. или Tiebreak 13. или Smartcard 14. Salespromoter

52. 1. или NATO 2. или Low-Fat-Diät 3. или Cabrio 4. Joint Venture 5. или Big Band 6. Personal Computer 7. или Handout 8. или Love-Parade 9. Afrolook 10. Skilift 11. Jobhopper 12. или Jockey 13. или Teenie 14. или Jobcenter

53. 1. spazieren gehen 2. Wie viel 3. auf ist 4. schätzen gelernt 5. sauber hält 6. da sind 7. stecken geblieben 8. auf ist 9. offen gelassen 10. lieben lernen 11. aus ist 12. zu war 13. stecken lassen

54. 1. auf ist 2. dabei war 3. aus ist 4. offen geblieben ist 5. übrig haben 6. aus ist 7. her ist 8. wie viel 9. spazieren fahren 10. liegen geblieben ist 11. kennengelernt / kennen gelernt 12. offensteht 13. um ist

55. 1. alle sind 2. spazieren geführt hat 3. geheim gehalten 4. stiften gegangen ist 5. drin ist 6. verloren gegangen/ verlorengegangen ist 7. beisammen waren 8. streng nimmt 9. blicken lässt / blickenlässt 10. bestehen blieb 11. ab ist 12. gefangen genommen

56. 1. frei halten 2. sonnengebadet 3. geheimtut 4. drauf war 5. flöten gingen 6. gerade halten 7. hinüber sein 8. verloren gegangen/ verlorengegangen 9. tot gestellt 10. hin war 11. bestehen lassen 12. gefangen gesetzt 13. herum war

57. 1. wieder tun 2. taub gestellt 3. gerade sitzen 4. sein lassen / seinlassen 5. zusammen sein 6. heiß gelaufen 7. heran sein 8. wieder eingefallen 9. verloren geben или verloren 10. parallel geschaltet 11. fett gefüttert 12. hinaus gewesen 13. inne sein 14. frei halten

58. 1. Auto fahren 2. kennen lernen 3. spazieren gehen 4. Maschineschreiben 5. Rad schlagen 6. Kür laufen 7. ruhen lassen 8. auswendig lernen 9. zusammen sein 10. sauber machen 11. vorhanden sein 12. übrig lassen 13. Kegel schieben 14. Probe singen 15. eislaufen

59. 1. großgeschrieben 2. bitterkalt 3. kochend heißes 4. Wie viel 5. drübengeblieben 6. brütend heißen 7. zurzeit 8. abseitsstehen 9. zur Zeit 10. drückend heiß 11. kopfgestanden 12. blendend weißes 13. genau genommen 14. viel zu viel

60. 1. herbstlich gelb 2. Drückend heißes 3. leidtun 4. so weit 5. rötlich braun 6. aufwärtsgehen 7. bitterkalter 8. allzu oft 9. besser gehen 10. или gut gehen 11. jedes Mal 12. genauso lang(e) 13. gernhaben 14. satt gegessen

61. 1. sattgehabt 2. grünlich gelb 3. Dutzend Mal 4. alleinsteht 5. krankgeschrieben
6. или krank gemacht 7. kleinschreiben 8. sattbekommen 9. satt getrunken
10. beiseiteschieben 11. kurzfassen 12. ähnlichgesehen 13. sattgehört 14. ebenso lange

62. 1. krankgemeldet 2. länglich rund 3. ebenso gut 4. erste Mal 5. pleitegehen
6. alleingelassen 7. bereithalten 8. sattgesehen 9. genauso gut 10. rückwärtsfahren
11. irgendetwas 12. Mittwochabend 13. daheimsitzen 14. vorwärtsgekommen

63. 1. gesundgeschrieben 2. Allzu bald 3. beide Mal 4. schwarzbrennen 5. süßsauer
6. vorwärtsgehen; rückwärtsgehen 7. - 8. wichtiggemacht 9. schwärzlich braun
10. ersten Mal; danebengeschossen 11. gemein gemacht 12. kopfrechnen
13. Irgendwann 14. so viel

64. 1. allzu viel 2. heimgekommen 3. nächsten Mal 4. schwarz kopieren 5. genauso wenig
6. или schuldig gesprochen 7. so weit 8. allzu sehr 9. beiseitetreten 10. Irgendjemand
11. and(e)ren Mal 12. schwarzbrennt 13. danebengreifen 14. Irgendwas

65. 1. rösig weiße 2. aufwärtsgefahren 3. irr(e)werden 4. dagegenhalten 5. ebenso viel Mal
6. süßsauer 7. heimbringen 8. so viel 9. heißmachen 10. klarsehen 11. irre war
12. unendliche Mal 13. bittersüß 14. bankrottgehen

66. 1. alle Mal 2. zu wenig 3. bergsteigen 4. madiggemacht 5. ebenso viel 6. abwärtfahren
7. nottun 8. abwärtsgerutscht 9. x-ten Mal 10. letzte Mal 11. beiseitegelassen
12. ebenso sehr 13. plattgemacht 14. etliche Mal

67. 1. ebenso wenig 2. irgendwohin 3. niedrig gehängt 4. and(e)re Mal 5. dunkelrot
6. schwachmachen 7. abwärtsgefallen 8. schwarzgeärgert 9. daneben geschossen
10. daheimgeblieben 11. beiseitelegen 12. letzten Mal 13. или schräg gestellt
14. wichtigtun

68. 1. или achthaben 2. или Delfin 3. или Dank sagen 4. или brustschwimmen 5. или
Hohn sprechen 6. haltmachen 7. - 8. или gehaushaltet 9. delfinschwimmen/ Delfin
schwimmen 10. или gestaubsaugt 11. или Marathon laufen 12.- 13. или maßgehalten

69. 1. или achtgeben 2. - 3. или lacht Hohn 4. или haushalten 5. или achtgehabt
6. или haltgemacht 7. - 8. или Hohn lachen 9. - 10. или maßhalten 11. - 12. - 13. -

70. 1. или Ratsuchende 2. или Kleingedruckte 3. или Festangestellte 4. или Gleichgesinnte
5. или Zivildienstleistende 6. или Obenerwähnte 7. или Neuvermählte
8. или Zuhausegebliebene 9. или Blindgeborene 10. или Totgeglaubte

71. 1. или Werbungtreibende 2. или Außenstehende 3. или Zuspätkommen
4. или diensthabende 5. или Zugrundegehen 6. или Zustandebringen
7. или Zustandekommen

72. 1. или Fingerbreit 2. или Spaltbreit 3. или Zeitlang 4. или Handvoll 5. или Haarbreit
6. или Armvoll 7. или Mundvoll 8. Handbreit 9. или Zollbreit 10. или Spaltbreit
11. или Haarbreit 12. или Fußbreit

73. 1. или zeitsparende 2. или Glück bringend 3. или Erfolg versprechend
4. или platzsparend 5. или Hilfe suchend 6. или Arbeit suchend 7. или Rad fahrend
8. или zeitraubend 9. или Leben zerstörend 10. или kräfteschonend
11. или Gefahr bringend 12. или Musik liebend

74. 1. или <u>blutreinigend; blutbildend;</u> blutverdünnend 2. или <u>Rat suchend; Ratsuchender</u> 3. или <u>Sport treibend</u> 4. или <u>Händchen haltend</u> 5. или <u>fruchtbringend</u> 6. или <u>Völker verbindend</u> 7. или <u>besorgniserregend</u> 8. или <u>Holz verarbeitende; gewinnbringend</u> 9. или <u>insektenfressend</u> 10. или <u>kräfteschonend</u> 11. или <u>epochemachend</u> 12. или <u>Leben spendend</u> 13. или <u>krebserregend</u>

75. 1. или <u>kostensparend</u> 2. или <u>Daten verarbeitende</u> 3. или <u>Erdöl exportierend</u> 4. или <u>blutstillendes</u> 5. или <u>fruchttragend</u> 6. или <u>Handel treibend</u> 7. или <u>aufsehenerregend</u> 8. или <u>kraftraubend</u> 9. или <u>Milch gebend</u> 10. или <u>Metall verarbeitend</u> 11. или <u>dienstleistend</u>

76. 1. или <u>laubtragend</u> 2. или <u>Unheil bringend</u> 3. или <u>blutsaugendes</u> 4. или <u>feuerspeiend</u> 5. или <u>Achtung gebietend</u> 6. или <u>Gewinn bringend</u> 7. или <u>Aufsicht führend</u> 8. или <u>Hitze abweisender</u>

77. 1. или <u>hängen lassen</u> 2. или <u>haften bleiben</u> 3. или <u>sitzen lassen</u> 4. или <u>hängen geblieben</u> 5. или <u>gehen lassen</u> 6. или <u>sitzen bleiben</u> 7. или <u>stecken lassen</u> 8. или <u>stehen geblieben</u> 9. или <u>stehen lassen</u> 10. или <u>liegen geblieben</u> 11. или <u>bleiben lassen</u> 12. или <u>stecken bleiben</u> 13. или <u>laufen lassen</u>

78. 1. или <u>sitzen geblieben</u> 2. или <u>liegen lassen</u> 3. или <u>sitzen lassen</u> 4. или <u>stecken geblieben</u> 5. или <u>stehen geblieben</u> 6. или <u>hängen lassen</u> 7. или stehenlassen 8. или <u>haften bleiben</u> 9. или <u>bleiben lassen</u> 10. или <u>hängen geblieben</u> 11. или <u>liegen geblieben</u> 12. или <u>gehen lassen</u>

79. 1. или <u>stehen geblieben</u> 2. или <u>laufen lassen</u> 3. или <u>sehen lassen</u> 4. или <u>hängen lassen</u> 5. или <u>kleben geblieben</u> 6. или <u>sitzen lassen</u> 7. или <u>bieten lassen</u> 8. или <u>hängen geblieben</u> 9. или <u>blicken lässt</u> 10. или <u>stehen geblieben</u> 11. или <u>platzen lassen</u>

80. 1. или <u>springen lassen</u> 2. или <u>blicken lassen</u> 3. или <u>setzen lassen</u> 4. или <u>spielen lässt</u> 5. или sehen lassen 6. или vermissen lassen 7. или <u>steigen lassen</u> 8. или <u>schießen lassen</u> 9. или <u>sterben lassen</u> 10. или <u>kleben bleiben</u> 11. или <u>schießen lassen</u> 12. или <u>fallen lassen</u> 13. или <u>sprechen lassen</u> 14. или <u>kommen lassen</u>

81. 1. или <u>fahren lassen</u> 2. или <u>schießen lassen</u> 3. или <u>sein lassen</u> 4. или <u>kommen lassen</u> 5. или <u>treiben lassen</u> 6. или <u>krachen lassen</u> 7. или <u>ruhen lassen</u> 8. или <u>sausen lassen</u> 9. или <u>sprechen lassen</u> 10. или <u>schmoren lassen</u> 11. или <u>schleifen</u> lassen 12. или <u>sausen lassen</u>

82. 1. - 2. или <u>sprechen zu lassen</u> 3. - 4. или <u>sprechen lassen</u> 5. или <u>sprechen lassen</u> 6. - 7. или <u>kommen lassen</u> 8. - 9. или <u>wissen lassen</u>

83. 1. или <u>fein machen</u> 2. или <u>alt machen</u> 3. или <u>frei machen</u> 4. или <u>gar gekocht</u> 5. - 6. или <u>flach klopfen</u> 7. или <u>blank polieren</u> 8. или <u>billig machen</u> 9. или <u>gut gehen</u> 10. или <u>dick machen</u> 11. - 12. или <u>leer gegessen</u> 13. или <u>gesund machen</u>

84. 1. - 2. или blank reiben 3. или gut gehen 4. или <u>arm machen</u> 5. или <u>kühl stellen</u> 6. или <u>krank machen</u> 7. - 8. или <u>eng gemacht</u> 9. или <u>dicht gemacht</u> 10. или <u>frei machen</u> 11. или <u>kalt gestellt</u> 12. или <u>schlank machen</u> 13. или <u>blank geputzt</u>

85. 1. или <u>frisch machen</u> 2. - 3. или <u>gut gehen</u> 4. - 5. или <u>heiß machen</u> 6. или <u>kurz schneiden</u> 7. или <u>krumm machen</u> 8. или <u>blank legen</u> 9. или <u>gut gehen</u> 10. или <u>breit treten</u> 11. или <u>schlapp gemacht</u> 12. или <u>bereit erklärt</u> 13. или <u>kurz machen</u>

86. 1. или <u>glatt gemacht</u> 2. или <u>blank gelegen</u> 3. - 4. или <u>frei machen</u> 5. или <u>breit schlagen</u> 6. или <u>rein machen</u> 7. или <u>scheu gemacht</u> 8. или <u>gesund pflegen</u> 9. - 10. или <u>munter machen</u> 11. или <u>krumm zu biegen</u> 12. или <u>ganz machen</u> 13. или <u>mürbe machen</u>

87. 1. <u>mürbemachen</u> 2. - 3. или <u>rund gemacht</u> 4. или <u>leer getrunken</u> 5. или <u>schön gemacht</u> 6. или <u>stark gemacht</u> 7. или <u>prall füllen</u> 8. или <u>flach drücken</u> 9. или <u>schnell machen</u> 10. или <u>kurz mähen</u> 11. или <u>satt machen</u> 12. или <u>leer räumen</u> 13. или <u>schwach gemacht</u>

88. 1. или <u>zart gemacht</u> 2. или <u>dumm kommen</u> 3. - 4. или <u>weich gekocht</u> 5. или <u>sicher gemacht</u> 6. - 7. или leer gemacht 8. или <u>richtig gestellt</u> 9. - 10. или <u>matt gesetzt</u>

89. 1. или <u>kaputt gemacht</u> 2. или <u>warm gemacht</u> 3. или <u>rot geweint</u> 4. или <u>schwer gemacht</u> 5. или <u>rein gewaschen</u> 6. или <u>wach gelegen</u> 7. или <u>warm werden</u> 8. - 9. или <u>reich machen</u> 10. или <u>ruhig gestellt</u> 11. или <u>patt setzen</u> 12. или <u>schlecht gehen</u> 13. или <u>bekannt machen</u>

90. 1. - 2. или <u>wehtun</u> 3. или <u>weich wurde</u> 4. или <u>warm gestellt</u> 5. - 6. или <u>leicht machen</u> 7. или <u>bekannt geworden</u> 8. или <u>schief ziehen</u> 9. или <u>schwach werden</u> 10. или <u>wohlfühlen</u> 11. или <u>fein gemacht</u> 12. или <u>weiß gewaschen</u> 13. или <u>wohlergangen</u>

91. 1. или <u>bekannt gemacht</u> 2. - 3. или <u>schief getreten</u> 4. или <u>schwach werden</u> 5. или <u>weich gemacht</u> 6. или <u>rot gescheuert</u> 7. или <u>weich geklopft</u> 8. или <u>bekannt gegeben</u> 9. или <u>besser gehen</u> 10. или <u>weich gespült</u> 11. или <u>fein gemahlen</u> 12. или <u>steif schlagen</u> 13. или <u>sauber gemacht</u>

92. 1. или <u>wild gemacht</u> 2. или <u>massiv werden</u> 3. или <u>freibekommen</u> 4. или <u>spitz geschliffen</u> 5. или <u>bloß legen</u> 6. или <u>bloß liegen</u> 7. или <u>freigegeben</u> 8. или <u>freigelassen</u> 9. или <u>glatt gehobelt</u> 10. или <u>hoch geachtet</u> 11. или <u>glatt gekämmt</u> 12. или <u>klein geschnitten</u> 13. -

93. 1. или <u>lang gezogen</u> 2. или <u>glatt gebügelt</u> 3. - 4. или <u>freigehabt</u> 5. или <u>schlecht gehen</u> 6. или <u>glatt rasiert</u> 7. или <u>wund gelaufen</u> 8. или <u>hoch geschätzt</u> 9. или <u>still sitzen</u> 10. - 11. или <u>freigeben</u> 12. или <u>trocken geföhnt</u> 13. или <u>lieb gehabt</u> 14. или <u>glatt gemacht</u>

94. 1. или <u>schlecht stehen</u> 2. или <u>trocken bügelt</u> 3. или <u>wund geschrieben</u> 4. или <u>schwarz gefärbt</u> 5. или <u>lieb gewinnen</u> 6. или <u>kaputt geschlagen</u> 7. или <u>freibekommen</u> 8. или <u>gering schätzen</u> 9. или <u>glatt streichen</u> 10. или <u>freigelegt</u> 11. или <u>wund gelegen</u> 12. или <u>fein schleifen</u> 13. - 14. или <u>übel nehmen</u>

95. 1. или <u>trocken gewischt</u> 2. или <u>bloß gelegt</u> 3. или <u>glatt gerührt</u> 4. или <u>gering achten</u> 5. или <u>kaputt treten</u> 6. или <u>lieb behalten</u> 7. или <u>trocken gerieben</u> 8. или <u>übrig bleiben</u> 9. или <u>wund genäht</u> 10. или <u>übel beraten</u> 11. или <u>kaputt gedrückt</u> 12. или <u>klar werden</u> 13. или <u>blau zu färben</u> 14. или <u>kahl gefressen</u>

96. 1. или <u>klar geworden</u> 2. или <u>blau färben</u> 3. или <u>glatt gezogen</u> 4. или <u>wund geredet</u> 5. - 6. или <u>lang gezogen</u> 7. или <u>übrig gelassen</u> 8. или <u>leer gefegt</u> 9. или <u>glatt geschliffen</u> 10. или <u>dunkel gefärbt</u> 11. или <u>klein mahlen</u> 12. или <u>schief getreten</u> 13. или <u>besser stellen</u>

97. 1. или <u>wund gerieben</u> 2. или <u>wieder einführen</u> 3. или <u>klein gehackt</u> 4. или <u>trocken geschleudert</u> 5. или <u>kahl scheren</u> 6. или <u>lang ziehen</u> 7. или <u>leckgeschlagen</u> 8. или <u>wach rütteln</u> 9. или <u>stramm gezogen</u> 10. или <u>kahl schlagen</u> 11. или <u>weiter besteht</u> 12. -

98. 1. или <u>wund gejuckt</u> 2. или <u>dunkel lackiert</u> 3. или <u>zufrieden gestellt</u> 4. или <u>grün gefärbt</u> 5. или <u>mündig gesprochen</u> 6. или <u>schwarz-weiß malen</u>/schwarzweiß malen 7. или <u>wund gekratzt</u> 8. или <u>gerade biegen</u> 9. - 10. или <u>frei kratzen</u> 11. или <u>aufeinander folgen</u> 12. или <u>gerade machen</u>

99. 1. или <u>Blaugefärbt</u> 2. или <u>blank poliert</u> 3. или <u>braun gebrannter</u> 4. или <u>blond gelockt</u> 5. или <u>bunt gemischt</u> 6. или <u>gut gekleidet</u> 7. или <u>grob gestrickten</u> 8. или <u>dicht bebaut</u> 9. или <u>gut geschriebener</u> 10. или <u>eng befreundet</u> 11. или <u>neu eröffnete</u> 12. или <u>gut bezahlte</u> 13. <u>früh geborenes</u>

100. 1. или <u>dicht belaubt</u> 2. или <u>blond gefärbt</u> 3. или <u>gut gemeinten</u> 4. или <u>dicht bewölkt</u> 5. или <u>Hart gekochte</u> 6. или <u>neu bearbeitetes</u> 7. или <u>eng verwandt</u> 8. или <u>rot geweinte</u> 9. или <u>schlecht gelaunt</u> 10. или <u>neu geschaffene</u> 11. или <u>frisch gebacken</u> 12. или <u>kurz geschnittene</u> 13. или <u>heiß geliebter</u>

101. 1. или <u>gut gebauter</u> 2. или <u>gut gekleidet</u> 3. или <u>blind geborenen</u> 4. или <u>schwarz gefärbt</u> 5. или <u>gerade gewachsen</u> 6. или <u>grau melierten</u> 7. или <u>heiß geliebtes</u> 8. или <u>blau gestreift</u> 9. или <u>dicht bevölkert</u> 10. или <u>grell beleuchtet</u> 11. - 12. или <u>reich geschmückt</u> 13. или <u>klein gedruckten</u> 14. или <u>ernst gemeint</u>

102. 1. или <u>klein geschnitten</u> 2. или <u>kurz gebraten</u> 3. или <u>gut gelaunt</u> 4. или <u>fein gemahlen</u> 5. или <u>groß gewachsen</u> 6. или <u>nah verwandt</u> 7. или <u>dicht behaart</u> 8. или <u>voll beladen</u> 9. или <u>früh geboren</u> 10. или <u>voll besetzten</u> 11. - 12. или <u>weiß gekleidet</u> 13. или <u>eng anliegend</u>

103. 1. или <u>voll automatisiert</u> 2. или <u>Froh gelaunt</u> 3. или <u>tot geboren</u> 4. или <u>schwach begabt</u> 5. или <u>tief verschneit</u> 6. или <u>treu ergebener</u> 7. или <u>Tief gefühlt</u> 8. или <u>gut unterrichtet</u> 9. или <u>näher gelegen</u> 10. или <u>dünn besiedelt</u> 11. <u>schwach bewegt</u>

104. 1. или <u>wenig gelesene</u> 2. или <u>privat versicherter</u> 3. или <u>Tief erschüttert</u> 4. или <u>Viel gefragt</u> 5. или <u>blau gestreifte</u> 6. или <u>viel gereister</u> 7. или <u>Stark bewacht</u> 8. или <u>tief empfunden</u> 9. или <u>tot geglaubt</u> 10. или <u>voll klimatisiert</u> 11. или <u>gut unterrichtet</u> 12. или <u>wenig bebaut</u>; <u>schwach bevölkert</u> 13. или <u>viel befahren</u> 14. или <u>fett gedruckt</u>

105. 1. или <u>viel gelesenes</u> 2. или <u>Frisch gestrichen</u> 3. или <u>wenig befahren</u> 4. или <u>genau unterrichtet</u> 5. или <u>rot gestreifte</u> 6. или <u>viel besprochene</u> 7. или <u>voll entwickelt</u> 8. или <u>groß kariert</u> 9. или <u>breit gefächert</u>; <u>eng umgrenzt</u> 10. или <u>eng bedruckte</u> 11. или <u>Tief bewegt</u> 12. или <u>weit verbreitet</u> 13. или <u>übel gelaunt</u> 14. или <u>groß angelegter</u>

106. 1. или <u>viel beschäftigt</u> 2. или <u>grob gemahlen</u> 3. или <u>fein geschnitten</u> 4. или <u>Früh gestorben</u> 5. или <u>fest verwurzelt</u> 6. или <u>lang ersehnter</u> 7. или <u>übel beraten</u> 8. или <u>fest geschnürt</u> 9. или <u>uni gefärbter</u> 10. или <u>hart gefroren</u> 11. или <u>fest angestellt</u>

107. 1. или <u>viel diskutierte</u> 2. или <u>treu gesinnter</u> 3. или <u>hart gebrannter</u> 4. или <u>viel zitierte</u> 5. или bunt und <u>groß gemustert</u> 6. или <u>viel beschworenen</u> 7. или <u>heiß umstritten</u> 8. или <u>leer gefegt</u> 9. или <u>spät vollendeten</u> 10. или <u>grau gestreiftes</u> 11. или <u>heiß gelaufen</u> 12. или <u>getrennt geschriebene</u> 13. или <u>parallel geschaltet</u>

108. 1. или <u>viel erörterte</u> 2. или <u>blau gefleckt</u> 3. или <u>bunt gestreift</u> 4. или <u>lang gezogen</u> 5. или <u>lang gestreckt</u> 6. или <u>bunt gefiedert; grell oder braun gefärbt</u> 7. или <u>schwarz gerändert</u> 8. или <u>fein gesponnenes</u> 9. или <u>dicht gedrängt</u> 10. или <u>fein vermahlen</u> 11. или <u>fein geschwungenen</u> 12. или <u>klein gemustert</u> 13. или <u>fein gestreifte</u>

109. 1. или <u>fein gezähnten</u> 2. или <u>reich verziert</u> 3. или <u>fest gefügt</u> 4. или <u>heiß umkämpft</u> 5. или <u>kalt geschleuderte</u> 6. или <u>längs gestreift</u> 7. или <u>niedrig gesinnt</u> 8. или <u>übel gesinnt</u> 9. или <u>fällig gewordene</u> 10. или <u>knapp gehalten</u> 11. или <u>kurz gefasst</u> 12. или <u>blau gepunkteten</u>

110. 1. или <u>verloren geben</u> 2. или <u>verloren gehen</u> 3. или <u>verloren geben</u> 4. или <u>verloren gegangen</u> 5. - 6. или <u>verloren gegangen</u> 7. или <u>verloren geglaubte</u> 8. - 9. или <u>verloren geben</u> 10. или <u>verloren gehen</u>

111. 1. или <u>allgemeinbildende</u> 2. или <u>gut aussehend</u> 3. или <u>alleinerziehender</u> 4. или <u>klar denkende</u> 5. или <u>kalt lächelnd</u> 6. или <u>gleichdenkend</u> 7. или <u>vielsagend</u> 8. или <u>gut sitzend</u> 9. или <u>gut verdienend</u> 10. или <u>gleichlautende</u> 11. или <u>leer stehenden</u> 12. или <u>selbst gebackenen</u> 13. или <u>parallel laufende</u>

112. 1. или <u>parallel laufende</u> 2. или <u>besser verdienend</u> 3. или <u>hochkonzentrierte</u> 4. или <u>einzeln stehendes</u> 5. или <u>ernst zu nehmend</u> 6. или <u>schlecht sitzenden</u> 7. или <u>schwerwiegende</u> 8. или <u>rot glühend</u> 9. или <u>Rot glühend</u> 10. или <u>gleichbleibend</u> 11. или <u>doppelt wirkende</u> 12. или <u>treu sorgender</u> 13. или <u>wild lebend</u> 14. <u>laut redenden</u>

113. 1. или <u>knapp sitzender</u> 2. или <u>andersdenkend</u> 3. или <u>tief liegende</u> 4. или <u>hell strahlend</u> 5. или <u>nahe stehendes</u> 6. или <u>lang anhaltende</u> 7. или <u>wild wachsend</u> 8. или <u>unten erwähnten</u> 9. или <u>links sitzenden</u> 10. или <u>richtig gehende</u> 11. или <u>links abbiegende</u> 12. или <u>nahe liegende</u> 13. -

114. 1. или <u>tief gehend</u> 2. или <u>selbst gemacht</u> 3. или <u>allgemein gültig</u> 4. или <u>leicht verständlich</u> 5. или <u>schwer beladen</u> 6. или <u>vielversprechend</u> 7. или <u>tief stehend</u> 8. или <u>leicht verderblich</u> 9. или <u>oben stehend</u> 10. или <u>selbst gedrehte</u> 11. или <u>leicht gemacht</u> 12. или <u>schwer verdaulich</u>

115. 1. или <u>wohlbekannt</u> 2. или <u>rechts</u> oder <u>links stehend</u> 3. или <u>weiß glühend</u> 4. или <u>flott gehendes</u> 5. или <u>weitblickend</u> 6. или <u>schwer kranker</u> 7. или <u>selbst geschneiderter</u> 8. или <u>weitgehende</u>

116. 1. или <u>tief greifend</u> 2. или <u>allgemein verbindlich</u> 3. или <u>selbst gestrickter</u> 4. или <u>selbst verdient</u> 5. или <u>leicht entzündlich</u> 6. или <u>hochbezahlte</u> 7. или <u>schwer bewaffnet</u> 8. или <u>wohldurchdacht</u> 9. или <u>weitgreifend</u> 10. или <u>fertig bekommen</u> 11. или <u>darauf folgenden</u> 12. или <u>schwer erziehbar</u> 13. или <u>selbst gebraute</u>

117. 1. или <u>Allgemein verständlich</u> 2. или <u>leicht bekömmlich</u> 3. или <u>Hochentwickelt</u> 4. или <u>weittragend</u> 5. или <u>hochgeehrt</u> 6. или <u>schwerwiegende</u> 7. или <u>sicher wirkendes</u> 8. или <u>hochangesehener</u> 9. или <u>wohlberaten</u> 10. или <u>weitverbreitet</u> 11. или <u>fertig gekocht</u>

118. 1. или leicht verdaulich 2. или hochbegabt 3. или hochbeglückt 4. или wohlerhalten
5. - 6. или schwer verständlich 7. или wohlergangen 8. или Hochgelobt
9. или wohlgetan

119. 1. или anderslautend 2. или Leicht behinderte 3. или hochkompliziert
4. или wohldurchdacht 5. или fertigbringen 6. или wohlüberlegt
7. или hochmotiviert 8. или weitverzweigt 9. или leicht verletzte
10. или wohlversorgt 11. или fertig gemacht 12. или übrig bleiben 13. -

120. 1. или Wohlerzogen 2. или leicht bewaffnet 3. или schwer verträglich
4. или hochqualifizierter 5. или Weit gereist 6. или fertig machen 7. - 8. или halb
blind 9. или scheel blickende 10. или wohlverstanden 11. или zartfühlend

121. 1. или hochtechnisiert 2. или leicht verwundet 3. или wohlschmeckend 4. или
wohlbehütetes 5. или hochdosiert 6. или weitgreifende 7. - 8. или fertigstellen
9. или wohlbegründet 10. или halb fertig 11. или hartgekocht 12. или fertig werden

122. 1. или hoch spezialisert 2. или wohlvorbereitet 3. или halb links 4. или schwer
verletzt 5. или leicht beschwingt 6. или wohlunterrichtet 7. - 8. или hochgespannt
9. или übel riechend 10. или wohlformuliert 11. или halb voll; halb leer
12. или nicht öffentlich

123. 1. или wohlüberlegter 2. или hierher gehörend 3. или schwer löslich 4. или
wohlgeformte 5. - 6. или weitreichende 7. или hoch aufgeschlossen 8. или
wohlproportioniert 9. или halb automatisch 10. или nichts ahnend 11. или hart
machen 12. или wohllautend 13. или wohlgenährter

124. 1. или wohlriechend 2. или selig machen 3. - 4. или hochverschuldet
5. или wohlerwogen 6. или halb bekleidet 7.- 8. или halb offen 9. или wohlgeratene
10. или wohlgeratene 11. или Rot glühend; zäh fließend 12. или halb verhungert
13. или nichts sagend

125. 1. или halb gar 2. или ein Mal 3. или nicht amtlich 4. или hochbesteuert
5. или halb wach 6. или dahin gehend 7. или nicht leitend 8. или halb verwelkt
9. - 10. или paar Mal 11. - 12. или buntschillernd 13. или wohlklingend

126. 1. - 2. или wohlgeordnet 3. или halb erwachsen 4. или nicht organisiert 5. -
6. или wohltönend 7. или halb reif 8. или tausend Mal 9. или nicht berufstätige
10. или Wohlverwahrt 11. или halb erfroren 12. - 13. или nicht rostend

127. 1. или halb tot 2. или so viel Mal 3. или nicht zutreffende 4. или nicht selbstständig
5. или paar Mal 6. или wohl erwogen 7. или wie viel Mal 8. - 9. или halb rechts
10. или gut situiert 11. или Genau unterrichtete 12. или vieltausend Mal
13. или fein geschliffenes

128. 1. или außerstande 2. или mithilfe 3. или aufseiten 4. или dortzulande 5. -
6. или infrage 7. или zunutze 8. или zumute 9. или zu Haus(e) 10. или in Sonderheit
11. или zugrunde 12. или zugunsten 13. или instand

129. 1. или zugrunde 2. или imstand(e) 3. или zulasten 4. или hierzulande 5. или instand
6. или zuschanden 7. или vonseiten 8. или zuschulden 9. или zuwege 10. -
11. или zutage 12. или zuwege 13. или zuseiten

130. 1. или zuleide 2. или zuschanden 3. или zugrunde 4. или zustande 5. или zugrunde
6. или zuschanden 7. или zuschanden 8. или zutage

131. a) <u>bekannt machen</u>/bekanntmachen; <u>schwarz malen</u>/schwarzmalen; haushalten; kopfstehen; <u>kennenlernen</u>/kennen lernen; <u>hoch schätzen</u>/hochschätzen; zusammen sein; sauber halten; da sein; kurzfassen;

b) Probe fahren; Rad schlagen; privat versichern; spazieren gehen; still leben; neu eröffnen; <u>hoch achten</u>/hochachten; <u>stehen bleiben</u>/stehenbleiben; Eis laufen; Rad fahren

132. 1. da sein 2. <u>haltgemacht</u>/Halt gemacht 3. kopfrechnen 4. preisgegeben 5. Maschine schreiben 6. hier sein 7. teilgenommen 8. hinterhergelaufen 9. Rad fahren 10. da sein 11. notgelandet 12. dabei sein 13. freisprechen 14. zusammen sein 15. sonnenbaden 16. vorbei sein 17. schutzimpfen 18. bergsteigen

133. 1. heimgekehrt 2. <u>sitzen geblieben</u>/ sitzengeblieben 3. sichergehen 4. sauber machen 5. liegen geblieben 6. hinterhergelaufen 7. hintereinander kommen 8. dahintersteckte 9. überhandgenommen 10. frei sprechen 11. <u>fallen lassen</u>/fallenlassen 12. wahrgenommen 13. offengestanden 14. fest nehmen 15. wehklagen 16. dankgesagt/ Dank gesagt 17. gutheißen 18. standgehalten

134. 1. davongemacht 2. schönschreiben 3. <u>kennengelernt</u>/ kennen gelernt 4. neu eröffnet 5. übrig gelassen 6. gutgeschrieben 7. anheimgegeben 8. beisammen sein 9. gut geschrieben

135. 1. kleingeschrieben 2. <u>fertiggestellt</u>/fertig gestellt 3. schön schreiben 4. <u>klar geworden</u>/ klar geworden 5. schwer nehmen 6. großgeschrieben 7. sicher gehen 8. abwärts führt

136. 1. schwer atmend 2. <u>alleinerziehende</u>/allein erziehende 3. <u>diensthabende</u>/Dienst habende 4. <u>krebserregende</u>/Krebs erregende 5. <u>frisch gebackene</u>/frischgebackene 6. notleidende/<u>Not leidende</u> 7. <u>darauf folgende</u>/darauffolgende 8. <u>schwer verständlich</u>/schwerverständlich 9. bitterkalten 10. kochend heißem 11. <u>nichts ahnend</u>/nichtsahnend 12. <u>leer stehenden</u>/leerstehenden 13. gleichgültig 14. supermoderne 15. <u>nichtssagendes</u>/ nichts sagendes

137. a) 1. Allzu viel 2. so weit 3. irgendjemand 4. Wie viel 5. allzumal 6. <u>schlecht gelaunt</u>/schlechtgelaunt 7. ebenso gute 8. irgendwem 9. Millionen Mal 10. So viel 11. Wie viele 12. dutzendmal 13. viel zu viel

b) 1. Irgendetwas 2. hundertmal 3. Irgendwie 4. Mittwochabends 5. afroamerikanische 6. inmitten 7. allzu 8. tausendmal 9. ebenso wohl

138. 1. Ähnliches 2. Schlechtes 3. Essbares 4. Gewohnte 5. Erfreuliches 6. Unangenehmes 7. Passendes 8. Teures 9. Trauriges 10. Interessantes 11. Seltsames 12. Besonderes

139. 1. Allgemeinen 2. Alte 3. Derartiges 4. Beliebige 5. Ähnliches (Ä.) 6. Einzelne 7. Einzelne 8. Folgendem 9. Gleiche 10. Mögliche 11. Geringes

140. 1. Einzelne 2. Folgendem 3. Einzige 4. Nächste 5. Einzelnes 6. Folgendes 7. Geringes 8. Übrigen 9. Vorige 10. Sonstige 11. Vorigen

141. 1. Einziger 2. Einzelne 3. Folgende 4. Übrige 5. Letzte 6. Reine 7. Übriges 8. Vorliegendes 9. Einzelnen 10. Vorige

142. 1. Vorliegenden 2. Letzten 3. Einzige 4. Übrigen 5. Reine 6. Einzige 7. Vorige 8. Vorangehendes 9. Voraus 10. Nachfolgenden 11. Folgende

143. 1. Ganzen 2. Laufenden 3. Alten 4. Möglichstes 5. Trockenen 6. Stillen 7. Neue 8. Alten 9. Bösen 10. Kleines 11. Schwarz 12. Dunkeln 13. Sicheren

144. 1. Bedeutendes 2. Alten 3. Dunkeln 4. Undendliche 5. Näheren 6. Neues 7. Alt Neu 8. Ungeheure 9. Besten 10. Einfachste 11. Geringste 12. Beträchtliches 13. Beste

145. 1. Arm; Reich 2. Größte 3. Jung; Alt 4. Großen 5. Beste 6. Kleines 7. Besten 8. Gleich; Gleich 9. Entferntesten 10. Rohen 11. Eigen 12. Trüben 13. Geringste

146. 1. Beste 2. Dunkeln 3. Geringsten 4. Richtigste 5. Arm; Reich 6. Schlimmste 7. Groß; Klein 8. Erste 9. Sicherste 10. Letzten 11. Unreinen 12. Besten 13. Nacht

147. 1. Acht 2. Hoch; Nieder 3. Besten 4. Falsch; Richtig 5. Jung; Alt 6. Mein; Dein 7. Erstes 8. Zweite 9. Groß; Klein 10. Erster 11. Besten 12. Vierte 13. Unabsehbare

148. 1. Erste 2. Großen; Kleinen 3. Großen; Ganzen 4. Achte 5. Unabsehbare 6. Langen und Breiten 7. Zweite 8. Abend 9. Diät 10. Bezug 11. Erstes 12. früh/Früh 13. Ersten; recht/Recht 14. allerwenigste/Allerwenigste

149. 1. Acht 2. Wunder 3. Langes; Breites 4. allermindeste/Allermindeste 5. Vormittag 6. Angst; Bange 7. Dritten 8. Deutsch 9. allermeisten/Allermeisten 10. Betreff 11. Ein; Alles 12. Bisherigen 13. Englisch 14. Deutsch 15. Argen

150. 1. Rohen 2. Kürzeren 3. Speziellen 4. Not 5. Besten 6. Richtigste 7. Ersten; Zweiten; Dritten 8. Öfteren 9. Schwarze 10. viele 11. wenigen 12. Vielen

151. 1. einen; anderen 2. Einen; Anderen 3. anderem 4. Meisten 5. Gleiche; Weiteres /weiteres 6. Folgendes 7. genauesten 8. meisten 9. Beste 10. anderes 11. Besten 12. Wesentlichen 13. Langen; Breiten 14. Näheren

152. 1. erster; letzter 2. Erster; Letzter 3. höchsten 4. Beste/ beste 5. Deutsch 6. russisch 7. Grün 8. Langem/langem 9. Rot 10. schwarz; weiß 11. Jung; Alt 12. Grau; Schwarz 13. Nahem; nahem 14. grau; grau 15. Nachhinein

153. 1. Weitem/weitem 2. hungers 3. recht 4. angst; bange 5. rechtens 6. statt 7. pleite 8. recht/Recht 9. statt 10. leid 11. Auf/auf 12. schuld 13. unrecht/Unrecht 14. recht 15. Danke/danke

154. 1. r 2. recht/Recht 3. Schuld/Schuld 4. i 5. Halt/halt 6. statt 7. a 8. Nein/nein 9. x / X 10. Du/du 11. Muh/muh 12. Pfui/pfui 13. unrecht/Unrecht 14. Hallo/hallo 15. o/O

155. 1. Ja/ja; Amen/amen 2. o/O 3. recht/Recht 4. Hurra/hurra 5. Du 6. Bitte/bitte 7. recht/Recht 8. Schuld/Schuld 9. Du/du 10. unrecht/Unrecht 11. Guten/guten 12. Grün 13. Du/Du

156. 1. fünfzig 2. viertel 3. Allerbeste/allerbeste 4. null 5. Hundert/hundert 6. Äußerste/ äußerste 7. Rot 8. Tausend/tausend 9. hundert 10. achtzig 11. Tausende/tausende 12. null 13. Eingehendste/eingehendste 14. tausend

157. 1. null 2. fünfzig 3. Beste/beste 4. viertel 5. null 6. sechzig 7. Herzlichste/ herzlichste
8. Hunderte / hunderte; Aberhunderte / aberhunderte 9. Königlichste / königlichste
10. Hunderten/hunderten 11. null 12. Schönste/schönste 13. hundert 14. Schlimmste

158. 1. null   2. siebzig 3. Höchste/höchste 4. Hundert/hundert 5. hundert (tausend)
6. Tiefste/tiefste 7. tausend 8. null; hundert 9. Du 10. Strengste/strengste 11. Dutzende/
dutzende 12. Dutzend 13. Deutlichste/deutlichste

159. 1. Seinen/seinen 2. Entschiedenste/entschiedenste 3. Meine/meine 4. Engste/engste
5. Seine/seine 6. Schärfste/schärfste 7. Tausend/tausend 8. Seine/seine
9. Unsere / unsere 10. Genau(e)ste / genau(e)ste 11. Dutzend(e) / dutzend(e)
12. Dringendste/ dringendste 13. Tausende/tausende 14. Dutzende/dutzende 15. Du

160. 1. schwarze 2. Weiße; Weiße 3. Gelbe 4. erste 5. Königliche 6. gregorianische
7. Französische 8. Deutschen 9. grauer 10. ohmsche; Ohmsche 11. schwarze
12. Heilige 13. große

161. 1. Blaue 2. Weiße 3. schwarzes 4. Aktuellen 5. Schwarze 6. Rote 7. Erster 8. schwarzer
9. Sieben   10. Frühe; Mittlere; Späte; Jüngere

162. 1. schwarze/Schwarze 2. Erster 3. Weiße/weiße 4. grüne 5. Eure 6. Große
7. Grüne 8. Gelbe/gelbe

163. 1. Weiße/weiße 2. Grüne 3. grüne 4. Gelbe/gelbe 5. graue/Graue 6. Stille

164. 1. Grüne 2. Gelbe/gelbe 3. Goldene 4. Heiliger/heiliger 5. Grünen 6. Dritte
7. grünen/Grünen

165. 1. Letzte/letzte 2. Kalte 3. Große/große 4. Grüne/grüne 5. schwarzes/Schwarzes
6. kalte/Kalte 7. Hohe/hohe

166. 1. Neue/neue 2. Schwarze/schwarze 3. Kleine/kleine 4. Rote/rote

167. 1. Große/große 2. Schwarze/schwarze 3. Westfälische 4. grüne/Grüne
5. Große/große 6. Grüne/grüne 7. Schwarze/schwarze

168. 1. Kleine/kleine 2. schwarzes/Schwarzes 3. Internationale/internationale 4. Erster
5. erste 6. Große 7. Fliegende

169. 1. sieben 2. Atlantische 3. Blanker 4. Deutsche 5. Zweite 6. Rote 7. Schwarzer/
schwarzer 8. Zweite/zweite

170. 1. Dänische 2. Goldenen 3. Rote 4. Zweite 5. Rote 6. Goldene 7. Letzten/letzten

171. 1. Spanische 2. Deutsche 3. Erste 4. Internationale 5. Singende/singende
6. Erste/erste 7. Großer/großer

172. 1. napoleonische 2. Schweizerische 3. Meyersche/Meyer'sche 4. pythagoreische
5. Viktorianische

173. 1. sokratische 2. grimmschen/Grimm'schen 3. heineschen/Heine'schen 4. parkinsonsche
/Parkinson'sche 5. darwinsche/darwinische/Darwin'sche 6. torricellische 7. boschsche/
Bosch'sche 8. pawlowschen/Pawlow'schen

174. 1. tizianische 2. <u>bismarck(i)schen</u>/ Bismarck'schen 3. spinozaische 4. <u>goetheschen</u>/ Goethe'schen 5. mozartische 6. malthusisches 7. <u>einsteinsche</u>/ Einstein'sche 8. münchhausischen 9. <u>la-fontaineschen</u>/La-Fontaine'schen 10. <u>faradaysche</u>/ Faraday'sche

175. 1. <u>potemkinsche</u>/ Potemkin'sche 2. <u>schillerschen</u>/ schillerischen/Schiller'schen 3. raffaelische 4. <u>mendelsche</u>/Mendel'sche 5. <u>lessingsche</u>/Lessing'sche 6. <u>hegelsche</u> / Hegel'sche 7. <u>luthersche</u>/ Luther'sche 8. <u>humboldtsche</u>/Humboldt'sche 9. <u>marxsche</u> / Marx'sche

176. 1. <u>rubensschen</u>/ Rubens'schen 2. <u>fraunhofersche</u>/ Fraunhofer'sche 3. <u>freudsche</u>/ Freud'sche 4. <u>moltkeschen</u> /Moltke'schen 5. <u>schopenhauersches</u> /Schopenhauer'sches 6. <u>shakespeareschen</u>/Shakespeare'schen 7. <u>volta(i)sche</u>/Volta'sche 8. <u>zeisssche</u>/Zeiss'sche

177. 1. или <u>Happy End</u> 2. или <u>Hotdog</u> 3. или <u>Small Talk</u> 4. – 5. или <u>Harddisk</u>/Hard Disk/ Hard Disc 6. –

178. 1. или <u>Toeloop</u> 2. или <u>Corned Beef</u> 3. – 4. – 5. или Small Caps

179. 1. – 2. –; –; – 3. или <u>Traide-Union</u> 4. – 5. – 6. – 7. –

180. 1. – 2. – 3. – 4. – 5. – 6. –

181. 1. euren/ <u>Euren</u> 2. Ihre 3. du/<u>Du</u> 4. <u>Deinen</u>/deinen

182. 1. Übrige 2. Allgemeinen 3. Voraus 4. Nächste 5. Wesentlichen 6. Laufenden 7. Vierte 8. Letzte 9. Acht 10. Trockenen 11. <u>Erste</u>/erste 12. Großen; Ganzen 13. Vollen 14. <u>andere</u>/Andere 15. Dunkeln 16. <u>Weiteres</u>/weiteres

183. 1. Ähnliches 2. Mögliche 3. Geringsten 4. Ganze 5. Kürzeren 6. Diät 7. Neue 8. wenigsten 9. Kleinste 10. Jung; Alt 11. Recht 12. Sonstige 13. Ganzen 14. Acht

184. 1. allem 2. Geringste 3. Folgendes 4. Beste 5. Alten 6. Bezug 7. <u>Seinen</u> / seinen 8. Einzelnen 9. pleite 10. schuld 11. leid

185. 1. Erste 2. <u>Meine</u>/ meine 3. <u>Weitem</u>/ weitem 4. allem 5. Auf; Ab 6. Gegenüber 7. Wenn und Aber 8. <u>imstande</u>/ im Stande 9. Rot 10. <u>Dutzende</u>/dutzende 11. Erste 12. Nächste 13. letzte

186. 1. leid 2. <u>recht</u>/Recht 3. recht 4. pleite 5. angst; bange 6. schuld 7. Schuld 8. Recht 9. recht 10. Pleite 11. pleite 12. recht 13. Schuld

187. 1. <u>Eurer</u>/eurer 2. <u>Ihr</u>/ihr 3. <u>Euer</u>/euer 4. <u>Euch</u>/euch 5. <u>Euch</u>/euch 6. <u>Euch</u>/euch 7. <u>Euer</u>/Euer 8. Ihnen 9. Ihr 10. Ihnen 11. Ihrem 12. Ihr

188. <u>Betttuch</u>/Bett-Tuch; <u>Brennnessel</u>/Brenn-Nessel; Dasssatz/<u>dass-Satz</u>; <u>Flusssand</u>/Fluss-Sand; <u>Schritttempo</u>/Schritt-Tempo; Mittag; <u>Geschirrreiniger</u>/Geschirr-Reiniger; <u>Hawaiiinseln</u>/Hawaii-Inseln; <u>Gewinnnummer</u>/Gewinn-Nummer; Kaffeeersatz/ <u>Kaffee-Ersatz</u>; <u>Schifffahrt</u>/Schiff-Fahrt; <u>Klemmmappe</u>/ Klemm-Mappe; <u>Rollladen</u>/ Roll-Laden; dennoch

189. ges-tern, die Päd-ago-gik/Pä-da-go-gik, die Mus-ter, war-um/wa-rum, die Brau-e-rei, ba-cken, das Pu-bli-kum/Pub-li-kum, der Kas-ten, das Di-plom/Dip-lom, das Si-gnal/ Sig-nal, voll-en-den, der Tsche-tsche-ne, die O-ma, die Na-ti-o-nen, das Bou-clé/ Bouc-lé, das U-fer, das In-ter-es-se/In-te-res-se, die Wes-te

190. Zu-cker, le-cken, Chir-urg/ Chi-rurg, par-al-lel/ pa-ral-lel, E-mi-grant/ E-mig-rant, Ar-thri-tis/Arth-ri-tis, Zyk-lus/Zy-klus, He-li-ko-pter/He-li-kop-ter, Fe-bru-ar/ Feb-ru-ar, her-um/ he-rum, a-ber, wor-an / wo-ran, I-dee, Tou-rist, Fens-ter, Tes-ta-ment

191. 1. Ar-thri-tis/ Arth-ri-tis; Di-plom/ Dip-lom; Emi-grant/ Emig-rant; Feb-ru-ar/ Fe-bru-ar; Ma-gnet/ Mag-net; Pu-bli-kum/ Pub-li-kum; Si-gnal/ Sig-nal; Zy-klus/ Zyk-lus; be-ob-ach-ten/beo-bach-ten; her-um/he-rum; hin-auf/hi-nauf; ein-an-der/ ei-nan-der; He-li-ko-pter/He-li-kop-ter; in-ter-es-sant/in-te-res-sant; Nost-al-gie/ Nos-tal-gie; Päd-a-go-gik/Pä-da-go-gik

192. 1. Buch (,) 2. euch (,) 3. Äpfel, Birnen, 4. gelesen, besucht , 5. auf, Buch, 6. montags, mittwochs, 7. interessanten, 8. - 9. - 10. -

193. 1. begabt, 2. sie, 3. schön, 4. arm, 5. Tage, 6. du, 7. Bundesländer, 8. Firmen, 9. Jahreszeiten, Frühling, Sommer, 10. Onkel, Tierfreund, 11. sagte, kommt, 12. Peter, Freund, 13. Donau, Europas, 14. Stadt,

194. 1. Ja, 2. Nein, 3. Doch, 4. Danke, 5. Kollegen, 6. alle, 7. Ich, Kollegen, 8. Hallo, Tina, 9. Oh, 10. Was, 11. umgezogen, 12. - 13. -

195. 1. Fenster, 2. mir, zögern, 3. Versuch, knacken, 4. Spaß, 5. gerechnet, 6. Lust (,) fliegen (,) 7. rate (,) или ihm(,) 8. kam(,) keuchend(,) 9. verpackt (,) 10. du?", 11. wieder", 12. sagt, wieder, 13. Haus, zerfallen, 14. Haus, gemütlich, 15. Wissenschaft, entwickeltste,

196. 1. mir*, leider*, 2. Bitte,* 3. doch*, bitte,* 4. mir*, 5. montags, 6. - 7. - 8. - 9. Moskau, 10. - 11. - 12. - 13. - 14. „Spiegel", 2, 2007, 24 (,) 15. - * (при особом выделении)

197. 1. - 2. Juli(,) 3. Mittwoch, Juni, Uhr(,) 4. Montag, März(,) 5. Ulm, 6. Montag, März(,) 7. Leipzig, 54(,) 8. Bonn, 3(,); Köln, 14(,) 9. Mittwoch, 10. Duden, Rechtschreibung, 21, 34(,) 11. - 12. Duden, Auflage, 13. - 14. Otto(,) Kühn(,) 15. Menschen(,) du(,)

198. 1. Alle(,) Anton(,) 2. Angeklagte(,) Otto (,) 3. Bonn(,) Otto (,) 4. er, 5. regnete, 6. - 7. besucht(,) 8. dich(,) 9. - 10. Trainer(,) 11. - 12. hoffe, 13. mich, 14. hoffe, besuchst, bin, 15. mich, kommst,

199. 1. mich, 2. lachend, 3. so, belegt, 4. Daran, sehen, 5. Er, getroffen, 6. - 7. - 8. - 9. - 10. kommen, 11. Wir, zögern, 12. Vorschlag, gehen, 13. Schöneres, 14. arbeiten, 15. tun,

200. 1. lief, sagen, 2. Hause, 3. Sie, kommen, 4. - 5. fiel(,) getroffen(,) 6. - 7. Hand (,) 8. - 9. Angst(,) fallen(,) 10. daran(,) 11. kränklich(,) 12. es, 13. - 14. Damit, gewinnen, 15. Polizei,

201. 1. - 2. komme(,) nötig(,) 3. - 4. stand(,) haltend(,) 5. - 6. - 7. - 8. gesagt(,) 9. - 10. - 11. - 12. -

202. 1. Stadt;   2. sagte: 3. Komponenten: 4. folgende: 5. versäumt; 6. besucht:
7. Familienstand: 8. Rauchschinken; Milchpulver; 9. Deutsch: 10. Arbeitsberatung:
11. Gebrauchsanweisung: 12. Ergebnis:

203. 1. sah – 2. still – 3. du –   4. bewältigen. – 5. da? – 6. her! – 7. Obst – 8. Schüler –
worden – 9. Tages – Sommer –   10. Gutenberg – Buchdruckerkunst – 11. Er –
Lehrer – 12. beide –   ich – 13. Das –   gründen – 14. gründen – 15. ich –
16. behauptete – Frechheit! – 17. das – nicht? –

204. 1. (das … Sommer) 2. (der Erfinder … Buchdruckerkunst) 3. (besonders … Bananen)
4. (Main)   5. (Insekt) 6. (du …!) 7. (erinnerst …?) 8. (Ludwig der Vierzehnte)
9. (in) 10. (innen) 11. (vom … rotta")

205. 1. „Jetzt … vor." 2. „Ergänzen … Synonyme" „und … Wendungen." 3. „Geben …!"
4. „Lieber …" 5. „Heimkehr" „Wochenpost".6. „Wo … Adam?" 7. „Eile mit Weile"
8. „Ich … Zeit" 9. „treuer Freund" 10. „Wald" 11. „ohne" 12. „Umweltschutz"
13. „Sie … Roman ‚Vom Winde verweht' gelesen." 14. „Die Sendungen heißen
‚Glücksrad' und ‚Wer wird Millionär'".

206. 1. E… 2. zum … 3. einmal … 4. einmal … 5. Gentechnologie (…) 6. noch …
7. das …! 8. noch … 9. der … 10. Verd… 11. Wand …

207. 1. gesehen. 2. - 3. ist. 4. - 5. 31.12.2007 6. 2. / II. 7. z. B. 8. a. D.   9. d. h. 10. -
11. Tel. 12. Dr.

208. 1. ist. 2. - 3. an. 4. -   5. II. 6. M. d. B./MdB 7. usw. 8. -   9. Co./Co 10. -

209. 1. Herkules-stark 2. Goethe-begeistert 3. Luther-feindlich 4. - 5. Merkel-Vorschlag
6. Möbel-Maier 7. Mozart-Konzertabend 8. Parkinson-Krankheit 9. Richter-Skala
10. Salk-Vakzine 11. Goethe-Geburtshaus 12. -   13. Albrecht-Dürer-Alee
14. Karl-Marx-Straße 15. Albert-Einstein-Gedenkstätte 16. Eva-Maria 17. Karl-Heinz
18. Fidel-Castro-freundlich

210. 1. französisch-russisches 2. -   3. wissenschaftlich-technischer 4. psysikalisch-
chemisch-biologische 5. Gast-Otto 6. blau-rote 7. rheinisch-westfälisch 8. -
9. blau-weiß-rote 10. Goethe-Haus 11. gelb-grün 12. 3-Achser 13. Soll-Stärke
14. 8-malig 15. Schiff-Fahrt

211. 1. Ich-Sucht 2. 3-monatig 3. Eisschnell-Lauf 4. <u>8-Fache</u> 5. 10-prozentig 6. 5-Pfünder
7. 8-geschossig 8. 4mal 9. 3-jähriges 10. 5minütig 11. 8-Jährige 12. - 13. 3-Karäter
14. 2-karätig 15. -

212. 1. 3-monatlich   2. 2-zimm(e)rig   3. 3-zinkig 4. 2-tägig 5. 5-zehig 6. 2-Zeiler
7. 2-ziff(e)rig 8. 5-Zylinder 9. 5%-Anleihe 10. 8-Tonner 11. 2-zeilig 12. - 13. <u>8-fach</u>

213. 1. i-Punkt 2. n-Eck 3. A-Dur 4. T-Shirt 5. O-Beine 6. x-beliebig 7. Abt.-Leiter
8. D-Zug 9. ca.-Preis 10. Kfz-Papiere 11. km-Zahl 12. röm.-kath. 13. Rechng.-Nr.
14. TÜV-Ingenieur 15. UNO-Sicherheitsrat

214. 1. Black-out 2. Come-back 3. Count-down 4. Glamour-Girl 5. <u>Kick-down</u>
6. <u>Knock-out</u>   7. <u>Knock-out-Schlag</u>   8. <u>Play-back</u> 9. Fall-out 10. Feed-back
11. Molotow-Cocktail 12. Lay-out 13. <u>Play-back</u> 14. <u>Play-back-Verfahren</u>
15. Show-down

215. 1. <u>Blow-up</u> 2. Davis-Cup 3. Davis-Pokal 4. <u>High-Society</u> 5. <u>Know-how</u> 6. Lawn-Tennis 7. Live-Act 8. Live-Mitschnitt 9. Live-Musik 10. <u>Play-off</u> 11. <u>Play-off-Runde</u> 12. <u>Science-Fiction</u> 13. Sightseeing-Tour 14. Mountain-Bike

216. 1. <u>Sit-in</u> 2. <u>Stand-by</u> 3. <u>Take-off</u> 4. <u>Teach-in</u> 5. Tie-Break 6. <u>Aftershave-Lotion</u> 7. <u>Fulltime-Job</u> 8. <u>Stockcar-Rennen</u> 9. <u>Action-Painting</u> 10. <u>Midlife-Crisis</u> 11. Toe-Loop 12. <u>Traide-Union</u> 13. <u>Happy End</u>

217. 1. Natur- 2. Ein- 3. Ein- 4. Eisenbahn-, Straßen-, Luft- 5. saft- 6. ein- 7. bergauf- 8. Mozart- ... -Sonaten 9. Textilgroß- und -einzelhandel 10. Eisenbahnunter- und -überführungen

218. 1. km/h 2. Einwohner/km^2 3. Ich/Sie 4. und/oder 5. Schüler/Schülerinnen 6. Helbig/Buscha 7. CDU/FDP 8. Köln/Bonn 9. 2007/08 10. 9./10. 11. Februar/März 12. d/V/15 13. Herbst/Winter 14. und/oder 15. Juni/Anfang 16. Kolleginnen/Kollegen 17. 50/100/150

219. 1. Oh! 2. weh!/ weh! 3. auf! 4. warten! 5. Tag! 6. Freunde! 7. 24 (!) 8. ein?! 9. nein! Nein! 10. Glückwunsch! hervorragend! Glückwunsch! 11. schade! 12. Neujahr! 13. Ruhe! 14. Halt! 15. hoch! 16. auf!

220. 1. du? 2. Sieg? 3. . 4. vorhast! 5. ein?! 6. da? 7. da? 8. Geld (?) 9. du? 10. Otto? 11. solle. 12. hat? 13. ein?! 14. ein?! 15. Bayern?

221. 1. 's 2. einz'ger 3. 'n 4. 'ne 5. S' 'nauf 6. auf'm 7. - 8. D'dorf 9. Lu'hafen 10. Klaus' 11. Grimm'schen 12. - 13. Ku'damm 14. -

222. 1. 2. 3. 4. 5. 6. 7. 8. 9. 10. 11. 12. 13. 14.

ЛИТЕРАТУРА

1. Duden. Die deutsche Rechtschreibung. Band 1. Verlag bibliografisches Institut & F. A. Brockhaus AG, 24. Auflage, Mannheim/Leipzig/Wien/Zürich 2006.

2. Duden. Die Grammatik. Band 4. Verlag bibliografisches Institut & F. A. Brockhaus AG, Mannheim/Leipzig/Wien/Zürich 2005.

3. Duden. Richtiges und gutes Deutsch. Band 9. Verlag bibliografisches Institut & F. A. Brockhaus AG, Mannheim/Leipzig/Wien/Zürich 2005.

4. Langenscheidt Großwörterbuch Deutsch als Fremdsprache, Berlin • München • Wien • Zürich • New York, 2003

ОГЛАВЛЕНИЕ

INHALTSVERZEICHNIS

**По вопросам приобретения
книг издательства «КАРО»
обращайтесь в наши представительства:**

Оптовая торговля:

в Санкт-Петербурге: ул. Бронницкая, 44
тел./факс: (812) 575-94-39, 320-84-79
e-mail: karo@peterstar.ru, karopiter@mail.ru

в Москве: ул. Краснобогатырская, 31
тел./факс: (495) 964-02-10, 964-08-46
e-mail: moscow@karo.net.ru

www.karo.spb.ru

Розничная торговля:

в Санкт-Петербурге:
Торговая фирма «Санкт-Петербургский Дом
Книги», библиографический отдел
Тел.: (812) 314-58-88, 570-65-46
«Азбука», пр.Обуховской обороны, д.103.
Тел.: (812) 567-56-65
Магазин в помещении ЛОИРО,
Чкаловский пр. 25А
Сеть книжных магазинов «Буквоед»

в Великом Новгороде:
Книжный магазин «Прометей».
Тел.: (8162) 7730-21

в Москве:
«Библио-Глобус» Торговый дом
Тел.: (495) 928-35-67, 924-46-80
«Московский дом книги»
Тел.: (495) 789-35-91
«Молодая гвардия» Дом книги
Тел.: (495) 238-50-01, 238-26-86
Торговый дом книги «Москва»
Тел.: (495) 229-64-83
«Дом книги» Медведково
Тел.: (495) 476-00-23
«Дом книги на Ладожской»
Тел.: (495) 267-03-02

Учебное издание

Тагиль Иван Петрович

**СОВРЕМЕННОЕ
НЕМЕЦКОЕ ПРАВОПИСАНИЕ**

Лицензия ЛР № 065644

Подписано в печать 25.07.2007. Формат 60 x 88 $^1/_8$.
Бумага газетная. Печать офсетная.
Усл. печ. л. 44. Тираж 5 000 экз. Заказ №893.

Издательство «КАРО»

195279, Санкт-Петербург, шоссе Революции, 88

Отпечатано с готовых диапозитивов в ООО «Профпринт»
194362, Санкт-Петербург, пос. Парголово, ул. Ломоносова, д.113

Тагиль И. П.

ГРАММАТИКА НЕМЕЦКОГО ЯЗЫКА.

Изд. 6-е, исправленное, переработанное и дополненное — 496 с.

Предлагается выдержавший уже несколько изданий справочник по грамматике немецкого языка. Подготовка шестого издания обусловлена реформой правописания немецкого языка, вступившей в силу с 1 августа 2006 года. В справочнике дается полное представление о грамматических явлениях с учетом изменений в последние годы. Описаны основные способы словообразования. Материал изложен на русском языке и построен по принципу от простого к сложному. Им могут пользоваться те, кто только приступил к изучению немецкого языка, а также учащиеся специализированных школ, студенты языковых и неязыковых вузов, слушатели курсов, а также преподаватели и переводчики.

Тагиль И. П.

ГРАММАТИКА НЕМЕЦКОГО ЯЗЫКА В УПРАЖНЕНИЯХ

Изд. 3-е, исправленное, переработанное и дополненное — 384 с.

Чтобы как следует усвоить систему немецкой грамматики, необходимо перевести теоретические знания в практическую плоскость. Предлагаемый сборник упражнений дает возможность закрепить на практике все знания по грамматике немецкого языка с учетом реформы правописания, вступившей в силу 1 августа 1998 года, изученные на основе пособия И. П. Тагиля «Грамматика немецкого языка».

Упражнения подобраны по принципу «от простого к сложному». В зависимости от уровня подготовки и целей обучения материал может отрабатываться полностью или выборочно, самостоятельно или под руководством преподавателей. В любом случае читатель, будь то начинающий изучение немецкого языка или углубляющий свои знания, найдет в этом сборнике достаточно упражнений по всему материалу, подходящих именно к его уровню подготовки.